Grashoff
Grundzüge des Steuerrechts

Grundzüge des Steuerrechts

Alle wichtigen Steuerarten
Internationales Steuerrecht
Verfahrensrecht

von

Prof. Dr. Dietrich Grashoff

Wirtschaftsprüfer, Rechtsanwalt und Steuerberater
Fachanwalt für Steuerrecht
Honorarprofessor an der Universität Bremen

14. Auflage
Bis zur 13. Auflage unter dem Titel „Aktuelles Steuerrecht"
Gesetzesstand 1. Mai 2018

www.beck.de

ISBN 978 3 406 72239 4

© 2018 Verlag C. H. Beck oHG
Wilhelmstraße 9, 80801 München
Druck und Bindung: Nomos Verlagsgesellschaft mbH & Co. KG
In den Lissen 12, D–76547 Sinzheim

Satz: Uhl + Massopust GmbH, Aalen
Umschlaggestaltung: Ralph Zimmermann – Bureau Parapluie

Gedruckt auf säurefreiem, alterungsbeständigem Papier
(hergestellt aus chlorfrei gebleichtem Zellstoff)

Vorwort

Mit dieser nun 14. Auflage sind wiederum zahlreiche steuerliche Neuerungen dargestellt und verarbeitet worden. Gleichsam wurde das Konzept des Buches verändert. Aus dem „Aktuellen Steuerrecht" wurden die „Grundzüge des Steuerrechts". Aktuell bleibt dieses Buch dennoch und auch steuerliche Änderungen in Gestalt von neuen oder veränderten Steuergesetzen, aktuelle BFH- und EuGH-Rechtsprechung und Erlasse der Finanzverwaltung werden ausführlich erklärt. In den früheren Auflagen wurden Steuergesetzesänderungen der Darstellung vorangestellt. Mit diesem Buch erfolgt nun eine breitere Erklärung von Rechtsänderungen, auch mit Bezug auf Rechtsprechung und Finanzverwaltung, jeweils am systematischen Ort. Eine separate Darstellung der Gesetzesänderungen ist damit entbehrlich geworden.

Grenzüberschreitende Sachverhalte gewinnen in der Steuerrechtspraxis ständig an Bedeutung. Daher wurde ein komplett neues drittes Kapitel zum Internationalen Steuerrecht eingefügt, welches sich mit ausländischen Einkünften von Inländern, inländischen Einkünften von Ausländern und insbesondere der Wegzugs- und Hinzurechnungsbesteuerung auseinandersetzt. Die Grundsystematik der Vermeidung der doppelten Besteuerung wird anhand des OECD-Musterabkommens und zahlreicher hierauf basierender Doppelbesteuerungsabkommen erläutert.

Ausgestattet mit diesem Buch und der Textausgabe „Aktuelle Steuertexte", die eng aufeinander abgestimmt sind, können sich auch steuerlich nicht erfahrene Leser binnen kürzester Zeit in das Steuerrecht einlesen und dessen Grundstrukturen verstehen. Das Werk richtet sich vorwiegend an Rechtsanwälte, Firmeninhaber und Geschäftsführer sowie an Studierende der juristischen und wirtschaftswissenschaftlichen Fakultäten, die sich in kurzer Zeit in das Steuerrecht einlesen wollen.

Das Buch behandelt in knapper Form die wichtigsten Steuerarten. Einen größeren Raum nehmen dabei die Einkommensteuer, Körperschaftsteuer (inkl. Konzernsteuerrecht), Gewerbesteuer und Umsatzsteuer ein. Erläutert werden ferner die Grunderwerbsteuer, die Erbschaft- und Schenkungsteuer und die Grundsteuer. Es folgen das komplett neu eingefügte Kapitel zum Internationalen Steuerrecht und Ausführungen zum steuerlichen Verfahrensrecht und Steuerstrafrecht. Im Rahmen der Darstellung eines jeden Steuergesetzes werden zunächst System und Aufbau, dann persönliche und sachliche Steuerpflicht und schließlich Steuertarif und Verfahren erläutert. Anhand zahlreicher Beispielsfälle und praktischer Hinweise wird das Thema veranschaulicht.

Meinem jahrelangen Coautor Herrn RA StB Dr. Florian Kleinmanns danke ich für die überaus intensive, konstruktive und immer erfreuliche fachliche und persönliche Zusammenarbeit über sechs Auflagen ganz besonders. Mein Dank für die verlegerische Betreuung gilt dem steuerrechtlichen Lektorat im Verlag C. H. Beck. Danken möchte ich auch den Studierenden im Schwerpunktstudium „Internationales und Europäisches Wirtschaftsrecht" des Fachbereichs

Rechtswissenschaft der Universität Bremen, die durch ihre Hinweise wiederum wertvolle Beiträge für diese 14. Auflage gegeben haben, sowie meiner Assistentin Frau Sabrina Krist für die meisterliche Finalisierung des Manuskriptes.

Bremen, im März 2018   Dietrich Grashoff

Inhaltsübersicht

1. Kapitel

Steuerrechtsordnung

   1. Rechtliche Struktur 1
   2. Das System der Steuerarten 6

2. Kapitel

Steuerarten/Unternehmensteuerrecht

   1. Einkommensteuer 9
   2. Körperschaftsteuer 80
   3. Gewerbesteuer 112
   4. *Exkurs 1:* Rechtsformwahl 123
   5. *Exkurs 2:* Übertragungen 129
   6. Umsatzsteuer 143
   7. Grunderwerbsteuer 158
   8. Erbschaftsteuer und Schenkungsteuer 165
   9. Grundsteuer 175

3. Kapitel

Internationales Steuerrecht

   1. Ausländische Einkünfte unbeschränkt Steuerpflichtiger 179
   2. Inländische Einkünfte beschränkt Steuerpflichtiger 187
   3. Außensteuergesetz 193

4. Kapitel

Verfahrensrecht und Steuerstrafrecht

   1. Besteuerungsverfahren 203
   2. Rechtsbehelfsverfahren 229
   3. Steuerstrafrecht 234

Stichwortverzeichnis 237

Inhaltsverzeichnis

Vorwort V
Inhaltsübersicht VII
Abkürzungsverzeichnis XV
Literaturverzeichnis XIX

1. Kapitel

Steuerrechtsordnung

1. **Rechtliche Struktur** 1
   a) Formelle Gesetze 1
      aa) Verfassungsrecht 1
      bb) Einfaches Gesetzesrecht 3
   b) Rechtsverordnungen und kommunale Satzungen 4
   c) Verwaltungsvorschriften 4
   d) Entscheidungen von Gerichten 5
   e) Wechselwirkung von Gesetzgeber, Finanzverwaltung und Gerichten 5

2. **Das System der Steuerarten** 6
   a) Personen- und Realsteuern 6
   b) Direkte und indirekte Steuern 6
   c) Ertrag- und Substanzsteuern 6
   d) Verkehr- und Besitzsteuern 7
   e) Entstehungs- und Verwendungssteuern 7
   f) Periodische und aperiodische Steuern 7
   g) Unternehmensteuerrecht im System der Steuerarten 7

2. Kapitel

Steuerarten/Unternehmensteuerrecht

1. **Einkommensteuer** 9
   a) System und Aufbau des EStG 9
      aa) Verhältnis der Einkommensteuer zu anderen Steuerarten . . 9
      bb) Aufbau des Gesetzes 9
      cc) Jahressteuerprinzip, Ermittlungs- und Veranlagungszeitraum 11
      dd) Abgrenzung zur steuerlichen Privatsphäre 11
   b) Persönliche Steuerpflicht 12
      aa) Unbeschränkte Steuerpflicht 12
      bb) Beschränkte Steuerpflicht 13
   c) Sachliche Steuerpflicht: Überblick über das steuerliche Einkommen 14

aa)	Einkunftsarten und Einkommen	14
bb)	Einkünfteerzielungsabsicht und Liebhaberei	16

d) Berücksichtigung steuerlicher Verluste 17
    aa) Horizontale und vertikale Verlustverrechnung 17
    bb) Verlustabzug 17
e) Sachliche Steuerbefreiungen 19
f) Einkünfteermittlungsmethoden 20
    aa) Überschussermittlung 20
    bb) Gewinnermittlung 21
    cc) Exkurs: Gewinnermittlung bei Handelsschiffen, sog. Tonnagesteuer 24
g) Bilanzsteuerrecht 26
    aa) Betriebsvermögensvergleich und Maßgeblichkeitsprinzip .. 26
    bb) Handelsrechtliche Grundsätze ordnungsmäßiger Buchführung 27
    cc) Doppelte Buchführung 30
    dd) Entnahmen und Einlagen 35
    ee) Bilanzsteuerrecht im engeren Sinne: die Steuerbilanz 36
    ff) Betriebsvermögenseigenschaft 39
h) Einkünfte aus Gewerbebetrieb 43
    aa) Gewerbebetrieb kraft gewerblicher Betätigungen 44
    bb) Arten gewerblicher Einkünfte 45
i) Einkünfteermittlung bei Personengesellschaften 45
    aa) Arten von Personengesellschaften 46
    bb) Steuerliche Mitunternehmerschaft 47
    cc) System der dualen Gewinnermittlung 48
    dd) Abgeleitete Gewerblichkeit 53
    ee) Mehrstöckige Personengesellschaften 55
    ff) Beschränkung des Verlustausgleichs bei Kommanditgesellschaften 56
    gg) Gewerblicher Veräußerungsgewinn 57
j) Einkünfte aus Land- und Forstwirtschaft 59
k) Einkünfte aus selbstständiger Arbeit 61
l) Einkünfte aus nichtselbstständiger Arbeit 62
m) Einkünfte aus Kapitalvermögen 64
n) Einkünfte aus Vermietung und Verpachtung 65
o) Sonstige Einkünfte 66
    aa) Wiederkehrende Bezüge 66
    bb) Exkurs: Behandlung von Alterseinkünften 67
    cc) Private Veräußerungsgeschäfte 71
p) Steuertarif 72
q) Thesaurierungsbegünstigung für Personenunternehmen 74
r) Steuerermäßigungen 77
s) Solidaritätszuschlag 78
t) Steuererhebung 79

2. Körperschaftsteuer 80
  a) System und Aufbau des KStG 80
    aa) Verhältnis der Körperschaftsteuer zu anderen Steuerarten .. 80

	bb) Aufbau des Gesetzes	80
	cc) Jahressteuerprinzip, Ermittlungs- und Veranlagungszeitraum	81
b)	Persönliche Steuerpflicht	81
	aa) Unbeschränkte Steuerpflicht	81
	bb) Beschränkte Steuerpflicht	82
	cc) Steuerbefreiungen	83
	dd) Besteuerung gemeinnütziger, mildtätiger oder kirchlicher Körperschaften	83
c)	Sachliche Steuerpflicht: Überblick über das steuerliche Einkommen	85
	aa) System der Ermittlung des Einkommens	85
	bb) Gewinnausschüttungen	87
	cc) Verdeckte Gewinnausschüttung (vGA)	88
	dd) Zinsschranke	93
d)	Berücksichtigung steuerlicher Verluste (sog. Mantelkauf)	95
e)	Anteilseignerbesteuerung	99
	aa) Dividendenbesteuerung	99
	bb) Besteuerung des Veräußerungsgewinns	102
	cc) Investmentsteuergesetz	104
f)	Exkurs: Konzernsteuerrecht, Organschaft	105
g)	Steuertarif	111
h)	Solidaritätszuschlag	111
i)	Veranlagung und Erhebung	111

3. Gewerbesteuer 112
   a) System und Aufbau des GewStG 112
      aa) Grundlagen der GewSt 112
      bb) Aufbau des Gesetzes 113
      cc) Begriff des Erhebungszeitraums 114
   b) Persönliche Steuerpflicht 114
      aa) Steuerschuldner 114
      bb) Steuerbefreiungen 115
   c) Sachliche Steuerpflicht 115
      aa) Gewerbliche Einkünfte 115
      bb) Gewerbesteuerliche Modifikationen, Hinzurechnungen und Kürzungen 116
      cc) Veräußerungs- und Aufgabegewinne 119
   d) Berücksichtigung steuerlicher Verluste 119
   e) Steuermessbetrag 120
   f) Entstehung, Festsetzung und Erhebung 121
   g) Zerlegung 121
   h) Anrechnung der GewSt auf die ESt 121

4. *Exkurs 1:* Rechtsformwahl 123
   a) Kriterien der Rechtsformwahl 123
   b) Steuerbelastungsvergleich (Beispiel) 124

5. *Exkurs 2:* Übertragungen 129
   a) Überblick 129

b) Entgeltliche Übertragungen	131
c) Unentgeltliche Übertragungen	139

6. Umsatzsteuer 143
   a) System und Aufbau des UStG 143
      aa) Verhältnis der Umsatzsteuer zu anderen Steuerarten 143
      bb) Aufbau des Gesetzes 144
      cc) Räumlicher Geltungsbereich 144
      dd) System der Allphasen-Netto-Umsatzsteuer mit
          Vorsteuerabzug 145
   b) Persönliche Steuerpflicht 146
   c) Sachliche Steuerpflicht 148
      aa) Lieferungen und sonstige Leistungen im Inland 149
      bb) Innergemeinschaftlicher Erwerb 150
      cc) Steuerbefreiungen 151
      dd) Option zur Steuerpflicht 151
      ee) Bemessungsgrundlage 152
   d) Steuersatz 152
   e) Entstehen und Anmeldung der Steuer 153
   f) Vorsteuerabzug und Rechnung 154
   g) Besteuerungsverfahren 157

7. Grunderwerbsteuer 158
   a) System und Aufbau des GrEStG 158
   b) Persönliche Steuerpflicht 158
   c) Sachliche Steuerpflicht 159
      aa) Erwerbsvorgänge 159
      bb) Grundstücksbegriff und sachliche Steuerbefreiungen 160
      cc) Besondere Steuerbefreiungen bei Gesamthand 161
      dd) Konzernbefreiungsklausel 162
      ee) Bemessungsgrundlage 163
   d) Steuertarif 163
   e) Besteuerungsverfahren 164

8. Erbschaftsteuer und Schenkungsteuer 165
   a) System und Aufbau des ErbStG 165
      aa) Verhältnis der Erbschaftsteuer und Schenkungsteuer
          zu anderen Steuerarten 165
      bb) Aufbau des Gesetzes 165
   b) Persönliche Steuerpflicht 165
      aa) Unbeschränkte Steuerpflicht 165
      bb) Beschränkte Steuerpflicht 166
   c) Sachliche Steuerpflicht 166
      aa) Steuertatbestände 166
      bb) Exkurs: Mittelbare Schenkungen unter Beteiligung
          einer Kapitalgesellschaft 166
      cc) Sachliche Steuerbefreiungen 167
      dd) Entstehen 168
      ee) Wertermittlung 168
   d) Steuerermittlung 173

	aa)	Steuerklassen	173
	bb)	Persönliche Freibeträge	173
	cc)	Steuersatz	173
	dd)	Berücksichtigung früherer Erwerbe	174

9. Grundsteuer 175
    a) System und Aufbau des GrStG 175
        aa) Grundlagen der Grundsteuer 175
        bb) Aufbau des Gesetzes 175
    b) Persönliche Steuerpflicht 175
        aa) Steuerschuldnerschaft und Haftung 175
        bb) Steuerbefreiungen 175
    c) Sachliche Steuerpflicht 176

3. Kapitel

Internationales Steuerrecht

1. Ausländische Einkünfte unbeschränkt Steuerpflichtiger 179
    a) Vorliegen eines Doppelbesteuerungsabkommens 179
        aa) OECD-Musterabkommen 179
        bb) Aufbau und Inhalt von DBA gemäß OECD-MA 180
        cc) Qualifikations- und Zuordnungskonflikte 183
        dd) Behandlung von Personengesellschaften 183
        ee) Progressionsvorbehalt 184
    b) Nichtvorliegen eines Doppelbesteuerungsabkommens 184

2. Inländische Einkünfte beschränkt Steuerpflichtiger 187
    a) Gegenstand der beschränkten Steuerpflicht 187
        aa) Einkünfte aus Gewerbebetrieb gem. § 49 Abs. 1 Nr. 2 187
        bb) Einkünfte aus selbstständiger Arbeit gem. § 49 Abs. 1 Nr. 3 188
        cc) Einkünfte aus nichtselbstständiger Arbeit gem. § 49 Abs. 1 Nr. 4 189
        dd) Einkünfte aus Kapitalvermögen gem. § 49 Abs. 1 Nr. 5 189
        ee) Einkünfte aus Vermietung und Verpachtung gem. § 49 Abs. 1 Nr. 6 189
        ff) Sonstige Einkünfte gem. § 49 Abs. 1 Nr. 7 189
        gg) Isolierende Betrachtungsweise § 49 Abs. 2 190
    b) Anwendungsbereich der Regelungen des EStG 190
    c) Besteuerungsverfahren bei beschränkt Steuerpflichtigen 191

3. Außensteuergesetz 193
    a) Internationale Abgrenzung von Besteuerungsgrundlagen 193
    b) Wohnsitzwechsel in niedrig besteuernde Gebiete 196
    c) Besteuerung des Vermögenszuwachses bei Beteiligungen nach § 17 EStG 197
    d) Hinzurechnungsbesteuerung §§ 7–14 199

4. Kapitel

Verfahrensrecht und Steuerstrafrecht

1. Besteuerungsverfahren 203
   a) Allgemeines 203
      aa) Verfahrensgrundsätze 203
      bb) Verwaltungsakt 204
      cc) Beteiligte 206
   b) Verfahren zur Ermittlung der Steuerfestsetzung 207
      aa) Verfahrensgrundsätze 207
      bb) Mitwirkungspflichten 208
      cc) Schätzung 210
      dd) Mitwirkungspflichten bei Auslandssachverhalten 210
      ee) Außenprüfung 211
   c) Festsetzungsverfahren 213
      aa) Steuerfestsetzung 213
      bb) Festsetzungsverjährung 214
      cc) Bestandskraft 215
      dd) Gesonderte Feststellung von Besteuerungsgrundlagen 219
   d) Erhebungsverfahren 220
      aa) Überblick zum Steuerschuldrecht 220
      bb) Verwirklichung von Ansprüchen aus dem Steuerschuldverhältnis 222
      cc) Erlöschen von Ansprüchen aus dem Steuerschuldverhältnis 224
      dd) Steuerliche Nebenleistungen 226
   e) Vollstreckungsverfahren 227

2. Rechtsbehelfsverfahren 229
   a) Außergerichtliches Rechtsbehelfsverfahren 229
   b) Gerichtliches Rechtsbehelfsverfahren 230

3. Steuerstrafrecht 234

Stichwortverzeichnis 237

Abkürzungsverzeichnis

AB	Anfangsbestand
AEAO	Anwendungserlass zur Abgabenordnung
AEUV	Konsolidierte Fassung eines Vertrages über die Arbeitsweise der Europäischen Union, Amtsblatt der EU vom 9.5.2008, C 115/47
AfA	Absetzung für Abnutzung
AG	Aktiengesellschaft
AktG	Aktiengesetz
AO	Abgabenordnung
AS	Abschreibung
AStG	Außensteuergesetz
BB	Betriebs-Berater (Zeitschrift)
BewG	Bewertungsgesetz
BFH	Bundesfinanzhof
BGB	Bürgerliches Gesetzbuch
BGBl.	Bundesgesetzblatt
BMF	Bundesministerium der Finanzen
BpO	Betriebsprüfungsordnung
BR-Drs.	Bundesrats-Drucksache
BStBl.	Bundessteuerblatt
BVerfG	Bundesverfassungsgericht
BZSt	Bundeszentralamt für Steuern
DB	Der Betrieb (Zeitschrift)
DBA	Doppelbesteuerungsabkommen
DSGVO	Datenschutz-Grundverordnung
DStR	Deutsches Steuerrecht (Zeitschrift)
EBITDA	earnings before interest, taxes, depreciation and amortization. Übersetzt: Ertrag vor Zinsen, Steuern, Abschreibungen auf Sachanlagen und auf immaterielle Vermögensgegenstände
EDI	Elektronischer Datenaustausch
ErbSt	Erbschaftsteuer- und Schenkungsteuer
ErbStG	Erbschaftsteuer- und Schenkungsteuergesetz
ErbStR	Erbschaftsteuer- und Schenkungsteuerrichtlinien
ErbStRG	Gesetz zur Reform des Erbschaftsteuer- und Bewertungsrechts
ESt	Einkommensteuer
EStDV	Einkommensteuer-Durchführungsverordnung
EStG	Einkommensteuergesetz
EStR	Einkommensteuerrichtlinien
EuGH	Europäischer Gerichtshof

EUR	Euro
EÜR	Einnahme-Überschuss-Rechnung
EUSt	Einfuhrumsatzsteuer
EUV	Vertrag über die Europäische Union
EZ	Erhebungszeitraum
FA	Finanzamt
FATF	Financial Action Task Force On Money Laundering
FGO	Finanzgerichtsordnung
GbR	Gesellschaft bürgerlichen Rechts
GewSt	Gewerbesteuer
GewStDV	Gewerbesteuer-Durchführungsverordnung
GewStG	Gewerbesteuergesetz
GewStR	Gewerbesteuerrichtlinien
GG	Grundgesetz
GmbH	Gesellschaft mit beschränkter Haftung
GmbHG	Gesetz betreffend die GmbH
GoB	Grundsätze ordnungsmäßiger Buchführung
GrESt	Grunderwerbsteuer
GrEStDV	Grunderwerbsteuer-Durchführungsverordnung
GrEStG	Grunderwerbsteuergesetz
GrSt	Grundsteuer
GrStG	Grundsteuergesetz
HGB	Handelsgesetzbuch
h.M.	herrschende Meinung
IDW	Institut der Wirtschaftsprüfer in Deutschland e.V., Düsseldorf
InvStG	Investmentsteuergesetz
JStG 2009	Jahressteuergesetz 2009 vom 19.12.2008 (BGBl. I 2794)
JStG 2010	Jahressteuergesetz 2010 vom 8.12.2010 (BGBl. I 1768)
KG	Kommanditgesellschaft
KGaA	Kommanditgesellschaft auf Aktien
KiStG	Kirchensteuergesetz
KraftStG	Kraftfahrzeugsteuergesetz
KSt	Körperschaftsteuer
KStDV	Körperschaftsteuer-Durchführungsverordnung
KStG	Körperschaftsteuergesetz
KStR	Körperschaftsteuerrichtlinien
LSt	Lohnsteuer
LStDV	Lohnsteuer-Durchführungsordnung
LStR	Lohnsteuerrichtlinien
LuftVStG	Luftverkehrsteuergesetz

OECD-MA	OECD-Musterabkommen
OHG	Offene Handelsgesellschaft
PartGG	Gesetz über Partnerschaftsgesellschaften
RCS	Reserve-Charge-System
REITG	Gesetz zur Schaffung deutscher Immobilien-Aktiengesellschaften mit börsennotierten Anteilen (REITG)
Rspr.	Rechtsprechung
SB	Schlussbestand
SolZ	Solidaritätszuschlag
SolZG	Solidaritätszuschlaggesetz
StHBG	Gesetz zur Bekämpfung der Steuerhinterziehung (Steuerhinterziehungsbekämpfungsgesetz)
StGB	Strafgesetzbuch
SteuerHBekV	Steuerhinterziehungsbekämpfungsverordnung
StSenkG	Steuersenkungsgesetz
TEUR	Tausend Euro
UmwG	Umwandlungsgesetz
UmwStG	Umwandlungsteuergesetz
UntStRG 2008	Unternehmensteuerreformgesetz 2008
USt	Umsatzsteuer
UStAE	Umsatzsteueranwendungserlass
UStDV	Umsatzsteuer-Durchführungsverordnung
UStG	Umsatzsteuergesetz
UStR	Umsatzsteuerrichtlinien
VersSt	Versicherungsteuer
VersStG	Versicherungsteuergesetz
VGA	Verdeckte Gewinnausschüttung
VZ	Veranlagungszeitraum
WPg	Die Wirtschaftsprüfung (Zeitschrift)
ZEV	Zeitschrift für Erbrecht und Vermögensnachfolge
ZG	Zugang

Literaturverzeichnis

Birk/Desens/Tappe .. Steuerrecht, 20. Aufl., Heidelberg 2017

Bunjes .... Umsatzsteuergesetz, 17. Aufl., München 2018

Falterbaum/Bolk/
Reiß/Kirchner ...... Buchführung und Bilanz, 22. Aufl., Achim 2015

Fehrenbacher .... Steuerrecht, 6. Aufl., Baden-Baden 2016

Frotscher .... Körperschaftsteuer, Gewerbesteuer, 2. Aufl., München 2008

Horschitz/Groß/
Fanck .... Bilanzsteuerrecht und Buchführung, 14. Aufl., Stuttgart 2016

Jakob, AO .... Abgabenordnung, 5. Aufl., München 2010

Jakob, EStG .... Einkommensteuer, 4. Aufl., München 2008

Klein .... Abgabenordnung, 13. Aufl., München 2016

Lippross .... Umsatzsteuer, 24. Aufl., Achim 2017

Pahlke .... Grunderwerbsteuergesetz, 6. Aufl., München 2018

Schmidt .... Einkommensteuergesetz, 37. Aufl., München 2018

Streck .... Körperschaftsteuergesetz, 9. Aufl., München 2018

Tipke/Lang .... Steuerrecht, 23. Aufl., Köln 2018

Vogel/Lehner .... Doppelbesteuerungsabkommen, 6. Aufl., München 2015

Wehrheim .... Grundzüge der Unternehmensbesteuerung, 2. Aufl., München 2008

1. Kapitel
Steuerrechtsordnung

Steuern sind ebenso wie Beiträge und Gebühren **öffentliche Abgaben**. Anders als Beiträgen, Gebühren und Sonderabgaben stehen Steuern jedoch keine Gegenleistungen gegenüber, § 3 Abs. 1 Abgabenordnung (AO). Sie sind die wichtigste Einnahmequelle des Staates. Dieses Buch befasst sich mit der Einordnung der Steuern in rechtlicher Hinsicht und damit mit dem Steuerrecht. Nachfolgend wird zunächst die rechtliche Struktur des *deutschen Steuerrechts* dargestellt und sodann die Höhe des *Steueraufkommens* und das *System der Steuerarten* erläutert. **1**

1. Rechtliche Struktur

Das Steuerrecht wird als Teil der deutschen Rechtsordnung abgebildet in formellen *Gesetzen*, *Rechtsverordnungen* und kommunalen *Satzungen*, *Verwaltungsvorschriften* sowie *Gerichtsentscheidungen*.

a) Formelle Gesetze

Im Bereich der formellen Gesetze sind solche mit *Verfassungsrang* einerseits und *einfache Gesetze* andererseits zu unterscheiden.

aa) Verfassungsrecht

Finanzverfassung und Grundrechte. Das deutsche Steuerrecht ist in der Finanzverfassung in den Art. 104a ff. Grundgesetz (GG) verankert. Zu nennen sind insb. die Regelung der *Gesetzgebungskompetenz* in Art. 105 GG, die Verteilung des *Steueraufkommens* in Art. 106 GG und die *Finanzverwaltung* in Art. 108 GG. Innerhalb des GG haben ferner die Grundrechte auf das Steuerverwaltungsrecht Einfluss, da sie im Rahmen der Eingriffsverwaltung Abwehrrechte gegen den Staat beinhalten. **2**

Gesetzgebungskompetenz des Bundes. Der Bund hat gem. Art. 105 Abs. 1 GG die *ausschließliche* Gesetzgebungskompetenz über Zölle und Finanzmonopole (Branntweinmonopol). Er hat nach Art. 105 Abs. 2 GG die *konkurrierende* Gesetzgebungskompetenz über alle übrigen Steuern, soweit ihm deren *Aufkommen* (Rz. 5) ganz oder zum Teil zusteht. Die konkurrierende Gesetzgebungskompetenz liegt nach dieser Regelung auch dann beim Bund, wenn das Steueraufkommen noch nicht einmal teilweise dem Bund, sondern insgesamt den Ländern zusteht. Voraussetzung ist hierbei, dass nach Art. 72 Abs. 2 GG eine bundesgesetzliche Regelung zur Herstellung *gleichwertiger Lebensverhältnisse* im Bundesgebiet oder zur Wahrung der *Rechts- und Wirtschaftseinheit* im **3**

gesamtstaatlichen Interesse erforderlich ist. Durch die Inanspruchnahme dieser Regelung hat der Bund im Ergebnis praktisch eine vom Steueraufkommen losgelöste umfassende Gesetzgebungskompetenz inne.

Soweit der Bund die Gesetzgebungskompetenz hat, bedarf er nach Art. 105 Abs. 3 GG der **Zustimmung des Bundesrates**, sofern das Aufkommen der Steuer ganz oder zum Teil den Ländern oder den Gemeinden zusteht. Nach Art. 105 Abs. 2a GG hat der Bund allerdings keine Gesetzgebungskompetenz für **örtliche Verbrauch- und Aufwandsteuern** und nach Art. 140 GG i.V.m. Art. 137 Abs. 6 der Deutschen Verfassung vom 11.8.1919 auch nicht für **Kirchensteuern**.

4 **Gesetzgebungskompetenz der Länder.** Nach Art. 105 Abs. 2a GG haben die Länder die Befugnis zur Gesetzgebung über *örtliche Verbrauch- und Aufwandsteuern* nur, solange und soweit sie nicht bundesgesetzlich geregelten Steuern gleichartig sind. Es handelt sich z.B. um die *Getränkesteuer*, die *Hundesteuer*, die *Jagd- und Fischereisteuer*, die *Schankerlaubnissteuer*, die *Vergnügungsteuer* und die *Zweitwohnungsteuer*. Die Länder haben ferner seit dem 1.9.2006 nach Art. 105 Abs. 2a Satz 2 GG die Befugnis zur Bestimmung des Steuersatzes bei der Grunderwerbsteuer, siehe Rz. 465.

5 **Steueraufkommen des Bundes und der Länder.** Nach Art. 106 wird das Steueraufkommen entweder dem Bund ganz (*Bundesabgaben, Bundesertragsabgaben*) oder zum Teil (*Gemeinschaftsteuern*) oder gar nicht und damit den Ländern (*Landessteuern*) zugewiesen.

Auf Bundesertragsebene gibt es im Wesentlichen die

- *Verbrauchsteuern* (Tabak-, Schaumwein-, Zwischenerzeugnis-, Energie- und Kaffeesteuer), die
- *Kraftfahrzeugsteuer*, die
- *Versicherungsteuer* und die
- Ergänzungsabgabe (Solidaritätszuschlag).

Auf Gemeinschaftsebene stehen die

- *Einkommensteuer*, die
- *Körperschaftsteuer* und die
- Umsatzsteuer.

Auf Landesertragsebene sind die

- *Erbschaftsteuer und Schenkungsteuer,* die
- *Verkehrsteuern* (Grunderwerbsteuer, Feuerschutzsteuer, Rennwett- und Lotteriesteuer) und die
- Biersteuer und Abgabe von Spielbanken zu nennen.

Im Landesbereich hat der Bund seine auf Art. 72 Abs. 2 GG gestützte Einschätzungsprärogative ausgenutzt und Bundesrecht gesetzt.

6 **Steueraufkommen der Gemeinden.** Art. 28 Abs. 2 Satz 1 GG gewährleistet den Gemeinden das Recht, alle Angelegenheiten der örtlichen Gemeinschaft im Rahmen der Gesetze in eigener Verantwortung zu regeln. In diesem Zusammenhang steht auch die Finanzierung der Gemeinden durch die Länder nach Art. 106 Abs. 5 bis 9 GG. Die Gemeinden erhalten einen Anteil am Aufkommen

der Einkommensteuer, die Gewerbe- und Grundsteuer sowie die örtlichen Verbrauch- und Aufwandsteuern (z. B. Vergnügungsteuer, Zweitwohnungsteuer, Hundesteuer).

Finanzbehörden. Nach Art. 108 Abs. 1 GG verwaltet der Bund die Steuern im Rahmen der ausschließlichen Gesetzgebungskompetenz (Zölle und Finanzmonopole), die Kraftfahrzeugsteuer und die Verbrauchsteuern (Tabak-, Schaumwein-, Zwischenerzeugnis-, Energie- und Kaffeesteuer sowie Einfuhrumsatzsteuer). Die übrigen Steuern werden überwiegend von den Ländern verwaltet, die gem. Art. 108 Abs. 3 GG im Auftrag des Bundes tätig werden, soweit dem Bund die Ertragshoheit zusteht. Einzelne Aufgaben, insbesondere mit internationalem Bezug, nimmt das Bundeszentralamt für Steuern wahr. Der Aufbau von Bundes- und Länderbehörden wird durch den Bund im Finanzverwaltungsgesetz geregelt, Art. 108 Abs. 1 Satz 2, Abs. 2 Satz 2 GG.

7

Rückwirkungsverbot. Das aus dem Rechtsstaatsprinzip abgeleitete Rückwirkungsverbot gewinnt im Steuerrecht im Zusammenhang mit den *zeitlichen Anwendungsregelungen* von Steueränderungsgesetzen an Bedeutung. Es wird zwischen der prinzipiell zulässigen *tatbestandlichen Rückanknüpfung* (**unechte Rückwirkung**) und der im Prinzip unzulässigen *Rückbewirkung von Rechtsfolgen* (**echte Rückwirkung**) unterschieden. Das Bundesverfassungsgericht geht davon aus, dass es sich um eine prinzipiell zulässige tatbestandliche Rückanknüpfung handelt, wenn eine Regelung im Laufe eines Veranlagungszeitraumes verändert oder neu geschaffen wird und es sich damit um eine Neubestimmung einer bisher noch nicht eingetretenen Rechtsfolge handelt. Entscheidend ist hierbei, dass die Rechtsfolge des Entstehens der Einkommensteuer oder Körperschaftsteuer regelmäßig erst mit dem Ablauf des Kalenderjahres eintritt, §§ 25 Abs. 1 EStG, 36 Abs. 1 KStG. Eine *unterjährige* Veränderung des Steuerrechts ist damit grundsätzlich zulässig, soweit das Gesetz noch im Veranlagungszeitraum wirksam wird und der Steuerpflichtige daraufhin disponieren kann. Voraussetzung der Zulässigkeit der tatbestandlichen Rückanknüpfung ist allerdings, dass es sich um eine *maßvolle* Rechtsänderung handelt. Demgegenüber liegt eine *Rückbewirkung von Rechtsfolgen* vor, wenn die Norm erst nach Ablauf des Veranlagungszeitraumes verkündet wird und die Rechtsfolgen für den abgeschlossenen Veranlagungszeitraum nachträglich eintreten. Hier ist allerdings ausnahmsweise *kein Verstoß* gegen das Rechtsstaatsprinzip gegeben, wenn zwingende Gründe des gemeinen Wohls oder ein nicht oder nicht mehr vorhandenes schutzwürdiges Vertrauen des Einzelnen eine Durchbrechung dieses Prinzips gestatten. Dies kann z. B. der Fall sein, wenn eine unklare oder verworrene Regelung nachträglich korrigiert wird und der Steuerpflichtige mit einer Klarstellung rechnen musste.

8

bb) Einfaches Gesetzesrecht

Abgabenordnung (AO). Im Bereich des einfachen Gesetzesrechts bildet die AO den allgemeinen Teil des Steuerrechts. Die AO gilt grundsätzlich für alle Steuerarten, soweit diese durch Bundes- oder Landesfinanzbehörden verwaltet werden, § 1 Abs. 1 Satz 1 AO. In der AO werden Grundlagen des Steuerrechts im *materiellen* und *formellen* Sinne geregelt.

9

Zum **materiellen Steuerrecht** zählen z. B. die Regelungen des Steuerschuldverhältnisses (§§ 37 bis 50 AO), der steuerbegünstigten Zwecke (§§ 51 bis 68 AO, „Gemeinnützigkeit") und der Haftung (§§ 69 bis 77 AO).

Zum **formellen Steuerrecht** gehören die Regelungen der Zuständigkeit der Finanzbehörden (§§ 16 bis 29a AO), die allgemeinen Verfahrensvorschriften des Besteuerungsverfahrens (§§ 78 bis 133 AO), der Durchführung der Besteuerung (§§ 134 bis 217 AO) und des Erhebungsverfahrens (§§ 218 bis 248 AO) sowie das außergerichtliche Rechtsbehelfsverfahren (§§ 347 bis 368 AO). Nicht zum Steuerrecht, sondern zum **Straf- und Verwaltungsrecht** gehören die Bestimmungen zum Straf- und Bußgeldrecht (§§ 369 bis 412), die nur wegen ihrer Sachnähe zum Steuerrecht in der AO geregelt sind. Das **gerichtliche Steuerverfahren** vor Finanzgerichten und Bundesfinanzhof ist in der Finanzgerichtsordnung (FGO) geregelt.

Steuergesetze. Die Steuergesetze regeln alle Steuerarten im Rahmen einfachen Gesetzesrechts.

b) Rechtsverordnungen und kommunale Satzungen

10 **Rechtsverordnungen** sind am Maßstab des Art. 80 GG zu messen. Hiernach bedarf der Erlass jeder Rechtsverordnung einer gesetzlichen Ermächtigungsgrundlage, die nach Inhalt, Zweck und Ausmaß hinreichend bestimmt sein muss. Die zu erlassende Rechtsverordnung kann nur Regelungen in dem durch die gesetzliche Ermächtigungsgrundlage vorbestimmten Rahmen vorsehen. Beispiele für Rechtsverordnungen sind die Durchführungsverordnungen zur Einkommensteuer (EStDV), Körperschaftsteuer (KStDV), Umsatzsteuer (UStDV), Lohnsteuer (LStDV), Gewerbesteuer (GewStDV) sowie zur Erbschaft- und Schenkungsteuer (ErbStDV).

Kommunale Satzungen. Hier sind insb. die Rechte der Gemeinden gem. Art. 28 Abs. 2, 105, 106 Abs. 6 Satz 2 GG zu nennen, die Realsteuerhebesätze (Grundsteuer, Gewerbesteuer) durch Satzung festzulegen, vgl. Rz. 325, 495.

c) Verwaltungsvorschriften

11 **Innenwirkung.** Verwaltungsvorschriften sind Teil des Innenrechts der Finanzverwaltung. Sie sind weder formelles noch materielles Gesetz und daher den Steuergesetzen und Rechtsverordnungen hierarchisch untergeordnet. Verwaltungsvorschriften sind nicht geeignet, das Steuerrechtsverhältnis zwischen Fiskus und Steuerpflichtigen zu regeln. Sie binden allein die Bediensteten der Finanzverwaltung. Verwaltungsvorschriften regeln die *innere* Organisation von Behörden und haben ferner zum Ziel, eine *einheitliche Anwendung und Auslegung* gesetzlicher Bestimmungen sicherzustellen.

12 **Gleichmäßigkeit der Besteuerung.** Verwaltungsvorschriften dienen der Gleichmäßigkeit der Besteuerung als Ausfluss des allgemeinen Gleichheitssatzes in Art. 3 GG. Insoweit ergibt sich eine mittelbare Wirkung auf das Steuerrechtsverhältnis. Verwaltungsvorschriften entlasten Behörden und Bedienstete einerseits sowie Steuerpflichtige und Berater andererseits bei der Rechtsanwendung und geben Rechtssicherheit. Aufgrund der Bindung von Behörden und Bediensteten an Verwaltungsvorschriften werden individuell abweichende Einzelauffassungen ausgeschlossen und damit die Gleichmäßigkeit der Besteuerung gewährleistet.

1. Rechtliche Struktur

Richtlinien/Erlasse. Innerhalb der Gesetzesanwendungsvorschriften sind allgemeine Vorschriften zu großen Einzelsteuergesetzen, sog. **Richtlinien** (Einkommensteuerrichtlinien, Lohnsteuerrichtlinien, Körperschaftsteuerrichtlinien etc.) und **Anwendungserlasse** (Umsatzsteuer-Anwendungserlass, Anwendungserlass zur Abgabenordnung), von **Einzelerlassen** zu unterscheiden. Es wird geschätzt, dass das Bundesfinanzministerium, die Landesfinanzministerien und die Oberfinanzdirektionen jährlich weit über tausend *neue* Verwaltungsvorschriften erlassen und der geltende Bestand an Verwaltungsvorschriften mehrere zehntausend umfasst. **13**

Rechtsgrundlage für den Erlass von Verwaltungsvorschriften ist Art. 108 Abs. 7 GG. Hiernach kann die Bundesregierung allgemeine Verwaltungsvorschriften erlassen. Dies gilt unbeschränkt für den Bereich, der der Verwaltung durch Bundesfinanzbehörden unterliegt. Die Bundesregierung kann daher Verwaltungsvorschriften für die Bundesfinanzverwaltung erlassen. Mit Zustimmung des Bundesrats kann die Bundesregierung darüber hinaus Verwaltungsvorschriften insoweit erlassen, als sie die Verwaltung der Landesfinanzbehörden oder der Gemeinden betrifft. **14**

d) Entscheidungen von Gerichten

Die Rechtsprechung wird im Bereich des Steuerrechts durch die *Finanzgerichte* und den *Bundesfinanzhof* ausgeübt, Rz. 663. Auch das *Bundesverfassungsgericht* hat ebenso wie der *Europäische Gerichtshof* in Steuerrechtsfragen zu entscheiden. Nach Art. 20 Abs. 3, 97 Abs. 1 GG sind Gerichte an Gesetze gebunden, nicht jedoch der Gesetzgeber an Gerichtsentscheidungen. **15**

e) Wechselwirkung von Gesetzgeber, Finanzverwaltung und Gerichten

Verwaltungsvorschriften haben häufig eine **norminterpretierende** Funktion. Sie dienen u. a. den Interessen der Finanzverwaltung an einer (für das Finanzamt) einfachen Steuererhebung und der Sicherung eines hohen Steueraufkommens. Im Konflikt dazu steht die **Auslegung von Rechtsnormen durch Gerichte**, die sich rechtsmethodisch an Wortlaut, Entstehungsgeschichte, Systematik sowie Sinn und Zweck des Gesetzes orientiert. Kommt es zu einer fiskalisch unerwünschten Gerichtsentscheidung, so ordnet die Finanzverwaltung gelegentlich an, das Urteil nur zugunsten des Klägers umzusetzen, aber die allgemeinen Urteilsgrundsätze nicht über den Einzelfall hinaus anzuwenden (sog. **Nichtanwendungserlass**), oder veranlasst den Gesetzgeber, das Gesetz im Sinne der Finanzverwaltung zu ändern (sog. **Nichtanwendungsgesetz**). **15a**

In verfassungsrechtlich fragwürdiger Weise versucht der Gesetzgeber vereinzelt, die Gesetzesauslegung aus den Händen der Judikative zu nehmen und in die Hände der Finanzverwaltung zu legen. In den §§ 22a Abs. 1 Satz 1 und § 44 Abs. 1 Satz 3 ordnet das EStG an, dass die Norm „unter Beachtung der im Bundessteuerblatt veröffentlichten Auslegungsvorschriften der Finanzverwaltung" anzuwenden sei. Das verstößt gegen den Grundsatz der Gewaltenteilung.

2. Das System der Steuerarten

22 Im Folgenden werden die wichtigsten Steuerarten behandelt. Für die Differenzierung von Steuerarten kann auf die **Person des Steuerpflichtigen** (Personen- und Realsteuern bzw. direkte und indirekte Steuern), auf den **Steuergegenstand** (Ertrag- und Substanzsteuern bzw. Besitz- und Verkehrsteuern) und auf die **zeitliche Abfolge des Entstehens der Steuern** (Entstehungs- und Verwendungssteuern bzw. periodische und aperiodische Steuern) abgestellt werden.

a) Personen- und Realsteuern

23 Die Differenzierung nach Personen- und Realsteuern beantwortet die Frage, ob die Steuerart an die persönlichen Verhältnisse des Steuerschuldners anknüpft. Die großen *Personen- bzw. Subjektsteuern* sind die Einkommensteuer (ESt) und die Körperschaftsteuer (KSt). Diese Steuerarten regeln die Besteuerung des Einkommens natürlicher bzw. juristischer Personen und berücksichtigen im Falle der ESt die jeweiligen persönlichen Verhältnisse des Steuerschuldners. Die ESt ist die Steuerart mit dem größten Steueraufkommen. Als Annexsteuern sind die Kirchensteuer (KiSt) und der Solidaritätszuschlag (SolZ) als weitere Personensteuern zu nennen. Schließlich ist die Erbschaftsteuer und Schenkungsteuer (ErbSt) eine Personensteuer.

Real- bzw. Objektsteuern sind insb. die Gewerbesteuer (GewSt) und die Grundsteuer (GrSt). Sie knüpfen an ein Steuerobjekt (Gewerbebetrieb, Grundstück) an, ohne die persönlichen Verhältnisse des Steuerschuldners zu berücksichtigen.

b) Direkte und indirekte Steuern

24 *Direkte* Steuern liegen bei Identität des Steuerschuldners und des Steuerträgers vor. Steuerträger ist derjenige, der die Steuerschuld wirtschaftlich zu tragen hat. Bei allen Personen- und Realsteuern sind der Steuerschuldner und der Steuerträger identisch. Ist diese Identität nicht gegeben, liegen *indirekte* Steuern vor. Charakteristisch für indirekte Steuern ist die wirtschaftliche Überwälzung von Steuern auf Dritte. Zu nennen ist hierbei insb. die Umsatzsteuer (USt), die wirtschaftlich vom Verbraucher, rechtlich allerdings vom Unternehmer, getragen wird. Ferner gehören die Verbrauchsteuern (Branntwein-, Kaffee-, Energie-, Strom- und Tabaksteuer) sowie die Versicherungsteuer hierzu.

c) Ertrag- und Substanzsteuern

25 Die Unterscheidung zwischen Ertrag- und Substanzsteuern stellt auf die Frage ab, ob Gegenstand der Besteuerung die Einkünfte sind oder das Vermögen ist. Die *Ertragsteuern* knüpfen grundsätzlich an die Erzielung von Einkünften an. Ertragsteuern sind die ESt, KSt, GewSt, KiSt und der SolZ. *Substanzsteuern* beziehen sich hingegen auf das Vermögen des Steuerpflichtigen. Beispiele hierfür sind die GrSt und die ErbSt.

d) Verkehr- und Besitzsteuern

Verkehrsteuern liegen vor, wenn an die Tatsache der Übertragung von Gütern Rechtsfolgen geknüpft werden. Beispiele von Verkehrsteuern sind insb. die USt (die teilweise vorrangig als Verbrauchsteuer eingestuft wird) und die Grunderwerbsteuer (GrESt). Andernfalls liegen *Besitzsteuern* vor (etwa alle Personen- und Realsteuern). **26**

e) Entstehungs- und Verwendungssteuern

Steuerarten lassen sich ferner danach differenzieren, ob Anknüpfungszeitpunkt im Steuertatbestand die Entstehung von Einkünften und Vermögen oder deren Verwendung ist. *Entstehungssteuern* sind hiernach Steuern, die an Einkünfte und Vermögen anknüpfen. Zu nennen sind hier die Ertrag- und Substanzsteuern. *Verwendungssteuern* sind hingegen die Steuern, deren Anknüpfungstatbestand zeitlich der Entstehung von Einkommen und Vermögen nachgelagert ist. Zu nennen sind hier die Verkehr- und Verbrauchsteuern. **27**

f) Periodische und aperiodische Steuern

Je nach Frequenz des Entstehens von Steuern sind periodische und aperiodische Steuern gegeben. *Periodische* Steuern entstehen zu bestimmten Zeitpunkten bezogen auf gesetzlich vordefinierte zeitliche Perioden (z. B. die ESt und die GewSt). *Aperiodische* Steuern fallen demgegenüber bei der Erfüllung des jeweiligen gesetzlichen Tatbestandes an. Zu nennen sind die ErbSt und die GrESt. **28**

g) Unternehmensteuerrecht im System der Steuerarten

Es existiert in Deutschland kein Unternehmensteuergesetz. Auch der Begriff des Unternehmensteuerrechts findet sich in Einzelsteuergesetzen nicht wieder (es bestehen lediglich Bezüge zu Änderungsgesetzen, bspw. dem Unternehmensteuerfortentwicklungsgesetz vom 20.12.2001 und dem Unternehmensteuerreformgesetz 2008 vom 14.08.2007). Das Unternehmensteuerrecht ist vielmehr in unterschiedlichen Einzelsteuergesetzen geregelt, insb. in GewStG, UStG, KStG und EStG sowie teilweise in ErbStG und GrEStG. **29**

Weiterführende Literaturempfehlungen zum System der Steuerarten: *Birk/Desens/Tappe,* Rz. 70 ff.; *Tipke/Lang,* § 8.

2. Kapitel

Steuerarten/Unternehmensteuerrecht

1. Einkommensteuer*

a) System und Aufbau des EStG

aa) Verhältnis der Einkommensteuer zu anderen Steuerarten

Das EStG regelt die Besteuerung des Einkommens **natürlicher Personen**. In subjektiver Hinsicht wird der Anwendungsbereich durch die Bezugnahme auf natürliche Personen vom **KStG** abgegrenzt. Das KStG besteuert demgegenüber insb. *juristische Personen*. Bezogen auf das Steueraufkommen handelt es sich hierbei im Wesentlichen um *Kapitalgesellschaften*, § 1 Abs. 1 Nr. 1 KStG. 30

Während sich ESt und KSt notwendigerweise vollständig voneinander abgrenzen, tritt die **GewSt** bei gewerblichen Einkünften neben die ESt und die KSt. Die GewSt besteuert nach § 2 Abs. 1 Satz 1 GewStG den stehenden Gewerbebetrieb. Nach § 2 Abs. 1 Satz 2 GewStG ist Gewerbebetrieb ein gewerbliches Unternehmen i. S. d. EStG. Sofern im Rahmen des EStG Einkünfte aus Gewerbebetrieb erzielt werden, bilden diese gleichsam die Bemessungsgrundlage des Gewerbeertrags gem. § 7 GewStG und unterliegen der GewSt. Gleiches gilt bei Kapitalgesellschaften, die grundsätzlich gewerbliche Einkünfte erzielen, § 8 Abs. 2 KStG.

Das **Einkommen** wird also bei gewerblichen Einkünften durch das EStG bzw. KStG einerseits sowie das GewStG andererseits **doppelt besteuert.** Die Doppelbelastung wird bei der ESt durch eine Steuerermäßigung in etwa der Höhe der zu leistenden GewSt (s. Rz. 352) und bei der KSt durch den niedrigen Steuersatz von 15 % (s. Rz. 316) teilweise kompensiert.

bb) Aufbau des Gesetzes

Der subjektive Geltungsbereich des Gesetzes wird durch die Bestimmung und Abgrenzung der **persönlichen Steuerpflicht** in den §§ 1 und 1a festgelegt. 31

Die §§ 2 bis 24b regeln den **sachlichen Anwendungsbereich** des EStG und legen fest, was Einkommen ist. § 2 gibt darüber hinaus einen Leitfaden der Besteuerung nach dem EStG vor. In § 2 Abs. 1 bis 6 wird quasi das Berechnungsschema der festzusetzenden ESt vorgegeben. Gleichsam sind in diesen Absätzen die wesentlichen Definitionen des EStG enthalten.

---

* Die Vorschriften des EStG werden ohne die Gesetzesbezeichnung zitiert.

Insoweit werden

- *Einkunftsarten* festgelegt (§ 2 Abs. 1 Satz 1),
- Einkunftsarten bestimmten Gruppen zugewiesen (§ 2 Abs. 2),
- die *Summe* und der *Gesamtbetrag der Einkünfte* definiert (§ 2 Abs. 3 Satz 1),
- das *Einkommen* bestimmt (§ 2 Abs. 4),
- das *zu versteuernde Einkommen* als Bemessungsgrundlage der tariflichen ESt definiert (§ 2 Abs. 5 Satz 1),
- die *festzusetzende ESt* festgelegt (§ 2 Abs. 6 Satz 1).

§ 2a bestimmt, wie negative Einkünfte mit Drittstaatenbezug Eingang in die inländische Besteuerung finden können. Verluste aus EU/EWR-Staaten sind seit 2009 aus der Verlustverrechnungs- und -abzugsbeschränkung ausgenommen.

Die Regelungen der §§ 3 bis 3c geben **sachliche Steuerbefreiungen** vor. Die §§ 4 bis 7k widmen sich einer bestimmten Gruppe von Einkunftsarten, nämlich den sog. **Gewinneinkunftsarten** (§ 2 Abs. 1 Satz 1 Nr. 1 bis 3, Abs. 2 Nr. 1). Die §§ 8 bis 9b betreffen dagegen die andere Gruppe der Einkunftsarten, die sog. **Überschusseinkunftsarten** (§ 2 Abs. 1 Satz 1 Nr. 4 bis 7, Abs. 2 Nr. 2).

In den §§ 10 bis 10g sind die **Sonderausgaben** geregelt, die Bestandteil des Einkommens nach § 2 Abs. 4 sind. Die §§ 11 bis 11b beziehen sich grundsätzlich auf alle Einkunftsarten und regeln zeitliche Besonderheiten bei der **Vereinnahmung und Verausgabung**. In § 12 wird die einkommensteuerlich relevante Sphäre von natürlichen Personen von der steuerlich nicht relevanten Privatsphäre abgegrenzt.

In den §§ 13 bis 23 werden die **einzelnen Einkunftsarten** in ihrer numerischen Abfolge näher bestimmt. § 24 erweitert die sachlichen und zeitlichen Grenzen der Einkünfte (insb. um nachträgliche Einkünfte, Nr. 2).

Der in § 24a geregelte **Altersentlastungsbetrag** und der **Entlastungsbetrag für Alleinerziehende** nach § 24b finden Eingang in den Gesamtbetrag der Einkünfte gem. § 2 Abs. 3 Satz 1.

Die §§ 25 bis 28 und §§ 36 bis 46 beziehen sich auf das **einkommensteuerliche Verfahrensrecht** und stellen rechtssystematisch Sondervorschriften zur Abgabenordnung dar. In den §§ 25 ff. ist vorwiegend das einkommensteuerliche **Steuerermittlungs- und Feststellungsverfahren** (Veranlagungszeitraum, Veranlagung von Ehegatten) sowie Mitwirkungspflichten des Steuerpflichtigen (insb. die Verpflichtung zur Abgabe von Steuer) geregelt. Die §§ 36 bis 46 befassen sich mit dem einkommen-, lohn- und kapitalertragsteuerlichen **Erhebungs- und Abzugsverfahren**. Neben der Entstehung und Tilgung der ESt werden das Verfahren von Einkommensteuervorauszahlungen, des Steuerabzugs vom Lohn (sog. Lohnsteuer) und des Steuerabzugs vom Kapitalertrag (Kapitalertragsteuer) geregelt. Der für die Bauwirtschaft relevante **Steuerabzug bei Bauleistungen** ist in den §§ 48 bis 48d geregelt.

Der **Steuertarif**, bei dem die besonderen persönlichen Verhältnisse des Steuerpflichtigen berücksichtigt werden, ist in den §§ 31 bis 34b festgelegt. Im Nachgang zur Festlegung der ESt werden **Steuerermäßigungen** in den §§ 34c bis 35a bestimmt. In diesem Zusammenhang werden z. B. in §§ 34c und 34d durch DBA nicht beseitigte Kollisionen verschiedener nationaler Steuersysteme berücksichtigt. Besondere Bedeutung hat ferner § 35, bei dem die aus der Doppelbelastung aus ESt und GewSt resultierenden Nachteile durch eine Steuerermäßigung bei der ESt i.d.R. in Höhe eines Teils der GewSt (nachfolgend *Anrechnung*) vermindert werden sollen.

Die Einkünfte beschränkt Steuerpflichtiger sind in den §§ 49 bis 50a geregelt.

Innerhalb der **Schlussvorschriften** sind insb. die Anwendungsvorschriften der §§ 52 und 52b zu beachten, die wichtige Informationen zum zeitlichen Anwendungsbereich einzelner Vorschriften des EStG enthalten. **32**

Die in §§ 62 bis 78 geregelten Vorschriften zum **Kindergeld** gehören nicht zum Steuerrecht, sondern zum Subventionsrecht. Sie bilden eine Einheit mit dem Bundeskindergeldgesetz und werden bei der folgenden Darstellung ausgeklammert. **33**

Gleiches gilt für die Regelungen zur **Altersvorsorgezulage** nach §§ 79 bis 99, die ebenfalls nicht zum Steuerrecht gehören.

cc) Jahressteuerprinzip, Ermittlungs- und Veranlagungszeitraum

Die Periodizität der ESt ist in § 2 Abs. 7 Satz 1 festgelegt. Die ESt ist eine **Jahressteuer** und nach § 2 Abs. 7 Satz 2 jeweils für ein Kalenderjahr zu ermitteln. **Ermittlungszeitraum (EZ)** ist damit grundsätzlich das Kalenderjahr. Der EZ ist materiell-rechtlich der Zeitraum, in dem Einkünfte von natürlichen Personen der Besteuerung unterworfen werden. Verfahrensrechtlich entspricht dem EZ der sog. **Veranlagungszeitraum (VZ)**, der in den verfahrensrechtlichen Bestimmungen des EStG in § 25 Abs. 1 geregelt ist. Der EZ kann kürzer als der VZ sein, wenn z.B. die materielle Steuerpflicht durch Geburt oder Tod im Laufe eines Kalenderjahres beginnt oder endet. **33a**

dd) Abgrenzung zur steuerlichen Privatsphäre

Das EStG trennt Aufwendungen, die dazu dienen, Einkünfte zu erzielen, von denen, die der privaten Lebensführung zuzuordnen sind. Die Abgrenzung von Aufwendungen, die der Einkünfteerzielung dienen, von solchen der privaten Lebensführung wird *einerseits* im Rahmen der Bestimmung des Gegenstands der Einkünfte festgelegt. So regelt z.B. § 4 Abs. 4, dass Betriebsausgaben Aufwendungen sind, die durch den Betrieb veranlasst sind. **34**

Die Abgrenzung der Kosten der privaten Lebensführung wird *andererseits* durch § 12 vorgenommen. Hiernach dürfen vom Gesamtbetrag der Einkünfte die für den Haushalt des Steuerpflichtigen aufgewendeten Beträge, freiwillige Zuwendungen, persönliche Steuern und Geldstrafen nicht abgezogen werden, soweit nicht das Gesetz den Abzug ausdrücklich zulässt, wie dies insb. bei Sonderausgaben und außergewöhnlichen Belastungen der Fall ist.

b) Persönliche Steuerpflicht

aa) Unbeschränkte Steuerpflicht

35 Natürliche Personen, die im Inland einen Wohnsitz oder ihren gewöhnlichen Aufenthalt haben, sind unbeschränkt einkommensteuerpflichtig. § 1 Abs. 1 Satz 2 bestimmt in geographischer Hinsicht das Inland i. S. d. EStG.

Tatbestandsvoraussetzungen der in § 1 Abs. 1 Satz 1 geregelten unbeschränkten Steuerpflicht sind somit einerseits die Eigenschaft als **natürliche Person** und andererseits der **Inlandsbezug** dieser Person hinsichtlich **Wohnsitz** oder **gewöhnlichem Aufenthalt**. Der Systematik des Steuerrechts folgend werden die Begriffe *Wohnsitz* und *gewöhnlicher Aufenthalt* in den §§ 8 und 9 AO geregelt.

Eine Person kann mehrere Wohnsitze gleichzeitig innehaben. Was Gegenstand des *Wohnsitzes* ist, ist stark ausfüllungsbedürftig und inhaltlich umstritten. Voraussetzung ist jedenfalls, dass es sich um eine Wohnung i. S. v. Wohnräumlichkeiten handelt, der Wohnberechtigte diese Wohnung innehat und objektive Umstände darauf schließen lassen, dass die Wohnung beibehalten und benutzt werden soll. § 8 AO gibt bezüglich des Wohnsitzes keinen Zeitmoment vor, die Rechtsprechung geht allerdings von einer Mindestdauer von 6 Monaten zur Begründung des steuerlichen Wohnsitzes aus.

Neben dem Wohnsitz reicht auch ein *gewöhnlicher Aufenthalt* nach § 9 AO für die Begründung einer unbeschränkten Steuerpflicht nach § 1 Abs. 1 Satz 1 aus. Der gewöhnliche Aufenthalt wird dort begründet, wo sich der Steuerpflichtige unter Umständen aufhält, die erkennen lassen, dass er an diesem Ort oder in diesem Gebiet nicht nur vorübergehend verweilt. Im Unterschied zum Wohnsitz, der die Wohnung als festen Lebensmittelpunkt oder Stützpunkt definiert, setzt § 9 AO lediglich einen nicht einmal gleichbleibenden Aufenthaltsort voraus, der allerdings nicht nur vorübergehend sein darf. Nach § 9 Abs. 2 AO wird ein gewöhnlicher Aufenthalt fingiert, wenn der Aufenthalt im Staatsgebiet länger als 6 Monate andauert. Aufenthalt in einem *fahrenden Wohnwagen* ist daher gewöhnlicher Aufenthalt und nicht Wohnung, weil der fahrende Wohnwagen mangels räumlicher Fixierung keine Wohnung begründet. Anders der *fixierte Wohnwagen*, dann Wohnsitz.

Die unbeschränkte Steuerpflicht ist damit grundsätzlich unabhängig von der **Staatsangehörigkeit** der natürlichen Person. Eine Ausnahme gilt für Auslandsbeschäftigte, insb. für Diplomaten (§ 1 Abs. 2), s. Rz. 35a.

35a Neben der durch den Wohnsitz oder gewöhnlichen Aufenthalt vermittelten unbeschränkten Steuerpflicht gibt es noch drei weitere Tatbestände der unbeschränkten Steuerpflicht:

- Erweiterte unbeschränkte Steuerpflicht nach § 1 Abs. 2;
- Fiktive unbeschränkte Steuerpflicht auf Antrag nach § 1 Abs. 3;
- Fiktive unbeschränkte Steuerpflicht von EU/EWR-Familienangehörigen nach § 1 Buchst. a.

35b Die **erweiterte unbeschränkte Steuerpflicht** nach § 1 Abs. 2 betrifft natürliche Personen, die zu einer inländischen juristischen Person des öffentlichen Rechts in einem Dienstverhältnis stehen und deutsche Staatsangehörige sind, im Inland allerdings wieder Wohnsitz noch gewöhnlichen Aufenthalt haben und gleichzeitig im Ausland nur beschränkt einkommensteuerpflichtig sind. Diese Regelung gilt vorrangig für Diplomaten und die zu ihrem Haushalt gehörenden Angehörigen.

Fiktive unbeschränkte Steuerpflicht. Aus vorwiegend europarechtlichen Gründen werden natürliche Personen, die im Inland weder Wohnsitz noch gewöhnlichen Aufenthalt haben, auf Antrag als unbeschränkt Steuerpflichtige behandelt, § 1 Abs. 3. Hintergrund eines entsprechenden Antrags ist die Möglichkeit, anders als bei beschränkt Steuerpflichtigen (vgl. Rz. 531 ff.), in den Genuss bestimmter für unbeschränkt Steuerpflichtige geltende Regelungen zu kommen, insbesondere des grundsätzlich unbeschränkten Betriebsausgaben- und Werbungskostenabzugs, des Sonderausgabenabzugs, des Grundfreibetrags und der Progression sowie Kinderfreibeträgen. Die Zusammenveranlagung ist hingegen nur möglich, wenn die Voraussetzungen des § 1a anwendbar sind. Wesentliche Voraussetzung des Antrags ist, dass Einkünfte mindestens zu 90 % der deutschen Einkommensteuer unterliegenden oder die nicht der deutschen Einkommensteuer unterliegenden Einkünfte den Grundfreibetrag nicht übersteigen. Die Regelung ist deshalb grundsätzlich für Grenzpendler, die aus dem europäischen Inland nach Deutschland pendeln und deshalb mit ihren Arbeitseinkommen in Deutschland besteuert werden, anzuwenden. Die Vergünstigung gilt schließlich nur bezogen auf inländische Einkünfte. **35c**

Familienangehörige. Nach § 1a werden einzelne familienbezogene Vergünstigungen für nicht unbeschränkt steuerpflichtige Ehegatten und Kinder von Steuerpflichtigen gewährt. Die Vorschrift erfüllt eine entsprechende Anforderung des EuGH bezogen auf Grenzpendler. Voraussetzung ist, dass ein Ehegatte unbeschränkt einkommensteuerpflichtig nach § 1 Abs. 1 oder Abs. 3 ist. Begünstigt werden Unterhalts- und Versorgungsleistungen (Gewährung von Sonderausgabenabzug) und das Veranlagungswahlrecht der Zusammenveranlagung. **35d**

bb) Beschränkte Steuerpflicht

Natürliche Personen, die im Inland weder ihren Wohnsitz noch ihren gewöhnlichen Aufenthalt haben, sind grundsätzlich beschränkt einkommensteuerpflichtig mit bestimmten **inländischen Einkünften**, § 1 Abs. 4, siehe ausführlich Rz. 531 ff. Anknüpfungspunkt der beschränkten Einkommensteuerpflicht ist damit nicht der Wohnsitz oder der gewöhnliche Aufenthalt im Inland, sondern bestimmte inländische Interessen von Steuerpflichtigen. § 49 regelt den Umfang der inländischen Einkünfte, die Gegenstand der beschränkten Steuerpflicht sind. Von praktischer Relevanz sind insb. bei den Einkünften aus Gewerbebetrieb und aus selbstständiger Arbeit die Besteuerung **inländischer Betriebsstätten** und im Inland ausgeübte **Einkünfte aus selbstständiger Arbeit** (§ 49 Abs. 1 Nr. 2a, Nr. 3). Wichtiger weiterer Anwendungsfall ist ferner die Erzielung von Einkünften aus Vermietung und Verpachtung hinsichtlich **inländischer Grundstücke** nach § 49 Abs. 1 Nr. 6 sowie Einkünfte aus privaten Veräußerungsgeschäften nach § 49 Abs. 1 Nr. 8. **36**

c) Sachliche Steuerpflicht: Überblick über das steuerliche Einkommen

aa) Einkunftsarten und Einkommen

40 **Einkunftsarten.** Das Einkommensteuerrecht unterteilt die Einkünfte in bestimmte Einkunftsarten. Es bestehen sechs konkrete, in § 2 Abs. 1 Satz 1 festgelegte Einkunftsarten und ein Sammeltatbestand für abschließend aufgezählte sonstige Einkünfte. Die unter den Ziffern 1 bis 3 aufgeführten Einkunftsarten (Einkünfte aus Land- und Forstwirtschaft, aus Gewerbebetrieb und aus selbstständiger Arbeit) sind gem. § 2 Abs. 2 Nr. 1 sog. *Gewinneinkunftsarten*. Bei diesen Einkunftsarten ist der **Gewinn** Besteuerungsgegenstand. Bei den in § 2 Abs. 1 Satz 1 Nr. 4 bis 7 geregelten Einkünften aus nichtselbstständiger Arbeit, aus Kapitalvermögen, aus Vermietung und Verpachtung und bei den sonstigen Einkünften ist Besteuerungsgegenstand der **Überschuss der Einnahmen über die Werbungskosten**, § 2 Abs. 2 Nr. 2.

41 Es bestehen somit **zwei Gruppen von Einkunftsarten**, die sich durch unterschiedliche Einkünfteermittlungsmethoden voneinander abheben. In den §§ 4 bis 7k wird die *Methode der Gewinnermittlung* aus Land- und Forstwirtschaft, Gewerbebetrieb und selbstständiger Arbeit behandelt. Die *Methode der Überschussermittlung* der Einnahmen über die Werbungskosten bei den Einkünften aus nichtselbstständiger Arbeit, aus Kapitalvermögen, aus Vermietung und Verpachtung sowie bei den sonstigen Einkünften wird in den §§ 8 bis 9b geregelt.

Aufgrund des bereits verfassungsrechtlich vorgegebenen Bestimmtheitsgrundsatzes besteht ein **numerus clausus der Einkunftsarten**. Nur was positivrechtlich als Einkunftsart festgelegt ist, ist Grundlage der Einkommensbesteuerung. Der Sammeltatbestand des § 2 Abs. 1 Satz 1 Nr. 7 der sonstigen Einkünfte ist nur scheinbar ein Auffangtatbestand. Die diese Norm konkretisierenden Vorschriften der §§ 22 bis 23 regeln im Einzelnen die Tatbestände, die sonstige Einkünfte begründen.

42 Der **Grund für die Unterscheidung von Einkunftsarten** ist in der Komplexität des Einkommensteuerrechts zu suchen. Das Erfordernis der **Ermäßigung der ESt** z. B. durch einkünftespezifische Steuerbefreiungen, Freibeträge, Freigrenzen, Anrechnungen oder den Steuertarif kann in jeder Einkunftsart unterschiedlich sein. So führen die mit GewSt belasteten Einkünfte aus Gewerbebetrieb zu einer Steuerermäßigung i. d. R. in Höhe eines Teils der gezahlten GewSt auf die Steuerschuld (§ 35, s. Rz. 352). Die Unterscheidung nach Einkunftsarten ist ferner für die **Art der Steuererhebung** bedeutend (die Lohnsteuer greift z. B. ausschließlich bei Einkünften aus nichtselbstständiger Arbeit, die Kapitalertragsteuer nur bei Einkünften aus Kapitalvermögen). Inländische Einkünfte beschränkt Steuerpflichtiger sind je nach Einkunftsart im Inland steuerpflichtig. Die Qualifizierung verschiedener Einkunftsarten hat auch **Wirkungen auf andere Steuern**, z. B. die GewSt.

43 **Summe der Einkünfte.** Die Einkünfte werden separat jeder Einkunftsart zugewiesen und entsprechend den jeweils anzuwendenden Regelungen ermittelt. Anschließend werden sie gem. § 2 Abs. 3 summiert. Es ist möglich, dass unterschiedliche Einkunftsquellen innerhalb derselben Einkunftsart zu berücksichtigen sind. Z. B. können Einkünfte aus Gewerbebetrieb sowohl aus dem Betrieb

1. Einkommensteuer

eines Einzelunternehmens als auch aus Gewinnzuweisungen einer Personengesellschaft, die einen Gewerbebetrieb hat, erzielt werden. *Positive und negative Einkünfte* können unbegrenzt miteinander saldiert werden (**Verlustausgleich**, s. Rz. 52).

Gesamtbetrag der Einkünfte. Die Summe der Einkünfte ist um den *Altersentlastungsbetrag* nach § 24a (s. Rz. 205), den *Entlastungsbetrag für Alleinerziehende* nach § 24b und den *Abzug für Land- und Forstwirtschaft* nach § 13 Abs. 3 (s. Rz. 167) zu vermindern. Die verbleibende Rechnungsgröße ist der Gesamtbetrag der Einkünfte nach § 2 Abs. 3. **44**

Einkommen. Im nächsten Schritt wird der zuvor berechnete Gesamtbetrag der Einkünfte um die *Sonderausgaben* und die *außergewöhnlichen Belastungen* vermindert. Daraus ergibt sich das Einkommen gem. § 2 Abs. 4. **45**

Sonderausgaben sind Ausgaben, die unabhängig von der Einkünfteerzielung anfallen. Dazu gehören die Unterhalts- und Versorgungsleistungen nach § 10 Abs. 1a (s. Rz. 191), die Vorsorgeaufwendungen nach § 10 Abs. 1 Nr. 2, Nr. 3 und Nr. 3a (s. Rz. 193 ff.) sowie gezahlte Kirchensteuer nach § 10 Abs. 1 Nr. 4. **46**

Zu den Sonderausgaben gehören auch bestimmte **Ausbildungskosten,** und zwar Aufwendungen für die (erste) eigene Berufsausbildung, § 10 Abs. 1 Nr. 7, Schulgeld für Kinder des Steuerpflichtigen zu 30 %, § 10 Abs. 1 Nr. 9 sowie ferner Kinderbetreuungskosten zu zwei Dritteln, § 10 Abs. 1 Nr. 5. Sämtliche Ausbildungskosten sind durch absolute Höchstbeträge gedeckt. Wenn die Ausbildung in einem Dienstverhältnis erfolgt oder eine „weitere" Ausbildung nach der ersten Berufsausbildung oder eine Fortbildung darstellt, sind die Ausbildungskosten vorrangig als Werbungskosten abziehbar. **47**

Außergewöhnliche Belastungen sind unter den Bestimmungen zum Steuertarif in § 33 geregelt und dadurch gekennzeichnet, dass dem Steuerpflichtigen zwangsläufig größere Aufwendungen erwachsen als der überwiegenden Mehrzahl der Steuerpflichtigen gleicher Einkommensverhältnisse, gleicher Vermögensverhältnisse und gleichen Familienstandes (§ 33). Die Zwangsläufigkeit setzt einen Umstand voraus, dem sich der Steuerpflichtige aus rechtlichen, tatsächlichen oder sittlichen Gründen nicht entziehen kann. Ausgeschlossen sind insoweit Aufwendungen, die im Rahmen der Einkünfteermittlung (Betriebsausgaben, Werbungskosten) oder bei den Sonderausgaben abziehbar sind. Typische Fälle außergewöhnlicher Belastungen sind Kosten, die im Krankheitsfall entstehen. Voraussetzung ist allerdings, dass die Notwendigkeit der Aufwendungen durch ein ärztliches bzw. amtsärztliches Gutachten belegt wird, das vor Beginn der kostenauslösenden Maßnahme ausgestellt wurde, § 64 EStDV. Aufwendungen für die Führung eines Rechtsstreits (Prozesskosten) können ebenfalls außergewöhnliche Belastungen sein, wenn der Rechtsstreit die Existenzgrundlage des Steuerpflichtigen betrifft (§ 33 Abs. 2 Satz 4). **48**

Zu versteuerndes Einkommen. Das Einkommen wird nun um Kinderfreibeträge sowie Freibeträge für Betreuung und Erziehung oder Ausbildung nach § 32 Abs. 6 und sonstige vom Einkommen abzuziehende Beträge (§ 46 Abs. 3 i.V.m. § 70 EStDV) vermindert, um zu dem zu versteuernden Einkommen zu gelangen. **49**

Berechnungsschema zur Ermittlung des zu versteuernden Einkommens (ohne Sachverhalte nach § 2a sowie Außensteuerrecht):

Summe der Einkünfte aus jeder Einkunftsart nach § 2 Abs. 3
– Altersentlastungsbetrag, § 24 a
– Entlastungsbetrag für Alleinerziehende, § 24 b
– Freibetrag für Land- und Forstwirte, § 13 Abs. 3

= Gesamtbetrag der Einkünfte, § 2 Abs. 3 Satz 1
– Verlustabzug, § 10d
– Sonderausgaben und diesen gleichgestellte Aufwendungen, §§ 10 ff. (außer § 10d)
– Außergewöhnliche Belastungen, §§ 33 bis 33 b

= Einkommen, § 2 Abs. 4
– Freibeträge für Kinder, § 32 Abs. 6
– Härteausgleich nach § 46, § 70 EStDV

= Zu versteuerndes Einkommen, § 2 Abs. 5 Satz 1

bb) Einkünfteerzielungsabsicht und Liebhaberei

50 Einkünfteerzielungsabsicht. Neben dem in § 2 festgelegten Tatbestand der Einkünfteerzielung ist eine weitere Komponente für das Vorliegen von Einkünften erforderlich. Diese wird oft missverständlich als Einkünfteerzielungsabsicht bezeichnet. Dieses Tatbestandsmerkmal ist kein subjektives, sondern ein „verobjektiviertes" Tatbestandsmerkmal. Erforderlich, aber auch ausreichend ist, dass der Steuerpflichtige sich objektiv wie jemand verhält, der Einkünfte zu erzielen beabsichtigt. Das setzt voraus, dass die Tätigkeit dem Zweck der wirtschaftlichen Vermögensmehrung dient. Liegt dieses Merkmal nicht vor, ist insoweit der Einkommensteuertatbestand nicht gegeben. In diesem Fall sind weder Einnahmen noch Ausgaben einkommensteuerlich relevant. Die Aktivitäten des Steuerpflichtigen sind dann in den Bereich der steuerlich nicht relevanten persönlichen Lebensführung und damit der sog. *Liebhaberei* zu verweisen.

51 Liebhaberei. Werden z. B. innerhalb einer Einkunftsart bei einer bestimmten Aktivität des Steuerpflichtigen über viele Jahre hinweg negative Einkünfte erzielt, kann dies ein Indiz dafür sein, dass die Absicht der Erzielung von Gewinn bzw. Überschuss und damit eine Einkünfteerzielungsabsicht nicht vorliegt. Fragen der Liebhaberei entstehen in der Praxis häufig bei dem außerhalb der reinen Privatsphäre erfolgenden Betrieb von *Segelyachten*, *Flugzeugen*, dem *Halten von Rennpferden*, der gemeinschaftlichen Bewirtschaftung von *Immobilien* und der Vermietung von *Ferienwohnungen*.

Die Einkünfteerzielungsabsicht findet in einzelnen Einkunftsarten ihre weitere positivrechtliche Ausprägung. Dies gilt z. B. für die Einkünfte aus Gewerbebetrieb mit der Bestimmung des § 15 Abs. 2, die für diese Einkunftsart die *Gewinnerzielungsabsicht* voraussetzt.

d) Berücksichtigung steuerlicher Verluste

aa) Horizontale und vertikale Verlustverrechnung

Verlustausgleich. Die Verrechnung von positiven und negativen Einkünften *innerhalb derselben Einkunftsart (horizontaler Verlustausgleich)* ist unbeschränkt möglich, ebenso die Verrechnung *zwischen verschiedenen Einkunftsarten (vertikaler Verlustausgleich)*. **52**

> **Beispiel:**
>
> M erzielte Einkünfte aus nichtselbstständiger Arbeit i. H. v. 80.000 EUR. Aus einer Beteiligung an der K-KG werden ihm negative Einkünfte aus Gewerbebetrieb (Verlust) i. H. v. 70.000 EUR zugewiesen.
>
> Da es sich um verschiedene Einkunftsarten handelt, ist der vertikale Verlustausgleich vorzunehmen. M erzielt demnach positive Einkünfte i. H. v. per Saldo 10.000 EUR.

Verlustverrechnungsbeschränkungen. Es bestehen im Einzelnen besondere an bestimmte Sachverhalte anknüpfende *Verlustverrechnungsbeschränkungen*, z. B. §§ 2a Abs. 1, 15 Abs. 4, 15a Abs. 1 Satz 1 (s. Rz. 156 ff.), § 15b, § 17 Abs. 2 Satz 6, § 20 Abs. 6, § 22 Nr. 3 Satz 3, § 23 Abs. 3 Satz 7. Die Verlustverrechnung zwischen verschiedenen Perioden wird als **Verlustabzug** bezeichnet, s. Rz. 57 ff. **53**

bb) Verlustabzug

Verlustabzug. Wenn der Ausgleich negativer Einkünfte mit positiven Einkünften (*Verlustausgleich*, s. Rz. 52) im selben VZ nicht vollständig möglich ist, weil die negativen Einkünfte die positiven Einkünfte übersteigen, können über das Instrument des *Verlustabzugs* nach § 10d Verluste in einen anderen VZ transportiert werden. Der Verlustabzug ermöglicht damit eine periodenübergreifende Verlustverrechnung. Sofern Verluste innerhalb eines VZ über die Verlustverrechnung nicht steuerwirksam werden, können sie gem. § 10d *zunächst* in die unmittelbar vorgelagerten Perioden *zurückgetragen* und der verbleibende Restbetrag in spätere Perioden *vorgetragen* werden. Nach § 10d Abs. 2 Satz 1 ist somit *grundsätzlich* zunächst der Verlustrücktrag vorzunehmen, bevor der Verlust vorgetragen werden kann. **57**

Wahlrecht. Nach § 10d Abs. 1 Satz 5 und 6 kann der Steuerpflichtige auf die Anwendung des Satzes 1 teilweise oder insgesamt verzichten und insoweit den *Verlustrücktrag ausschließen*. In diesem Fall kommt es sofort zu einem *Verlustvortrag*. Die Ausübung dieses Wahlrechts ist z. B. sinnvoll, wenn hierdurch der Grundfreibetrag und die Steuerprogression in der vorausgehenden Periode ausgenutzt werden oder der durchschnittliche Steuersatz in der Folgeperiode niedriger ist als in der vorausgehenden. **58**

Der **Verlustrücktrag** in frühere Perioden ist in § 10d Abs. 1 Satz 1 geregelt. Voraussetzung ist, dass eine Verlustverrechnung in derselben Periode nicht möglich ist. Ferner existiert ein *Höchstbetrag* des Verlustrücktrags i. H. v. 1 Mio. EUR bzw. 2 Mio. EUR für Zusammenveranlagte. Der Verlustrücktrag kann nur in den der Verlustentstehung unmittelbar vorangegangenen VZ erfolgen. **59**

Beispiel:

Der ledige Steuerpflichtige L erwirtschaftete im VZ 2017 einen Verlust aus seinem freiberuflichen Einzelunternehmen i.H.v. 15.000 EUR. Im VZ 2016 hatte L ein Einkommen (vor Verlustberücksichtigung) von 20.000 EUR, im VZ 2018 eines von 70.000 EUR. Nach dem gesetzlichen Regelfall würde der Verlust aus 2017 nach 2016 zurückgetragen werden, so dass in 2016 ein zu versteuerndes Einkommen von 5.000 EUR (entsprechend einer Steuer von 0 EUR) bliebe. Die Steuer 2018 beliefe sich dann auf 20.778 EUR. Durch einen entsprechenden Antrag kann L den Verlustrücktrag ausschließen, so dass der Verlust sich per Verlustvortrag in 2018 auswirkt und das zu versteuernde Einkommen auf 55.000 EUR reduziert. Die Gesamtsteuerbelastung beläuft sich dann auf 2.560 EUR für 2016 + 14.478 EUR für 2018 = 17.038 EUR, also 3.740 EUR weniger.

60 **Verlustvortrag.** Der in § 10d Abs. 2 geregelte Verlustvortrag wird durch eine *betragsmäßige Begrenzung* eingeschränkt. Vorzutragende Verluste können nur bis zur Höhe eines Sockelbetrages von 1 Mio. EUR (bzw. bei Zusammenveranlagten 2 Mio. EUR) *unbegrenzt* mit positiven Einkünften verrechnet werden. Den Sockelbetrag übersteigende Verluste können nur bis zu 60% des den Sockelbetrag übersteigenden Gesamtbetrags der Einkünfte steuermindernd angesetzt werden. I.H.v. 40% der den Sockelbetrag übersteigenden Beträge vom Gesamtbetrag der Einkünfte wird somit eine sog. **Mindeststeuer** (s. auch Rz. 279) erhoben.

Beispiel:

Der ledige Steuerpflichtige P erwirtschaftete im VZ 2016 einen Verlust aus seinem gewerblichen Einzelunternehmen i.H.v. 4 Mio. EUR. Im VZ 2015 hatte P keine Einkünfte. In den VZ 2017 und 2018 erzielt er in seinem Einzelunternehmen Gewinne i.H.v. jeweils 2 Mio. EUR. Sonstige Einkünfte hat er nicht. Nach § 10d Abs. 2 kann P die Verluste in den VZ 2017 und 2018 jeweils i.H.d. Sockelbetrages von 1 Mio. EUR abziehen. Des Weiteren ist ein beschränkter Verlustabzug i.H.v. 60% des den Sockelbetrag übersteigenden Betrages des Gesamtbetrags der Einkünfte, somit i.H.v. 0,6 Mio. EUR möglich. Zum 31.12.2018 hat P somit noch vortragsfähige Verluste i.H.v. 0,8 Mio. EUR. Jeweils 0,4 Mio. EUR sind in den VZ 2017 und 2018 zu versteuern.

61 Der Sockelbetrag wird als **Mittelstandskomponente** bezeichnet und soll Inhaber mittelständischer Unternehmen von der Regelung möglichst freistellen. Durch den Generalverweis des Gegenstands des körperschaftsteuerlichen Einkommens auf den Einkommensbegriff des EStG in § 8 Abs. 1 KStG i.V.m. § 2 Abs. 4 und der Tatsache, dass die Vorschrift des körperschaftsteuerlichen Verlustabzugs (§ 8c KStG) keine Regelung vorsieht, ist die Regelung zur Mindestbesteuerung auch bei Körperschaften anzuwenden und damit insb. bei **Kapitalgesellschaften**. Sie ist ferner in § 10a GewStG auch **gewerbesteuerlich** verankert worden.

62 **Sonderausgaben.** Der Verlustabzug nach § 10d ist systematisch bei den Regelungen zu den Sonderausgaben eingegliedert. Er bewirkt, dass negative Einkünfte in früheren oder späteren Perioden nach dem Gesamtbetrag der Einkünfte als Sonderausgaben und damit als Bestandteil des Einkommens steuerwirksam werden. Der Verlustabzug ist nach § 10d Abs. 1 Satz 1 *vorrangig* vor anderen Sonderausgaben, außergewöhnlichen Belastungen und sonstigen Abzugsbeträgen vorzunehmen. Diese Regelung ist für den Steuerpflichtigen ungünstig, weil Sonderausgaben und außergewöhnliche Belastungen nur im Jahr der Verausgabung geltend gemacht werden können. Es besteht somit das Risiko, dass zwar der Verlustabzug greift, hierdurch möglicherweise aber andere Sonderausgaben und außergewöhnliche Belastungen unberücksichtigt bleiben.

Steuerverfahrensrecht. Der am Schluss eines VZ verbleibende Verlustvortrag ist gem. § 10d Abs. 4 durch Bescheid *gesondert festzustellen*. Nach § 10d Abs. 1 Satz 3 und 4 besteht zudem eine Änderungsmöglichkeit eines bereits bestandskräftig gewordenen Einkommensteuerbescheids des vorangegangenen VZ. Diese Bestimmungen stellen damit einkommensteuerrechtliche Sondervorschriften zu den §§ 169 ff. AO dar. **63**

e) Sachliche Steuerbefreiungen

In den §§ 3, 3b, 3c sind sachliche Steuerbefreiungen geregelt. Die Befreiungen knüpfen an den Tatbestand der Einnahme (bei den Gewinneinkunftsarten: Betriebseinnahme) und damit an die Ebene an, die vor der Summe der Einkünfte ermittelt wird. Nach § 2 als *steuerbar* eingestufte Einnahmen können somit nach § 3 den Status der *Steuerfreiheit* erlangen. § 3 enthält eine Vielzahl nummerierter Einzelpositionen, die zum Teil stark untergliedert sind. Diese Positionen haben sich chronologisch entwickelt und sind im Gesetz systematisch nicht geordnet. **64**

Mit den Steuerbefreiungen werden verschiedene *steuerpolitische Zwecke* verfolgt. Es handelt sich u.a. um **steuersystematische Befreiungstatbestände** (§ 3 Nr. 1, 11, 14, 23, 29, 39, 40, 42, 44, 58, 59, 67, 69), um Tatbestände, die der **Vereinfachung der Rechtsanwendung** dienen sollen (§ 3 Nr. 4, 12, 13, 16, 50, 64) und im Übrigen um solche Tatbestände, die **soziale Gründe** haben.

Die Steuerbefreiungen haben eine besondere Bedeutung im Bereich der Überschusseinkunftsarten und dort im Bereich der Einkünfte aus nichtselbstständiger Arbeit. Sofern es um Erträge aus Ausschüttungen oder um Veräußerungen von Anteilen an Kapitalgesellschaften geht, sind Steuerbefreiungen im Wesentlichen im Rahmen des in § 3 Nr. 40 normierten *Teileinkünfteverfahrens* (s. Rz. 285) zu beachten. **65**

Die Steuerfreiheit von **Zuschlägen für Sonntags-, Feiertags- oder Nachtarbeit** ist in § 3b geregelt. Diese seit Jahrzehnten bestehende Regelung stellt Zuschläge komplett steuerfrei, soweit sie bei Nachtarbeit 25%, bei Sonntagsarbeit 50%, bei Arbeit an gesetzlichen Feiertagen und am 31.12. 125% und bei Arbeit über Weihnachten und am 1.5. 150% des Grundlohns nicht übersteigen. Zuschläge für Sonntags-, Feiertags- oder Nachtarbeit sind bis zu einem Stundenlohn von 25 EUR *sozialversicherungsfrei*.

Im Zusammenhang mit steuerfreien Einnahmen ist insb. die Vorschrift des § 3c Abs. 1 zu betrachten. Nach dieser Vorschrift dürfen Ausgaben, soweit sie **mit steuerfreien Einnahmen** nach § 3 in unmittelbarem wirtschaftlichen **Zusammenhang** stehen, nicht als Betriebsausgaben oder Werbungskosten abgezogen werden. § 3c Abs. 1 stellt klar, dass die Steuerfreiheit von Einnahmen den Wegfall der Anerkennung von damit zusammenhängenden Ausgaben bedingt.

f) Einkünfteermittlungsmethoden

66 Die Grundmethoden der Ermittlung der Einkünfte ergeben sich aus § 2 Abs. 2. Die Einkünfteermittlungsmethode bei den Gewinneinkunftsarten ist die **Gewinnermittlung** und bei den sog. Überschusseinkunftsarten die **Ermittlung des Überschusses der Einnahmen über die Werbungskosten**.

Die Regeln zur **Gewinnermittlung** sind in den §§ 4 ff. niedergelegt. Die Gewinndefinition ist in § 4 Abs. 1 Satz 1 enthalten. Der Gewinnbegriff folgt hiernach der sog. *Reinvermögenszugangstheorie* (s. Rz. 70). Aufgrund der Vielschichtigkeit unternehmerischer Einnahmenerzielung und der Existenz unternehmerischer Rechnungslegungsmethoden knüpft der Gewinnbegriff im Steuerrecht an die buchmäßig dokumentierte Reinvermögenssteigerung an.

Die **Überschussermittlungsmethode** ist liquiditätsorientiert. Sie folgt dem Konzept der sog. *Quellentheorie*. Besteuerungsgegenstand ist hiernach der Ertrag aus der Einnahmequelle, nicht hingegen die Quelle selbst. Hieraus folgt, dass Einnahmen aus der *Veräußerung der Quelle selbst* grundsätzlich einkommensteuerlich irrelevant sind, während *laufende Erträge* aus der Quelle stets der ESt unterliegen. Gegenstand der Überschusseinkünfte sind damit die Einnahmen, die innerhalb einer Rechnungsperiode dem Steuerpflichtigen zugeflossen sind, abzüglich der innerhalb derselben Rechnungsperiode abgeflossenen Ausgaben (Werbungskosten).

aa) Überschussermittlung

67 Die Einkünfteermittlungsmethode des Überschusses der Einnahmen über die Werbungskosten nach § 2 Abs. 2 Nr. 2 ist im Vergleich zur Gewinnermittlungsmethode weniger kompliziert. Nach § 11 Abs. 1 Satz 1 sind Einnahmen immer verknüpft mit einem **Zufluss innerhalb derselben Rechnungsperiode**. Diese Verknüpfung hat eine sachliche und eine zeitliche Dimension. Sachlich setzen Einnahmen einen Zufluss voraus; hiernach sind Einnahmen grundsätzlich ohne einen wann auch immer erfolgenden Liquiditätszufluss nicht denkbar. Andererseits können Einnahmen nur in der Rechnungsperiode angesetzt werden, in der sie zugeflossen sind. Dasselbe gilt nach § 11 Abs. 2 Satz 1 für die Ausgaben.

68 Dieser Grundsatz wird durch zahlreiche **Ausnahmen** durchbrochen. Es gibt im Rahmen der Überschusseinkunftsarten zu erfassende Einkünfte, denen ein Liquiditätszufluss fremd ist; dies gilt z. B. für nicht in Geld bestehende Sachbezüge bei den Einnahmen aus nichtselbstständiger Arbeit, § 8 Abs. 2. Ferner gibt es Ausgaben, die Werbungskosten darstellen, ohne einen Liquiditätsabfluss in der betreffenden Rechnungsperiode zu verzeichnen, z. B. Absetzung für Abnutzung und Substanzverringerung (AfA) bei den Werbungskosten, § 9 Abs. 1 Satz 3 Nr. 7. Der Liquiditätsabfluss erfolgt in diesen Fällen, wenn überhaupt, im Rahmen von Investitionen. Über das Verfahren der Absetzungen für Abnutzung wird diese Ausgabe somit auch bei den Überschusseinkünften über die kalkulierte Nutzungsdauer verteilt.

Die Methode der Überschussermittlung gilt für die **Überschusseinkunftsarten** und für die Fälle, in denen der Steuerpflichtige bei den **Gewinneinkunftsarten** den Gewinn nach **§ 4 Abs. 3** ermitteln darf. Von der Begünstigung des § 4

Abs. 3 Satz 1 betroffen sind u. U. solche Steuerpflichtigen, die die Regeln für Kaufleute nach dem HGB nicht anzuwenden haben. In der Praxis hat § 4 Abs. 3 Satz 1 daher Bedeutung insb. für Freiberufler, die Einkünfte aus selbstständiger Arbeit gem. § 2 Abs. 1 Satz 1 Nr. 3, 18 erzielen.

Schaubild: Einkünfteermittlung (Einkunftsarten § 2 Abs. 1)

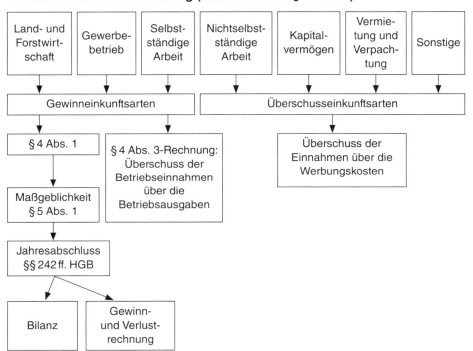

bb) Gewinnermittlung

Das EStG gibt zwei Gewinnermittlungsmethoden vor. Zum einen ist nach § 4 Abs. 1 Satz 1 als Regelfall die Gewinnermittlungsmethode des **Reinvermögenszugangs** festgelegt. Hiernach sind im Bereich einer Aktivität des Steuerpflichtigen, die zu Gewinneinkünften führt, sämtliche Zugänge zum Reinvermögen innerhalb eines Wirtschaftsjahres Gegenstand des Gewinns und damit der Einkünfte bei der Gewinneinkunftsart. Der Begriff des **Wirtschaftsjahrs** wird in § 4a definiert; es bezeichnet den Gewinnermittlungszeitraum. Für Gewerbetreibende, deren Firma im Handelsregister eingetragen ist, ist das Wirtschaftsjahr gem. § 4a Abs. 1 Satz 2 Nr. 2 der Zeitraum, für den sie regelmäßig Abschlüsse machen. Gemeint ist das für Kaufleute geltende **Geschäftsjahr** gem. §§ 240 Abs. 2, 242 Abs. 1 und 2 HGB. Im Folgenden wird der Begriff des *Wirtschaftsjahrs* als Gewinnermittlungszeitraum im steuerlichen Sinne und der des *Geschäftsjahrs* als Zeitraum für die Erfüllung der handelsrechtlichen Rechnungslegungspflicht verwendet.

Als alternative Gewinnermittlungsmethode bietet das Gesetz nach § 4 Abs. 3 Satz 1 die Möglichkeit an, den Gewinn als **Überschuss der Betriebseinnahmen**

über die Betriebsausgaben anzusetzen. Diese gemeinhin als 4/3-Rechnung oder Einnahme-Überschuss-Rechnung (EÜR) bekannte Gewinnermittlungsart ist mit der Einkünfteermittlungsart der Überschusseinkünfte verwandt.

72 Sofern Steuerpflichtige verpflichtet sind, Bücher zu führen und regelmäßig Abschlüsse zu machen, ergibt sich eine Verpflichtung, den Gewinn nach § 4 Abs. 1 Satz 1 nach der Reinvermögenszugangstheorie zu ermitteln. Das **Wahlrecht der 4/3-Rechnung** greift somit nur ein, wenn die vorgenannte gesetzliche Verpflichtung für den Steuerpflichtigen nicht gilt und er auch nicht freiwillig Bücher führt und Abschlüsse aufstellt.

73 Die **Verpflichtung, Bücher zu führen**, ergibt sich aus dem HGB und der AO. Greift eine der beiden Regelungen ein, scheidet das Wahlrecht der Gewinnermittlung nach § 4 Abs. 3 aus.

Die **handelsrechtliche Buchführungsverpflichtung nach § 238 Abs. 1 Satz 1 HGB** trifft hiernach Kaufleute gem. §§ 1 bis 7 HGB. In erster Linie ist der **Ist-Kaufmann** nach § 1 Abs. 1 HGB zu nennen. Von dem Kaufmannsbegriff nach § 1 Abs. 1 HGB sind Kaufleute betroffen, die ein Handelsgewerbe nach § 1 Abs. 2 HGB betreiben. Als **Handelsgewerbe** gilt hiernach ein Gewerbebetrieb, der nach Art und Umfang einen in kaufmännischer Weise eingerichteten Geschäftsbetrieb erfordert. Eine Ausnahme gilt für **Kleinstkaufleute** nach § 241a HGB. Danach sind **Einzelunternehmer,** die Umsatzerlöse unter 600.000 EUR p. a. und Jahresüberschüsse unter 60.000 EUR p. a. erwirtschaften, von der handelsrechtlichen Buchführungspflicht befreit. Für **Gesellschaften** und **Genossenschaften** gilt diese Regelung nicht; sie sind unabhängig von der Größe stets buchführungspflichtig.

Schaubild: Verpflichtung, Bücher zu führen
(soweit Pflicht nicht aus freiwilliger Übung entsteht)

74

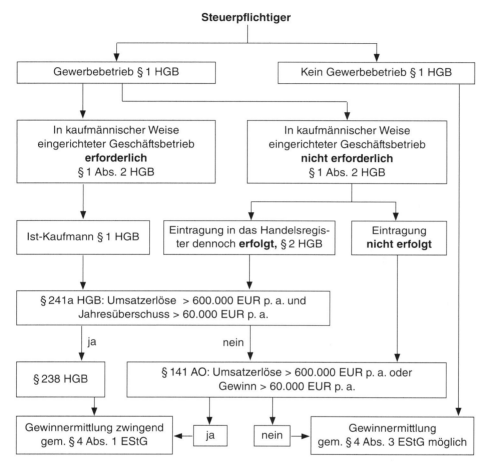

Neben die Buchführungspflicht nach dem HGB tritt die **steuerlich begründete Buchführungspflicht nach § 141 AO**. Während § 238 HGB Kaufmannseigenschaft oder die Anwendbarkeit der entsprechenden Vorschriften voraussetzt, knüpft § 141 AO an gewerbliche Unternehmer sowie Land- und Forstwirte an. Steuerpflichtige, die Einkünfte aus selbstständiger Arbeit oder Überschusseinkünfte beziehen, fallen somit grundsätzlich nicht unter die Buchführungspflicht nach § 141 AO. Die Buchführungspflicht nach § 141 AO wird in der Vielzahl aller Fälle bereits von den Regelungen in § 1 Abs. 2, § 241a HGB überlagert. Erzielt der Gewerbetreibende Umsatzerlöse von über 600.000 EUR p. a. *oder* einen Gewinn aus Gewerbebetrieb von mehr als 60.000 EUR p. a., besteht die steuerlich wirkende Buchführungsverpflichtung mit der Folge des Wegfalls des Wahlrechts nach § 4 Abs. 3. Bei Überschreiten der Umsatzschwelle wird man zumeist bereits im Bereich des Ist-Kaufmanns sein. Praktische Bedeutung für das Wahlrecht nach § 4 Abs. 3 hat die Regelung daher in den Fällen, in denen zwar geringere Umsätze als 600.000 EUR p. a. erzielt werden, aber der Gewinn 60.000 EUR p. a. übersteigt. Außerdem greift § 141 AO für Land- und Forstwirte, die die Regeln des HGB im Normalfall nicht anzuwenden haben.

Daraus folgt, dass Steuerpflichtige, die ein **Einzelunternehmen** nach §§ 1 oder 2 HGB betreiben, deren Umsatzerlöse oder Jahresüberschüsse die Schwellen des § 241a HGB überschreiten, **buchführungsverpflichtet** sind. Dieser Personenkreis ist nach § 242 Abs. 1 Satz 1, Abs. 2 HGB verpflichtet, für den Schluss eines jeden Geschäftsjahres eine Bilanz und eine Gewinn- und Verlustrechnung aufzustellen. Auf diese Verpflichtung bezieht sich § 4 Abs. 1 Satz 1 mit dem dort geregelten Tatbestandsmerkmal „regelmäßig Abschlüsse zu machen". Die genannten Steuerpflichtigen sind somit verpflichtet, ihren Gewinn aus Gewerbebetrieb nach der Gewinnermittlungsmethode des § 4 Abs. 1 Satz 1 zu ermitteln.

75 Die Verpflichtung, Gewinne nach § 4 Abs. 1 Satz 1 zu ermitteln, trifft auch solche Steuerpflichtigen, die nicht Einzelunternehmen, sondern **in Gesellschaft mit anderen Steuerpflichtigen ein Unternehmen betreiben**. Im Bereich des HGB sind dies insb. die OHG (§§ 105 ff. HGB) und die KG (§§ 161 ff. HGB).

Die Besteuerung der Gesellschafter einer **handelsrechtlichen Personengesellschaft** ist der Besteuerung des Einzelunternehmers weitgehend angenähert. Auch bei den Personengesellschaften des Handelsrechts kann die Verpflichtung bestehen, den einheitlich und gesondert festzustellenden Gewinn gem. § 4 Abs. 1 Satz 1 zu ermitteln. Die Personengesellschaft trifft ebenfalls die Buchführungspflicht nach § 238 HGB. Rechtstechnisch wird dies durch die Anknüpfung an den Kaufmannsbegriff in § 238 Abs. 1 Satz 1 HGB und der allgemeinen Verweisung nach § 6 Abs. 1 HGB für Handelsgesellschaften erreicht. Die **Offene Handelsgesellschaft** ist nach § 105 Abs. 1 HGB Handelsgesellschaft, womit die für Kaufleute geltenden Vorschriften Anwendung finden. Hiernach findet die Buchführungsverpflichtung nach § 238 HGB auf die OHG Anwendung. Aufgrund der Verweisungsvorschrift des § 161 Abs. 2 HGB ergibt sich diese Rechtsfolge auch für die **Kommanditgesellschaft**. Beide Gesellschaften sind nach den vorgenannten Verweisungen ebenfalls verpflichtet, Bilanzen und Gewinn- und Verlustrechnungen aufzustellen (§§ 242 Abs. 1 Satz 1 und Abs. 2 HGB) und müssen damit i.S.v. § 4 Abs. 3 regelmäßig Abschlüsse machen. Hieraus folgt, dass die Gewinnermittlungsmethode von Steuerpflichtigen, die sich mit anderen Steuerpflichtigen in Handelsgesellschaft zusammengeschlossen haben, ebenfalls die Gewinnermittlungsmethode nach § 4 Abs. 1 Satz 1 ist.

cc) Exkurs: Gewinnermittlung bei Handelsschiffen, sog. Tonnagesteuer

75a Abweichend zur Gewinnermittlung durch Ermittlung des Reinvermögenszugangs nach § 4 Abs. 1 bietet § 5a Gewerbetreibenden, soweit deren Gewinn auf den Betrieb von Handelsschiffen entfällt, an, den Gewinn nach der in seinem Betrieb geführten Tonnage zu ermitteln. Die Gewinnermittlung erfolgt in diesen Fällen sehr einfach durch Ermittlung des Produktes aus **Betriebstagen** und vollen 100 **Nettotonnen** (Nettoraumzahl), auf die ein in § 5 Abs. 1 S. 2 vorgesehener Eurobetrag anzuwenden ist. Die Tonnagegewinnermittlung führt regelmäßig zu einer nur sehr geringen Steuerlast und stellt deswegen eine erhebliche Privilegierung gegenüber der allgemeinen Gewinnermittlungsmethode dar. Allerdings können durch diese Methode auch ansonsten bestehende Verluste nicht geltend gemacht werden. Die Auffassung der Finanzverwaltung zur Tonnagesteuer ist im sog. **Tonnagesteuererlass**, BMF-Schreiben vom 12.6.2002, 31.10.2008 und 10.9.2013 niedergelegt.

Beispiel:

Ein Containerschiff von ca. 300 m Länge hat ein Ladevolumen von 4.600 TEUR. Hieraus errechnet sich eine Nettoraumzahl von 32.908. Nach § 5 Abs. 1 S. 2 ergibt sich folgende Berechnung: 1.000 × 0,92 EUR/100 + 9.000 × 0,69 EUR/100 + 15.000 × 0,46 EUR/100 + 7.908 × 0,23 EUR/100 = 158,49 EUR Tonnagegewinn/Tag. Bei 365 Betriebstagen ergibt sich ein Tonnagegewinn in Höhe von 57.848 EUR.

Wesentliche Voraussetzung ist, dass die **Bereederung** der zum Betriebsvermögen gehörenden Handelsschiffe im Inland durchgeführt wird. Zur Bereederung eines Handelsgeschäfts gehören insbesondere der Abschluss von Verträgen, die den Einsatz des Schiffes betreffen, Ausrüstung und Verprovianitierung, Einstellung von Personal, Befrachtung, Abschluss von Bunker- und Schmierölverträgen, Erhaltung des Schiffes, Abschluss von Versicherungsverträgen, Führung von Büchern, Rechnungslegung. **75b**

Die Tonnagebesteuerung wird nur auf **Antrag** gewährt. Der Antrag ist nach § 5 Abs. 3 S. 1 im Wirtschaftsjahr der Anschaffung oder Herstellung des Handelsschiffes (Indienststellung) mit Wirkung ab Beginn dieses Wirtschaftsjahres zu stellen. Der Steuerpflichtige ist dann an die Gewinnermittlung zehn Jahre gebunden, Satz 7. Wird der Antrag dann nicht verlängert, ist der Steuerpflichtige wiederum an die allgemeine Gewinnermittlung über zehn Jahre gebunden, Satz 9. Wird der Antrag auf Gewinnermittlung nach Tonnage nicht im Wirtschaftsjahr der Indienststellung des Seeschiffs gestellt, kann er erstmals zehn Jahre nach Indienststellung gestellt werden, § 5 Abs. 3 Satz 5. In Anbetracht der erheblichen Privilegierung durch die Tonnagesteuer kommt einem fristgerechten Antrag innerhalb des ersten Wirtschaftsjahres der Indienststellung eine ganz besondere Bedeutung zu. **75c**

Von der Tonnagegewinnermittlung **ebenfalls umfasst** sind grundsätzlich alle Ergebnisbeiträge des Steuerpflichtigen oder der Gesellschaft. Dies betrifft den Veräußerungsgewinn oder die Teilwertabschreibung des Schiffes ebenso wie Versicherungsansprüche aus Schadensersatz oder Gläubigerverzichte von Krediten, vgl. § 5a Abs. 5 Satz 1. Umfasst sind ferner Sonderbetriebseinnahmen nach § 15 Abs. 1 Satz 1 Nr. 2, 2. Halbsatz, die Gesellschafter im Zusammenhang mit ihrer Beteiligung erzielen, sofern es sich um Vorabgewinne und Bereederungsentgelte (bis zu 4 % der Bruttofrachtraten) handelt, § 5a Abs. 4a Satz 3 i. V. m. Tz. 34 Tonnagesteuererlass. **75d**

Beispiel:

Die L-GmbH ist zu 99 % Kommanditistin verschiedener sogenannter Ein-Schiffsgesellschaften, d. h. GmbH & Co. KGs, die jeweils ein Handelsschiff betreiben. Die L-GmbH ist ferner zu 100 % an der L-Bereederungs-GmbH beteiligt, die die Bereederung aller Handelsschiffe übernimmt und mit jeweils einem Prozent am Kapital jeder Ein-Schiffsgesellschaft als Kommanditistin beteiligt ist. Für die Bereederung verrechnet die L-Bereederungs-GmbH 4 % der Bruttofrachtraten als pauschale Vergütung. Es handelt sich um Sondervergütungen nach § 15 Abs. 1 Satz 1 Nr. 2, 2. Halbsatz, für Tätigkeiten im Dienste der Gesellschaft, weil die L-Bereederungs-GmbH als Kommanditistin an den Ein-Schiffsgesellschaften beteiligt ist. Die Sonderbetriebseinnahmen werden steuerlich nicht berücksichtigt, weil mit der Tonnagegewinnermittlung etwaige Sonderbetriebseinnahmen abgegolten sind, § 5a Abs. 4a

Satz 3 i.V.m. Tz. 34 Tonnagesteuererlass. Wäre die L-Bereederungs-GmbH nicht an den Ein-Schiffsgesellschaften als Kommanditistin beteiligt, wären KSt und GewSt auf die Vergütungen zu entrichten.

75e Beim **Übergang zur Tonnagesteuer** bei bereits bestehenden Handelsschiffen sind Übergangsregelungen nach § 5a Abs. 4 zu berücksichtigen, wonach im Zeitpunkt des Übergangs zur Tonnagebesteuerung bestehende stille Reserven aufzulösen und zu versteuern sind.

g) Bilanzsteuerrecht

76 Als Bilanzsteuerrecht werden alle Normen bezeichnet, die Steuerpflichtige anzuwenden haben, wenn sie ihren Gewinn nach der Gewinnermittlungsmethode des Reinvermögenszugangs zu ermitteln haben oder den Gewinn hiernach freiwillig ermitteln. Das Bilanzsteuerrecht ist somit maßgebend, wenn Steuerpflichtige verpflichtet sind, Bücher zu führen und regelmäßig Abschlüsse zu machen oder die Buchführung und Aufstellung von Abschlüssen freiwillig vornehmen.

Vereinzelt wird auch der Fall der Gewinnermittlungsmethode des **Überschusses der Betriebseinnahmen über die Betriebsausgaben** nach § 4 Abs. 3 als dem *Bilanzsteuerrecht zugehörend* bezeichnet. Diese Annahme wird damit begründet, dass nach beiden Gewinnermittlungsmethoden in der Totalperiode das gleiche Ziel erreicht werden soll, nämlich die Ermittlung des *Totalgewinns*. Nach der hier vertretenen Auffassung wird jedoch gerade die *Methode des Betriebsvermögensvergleichs* als kennzeichnend für das Bilanzsteuerrecht angesehen, womit im Folgenden die Einnahmenüberschussrechnung nach § 4 Abs. 3 als nicht dem Bilanzsteuerrecht zugehörend angesehen wird.

Innerhalb der nun folgenden Behandlung des Bilanzsteuerrechts werden zunächst der Betriebsvermögensvergleich und das Maßgeblichkeitsprinzip erläutert. Sodann werden die rein handelsrechtlich geltenden Grundsätze ordnungsmäßiger Buchführung, die Eingang in die Besteuerung finden, behandelt. Als technische Grundlage der Bilanzierung folgt eine kurze Einführung in die doppelte Buchführung. Nachdem das Wesen von Entnahmen und Einlagen erläutert wird, werden die rein steuerlich geltenden Regelungen des Bilanzsteuerrechts (im engeren Sinne) und die Zuordnung von Wirtschaftsgütern zum Betriebs- und Privatvermögen erklärt.

aa) Betriebsvermögensvergleich und Maßgeblichkeitsprinzip

77 Betriebsvermögensvergleich. Soweit Steuerpflichtigen das Wahlrecht nach § 4 Abs. 3 nicht zusteht oder diese das Wahlrecht nicht ausüben, haben sie im Bereich der Gewinneinkunftsarten den Gewinn nach der Reinvermögenszugangsmethode (s. Rz. 70) zu ermitteln. Diese Methode wird in **§ 4 Abs. 1 Satz 1** beschrieben und als Betriebsvermögensvergleich bezeichnet. Gewinn ist hiernach der Unterschiedsbetrag zwischen dem Betriebsvermögen am Schluss des Wirtschaftsjahres und dem Betriebsvermögen am Schluss des vorangegangenen Wirtschaftsjahres, vermehrt um den Wert der Entnahmen und vermindert um den Wert der Einlagen. Für genau diese Personengruppe, d.h. für diejenigen Steuerpflichtigen, die verpflichtet sind, Bücher zu führen und regelmäßig Abschlüsse zu machen oder die ohne eine solche Verpflichtung Bücher führen und regelmäßig Abschlüsse machen, schreibt **§ 5 Abs. 1 Satz 1** vor, dass für den Schluss des Wirtschaftsjahres das Betriebsvermögen nach § 4 Abs. 1 Satz 1 anzusetzen ist, das nach den *handelsrechtlichen Grundsätzen ordnungsmäßiger Buchführung (GoB)* auszuweisen ist **(Maßgeblichkeitsprinzip).**

bb) Handelsrechtliche Grundsätze ordnungsmäßiger Buchführung

Die §§ 238 bis 241 HGB regeln den Inhalt der Buchführungspflicht und das sog. Inventar. Hierbei werden sowohl formelle als auch materielle Grundsätze der Buchführung festgelegt. Zu den formellen Grundsätzen zählen z. B. das *Transparenzgebot* des § 238 Abs. 1 Satz 2 und 3 HGB und die Verpflichtungen, Buchungen *vollständig, richtig, zeitgerecht* und *geordnet* vorzunehmen, § 239 Abs. 2 HGB. Zu den materiellen Grundsätzen der Buchführungspflicht zählen deren *Richtigkeit* und *Vollständigkeit*. 78

Mit dem Verweis auf die handelsrechtlichen Grundsätze ordnungsmäßiger Buchführung beim Ansatz des Betriebsvermögens nach dem Maßgeblichkeitsprinzip des § 5 Abs. 1 Satz 1 wird grundsätzlich auch auf die allgemeinen Vorschriften des HGB zur Eröffnungsbilanz und zum Jahresabschluss gem. §§ 242 bis 256 HGB verwiesen. Der Ansatz des Betriebsvermögens für den Schluss des Wirtschaftsjahres impliziert die handelsrechtliche Verpflichtung zur Aufstellung von Bilanz und Gewinn- und Verlustrechnung nach § 242 Abs. 1 Satz 1, Abs. 2 HGB. An die Aufstellung des handelsrechtlichen Jahresabschlusses sind formelle und materielle Anforderungen zu stellen. Auch hier gilt die formelle Verpflichtung der *Klarheit* und *Übersichtlichkeit* (§ 243 Abs. 2 HGB) sowie der *zeitlichen Nähe der Aufstellung* nach Abs. 3 der Vorschrift. Als weitere formelle Grundsätze sind die Verwendung der *deutschen Sprache* und der Währungseinheit *Euro* nach § 244 HGB zu nennen.

Das HGB führt in den §§ 246 bis 251 HGB allgemeine Vorschriften zum Ansatz von Vermögensgegenständen, Schulden, Abgrenzungsposten, Aufwendungen und Erträgen an. Die §§ 252 bis 256 HGB befassen sich im Gegensatz dazu vorwiegend mit der Bewertung von Vermögensgegenständen und Schulden. Es werden jedoch auch allgemeine Bilanzierungsgrundsätze genannt.

Vollständigkeitsprinzip. § 246 Abs. 1 Satz 1 HGB legt das Vollständigkeitsprinzip fest. Der gem. § 242 Abs. 3 HGB aus der Bilanz und der Gewinn- und Verlustrechnung bestehende Jahresabschluss hat grundsätzlich sämtliche Vermögensgegenstände und Schulden sowie sämtliche Aufwendungen und Erträge zu enthalten, die der jeweiligen Rechnungsperiode zuzuordnen sind. Die Sätze 2 und 3 der Vorschrift geben Hinweise zur persönlichen Zurechnung von Vermögensgegenständen bei Eigentumsvorbehalt, Pfandrecht oder Sicherungsübereignung. 79

Saldierungsverbot. § 246 Abs. 2 Satz 1 HGB regelt das grundsätzliche Saldierungsverbot von Posten der Aktiv- und der Passivseite sowie Aufwendungen und Erträgen. 80

Gliederung der Bilanz. Das Grundschema der Bilanzgliederung wird in § 247 Abs. 1 HGB angegeben. Hiernach ist die Aktivseite in Anlage- und Umlaufvermögen, die Passivseite in Eigenkapital und Schulden zu unterteilen. Innerhalb dieser Positionen sind hinreichende Aufgliederungen vorzunehmen. Abgren- 81 zungsposten sind gegebenenfalls auf der Aktiv- und auf der Passivseite zu bilden. Für Kapitalgesellschaften und Kapitalgesellschaften & Co. (z. B. GmbH & Co. KG) ist die ausführliche Gliederungsnorm des § 266 HGB Spezialvorschrift. § 247 Abs. 2 HGB gibt die Differenzierung zwischen Anlage- und Umlaufvermögen wieder: Gegenstände, die bestimmt sind, dauernd dem Geschäftsbetrieb zu dienen, sind hiernach unter dem Anlagevermögen auszuweisen.

82 Aktivierungswahlrecht. Das HGB erlaubt die Aktivierung selbst erstellter immaterieller Vermögensgegenstände des Anlagevermögens (z. B. selbststellte Patente und Software) gem. § 248 Abs. 2 HGB.

83 Rückstellungen. Die Bildung aufwandswirksamer Rückstellungen ergibt sich für das Handelsrecht aus § 249 HGB. Die Systematik differenziert nach *Pflichtrückstellungen* und *Rückstellungsverboten*. Die Regelung ist nach § 249 Abs. 2 HGB abschließend; für andere als in § 249 HGB genannte Zwecke dürfen Rückstellungen grundsätzlich nicht gebildet werden. Nach § 249 Abs. 2 Satz 2 HGB dürfen Rückstellungen nur aufgelöst werden, soweit der Grund hierfür entfallen ist.

Die **Verpflichtung,** Rückstellungen zu bilden, gilt gem. § 249 Abs. 1 HGB für:
- ungewisse Verbindlichkeiten (auch bei latenten Steuern, § 274 Abs. 1 HGB),
- drohende Verluste aus schwebenden Geschäften,
- im Geschäftsjahr unterlassene Aufwendungen für Instandhaltungen, die im folgenden Geschäftsjahr innerhalb von drei Monaten nachgeholt werden,
- im Geschäftsjahr unterlassene Aufwendungen, die im kommenden Geschäftsjahr nachgeholt werden,
- Gewährleistungen, die ohne rechtliche Verpflichtung erbracht werden.

84 Rechnungsabgrenzungsposten sind gem. § 250 Abs. 1 Satz 1 und Abs. 2 HGB auszuweisende Ausgaben, soweit sie Aufwand für eine bestimmte Zeit nach dem Abschlussstichtag, bzw. Einnahmen, soweit sie Ertrag für eine bestimmte Zeit nach dem Abschlussstichtag darstellen. Im ersten Fall handelt es sich um auf der Aktivseite und im zweiten Fall um auf der Passivseite auszuweisende Rechnungsabgrenzungsposten.

> **Beispiel:**
> Januarmiete für die Büroräume, die bereits im Dezember bezahlt wird: aus der Sicht des Mieters aktiver Rechnungsabgrenzungsposten, aus der Sicht des Vermieters passiver Rechnungsabgrenzungsposten.

85 Bewertungsgrundsätze. Im Rahmen der Bewertungsvorschriften der §§ 252 HGB bis 256 HGB sind insb. die allgemeinen Bewertungsgrundsätze nach § 252 HGB von besonderer Bedeutung. § 252 Abs. 1 HGB beinhaltet diverse, im Folgenden zu erläuternde Grundprinzipien der Bewertung von Vermögensgegenständen und Schulden. § 252 Abs. 2 HGB legt fest, dass von den vorgenannten Grundsätzen nur in begründeten Ausnahmefällen abgewichen werden darf.

86 Bilanzidentität/Bilanzkontinuität. Dieser Grundsatz regelt in § 252 Abs. 1 Nr. 1 HGB, dass die Wertansätze in der Eröffnungsbilanz des Geschäftsjahres mit denen in der Schlussbilanz des vorhergehenden Geschäftsjahres übereinstimmen müssen.

Bewertungskontinuität. Die in § 252 Abs. 1 Nr. 6 HGB geregelte Bewertungskontinuität schreibt vor, dass die auf den vorhergehenden Jahresabschluss angewandten Bewertungsmethoden beibehalten werden sollen. Von diesem Grundsatz darf bei Vorliegen begründeter Ausnahmen abgewichen werden, z. B. nach durchgeführten steuerlichen Außenprüfungen oder bei wesentlichen Änderungen der Verhältnisse des Unternehmens. 87

Going-concern-Prämisse. Nach § 252 Abs. 1 Nr. 2 HGB ist bei der Bewertung von einer *Fortführung der Unternehmenstätigkeit* (Going-concern-Prämisse) auszugehen, sofern nicht Gründe gegen diese Annahme bestehen. Ist die Annahme der Fortführung der Unternehmenstätigkeit nicht gegeben, ist mit *Liquidationswerten* zu bewerten. 88

Einzelbewertung/Stichtagsprinzip. Nach dem Grundsatz der Einzelbewertung sind Vermögensgegenstände und Schulden gem. § 252 Abs. 1 Nr. 3 HGB einzeln, d. h. grundsätzlich nicht in Gruppen, zu bewerten. Die Regelung beinhaltet auch das Stichtagsprinzip, wonach es für die Bilanzierung auf die Verhältnisse am Abschluss-Stichtag ankommt. 89

Das Stichtagsprinzip grenzt die Berücksichtigungsfähigkeit von später bekannt werdenden Tatsachen ab. Liegt eine **Wertaufhellung** in Bezug auf einen am Stichtag beizulegenden Wert vor, ist diese Tatsache auch nach dem Bilanzstichtag im Rahmen der Aufstellung des Jahresabschlusses zu berücksichtigen (z. B. die Insolvenz des Kunden nach dem Stichtag bei der Bewertung der Forderungen gegen diese Kunden zum Stichtag). Nicht zu berücksichtigen sind demgegenüber **wertbegründende** Tatsachen, z. B. nach dem Stichtag erfolgende Schädigungen von Vermögensgegenständen.

Vorsichtsprinzip/Realisationsprinzip/Imparitätsprinzip. Das in § 252 Abs. 1 Nr. 4 1. Halbsatz HGB festgelegte *Vorsichtsprinzip* bestimmt, dass sämtliche am Abschlussstichtag drohenden Risiken und Verluste zu berücksichtigen sind. Ungeachtet der systematischen Positionierung des Vorsichtsprinzips im Rahmen der Bewertungsvorschriften gilt dieser Grundsatz auch für den Ansatz von Vermögensgegenständen und Schulden. Gewinne hingegen sind nur dann zu berücksichtigen, wenn sie am Abschlussstichtag realisiert sind, § 252 Abs. 1 Nr. 4, 2. Halbsatz HGB, *Realisationsprinzip*. Die Berücksichtigung von Erlösen setzt hiernach die Realisierung bis zum Abschlussstichtag voraus, also dass der Unternehmer seine Leistung an den Kunden vollständig erbracht hat und damit den Anspruch auf die Gegenleistung einredefrei erworben hat. Eine *Teilgewinnrealisation* kommt nur in Betracht, wenn einzelne Teile eines Geschäfts für sich genommen gegenüber den Kunden des Unternehmens abgerechnet werden können. Wertsteigerungen bei Vermögensgegenständen, die noch nicht realisiert wurden, können damit im Rahmen der Gewinnermittlung nicht berücksichtigt werden. Die Anwendung von Vorsichtsprinzip und Realisationsprinzip führt somit zu einer Ungleichbehandlung der Chancen und Gewinne eines Unternehmens einerseits und dessen Risiken und Verluste andererseits. Während Gewinne erst bei deren Realisierung zu erfassen sind, werden Verluste jederzeit bei Erkennung und damit grundsätzlich auch vor deren Realisierung erfasst. Diese Asymmetrie wird als *Imparitätsprinzip* bezeichnet. 90

Wirtschaftliche Verursachung. Aufwendungen und Erträge des Geschäftsjahres sind nach § 252 Abs. 1 Nr. 5 HGB unabhängig vom Zeitpunkt eines etwai- 91 gen Zahlungsflusses im Jahresabschluss zu berücksichtigen (Prinzip der wirtschaftlichen Verursachung). Diese über das Maßgeblichkeitsprinzip für die Gewinnermittlung nach dem Betriebsvermögensvergleich geltende Regelung steht im Gegensatz zu der bei den Überschusseinkunftsarten und der Gewinnermittlung nach § 4 Abs. 3 bestehenden Methode, wonach der Zufluss oder Abfluss von Einnahmen und Ausgaben für die Erfassung im steuerlichen Ermittlungszeitraum maßgeblich sind.

92 **Bewertung.** § 253 HGB regelt die Bewertung von Vermögensgegenständen und Schulden. § 253 Abs. 1 Satz 1 HGB bestimmt mit dem **Anschaffungskostenprinzip**, dass Vermögensgegenstände höchstens mit deren Anschaffungskosten, vermindert um planmäßige Abschreibungen, anzusetzen sind. Dieses Prinzip wird auch als Prinzip der fortgeführten Anschaffungskosten bezeichnet. Verbindlichkeiten sind nach § 253 Abs. 1 Satz 2 HGB mit ihrem Rückzahlungsbetrag anzusetzen, Rentenverpflichtungen mit ihrem sog. Barwert und Rückstellungen mit dem Betrag, der nach vernünftiger kaufmännischer Beurteilung notwendig ist.

Abschreibung. Vermögensgegenstände des Anlagevermögens sind nach § 253 Abs. 2 Satz 1 und 2 HGB über deren voraussichtliche Nutzungsdauer planmäßig bzw. gegebenenfalls nach § 253 Abs. 2 Satz 3 HGB außerplanmäßig abzuschreiben. Demgegenüber sind nach § 253 Abs. 3 HGB Vermögensgegenstände des Umlaufvermögens mit dem Wert anzusetzen, der sich aus einem Börsen- oder Marktpreis am Abschluss-Stichtag ergibt. Im Gegensatz zu Vermögensgegenständen des Anlagevermögens sind solche des Umlaufvermögens nach dem **strengen Niederstwertprinzip** zu bewerten. Jede Wertminderung ist durch den Ansatz des niedrigeren Wertes sofort zu berücksichtigen.

93 § 255 HGB regelt den notwendigen und zulässigen Umfang von **Anschaffungs- und Herstellungskosten**.

cc) Doppelte Buchführung

94 **Buchführung.** Als Buchführung wird die fortlaufende, systematische zahlenmäßige Dokumentation sämtlicher wirtschaftlicher und rechtlicher Vorgänge bezeichnet, die das Vermögen und das Kapital eines Unternehmens begründen bzw. verändern oder den Erfolg beeinflussen (*Geschäftsvorfälle*). Die Buchführung beinhaltet damit eine zeitlich und sachlich geordnete lückenlose Aufstellung aller vermögens- und erfolgswirksamen Geschäftsvorfälle des Unternehmens. Aufgrund der Vielzahl der Geschäftsvorfälle, die in Unternehmen im Laufe eines Geschäftsjahres anfallen, ist in der Praxis ein automatisiertes Verfahren erforderlich, das insb. die Vollständigkeit und Richtigkeit der Erfassung aller Geschäftsvorfälle gewährleistet.

95 **Doppelte Buchführung.** Unternehmen wenden nahezu ausschließlich die Technik der doppelten Buchführung an. Hierzu werden nach bestimmten Gruppen von Vermögensgegenständen und Schulden sowie Erträgen und Aufwendungen untergliederte Finanzbuchhaltungskonten angelegt und alle Geschäftsvorfälle eines Geschäftsjahres (in diesem Zusammenhang der sog. Buchungsstoff) auf diesen Konten abgebildet. Die Konten und der Buchungsstoff werden in der Buchhaltung angelegt und im Rahmen der laufenden Buchführung durch sog. Buchungssätze angesprochen. Dies erfolgt üblicherweise elektronisch mit

Buchhaltungssoftware, zumal die Finanzverwaltung erwartet, dass ihr der Buchungsstoff in verdichteter Form zusammen mit der Steuererklärung elektronisch übermittelt wird (sog. *E-Bilanz*).

> **Beispiel:**
>
> Die A-GmbH erwirbt einen PKW für einen Vertriebsmitarbeiter. Der PKW wird am 15.1.2018 geliefert, die Rechnung datiert vom selben Tag. Der Kaufpreis beträgt 45.000 EUR. In der Buchhaltung der A-GmbH ist sowohl der Zugang bei den Anlagevermögensgegenständen als auch die Verbindlichkeit gegenüber dem Autohaus zu erfassen, da beide Vorgänge eine Auswirkung auf das Vermögen und die Schulden der Gesellschaft haben (Zugang PKW, Zugang Verbindlichkeit). Die Buchhalterin Friederike Fleißig erhöht den Bestand an PKW und den der Verbindlichkeiten aus Lieferungen und Leistungen um jeweils 45.000 EUR (per PKW an Verbindlichkeiten aus Lieferungen und Leistungen 45.000 EUR). Der Betrag wird nach eingehender Rechnungskontrolle zur Überweisung freigegeben. Nach erfolgter Belastung des Betrages auf dem Bankkonto reduziert Friederike den Bestand des Bankguthabens und der Verbindlichkeiten aus Lieferungen und Leistungen in der Finanzbuchhaltung der A-GmbH um jeweils 45.000 EUR (per Verbindlichkeiten aus Lieferungen und Leistungen an Bankkonto 45.000 EUR).

Bestands- und Erfolgskonten. Grundsätzlich werden Bestandskonten und Erfolgskonten unterschieden. Auf den Bestandskonten werden die Bestände an Vermögensgegenständen und Schulden, die laufend durch Zugänge oder Abgänge bzw. Wertminderungen oder Werterhöhungen fortgeschrieben werden, gezeigt. Die Erfolgskonten erfassen durch Erträge bzw. Erlöse verursachte Reinvermögenserhöhungen bzw. durch Aufwendungen verursachte Reinvermögensminderungen. **96**

> **Beispiel:**
>
> Der Kauf und die Bezahlung des PKW in obigem Fall betrafen nur Bestandskonten. Im Ergebnis beider Geschäftsvorfälle lag ein sog. Aktivtausch vor. Das Anlagevermögen wurde erhöht, das Bankguthaben vermindert. Um die Wertminderung des PKW zu berücksichtigen, wird entsprechend der voraussichtlichen Nutzungsdauer des PKW der Bilanzansatz stetig reduziert; die Reduzierung wird gleichsam als Aufwand erfasst. Dieser Vorgang wird als Abschreibung bezeichnet. Das Finanzbuchhaltungskonto, auf welchem die Abschreibungsbeträge erfasst werden, ist ein Erfolgskonto, weil es die Abnutzung des PKW dokumentiert, die einen Aufwand darstellt.

Personen- und Sachkonten. Forderungen und Verbindlichkeiten gegenüber Kunden bzw. Lieferanten werden auf kunden- bzw. lieferantenspezifischen Personenkonten erfasst. Im Übrigen werden Bestands- und Erfolgskonten als Sachkonten bezeichnet. **97**

> **Beispiel:**
>
> Die Verbindlichkeit gegenüber dem Autohaus wurde als Kreditor unter den Verbindlichkeiten aus Lieferungen und Leistungen erfasst. Das Konto „Autohaus xy" ist ein Personenkonto. Das Konto „PKW" und das Konto „Abschreibungen" sind Sachkonten, unabhängig davon, ob es sich um Bestands- oder Erfolgskonten handelt.

98 T-Konten. Um das System der doppelten Buchführung verstehen zu können, sollte man sich zunächst jedes Konto der Finanzbuchhaltung gedanklich wie ein „T" (sog. T-Konto) vorstellen und zu Übungszwecken auch graphisch abbilden. Oberhalb des Querbalkens des „T" ist die Kontobezeichnung bzw. eine hierzu definierte Kontonummer zu vermerken.

Bei Bestandskonten, die bestimmte Gruppen an **Vermögensgegenständen** aufführen, sind diese auf der **linken Seite** unterhalb des Querbalkens mit dem anzusetzenden Betrag zu vermerken. Zu Beginn der Periode sind im Rahmen der Erfassung der Eröffnungsbilanzwerte zunächst die Anfangsbestände (AB) einzusetzen. Zugänge (ZG) zu diesen Vermögensgegenständen sind ebenfalls auf der linken Seite, Abgänge (AG) auf der rechten anzugeben. Abwertungen, z. B. im Rahmen planmäßiger Abschreibungen (AS), sind auf dem Bestandskonto ebenfalls auf der rechten Seite anzugeben. Etwaige Werterhöhungen (sog. Zuschreibungen) sind wiederum auf der linken Seite anzugeben. Bildet man die Differenz aus den Werten, die sich auf der linken Seite und auf der rechten Seite befinden, ergibt sich der saldierte Wert dieser Gruppe von Vermögensgegenständen. Diese Saldobildung wird im Rahmen der Aufstellung des Jahresabschlusses vorgenommen, um die Vermögensgegenstände und Schulden bzw. Erträge und Aufwendungen am Ende der Rechnungsperiode zu ermitteln. Diese Werte werden als Schlussbilanzwerte (SB) bezeichnet. Da kein negativer Wert bei Vermögensgegenständen denkbar ist, ergibt sich, dass per Saldo stets ein positiver Betrag auf der linken Seite verbleibt.

Beispiel:

Der PKW ist der erste Zugang bei den PKW. Das Bankkonto weist einen Anfangsbestand von 80.000 EUR aus. Es wird durch die Anschaffung des PKW um 30.000 EUR auf 50.000 EUR vermindert. Für das Geschäftsjahr 2018 sind Abschreibungen auf den PKW zu verrechnen, bei denen eine Nutzungsdauer von 6 Jahren zugrunde gelegt wird. Ein Sechstel der Anschaffungskosten (5.000 EUR) werden in 2018 aufwandswirksam von den Anschaffungskosten abgeschrieben. Auch der laufende Aufwand durch Kraftstoff, Versicherung, Steuern und Wartung ist in der Finanzbuchhaltung unter den entsprechenden Aufwandskonten zu erfassen.

PKW		Bankguthaben	
ZG 30.000 EUR	AS 5.000 EUR	AB 80.000 EUR	AG 30.000 EUR
	SB 25.000 EUR		SB 50.000 EUR

Dasselbe gilt für die **Schuldposten**, jedoch seitenverkehrt. Bestände an Verbindlichkeiten sind auf der **rechten Seite** des Bestandskontos zu erfassen. Zugänge erhöhen den Bestand auf der rechten Seite, Abgänge sind auf der linken Seite zu erfassen. Wertminderungen sind auf der linken Seite, etwaige Werterhöhungen auf der rechten Seite zu vermerken. Der Saldo ist hier immer ein positiver Bestand auf der rechten Seite.

1. Einkommensteuer 33

Verbindlichkeiten Autohaus xy	
AG 30.000 EUR	ZG 30.000 EUR
	SB 45.000 EUR

Durch **Erträge** verursachte Reinvermögenserhöhungen sind grundsätzlich auf der **rechten Seite** des die Ertragsart bezeichnenden Erfolgskontos zu vermerken. Durch **Aufwendungen** entstandene Reinvermögensminderungen sind hingegen auf der **linken Seite** von Aufwandskonten (im Beispiel Abschreibung, Kraftstoff, Kfz-Versicherung und Kfz-Steuern) anzugeben.

Abschreibung		Kraftstoff	
ZG 5.000 EUR	SB 5.000 EUR	ZG 5.500 EUR	SB 5.500 EUR

Kfz-Versicherung		Kfz-Steuern	
ZG 1.500 EUR	SB 1.500 EUR	ZG 500 EUR	SB 500 EUR

Buchungssätze. Sämtliche Geschäftsvorfälle eines Geschäftsjahres sind in Buchungssätze zu transformieren. Die Technik der doppelten Buchführung setzt hierbei voraus, dass jeder Buchungssatz ein Konto der Buchführung auf der linken Seite und ein Konto der Buchführung auf der rechten Seite anspricht. Die linke Seite eines Kontos wird hierbei als „**Soll**", die rechte als „**Haben**" bezeichnet. Der Buchungssatz beinhaltet folglich mindestens zwei Geldbeträge, die sich sowohl auf die Sollseite als auch auf die Habenseite zweier verschiedener Konten beziehen. Besteht der Buchungssatz aus zwei Geldbeträgen, müssen diese grundsätzlich in gleicher Höhe bestehen. In diesem Fall reicht es aus, den Geldbetrag am Ende des Buchungssatzes zu nennen. Es gibt aber auch Buchungssätze, bei denen mehr als zwei Konten angesprochen werden und damit mehr als zwei Geldbeträge anzugeben sind. In diesem Fall wird der jeweilige Geldbetrag stets nach der jeweiligen Kontobezeichnung genannt. Eine *Grundregel* der doppelten Buchführung besagt, dass die Summe der Geldbeträge, die auf Konten im Soll zu erfassen sind, identisch sein muss mit der Summe, die auf Konten im Haben zu erfassen sind. Den Geldbeträgen, die auf Konten im Soll erfasst werden sollen, wird das Kennzeichen „**per**", den der Habenseite das Kennzeichen „**an**" vorangestellt.

99

Im vorstehenden Beispiel lauten die Buchungssätze wie folgt:
1. Per PKW an Verbindlichkeiten gegenüber Autohaus xy 30.000 EUR
2. Per Verbindlichkeiten gegenüber Autohaus xy an Bankguthaben 30.000 EUR
3. Per Abschreibung an PKW 5.000 EUR
4. Per Kraftstoff an Bankguthaben 5.500 EUR
5. Per Kfz-Versicherung an Verbindlichkeiten gegenüber Versicherung 1.500 EUR
6. Per Kfz-Steuern an Verbindlichkeiten gegenüber Finanzamt 500 EUR

Es gibt sowohl Buchungen, die sich ausschließlich auf Bestandskonten beziehen (**reine Bestandsbuchungen**, im Beispiel Buchungen 1 und 2) als auch solche, die sich ausschließlich auf Erfolgskonten bewegen (**reine Erfolgsbu-**

chungen). Ferner gibt es Buchungssätze, die sowohl Bestands- als auch Erfolgskonten ansprechen (**Erfolgsbuchungen,** im Beispiel Buchungen 3 bis 6).

100 Aufstellung des Jahresabschlusses. Im Laufe eines Geschäftsjahres werden sämtliche Geschäftsvorfälle in Buchungssätze transferiert und auf Bestands- oder Erfolgskonten abgebildet. Zum Ende des Geschäftsjahres werden sämtliche Bestands- und Erfolgskonten **abgeschlossen** und deren **Salden in die Bilanz und die Gewinn- und Verlustrechnung übertragen.** Die Salden der Bestandskonten finden Eingang in die Bilanz, die Salden der Erfolgskonten in die Gewinn- und Verlustrechnung. Dieser Vorgang wird als *Aufstellung des handelsrechtlichen Jahresabschlusses* bezeichnet. Das Prinzip der doppelten Buchführung gewährleistet hierbei, dass der sich aus der Gewinn- und Verlustrechnung ergebende Saldo (beim Übersteigen der Erträge über die Aufwendungen: Gewinn, anderenfalls: Verlust) identisch ist mit der ergebnisbedingten Reinvermögenserhöhung (bei Gewinn) bzw. Reinvermögensminderung (bei Verlust) im Eigenkapital der Bilanz. Hierbei sind die Summen der Vermögensgegenstände einerseits sowie des Eigenkapitals und der Verbindlichkeiten andererseits (Bilanzsumme) identisch.

101 Schaubild: Darstellung der Bewegungen auf Bestands- und Erfolgskonten

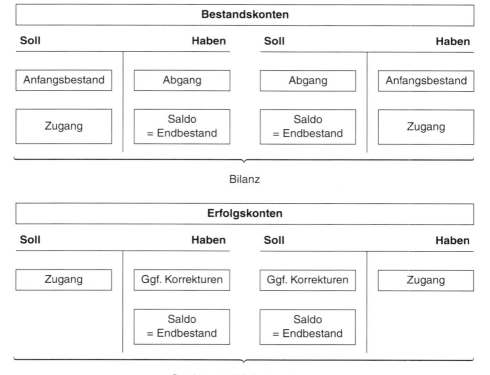

102 Da sich Gewinne in der Gewinn- und Verlustrechnung stets als Reinvermögenserhöhungen bzw. Erhöhungen des Eigenkapitals darstellen, führt der in

§ 4 Abs. 1 Satz 1 vorgesehene Betriebsvermögensvergleich grundsätzlich zur Besteuerung des nach handelsrechtlichen Grundsätzen ermittelten *Gewinns* des Steuerpflichtigen; Entnahmen und Einlagen sind nach § 4 Abs. 1 aus dem Betriebsvermögensvergleich auszuschließen. Der für die Gewinnermittlung bei Buchführungsverpflichteten vorgeschriebene Betriebsvermögensvergleich gem. § 4 Abs. 1 Satz 1 bringt das Betriebsvermögen am Schluss des Wirtschaftsjahres mit dem Betriebsvermögen am Schluss des vorangegangenen Wirtschaftsjahres in einen Zusammenhang. Wegen des Grundsatzes der Bilanzidentität gem. § 252 Abs. 1 Nr. 1 HGB ist der Betrag des Betriebsvermögens am Schluss des vorangegangenen Wirtschaftsjahres stets identisch mit dem Betriebsvermögen am Beginn des neuen Wirtschaftsjahres. Da sich der handelsrechtliche Gewinn als Reinvermögenserhöhung und damit als Erhöhung des Eigenkapitals auswirkt, führt der auf steuerlicher Ebene vorzunehmende Betriebsvermögensvergleich zu einer Bezugnahme auf den handelsrechtlichen Gewinn als Besteuerungsgrundlage.

Weiterführende Literaturempfehlung: *Falterbaum/Bolk/Reiß/Kirchner*, Buchführung und Bilanz; *Jakob*, EStG, Rz. 619 ff.

dd) Entnahmen und Einlagen

Werden Vermögensgegenstände aus der betrieblichen in die private Sphäre des Steuerpflichtigen übertragen, liegt eine nicht betrieblich bedingte Verminderung des Betriebsvermögens vor. Diese Vorgänge werden als **Entnahmen** bezeichnet. Gleiches gilt im Falle der nicht betrieblich bedingten Begründung von Verbindlichkeiten. Werden hingegen Vermögensgegenstände aus dem Privatvermögen des Steuerpflichtigen in sein Betriebsvermögen eingebracht, ist von **Einlagen** die Rede. Gleiches gilt im Falle der nicht betrieblich bedingten Übertragung von Verbindlichkeiten in das Privatvermögen. **103**

Da sowohl Entnahmen als auch Einlagen Vermögenstransfers (bzw. auch Transfers von Verbindlichkeiten) zwischen der Privat- und der Betriebssphäre des Steuerpflichtigen voraussetzen, sind diese bei der **steuerlichen Gewinnermittlung** zu **eliminieren**. Der Betriebsvermögensvergleich des § 4 Abs. 1 Satz 1 ordnet deshalb an, dass der Vermögensvergleich um den Wert der Entnahmen vermehrt und um den Wert der Einlagen vermindert werden muss. Bestünde diese Regelung nicht, würde z. B. die Entnahme von Vermögensgegenständen aus dem Betriebsvermögen im Wirtschaftsjahr zu einer Verringerung der Besteuerungsgrundlage führen.

Als **Formen von Entnahmen** sind nicht nur die Überführung von Vermögensgegenständen in die Privatsphäre, sondern auch die private Inanspruchnahme von **Nutzungen** und **Leistungen** des Betriebes durch den Kaufmann bzw. Steuerpflichtigen zu nennen. Folgende Formen von Entnahmen können unterschieden werden: **104**

- Barentnahmen,
- Nutzungsentnahmen,
- Sachentnahmen,
- Leistungsentnahmen.

Beispiele:

Kaufmann K nimmt bei Geschäftsschluss einen 100-Euro-Schein aus der Kasse an sich, um private Ausgaben zu tätigen (Barentnahme). Der Schlachter S nimmt aus der Auslage des als Einzelunternehmen geführten Schlachtereigeschäfts 250 Gramm Filetsteak für den abendlichen Konsum mit nach Hause (Sachentnahme). Der betriebliche LKW wird vom Inhaber für den privaten Umzug des Sohnes S verwendet (Nutzungsentnahme). Gesellschafter A weist den angestellten Gärtner G an, am Nachmittag den Rasen des Privatgrundstücks des A zu mähen (Leistungsentnahme).

Um die Erfassung von Wertsteigerungen bei Wirtschaftsgütern während ihrer Zugehörigkeit zum Betriebsvermögen berücksichtigen zu können, sind diese bei Entnahme und Einlage grundsätzlich mit ihren Verkehrswerten (steuerlich: Teilwert, § 6 Abs. 1 Nr. 4 und 5) anzusetzen. Gleiches gilt für den Wert von Nutzungen und Leistungen.

ee) Bilanzsteuerrecht im engeren Sinne: die Steuerbilanz

105 **Abkopplungsprozess.** Die in § 5 Abs. 1 Satz 1 angeordnete Bindung der Steuerbilanz an die Handelsbilanz (sog. Maßgeblichkeitsprinzip) hatte ursprünglich die *Vereinfachung der steuerlichen Gewinnermittlung* zum Ziel. Sie sollte gleichzeitig die Einheitlichkeit und Gleichmäßigkeit der Besteuerung gewährleisten, da die handelsrechtlichen Grundsätze zumindest für alle Kaufleute gleichermaßen Bedeutung hatten (**Handelsbilanzrecht**). Mit dem *Ansteigen der Steuerquote* gestaltete sich die Zielrichtung der handelsrechtlichen Gewinnermittlung, die vorwiegend dem *Gläubigerschutz* verschrieben ist, im Verhältnis zu den Fiskalzielen als zunehmend konfliktär. Das aus der Sicht der Besteuerung von Unternehmen bestehende Ziel, den real erwirtschafteten Gewinn zu besteuern, wurde durch die vielfachen, am Gläubigerschutz ausgerichteten Möglichkeiten des Handelsrechts wie z. B. der Antizipation von Risiken, zunehmend ausgehebelt. Das Prinzip der Maßgeblichkeit der handelsrechtlichen Grundsätze ordnungsmäßiger Buchführung nach § 5 Abs. 1 Satz 1 wurde in der Folge durch zahlreiche steuerrechtliche Vorschriften im EStG und durch die Rechtsprechung des Bundesfinanzhofs an vielen Stellen durchbrochen. Ausgehend von der systematischen Anbindung der Steuerbilanz an die Handelsbilanz setzte ein *Prozess der Abkopplung der Steuerbilanz von der Handelsbilanz* ein, der zunehmend durch weniger steuersystematische als vielmehr haushaltspolitisch motivierte gesetzliche Einzelmaßnahmen gekennzeichnet war.

106 **Bilanzsteuerrecht.** Die rein steuerlich wirkenden Modifikationen des nach den handelsrechtlichen Grundsätzen ordnungsmäßiger Buchführung anzusetzenden Betriebsvermögens sind überwiegend innerhalb der §§ 4 bis 7k geregelt. Diese Vorschriften bilden – ausgehend von den handelsrechtlichen Grundsätzen ordnungsmäßiger Buchführung – das *Bilanzsteuerrecht im engeren Sinne* oder die *Steuerbilanz*. Hierbei finden sich die Regelungen des Ansatzes von Vermögensgegenständen und Schulden, d. h. Normen, die das „*Ob*" der Bilanzierung regeln, überwiegend im Handelsrecht. Die im Handelsrecht relativ knapp geregelte Bewertung von Vermögensgegenständen und Schulden, d. h. die Frage, in welcher Höhe („*Wie*") Vermögensgegenstände und Schulden zu bilanzieren sind, wird dagegen ausführlich in den §§ 6 bis 7k behandelt.

Der Grundsatz der Einheitlichkeit und Gleichmäßigkeit der Besteuerung bedingt, dass Steuerpflichtige durch die Ausübung handelsrechtlicher Ansatzwahlrechte keinen Einfluss auf die Höhe der Besteuerung haben dürfen. Dieser Grundsatz führt in ständiger Rechtsprechung des Bundesfinanzhofs zu folgenden Prinzipien:

- handelrechtliche Aktivierungs*wahlrechte* bedeuten steuerliche Aktivierungs*gebote* und
- handelsrechtliche Passivierungs*wahlrechte* stellen steuerrechtliche Passivierungs*verbote* dar.

Nichtabzugsfähige Betriebsausgaben gem. § 4 Abs. 5. Eine besondere Bedeutung haben die *nicht abzugsfähigen Betriebsausgaben* in § 4 Abs. 5. Diese betreffen Aufwendungen, die im Geschäftsleben typischerweise anfallen und handelsrechtlich anzuerkennen sind. Ihre steuerliche Abzugsfähigkeit wird aus fiskalischen Gründen versagt. Es handelt sich u. a. um *Geschenke* an Geschäftsfreunde, wenn der Betrag 35 EUR übersteigt (s. Rz. 390), 30 % der *Bewirtungsaufwendungen*, Aufwendungen für *Segel- und Motorjachten*, für das *häusliche Arbeitszimmer* (s. Rz. 108) und für *Geldbußen, Ordnungsgelder* und *Verwarnungsgelder*. Die nichtabzugsfähigen Betriebsausgaben sind oftmals Gegenstand von steuerlichen Außenprüfungen.

107

Aufwendungen für das häusliche Arbeitszimmer. Die Abzugsfähigkeit von Aufwendungen für ein häusliches Arbeitszimmer sowie die Kosten der Ausstattung wird nur gewährt, wenn für die betriebliche oder berufliche Tätigkeit kein anderer Arbeitsplatz zur Verfügung steht, §§ 4 Abs. 5 Nr. 6b, 9 Abs. 5. Die Abzugsfähigkeit ist allerdings auf 1.250 EUR begrenzt. Zu berücksichtigen ist ferner, dass direkt der betrieblichen oder beruflichen Tätigkeit zuzuordnende Aufwendungen außerhalb der Regelungen zum häuslichen Arbeitszimmer abzugsfähig sind.

108

Exkurs: Behandlung von Aufwendungen für VIP-Logen. Das BMF hat zur steuerlichen Behandlung von Aufwendungen im Zusammenhang mit der Unterhaltung von VIP-Logen Stellung genommen. Es handelt sich typischerweise um kombinierte Werbe-, Geschenk- (die Eintrittskarte) und Bewirtungsleistungen. Während die Werbeleistungen, wie z. B. Bandenwerbung, unbeschränkt abzugsfähig sind, gilt das für den Geschenkanteil nur, wenn dieser den Betrag von 35 EUR nicht übersteigt. Von den Bewirtungsaufwendungen sind nur 70 % abzugsfähig. Wird auf Werbeleistungen verzichtet, liegen **Hospitality-Leistungen** vor. Generell sind Aufteilungspauschalen zu berücksichtigen. Ist die Dreifach-Kombination gegeben, entfallen 40 % der Aufwendungen auf die Werbeleistungen, 30 % auf die Bewirtung und je 15 % auf die Geschenke an Geschäftsfreunde und Arbeitnehmer des Steuerpflichtigen. Wird eine mindestens einmal wöchentliche Raumnutzung nachgewiesen, können 15 % der Gesamtkosten den Raumkosten vorab zugewiesen und unbeschränkt abgezogen werden. Bei reinen *Hospitality-Leistungen* wird der Anteil der Werbeleistungen den Geschenken zugeschlagen, die dann mit jeweils 35 % auf Geschäftsfreunde und Arbeitnehmer entfallen.

109

Behandlung beim Empfänger, Pauschalierung. Der *Geschenk*anteil des Geschäftsfreundes ist bei diesem grundsätzlich steuerlich zu berücksichtigen.

110

Hierbei kann es sich um Betriebseinnahmen oder geldwerte Vorteile (s. Rz. 176) handeln. Auf eine Benennung der Empfänger und die steuerliche Erfassung des geldwerten Vorteils bei den Empfängern kann jedoch verzichtet werden, wenn zur Abgeltung dieser Besteuerung 60 % des auf Geschäftsfreunde entfallenden Anteils am Gesamtbetrag der Besteuerung unterworfen werden. Auch Arbeitnehmer des einladenden Steuerpflichtigen haben die Teilnahme steuerlich zu berücksichtigen, wenn nicht eine Teilnahme im ganz überwiegenden betrieblichen Interesse ist. Etwas anderes gilt, sofern hierdurch die lohnsteuerliche Freigrenze für Sachbezüge von monatlich 44 EUR nicht überschritten wird. Mit § 37b besteht die gesetzliche Möglichkeit der pauschalen Steuerübernahme durch den Schenker. Der Steuersatz beträgt 30 %, es sind SolZ und pauschale KiSt zu verrechnen. Das Wahlrecht zur Pauschalversteuerung kann nur einheitlich für *alle* Zuwendungen im Wirtschaftsjahr ausgeübt werden. Die Steuerübernahme sollte dem Gast mitgeteilt werden, damit dieser auf die Empfängerversteuerung verzichten kann.

Beispiele:

Die S-GmbH unterhält in der Premium-Lounge des Bremer Weserstadions eine VIP-Loge. Die Kosten für eine 8-Personen-Loge betragen 50.000 EUR pro Saison. Werbeleistungen erbringt die S-GmbH nicht. Nach dem Hospitality-Erlass entfallen 30 % = 15.000 EUR auf die Bewirtung und je 35 % = 17.500 EUR auf die Geschenkanteile der Geschäftsfreunde und Arbeitnehmer des Steuerpflichtigen. Bei 17 Heimspielen pro Saison liegt der Geschenkanteil je Spiel noch bei über 257 EUR, selbst bei weiteren 13 Spielen (Champions-League, DFB-Pokal) beträgt der Wert mehr als 145 EUR, womit die Geschenk-Freigrenze überschritten wird (aufgrund der derzeitigen sportlichen Leistungen von Werder Bremen ist mit der Teilnahme an Champions-League-Spielen auf absehbare Zeit allerdings nicht zu rechnen). Die S-GmbH möchte die ESt auf Empfängerseite nach § 37b EStG pauschal versteuern. Zu dem Geschenkanteil von insgesamt 35.000 EUR kommt die USt von 19 % mit 6.650 EUR, Bemessungsgrundlage insgesamt 41.650 EUR. Die Pauschalsteuer beträgt damit insgesamt 12.495 EUR zzgl. SolZ und pauschaler KiSt. Von den Bewirtungsaufwendungen sind 30 % = 4.500 EUR nicht abzugsfähig.

BMF-Schreiben zur steuerlichen Behandlung von VIP-Logen: Schreiben vom 22.8.2005, IV B 2 – S 2144 – 41/05, vom 11.7.2006, IV B 2 – S 2144 – 53/06 und vom 28.11.2006, IV A 5 – S 7109 – 14/06. Zu den sog. *Hospitality-Leistungen* siehe Schreiben vom 30.3.2006, IV B 2 – S 2144 – 26/06. Zur *Pauschalierung der Einkommensteuer bei Sachzuwendungen nach § 37b EStG* siehe Schreiben vom 19.5.2015, IV C 6 – S 2297 – b/14/10001.

111 **Steuerliche Abschreibungen.** Für die *Gewinneinkünfte* sind folgende Besonderheiten zu berücksichtigen:

- **Geringwertige Wirtschaftsgüter (GWG):** die Grenze der Sofortabschreibung bei GWG beträgt bei Gewinneinkünften ab VZ 2018 800 EUR (vorher: 410 EUR), § 6 Abs. 2 Satz 1. Dies gilt nach § 9 Abs. 1 Satz 3 Nr. 7 Satz 2 auch für Überschusseinkünfte.
- **Poolabschreibung:** bewegliche abnutzbare Wirtschaftsgüter des Anlagevermögens, die einer selbstständigen Nutzung fähig sind und deren Anschaffung- oder Herstellungskosten (AHK) mehr als 250 EUR (ab VZ 2018,

vorher 150 EUR) und maximal 1.000 EUR betragen, sind nach § 6 Abs. 2a Satz 1 in einen *jahrgangsbezogenen Sammelposten* einzustellen. Für Wirtschaftsgüter mit AHK zwischen 250 EUR und 800 EUR (ab VZ 2018, vorher 150 EUR/410 EUR) besteht ein Wahlrecht hinsichtlich der Anwendung der Absätze 2 und 2a. Die Abschreibungsdauer jedes Sammelpostens beträgt 5 Jahre, Veräußerungen, Entnahmen oder Wertminderungen werden nicht gesondert erfasst. Bei Verkäufen ist somit der Kaufpreis gegen Ertrag zu buchen.
- Die **degressive Abschreibung** wird vom Gesetzgeber als Konjunkturmaßnahme zur Steuerung von Investitionen häufig modifiziert. Ihr sachlicher Anwendungsbereich umfasst bewegliche Wirtschaftsgüter des Anlagevermögens, § 7 Abs. 2, und Gebäude, § 7 Abs. 5. Bewegliche Wirtschaftsgüter, die nach 2010 angeschafft wurden, sowie Gebäude, die nach 2005 angeschafft wurden, dürfen jedoch nur noch mit jährlich gleichbleibenden Raten (linear) abgeschrieben werden. Eine Abschreibung mit zunächst hohen und dann fallenden Jahresraten ist nur noch bei Gebäuden in Sanierungsgebieten und städtebaulichen Entwicklungsbereichen sowie bei Baudenkmälern nach §§ 7h, 7i möglich.

ff) Betriebsvermögenseigenschaft

Wirtschaftliches Eigentum. In die Bilanz des Kaufmanns oder der Handelsgesellschaft sind nur solche Vermögensgegenstände und Schulden aufzunehmen, die zum *Handelsgewerbe* gehören. Aus § 247 Abs. 2 HGB ist zu schließen, dass Vermögensgegenstände nur dann in der Bilanz auszuweisen sind, wenn diese dazu bestimmt sind, dem Geschäftsbetrieb zu dienen. Ist dies bei Kaufleuten nicht der Fall, sind sie der *Privatsphäre* des Kaufmanns zuzuweisen und damit von der Bilanz zu trennen. Die Zuordnung von Vermögensgegenständen zum Handelsgewerbe setzt neben der Bestimmung des *Dienens für den Gewerbebetrieb* mindestens *wirtschaftliches Eigentum* des Kaufmanns voraus. Der Begriff des wirtschaftlichen Eigentums ist mit dem des rechtlichen Eigentums nicht deckungsgleich. Unterschiede werden z. B. in § 246 Abs. 1 Satz 2 und 3 HGB deutlich, wonach unter Eigentumsvorbehalt oder durch Sicherungsübereignung oder Pfandrecht gesicherte Vermögensgegenstände ungeachtet der rechtlichen Zugehörigkeit zur Vermögenssphäre des Sicherungsnehmers beim Sicherungsgeber zu erfassen sind.

112

Steuerliches Betriebsvermögen. Die Zugehörigkeit von *Vermögensgegenständen* und *Schulden* zum Handelsgewerbe des Kaufmanns oder der Handelsgesellschaft wird steuerlich bei der Frage der Zugehörigkeit von *Wirtschaftsgütern* zum *steuerlichen Betriebsvermögen* behandelt. Die Regelungen der Zugehörigkeit von Wirtschaftsgütern und Schulden zum steuerlichen Betriebsvermögen weichen allerdings von der handelsrechtlichen Behandlung ab. Das Steuerrecht unterscheidet Wirtschaftsgüter, die zum

113

- notwendigen Betriebsvermögen,
- notwendigen Privatvermögen,
- gewillkürten Betriebsvermögen oder
- gewillkürten Privatvermögen

gehören. Auch auf steuerlicher Ebene wird neben der Frage der Zugehörigkeit zum Betriebsvermögen in Abgrenzung zum Privatvermögen das Vorliegen zumindest wirtschaftlichen Eigentums gem. § 39 AO vorausgesetzt.

> **Beispiel:**
>
> A vermietet seinen PKW für 6 Jahre zu einem monatlichen Mietzins von 500 EUR an B. Die Miete enthält die gesamten Anschaffungskosten und Nebenkosten des PKW. Die Nutzungsdauer des PKW beträgt 6 Jahre. Weil B den A während der Nutzungsdauer des PKW von der Einwirkung auf das Wirtschaftsgut wirtschaftlich ausschließen kann, ist dem B der PKW wirtschaftlich zuzurechnen. Er hat den PKW in seiner Bilanz gegen Passivierung der Rückgabeverpflichtung auszuweisen.

114 Die Zuordnung zum Betriebsvermögen führt zur sog. steuerlichen **Verstrickung** von Wirtschaftsgütern. Die Berücksichtigung von Aufwendungen im Zusammenhang mit Wirtschaftsgütern im Betriebsvermögen bedingt, dass auch die Erträge aus der Verwaltung des Wirtschaftsguts, zu der ggf. auch deren *Veräußerung* gehört, steuerpflichtig sind. Durch diese Regelung werden z. B. Gewinne aus dem Abgang von Gegenständen des Anlagevermögens steuerlich erfasst, die etwa durch Abschreibungen verursacht sind. Berücksichtigt werden allerdings auch Wertsteigerungen, die marktbedingt sind, d. h. die von äußeren Faktoren abhängen. Hierzu zählt etwa die Wertsteigerung, die ein landwirtschaftliches Grundstück durch den erfolgten Ausweis als Bauland im Bebauungsplan erfährt. Wirtschaftsgüter, die demgegenüber der Privatsphäre zugehören, sind steuerlich grundsätzlich nicht verstrickt. Die Wertsteigerung in dem o.g. Fall eines landwirtschaftlichen Grundstücks ist demnach generell nicht verstrickt, wenn es der Steuerpflichtige zur Erzielung von Einkünften aus Vermietung und Verpachtung nutzt. Ausnahmen von dieser Regelung gibt es allerdings bei im Privatvermögen gehaltenem Kapitalvermögen (s. Rz. 288) und Beteiligungen an Kapitalgesellschaften (*mindestens 1% Beteiligungshöhe*, § 17 EStG, Rz. 162, 289) und bei Unterschreiten einer Mindesthaltedauer bei bestimmten Wirtschaftsgütern des Privatvermögens (insb. *Grundstücke:* 10 Jahre, §§ 22 Nr. 2, 23).

115 Zum **notwendigen Betriebsvermögen** gehören Wirtschaftsgüter, die *unmittelbar und objektiv erkennbar* für betriebliche Zwecke *genutzt* werden und für den betrieblichen Einsatz *bestimmt* sind. Die betriebliche Funktion muss hierbei durch den Steuerpflichtigen endgültig festgelegt sein. Lediglich die Möglichkeit einer betrieblichen Funktion eines Wirtschaftsguts ist nicht ausreichend. § 8 EStDV enthält hier eine Bagatellregelung für Grundstücksteile. Wenn ihr Wert nicht mehr als ein Fünftel des gemeinen Wertes des gesamten Grundstücks und nicht mehr als 20.500 EUR beträgt, braucht eine Erfassung als Betriebsvermögen nicht zu erfolgen.

> **Beispiel:**
>
> Der Einzelunternehmer A ist Eigentümer eines bebauten Grundstücks, auf dem er einen Schraubenhandel betreibt. Das Grundstück und das Gebäude sind notwendiges Betriebsvermögen des A.
>
> Der Rechtsanwalt R betreibt seine Kanzlei im häuslichen Arbeitszimmer, das 10% der Nutzfläche seines Eigenheims ausmacht. Der Wert der gesamten Immobilie be-

trägt 200.000 EUR. Auf das häusliche Arbeitszimmer entfallen somit 20.000 EUR, das unterschreitet die Bagatellgrenze von 20.500 EUR nach § 8 EStDV. Grundstück und Gebäude brauchen nicht anteilig als Betriebsvermögen des R erfasst zu werden.

Zum **notwendigen Privatvermögen** sind solche Wirtschaftsgüter zu zählen, die *keinerlei Eignung und Bestimmung* haben, dem Betrieb zu dienen. Hierzu zählen insb. Gegenstände der privaten Lebenssphäre des Steuerpflichtigen, wie z. B. die private Wohnung, der nicht betrieblich genutzte private PKW und alle Gegenstände für den rein persönlichen Gebrauch des Steuerpflichtigen.

116

Wirtschaftsgüter des **gewillkürten Betriebsvermögens** sind solche, die nicht zwangsläufig zum notwendigen Betriebsvermögen oder zum notwendigen Privatvermögen gehören. Im Unterschied zu Wirtschaftsgütern des notwendigen Betriebsvermögens ist bei solchen des gewillkürten Betriebsvermögens die unmittelbare Bestimmung zum betrieblichen Einsatz nicht erforderlich. Ausreichend ist eine objektive Eignung zur Förderung des betrieblichen Zwecks durch das Wirtschaftsgut. Es ist jedoch erforderlich, dass das Wirtschaftsgut des gewillkürten Betriebsvermögens dem Betriebsvermögen durch *Einzelakt* nach außen erkennbar *zugeordnet wird*. Dies kann z. B. durch die Aufnahme des Wirtschaftsguts in das betriebliche Inventar und die betriebliche Buchführung erfolgen.

117

> **Beispiel:**
> Das als Reservegrundstück erworbene und brach liegende Nachbargrundstück hat im Zeitpunkt des Erwerbs keine unmittelbare Bestimmung zum betrieblichen Einsatz. Sofern das Grundstück in das Inventar und die Bilanz des Steuerpflichtigen aufgenommen wird (Widmungsakt), liegt gewillkürtes Betriebsvermögen vor. Ansonsten handelt es sich um (gewillkürtes) Privatvermögen.

Bei **gemischt genutzten** *beweglichen* **Wirtschaftsgütern** ist die Zuordnung zu einer der Vermögenssphären nach dem prozentualen Anteil der betrieblichen oder privaten Nutzung vorzunehmen. Wird z. B. ein PKW zu mehr als 50 % betrieblich genutzt, gehört er zwangsläufig zum notwendigen Betriebsvermögen. Liegt die betriebliche Nutzung unter 10 % der Gesamtnutzung, ist der PKW zwangsläufig dem notwendigen Privatvermögen zuzuordnen. Bei einer anteiligen Nutzung von jeweils einschließlich 10 bis 50 % ist der Bereich des gewillkürten Betriebsvermögens erreicht. Hier hat der Steuerpflichtige ein Wahlrecht, ob das Wirtschaftsgut dem gewillkürten Betriebsvermögen oder dem Privatvermögen zugeordnet wird. Dieses Wahlrecht wird durch einen zuvor geschilderten Widmungsakt ausgeübt. Für die Bestimmung des *Entnahmeanteils* bei der *privaten Mitnutzung* betrieblicher PKWs besteht allerdings beim gewillkürten Betriebsvermögen nicht die Möglichkeit der Anwendung der 1 %-Regelung (vgl. zum parallelen Anwendungsfall der Bestimmung des geldwerten Vorteils bei der PKW-Gestellung an Arbeitnehmer Rz. 176). *Bewegliche* Wirtschaftsgüter sind somit im Ganzen entweder dem Betriebsvermögen (als Wirtschaftsgüter des notwendigen oder gewillkürten Betriebsvermögens) oder dem Privatvermögen zuzuordnen. Werden sie dem Privatvermögen zugeordnet, sind mit dem Eigentum oder Besitz des Wirtschaftsguts verbundene Aufwendungen steuerlich nur relevant, soweit sie auf den betrieblichen Nutzungsanteil entfal-

118

len. Im Falle der Zuordnung des Wirtschaftsguts zum Betriebsvermögen sind zunächst grundsätzlich alle aus dem Eigentum oder Besitz des Wirtschaftsguts resultierenden Aufwendungen steuerlich wirksame betriebliche Aufwendungen bzw. Betriebsausgaben, § 4 Abs. 4.

Soweit allerdings die tatsächliche Nutzung des dem Betriebsvermögen zugeordneten Wirtschaftsguts *rein privat* ist, sind die auf das Wirtschaftsgut vorgenommenen betrieblichen Aufwendungen steuerlich zu neutralisieren. Dies erfolgt technisch durch die buchhalterische Erfassung einer **Nutzungsentnahme**. In der Buchhaltung sind dann die auf dem jeweiligen Erfolgskonto, das die Aufwendungen im Zusammenhang mit dem Wirtschaftsgut abbildet, zu verrechnenden Privataufwendungen herauszurechnen. Dies geschieht durch den Ansatz des Anteils der Aufwendungen, die privater Natur sind, auf der Haben-Seite des Aufwandskontos. Das Gegenkonto ist das *Entnahmekonto*, das eigenkapitalmindernd im Soll angesprochen wird.

119 Bei **gemischt genutzten** *unbeweglichen* **Wirtschaftsgütern** ist dagegen im Unterschied zur steuerlichen Behandlung *beweglicher* Wirtschaftsgüter und auch im Unterschied zur zivilrechtlichen Betrachtung eine Aufteilung nach verschiedenen Nutzungs- und Funktionszusammenhängen möglich. Ein Grundstück sowie das darauf stehende Gebäude können somit zu einem Teil Betriebsvermögen und zu einem Teil Privatvermögen sein. Hierbei sind sowohl das Grundstück als auch das Gebäude nach dem betrieblichen oder privaten Nutzungsanteil ideell aufzuteilen. Die Anschaffungs- und Herstellungskosten der Grundstücke und des Gebäudes sind nach dem Verteilungsschlüssel (Nutzfläche) prozentual in der Buchhaltung des Steuerpflichtigen als Vermögensgegenstand zu erfassen. Aufwendungen und Erträge sind nur insoweit zu berücksichtigen, als sie den betrieblich genutzten Teil betreffen. Entfallen sie sowohl auf den betrieblichen als auch auf den privaten Teil (z. B. Grundsteuer, Versicherung etc.), sind sie nach dem Verteilungsschlüssel aufzuteilen. Da eine anteilige Zuordnung der Anschaffungs- und Herstellungskosten des unbeweglichen Wirtschaftsguts zu den betrieblichen oder privaten Sphären möglich ist, sind die bei beweglichen Wirtschaftsgütern geltenden Prozentsätze (10 %, 50 %) bei gemischter betrieblich-privater Nutzung nicht anwendbar. Ebenso ist es möglich, dass Teile des unbeweglichen Wirtschaftsguts dem sog. *gewillkürten* Betriebsvermögen zuzuordnen sind. In diesem Fall ist der geschilderte Widmungsakt Tatbestandsvoraussetzung des gewillkürten Betriebsvermögens.

120 Ein **Grundstück** und ein darauf stehendes Gebäude können somit steuerlich wie folgt **eingeordnet** werden:
- *eigene betriebliche Nutzung*: notwendiges Betriebsvermögen
- *fremde betriebliche Nutzung* (z. B. aufgrund von Vermietung durch den Steuerpflichtigen an einen anderen Gewerbetreibenden): gewillkürtes Betriebsvermögen oder Privatvermögen
- *fremde private Nutzung* (z. B. zu Wohnzwecken durch Vermietung an einen Dritten): gewillkürtes Betriebsvermögen oder Privatvermögen
- *Nutzung zu eigenen Wohnzwecken*: notwendiges Privatvermögen

1. Einkommensteuer

Beispiel:

Juliane Ehrgeiz erwirbt am 1.1.2018 ein mit einem Gebäude bebautes Grundstück für 400.000 EUR. In dem Gebäude befinden sich zwei Ladenlokale und zwei Wohnungen. Die vier Teile haben eine etwa gleich große Nutzfläche. Ein Ladenlokal im Erdgeschoss nutzt Juliane für ihr einzelkaufmännisches Schraubengeschäft. Das weitere Ladenlokal vermietet Juliane an einen befreundeten Unternehmer, der dort eine Druckerei einrichtet. Eine Wohnung nutzt Juliane privat zu Wohnzwecken. In die Nachbarwohnung zieht eine Familie ein.

Das selbstgenutzte Ladenlokal ist notwendiges Betriebsvermögen, die selbstgenutzte Wohnung notwendiges Privatvermögen von Juliane. Die beiden anderen Räumlichkeiten können dem gewillkürten Betriebsvermögen zugeordnet werden, da eine *objektive Eignung zur Förderung des betrieblichen Zwecks*, nicht aber eine *unmittelbare Bestimmung* zum betrieblichen Einsatz besteht.

Würde Juliane die zweite Wohnung an ihren Prokuristen als *Werkswohnung* vermieten und das Ladengeschäft an die Schraubenproduktionsgesellschaft mbH, an der sie Anteile hält und die ihr ausschließlicher Lieferant ist, läge in beiden Fällen notwendiges Betriebsvermögen vor.

Schaubild: Zuordnung von Gebäudeteilen zu steuerlichen Vermögenssphären

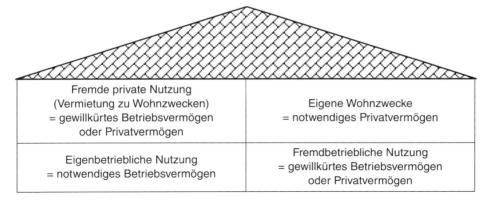

Fremde private Nutzung (Vermietung zu Wohnzwecken) = gewillkürtes Betriebsvermögen oder Privatvermögen	Eigene Wohnzwecke = notwendiges Privatvermögen
Eigenbetriebliche Nutzung = notwendiges Betriebsvermögen	Fremdbetriebliche Nutzung = gewillkürtes Betriebsvermögen oder Privatvermögen

Weiterführende Literaturempfehlungen: *Birk/Desens/Tappe*, Rz. 849 ff.; *Jakob*, EStG, Rz. 715 ff.; *Tipke/Lang*, § 17 Rz. 121 ff.

h) Einkünfte aus Gewerbebetrieb

Der Systematik des EStG folgend werden die Einkünfte aus Gewerbebetrieb nach § 2 Abs. 1 Satz 1 Nr. 2 in den §§ 15 ff. näher spezifiziert. Das Gesetz unterscheidet bei den Einkünften aus Gewerbebetrieb zwischen solchen, die

- kraft *gewerblicher Betätigungen* und solchen, die
- durch Erfüllung bestimmter an die *Rechtsform anknüpfender Merkmale*

erzielt werden. Die letztere Gruppe gewerblicher Einkünfte betrifft die *Personengesellschaft* nach § 15 Abs. 3 und außerhalb des EStG die *Kapitalgesellschaften* gem. §§ 1 Abs. 1 Nr. 1, 8 Abs. 2 KStG. Gewerbebetriebe kraft *gewerblicher Prä-*

gung der Rechtsform und kraft *Rechtsform* sind daher nur im Bereich der Personengesellschaften und der Kapitalgesellschaften möglich. Nicht in Gesellschaft tätige Steuerpflichtige können demgegenüber Einkünfte aus Gewerbebetrieb nur kraft gewerblicher Betätigungen erzielen.

aa) Gewerbebetrieb kraft gewerblicher Betätigungen

122 Nach § 15 Abs. 2 Satz 1 liegen Einkünfte aus Gewerbebetrieb kraft gewerblicher Betätigung nur vor, wenn eine

- selbstständige,
- nachhaltige Betätigung vorliegt, die mit der
- Absicht, Gewinn zu erzielen, unternommen wird und sich als
- Beteiligung am allgemeinen wirtschaftlichen Verkehr darstellt und
- die Betätigung weder als Ausübung von Land- und Forstwirtschaft noch als Ausübung eines freien Berufs noch als eine andere selbstständige Arbeit anzusehen ist.

123 **Selbstständigkeit.** Das Kriterium der Selbstständigkeit setzt sowohl *Unternehmerinitiative* als auch *Unternehmerrisiko* voraus. Das Merkmal der Selbstständigkeit grenzt gewerbliche Einkünfte insb. von den Einkünften aus nichtselbstständiger Arbeit gem. § 19 ab. Das Merkmal der **Unternehmerinitiative** erfordert Kapitaleinsatz, Weisungsfreiheit und das Fehlen fester Arbeitszeiten. Während Steuerpflichtige, die Einkünfte aus nichtselbstständiger Arbeit erzielen, sich in der Situation einer wirtschaftlichen persönlichen Abhängigkeit zu einer Person oder Personengruppe befinden, unterhält der Gewerbetreibende i. d. R. geschäftliche Beziehungen zu mehreren Vertragspartnern. Das Merkmal des **Unternehmerrisikos** hat Bedeutung insb. für das Erfordernis, dass der Steuerpflichtige auf eigene Rechnung und eigene Gefahr tätig wird und das Erfolgsrisiko der eigenen Betätigung trägt.

124 **Nachhaltigkeit.** Die Tätigkeit wird nachhaltig betrieben, wenn sie prinzipiell auf Wiederholung angelegt ist. Die objektive Komponente dieses Merkmals ist die Tatsache der abstrakten Wiederholbarkeit der Erzielung gewerblicher Einkünfte, aus welcher auf die subjektive Absicht der Wiederholung der Tätigkeit geschlossen wird.

125 **Gewinnerzielungsabsicht.** Die subjektive Komponente des Tatbestands der gewerblichen Einkünfte ist die Gewinnerzielungsabsicht. Sie ist die positivrechtliche Ausprägung der allgemeinen Einkünfteerzielungsabsicht, die jedem Einkommensteuertatbestand immanent ist. Die Gewinnerzielungsabsicht muss sich auf die Absicht der Erzielung positiver Einkünfte richten. Das Merkmal hat die Funktion, die Abgrenzung steuerlich relevanter Tätigkeiten von der sog. *Liebhaberei* vorzunehmen (vgl. Rz. 51). Als negatives Tatbestandsmerkmal wird gefordert, dass sich die gewerbliche Tätigkeit nicht in der privaten Vermögensverwaltung erschöpft. Dieses Merkmal hat insb. Bedeutung für die Abgrenzung zwischen privater Vermögensverwaltung und gewerblichem Grundstückshandel.

126 **Teilnahme am allgemeinen wirtschaftlichen Verkehr** ist gegeben, wenn der Steuerpflichtige als Anbieter von Gütern oder Leistungen am Markt gegen Entgelt für Dritte erkennbar auftritt. Dies ist nicht notwendigerweise in eigener

Person erforderlich. Ausreichend ist auch das Auftreten eines Maklers oder Vertreters für den Steuerpflichtigen.

Die gewerbliche Tätigkeit darf weder den Tatbestand der Ausübung von *Land- und Forstwirtschaft* (§ 13) noch eines *freien Berufes* oder einer *anderen selbstständigen Arbeit* (§ 18) erfüllen.

bb) Arten gewerblicher Einkünfte

Die Arten gewerblicher Einkünfte sind in § 15 Abs. 1 Satz 1 und 2 geregelt. Einkünfte aus Gewerbebetrieb sind hiernach

- Einkünfte aus *gewerblichen Einzelunternehmen* (§ 15 Abs. 1 Satz 1 Nr. 1),
- *Gewinnanteile der Gesellschafter einer OHG, einer KG oder einer anderen Gesellschaft*, bei der der Gesellschafter als Unternehmer des Betriebes anzusehen ist (GbR, Partenreederei, atypisch stille Gesellschaft oder Gesamthandsgemeinschaft; § 15 Abs. 1 Satz 1 Nr. 2),
- Einkünfte der persönlich haftenden *Gesellschafter einer KGaA* (§ 15 Abs. 1 Satz 1 Nr. 3),
- *nachträgliche Einkünfte* nach § 15 Abs. 1 Satz 2 i.V.m. § 15 Abs. 1 Satz 1 Nr. 2 und 3.

127

i) Einkünfteermittlung bei Personengesellschaften

Die Besteuerung der Einkünfte einer Personengesellschaft richtet sich nach dem EStG. Eine steuersystematisch denkbare Besteuerung der Personengesellschaft durch das KStG scheidet aus, weil die Personengesellschaft, anders als die Kapitalgesellschaft, keine unbeschränkte Rechtsfähigkeit besitzt. Weil alle Personengesellschaften das Merkmal teilen, dass Gesellschafter sich zur Erreichung eines gemeinsamen Zwecks zusammenschließen (§ 705 BGB), wird steuerlich grundsätzlich von der gemeinsamen Verwirklichung eines Steuertatbestandes durch die einkommensteuerpflichtigen Gesellschafter und damit der systematischen Zuordnung zum EStG ausgegangen.

128

Trennungs-/Transparenzprinzip. Ungeachtet dieser generellen steuerlichen Zuordnung steht das Steuerrecht vor der Aufgabe, bei der Besteuerung der Personengesellschaft einerseits die *Einheit der Gesellschaft* und andererseits die *Mehrheit der Gesellschafter* zu berücksichtigen. Während aufgrund der Vollrechtsfähigkeit der Kapitalgesellschaft bei der Besteuerung derselben das *Trennungsprinzip* gilt, hat sich der Gesetzgeber bei der Besteuerung der Personengesellschaft für das *Transparenzprinzip* entschieden. Das bei der Kapitalgesellschaft geltende Trennungsprinzip sieht eine vollständige Trennung der Besteuerung der Kapitalgesellschaft von der des Anteilseigners vor. Laufende Gewinne der Kapitalgesellschaft werden ausschließlich auf der Ebene der Gesellschaft besteuert. Die Ebene des Anteilseigners wird nur dann angesprochen, wenn Gewinnausschüttungen (auch verdeckte Gewinnausschüttungen) bewirkt werden, § 20 Abs. 1 Nr. 1. Das die Besteuerung der Personengesellschaft beherrschende Transparenzprinzip hingegen betrachtet die Personengesellschaft und den Gesellschafter im Ergebnis als *steuerliche Einheit*. Gewinne der Personengesellschaft werden zwar auf der Ebene der Gesellschaft *einheitlich* ermittelt, dann jedoch jedem Gesellschafter für Zwecke der Einkommens-

129

besteuerung *gesondert* zugerechnet. Verfahrensrechtlich gilt daher bei der Personengesellschaft die *einheitliche* (für alle Gesellschafter prinzipiell gleiche) *und gesonderte* (losgelöst von der nachfolgenden Festsetzung der ESt) *Feststellung von Besteuerungsgrundlagen.*

130 Bei der Personengesellschaft hat sich ein **duales System der Einkünfteermittlung** herausgebildet: Auf der **ersten Stufe** werden die **in der Gesellschaft verwirklichten Einkünfte** der Personengesellschaft erfasst. Der Tatbestand der Einkünfteerzielung wird für die Gesellschaft insgesamt geprüft. Die Bestimmung der Steuerrelevanz und der Einkunftsart jeder Aktivität der Gesellschaft wird auf der Ebene der Gesellschaft mit Wirkung für alle Gesellschafter verbindlich festgelegt. Die auf der Ebene der Gesellschaft ermittelten Einkünfte werden den Gesellschaftern nach ihrem Anteil an der Gesellschaft zugerechnet.

> **Beispiel:**
>
> Der nach steuerlichen Grundsätzen ermittelte Gewinn der ABC-OHG i. H. v. 300.000 EUR wird einheitlich für alle Gesellschafter festgestellt. A, B und C sind zu je einem Drittel am Gewinn der OHG beteiligt. Jedem Gesellschafter werden 100.000 EUR zugewiesen.

131 Auf der **zweiten Stufe** werden neben den zugerechneten Einkünften diejenigen **Aktivitäten** berücksichtigt, die **der Gesellschafter** nicht innerhalb der Gesellschaft, sondern **persönlich und außerhalb** der Sphäre der Personengesellschaft **verwirklicht**. Die Besteuerung der Personengesellschaft erfolgt dann im Ergebnis auf der Ebene des Gesellschafters und nimmt sowohl die gesamthänderisch verwirklichten steuerlich relevanten Aktivitäten der Personengesellschaft als auch diejenigen steuerlich relevanten Aktivitäten auf, die nur in der Sphäre des Gesellschafters und nicht bereits innerhalb der Gesellschaft verwirklicht werden (*Sondersphäre,* s. Rz. 148).

Besonderer Steuersatz. Für **nicht entnommene Gewinne** wird auf Antrag ein besonderer Tarif nach § 34a angewendet, der aber eine **Nachversteuerung** im Zeitpunkt der Entnahme nach sich zieht. Diese Regelung ermöglicht Personengesellschaften eine bei ca. 34% liegende Besteuerung mit ESt und GewSt (abhängig von der Höhe des Hebesatzes, s. Rz. 325) auf einbehaltene Gewinne und stellt diese damit der Steuerbelastung von Kapitalgesellschaften in etwa gleich, vgl. Rz. 213, 361 ff.

aa) Arten von Personengesellschaften

132 Die vorgenannte Besteuerung der Personengesellschaft bezieht sich grundsätzlich auf alle gesellschaftsrechtlich anerkannten Formen von Personengesellschaften. Ausgehend von der Gesellschaft bürgerlichen Rechts (**GbR**) sind in der Praxis insb. die Personenhandelsgesellschaften Offene Handelsgesellschaft (**OHG**) und Kommanditgesellschaft (**KG**) anzutreffen. Hierbei genießt die Sonderform der Kommanditgesellschaft, die **GmbH & Co. KG**, aufgrund ihrer erheblichen praktischen Bedeutung einen besonderen Stellenwert. Auch die **Partnerschaftsgesellschaft (mit und ohne beschränkter Berufshaftung)** und die **stille Gesellschaft** werden nach diesen Grundsätzen besteuert.

Mit Ausnahme der vermögensverwaltenden OHG (§ 105 Abs. 2 HGB) oder KG **133**
(§ 161 Abs. 2 HGB) ist der Zweck der Personenhandelsgesellschaften (OHG,
KG) auf den **Betrieb eines Handelsgewerbes gem. § 1 Abs. 2 HGB** gerichtet.
Diese Gesellschaften erzielen im Regelfall bereits kraft gewerblicher Betätigung
Einkünfte aus Gewerbebetrieb. Sofern sich diese Gesellschaften auf die Vermögensverwaltung beschränken, liegen zumeist in der Gesellschaft verwirklichte
Einkünfte aus Vermietung und Verpachtung oder aus Kapitalvermögen vor.

Die **Partnerschaftsgesellschaft** ist neben der Gesellschaft bürgerlichen Rechts **134**
die Personengesellschaft für Freiberufler, § 1 PartGG. Steuerpflichtige, die sich
in Partnerschaftsgesellschaft zusammengeschlossen haben, erzielen im Regelfall **Einkünfte aus selbstständiger Arbeit** gem. § 18 und damit ebenfalls Gewinneinkünfte.

Bei der **stillen Gesellschaft** ist die *typische* von der *atypischen* Gesellschaft zu **135**
unterscheiden. Nur der Beteiligte an der **atypisch** stillen Gesellschaft erzielt
Einkünfte aus Gewerbebetrieb, während Einkünfte des an der **typisch** stillen
Gesellschaft Beteiligten solche aus Kapitalvermögen sind.

Die gewerbliche und zu Einkünften aus Gewerbebetrieb führende Beteiligung an einem
Handelsgewerbe im Rahmen einer *atypisch stillen Gesellschaft* setzt regelmäßig voraus,
dass der Stille durch seine Einlage an den während der Zeit seiner Beteiligung entstandenen *stillen Reserven beteiligt* ist. Bei seinem Ausscheiden sind ihm neben dem Nominalwert der Einlage, ggf. vermindert um aufgelaufene anteilige Verluste, gemessen an
seiner Beteiligung entstandene stille Reserven zu vergüten. Der *typisch still* Beteiligte ist
nicht an den stillen Reserven beteiligt und realisiert mit seiner Gewinnbeteiligung im
Rahmen des Vertrages über die stille Gesellschaft *Einkünfte aus Kapitalvermögen*.

Ungeachtet der originären Qualifikation von Einkünften der Personengesell- **136**
schaft gelten deren Einkünfte gem. § 15 Abs. 3 unter bestimmten Voraussetzungen als Einkünfte aus Gewerbebetrieb. Tatbestandsmerkmal dieser **abgeleiteten Gewerblichkeit** ist

- eine in einem **Teilbereich** ausgeübte gewerbliche Tätigkeit (§ 15 Abs. 3 Nr. 1, s. Rz. 152) oder
- die Art der **Ausprägung der Personengesellschaft**, etwa als GmbH & Co. KG unter bestimmten Voraussetzungen (sog. *gewerblich geprägte Personengesellschaft*, § 15 Abs. 3 Nr. 2, s. Rz. 153).

Das Unternehmensteuerrecht befasst sich im Bereich der Personengesellschaften in erster Linie mit der Besteuerung nicht vermögensverwaltender Offener Handelsgesellschaften und Kommanditgesellschaften, insb. in der Ausformung der GmbH & Co. KG, sowie der atypisch stillen Gesellschaft.

bb) Steuerliche Mitunternehmerschaft

Nach der Legaldefinition des § 15 Abs. 1 Satz 1 Nr. 2 Satz 1 ist der Gesellschafter **137**
einer gewerblichen OHG, KG und einer anderen Gesellschaft *Mitunternehmer*,
sofern er als Unternehmer des Betriebs anzusehen ist. Bei Einkünften aus Gewerbebetrieb wird der Gesellschafter einer Personengesellschaft somit als Mitunternehmer, die Gesellschaft als Mitunternehmerschaft bezeichnet. Die Tatbestandsvoraussetzungen der Mitunternehmereigenschaft können § 15 Abs. 2

Satz 1 und der dazu entwickelten Rechtsprechung entnommen werden. Abgrenzungsprobleme ergeben sich hier insb. im Bereich der *Selbstständigkeit, die die Erfüllung der Merkmale Unternehmerinitiative* und *Unternehmerrisikos voraussetzt*. Bezogen auf die Mitunternehmerschaft werden diese Problembereiche unter der Bezeichnung *Mitunternehmerinitiative* und *Mitunternehmerrisiko* betrachtet. Zur Selbstständigkeit i. S. d. § 15 Abs. 2 Satz 1 s. Rz. 123.

138 Sofern die OHG oder KG dem gesetzlichen Leitbild der jeweiligen Rechtsform folgt, kann regelmäßig vom Vorliegen sowohl der Mitunternehmerinitiative als auch des Mitunternehmerrisikos ausgegangen werden. In der Praxis entstehen Abgrenzungsprobleme insb. im Bereich der Mitunternehmerinitiative, z. B. bei der Beteiligung von Arbeitnehmern und Familienangehörigen sowie bei sog. Verlustzuweisungsgesellschaften.

cc) System der dualen Gewinnermittlung

139 Das System der dualen Gewinnermittlung bei Personengesellschaften im Bereich der gewerblichen Einkünfte (auf das sich die nachfolgenden Ausführungen beziehen) differenziert zwischen **zwei Ebenen von Mitunternehmereinkünften**. Eingang in die Besteuerung der Mitunternehmerschaft finden somit sowohl der

- *Gewinnanteil* des Mitunternehmers als auch dessen
- *Sondervergütungen* i. S. v. § 15 Abs. 1 Satz 1 Nr. 2 Satz 1 Halbsatz 2.

140 Gewerbliche Einkünfte. Ausgangspunkt der Gewinnermittlung bei der Personengesellschaft ist die Frage, ob auf der Ebene der Gesellschaft Einkünfte aus Gewerbebetrieb i. S. v. § 15 Abs. 1 Satz 1 Nr. 2 Satz 1 Halbsatz 2 erzielt werden. Hierbei ist nicht auf die Aktivitäten jedes Gesellschafters, sondern auf diejenigen der Gesellschaft abzustellen. Ist bei einer OHG oder KG die Tätigkeit der Gesellschaft auf den Betrieb eines Handelsgewerbes nach §§ 105 Abs. 1, 161 Abs. 1, Abs. 2 HGB gerichtet und sind die Beiträge jedes Gesellschafters steuerlich als solche von Mitunternehmern zu qualifizieren, liegen Einkünfte aus Gewerbebetrieb vor. Diese Einkünfte werden auf der Ebene der Personengesellschaft ermittelt. Die Personengesellschaft ist insoweit Subjekt der Gewinnermittlung.

Liegen nicht schon originär gewerbliche Einkünfte nach § 15 Abs. 2 vor, gilt die Tätigkeit der Gesellschaft aber nach § 15 Abs. 3 als Gewerbebetrieb, ist ebenfalls von Einkünften aus Gewerbebetrieb auszugehen.

141 Die **Gewinnermittlung** erfolgt analog zu der des Einzelunternehmers. Weil die OHG und die KG nach §§ 105 Abs. 1, 161 Abs. 2 HGB Handelsgesellschaften sind, sind nach § 6 Abs. 1 HGB die für Kaufleute geltenden Vorschriften anzuwenden. Dementsprechend finden die Vorschrift des § 238 HGB (Buchführungspflicht) einerseits und die des § 242 HGB (Pflicht zur Aufstellung eines Jahresabschlusses) andererseits Anwendung. Die Gewinnermittlung hat danach notwendigerweise gem. §§ 4 Abs. 1, 5 Abs. 1 Satz 1 nach der Methode des *Betriebsvermögensvergleichs* stattzufinden, weil eine gesetzliche Verpflichtung der OHG und KG besteht, Bücher zu führen und Abschlüsse zu erstellen. Ein Wahlrecht zur Gewinnermittlung gem. § 4 Abs. 3 besteht daher nicht.

Ausgehend vom Jahresabschluss der OHG oder KG, der nach handelsrechtlichen Grundsätzen ordnungsmäßiger Buchführung aufzustellen ist, ist das so ermittelte Betriebsvermögen **steuerbilanziell** nach §§ 4 bis 7k zu modifizieren und dem Betriebsvermögensvergleich gem. § 4 Abs. 1 Satz 1 zuzuführen.

Der **Anteil** jedes Mitunternehmers **am steuerlichen Ergebnis** der Mitunternehmerschaft wird diesem sodann für Zwecke der Einkommensbesteuerung **zugewiesen**. Grundlage des Anteils der Zuweisung ist der *gesellschaftsrechtliche Gewinnverteilungsschlüssel*.

Mitunternehmerbesteuerung/Einzelunternehmerbesteuerung. Um die Rahmenbedingungen der Besteuerung von Mitunternehmern und Einzelunternehmern ähnlich zu gestalten, hat der Steuergesetzgeber bei der Mitunternehmerbesteuerung ein *System der Umqualifizierung von Leistungen und Wirtschaftsgütern* zur betrieblichen Sphäre entwickelt. Der Grund für die Annäherung der steuerlichen Rahmenbedingungen ist das Streben des Gesetzgebers nach einer weitgehenden **Rechtsformneutralität des Steuerrechts**, zumindest im Verhältnis des Einzelunternehmers zum Mitunternehmer einer Personengesellschaft. 142

Verträge zwischen Gesellschaft und Gesellschafter. Aufgrund der Teilrechtsfähigkeit der Personengesellschaft sind zivilrechtlich wirksame Verträge zwischen der Gesellschaft und dem Gesellschafter möglich. Gesellschafter einer Personengesellschaft können dieser z. B. Grundstücke auf der Grundlage von *Miet- oder Pachtverträgen* zur Verfügung stellen oder *Darlehen* gewähren. Kraft Geschäftsführervertrag können *Geschäftsführungsleistungen* des Gesellschafters vergütet werden. Entsprechende Aufwendungen der Gesellschaft mindern das handelsrechtliche Ergebnis. 143

Der *Einzelunternehmer* kann dagegen eine rechtliche Trennung des Einzelunternehmens von seiner Person nicht herbeiführen. Verträge zwischen der natürlichen Person und dem Einzelunternehmen sind nicht denkbar. Das Einzelunternehmen besitzt keine partielle Rechtsfähigkeit. Träger von Rechten und Pflichten ist allein die natürliche Person. Der Einzelunternehmer kann daher keine Verträge über die Überlassung von Grundstücken, die Gewährung von Darlehen oder über die Erbringung von Geschäftsführungsleistungen abschließen. Hieraus ergibt sich für den Einzelunternehmer, dass Grundstücke, die tatsächlich für Zwecke seines Handelsgewerbes genutzt werden, sofort Gegenstände des *notwendigen Betriebsvermögens* werden. Dasselbe gilt für die dem Betrieb zur Verfügung gestellten Geldmittel (Darlehen), die ebenfalls Betriebsvermögen werden. 144

Bringen Gesellschafter **Grundstücke und Darlehen** in die Personengesellschaft ein, gehören sie bei der Personengesellschaft zum Gesamthandsvermögen und bilden damit steuerliches Betriebsvermögen. Voraussetzung hierbei ist aber, dass z. B. das Grundstück auch dinglich oder zumindest mit wirtschaftlicher Wirkung in die Gesellschaft und damit in das Gesamthandsvermögen der Gesellschaft eingebracht wird. 145

Entscheidet sich demgegenüber der Gesellschafter einer Personengesellschaft, dieser das Grundstück oder einen Geldbetrag nur **miet-, pacht-** oder **darlehensweise** zur Verfügung zu stellen, werden die entsprechenden Vermögensgegenstände nicht Gesamthandsvermögen der Gesellschaft. Folge ist, dass sie im Rahmen der Buchführung und des Jahresabschlusses nicht als Vermögensgegenstände erfasst bzw. im Falle des Darlehens als Verbindlichkeiten gegenüber dem Gesellschafter eingebucht werden können. Bliebe es bei diesem Ergebnis, stünde der Einzelunternehmer schlechter da als der Mitunternehmer. Denn der Einzelunternehmer hat nicht die Wahl, ob er z. B. das Grundstück bei betrieblicher Nutzung dem Betriebsvermögen zuführt oder im Privatvermögen belässt. Ohne Sonderregelungen hätte der Mitunternehmer demgegenüber im vergleichbaren Fall die Wahl, durch eine Einbringung des Grundstücks Betriebsvermögen zu bilden bzw. es bei einer reinen Vermietung beim Privatvermögen zu belassen.

146 **Umqualifizierung.** Das Einkommensteuerrecht hat in § 15 Abs. 1 Satz 1 Nr. 2 Satz 1 Halbsatz 2 eine klare Regelung für diese Fälle vorgenommen. Einkünfte aus Gewerbebetrieb sind hiernach auch **Vergütungen**, die der Gesellschafter von der Gesellschaft für seine *Tätigkeit im Dienst der Gesellschaft* oder für die *Hingabe von Darlehen* oder für die *Überlassung von Wirtschaftsgütern* bezogen hat. In den beiden zuletzt genannten Fällen wird neben der Umqualifizierung der Vergütungen zu gewerblichen Einkünften auch eine Umqualifizierung der steuerlichen Zuordnung der betreffenden **Wirtschaftsgüter** vom Privatvermögen zum (Sonder-)Betriebsvermögen bewirkt.

147 Die zweistufige steuerliche Gewinnermittlung setzt hierbei zunächst auf die **handelsrechtliche** Behandlung auf. Das *mietweise überlassene Grundstück* ist handelsrechtlich kein Gesamthandsvermögen und damit zunächst nicht steuerliches Betriebsvermögen der Mitunternehmerschaft. Die Mietzahlungen stellen *Betriebsausgaben* dar, § 4 Abs. 4. Das *Darlehen* führt zu einer Verbindlichkeit gegenüber dem Gesellschafter, die hieraus zu entrichtenden Zinsen sind ebenfalls steuerliche Betriebsausgaben. Auch die an den Gesellschafter geleisteten *Geschäftsführervergütungen* stellen in Gestalt von Personalaufwand oder sonstigen betrieblichen Aufwendungen Betriebsausgaben dar.

Auf der nächsten Stufe der Gewinnermittlung werden diese *Vergütungen* bei den begünstigten Mitunternehmern in *gewerbliche Einkünfte umqualifiziert* und für jeden Mitunternehmer separat erfasst. Dem das Grundstück an die Gesellschaft vermietenden Mitunternehmer werden in Gestalt der Mieteinnahmen steuerliche Betriebseinnahmen zugerechnet. Dasselbe gilt für Zinseinnahmen bei Darlehensgewährung und die Einnahmen aus der Geschäftsführertätigkeit.

> **Beispiel:**
>
> An der ABC-OHG sind A und B zu je 30 % und C zu 40 % beteiligt. A ist Geschäftsführer und erhält hierfür 100 TEUR p. a. B gewährt der OHG ein Darlehen von 1 Mio. EUR zu 5 % p. a. C vermietet das ihm gehörende Büro an die OHG zu 20 TEUR monatlich. Die OHG erzielt einen Gewinn i. H. v. 200 TEUR.
>
> An dem in der Gesamthand entstandenen Gewinn sind die Gesellschafter auch steuerlich nach Maßgabe ihrer Gewinnverteilungsabrede beteiligt. Auf A und B entfallen jeweils 60 TEUR, auf C 80 TEUR. Insoweit liegen auf der ersten Stufe ermittelte gewerbliche Einkünfte der Gesellschafter vor. Auf der zweiten Stufe sind die Sondervergütungen nach § 15 Abs. 1 Satz 1 Nr. 2 Satz 1 Halbsatz 2 zu ermitteln.
>
> Die Geschäftsführervergütung hat A „für seine Tätigkeit im Dienst der Gesellschaft" bezogen; sie ist damit als gewerblich umzuqualifizieren. Den Betriebsausgaben auf der Ebene der Gesamthand i. H. v. 100 TEUR stehen für steuerliche Zwecke (Sonder-)Betriebseinnahmen des A gegenüber, so dass sich in der steuerlichen Gesamtsicht

1. Einkommensteuer

Betriebsausgaben und (Sonder-) Betriebseinnahmen wieder ausgleichen. Steuerlich wurde der handelsrechtliche Gewinn damit nicht durch Personalaufwendungen für A reduziert. Der auf das Geschäftsführergehalt entfallende Betrag wird dem A allerdings vorab als gewerbliche Einkünfte zugerechnet.

Die Zinsen hat der B „für die Hingabe von Darlehen" bezogen; auch sie sind damit als gewerbliche Einkünfte umzuqualifizieren. Der handelsrechtliche Aufwand wird damit durch die Erfassung steuerlicher (Sonder-) Betriebseinnahmen des B wieder ausgeglichen, so dass auch hier im steuerlichen Ergebnis keine Gewinnminderung durch die Zinsen erfolgte. Dem B werden die Zinsen vorab als gewerbliche Einkünfte zugerechnet.

Dasselbe gilt für die von C an die OHG vermieteten Büroflächen. Es handelt sich um Vergütungen, die C „für die Überlassung von Wirtschaftsgütern" bezogen hat.

Gewinnermittlung

	A TEUR	B TEUR	C TEUR	Gesamt TEUR
Gesamthandsgewinn				200
Geschäftsführervergütung				100
Darlehenszinsen				50
Mietaufwand				240
Steuerlicher Gewinn				590

Gewinnverteilung

	A TEUR	B TEUR	C TEUR	Gesamt TEUR
Steuerlicher Gewinn				590
Geschäftsführervergütung	100			– 100
Darlehenszinsen		50		– 50
Mietaufwand			240	– 240
Restgewinnverteilung	60	60	80	– 200
Gewinn	160	110	320	0

Sondersphäre. Um die Besteuerung der Mitunternehmer der Besteuerung von Einzelunternehmern gleichzustellen, sind auch die jeweiligen *Vermögensgegenstände* und *Schulden*, die in der Sphäre des Mitunternehmers anzusiedeln sind, der *betrieblichen Sphäre* jedes Mitunternehmers zuzuweisen. Das Grundstück und das Darlehen werden im Beispielsfall demjenigen Betriebsvermögen zugewiesen, das dem betreffenden Mitunternehmer zugerechnet wird. Um Vermögensgegenstände und Schulden sowie Erträge und Aufwendungen terminologisch von denen der Gesamthand zu unterscheiden, werden die auf der zweiten Stufe der Gewinnermittlung anzusiedelnden Vermögensgegenstände und Schulden (steuerlich: Wirtschaftsgüter) sowie Erträge und Aufwendungen (steuerlich: Betriebseinnahmen und Betriebsausgaben) mit dem Zusatz „*Sonder-*" versehen. Das Grundstück ist somit im **Sonderbetriebsver-**

mögen des Mitunternehmers zu erfassen. Auch das Darlehen ist Sonderbetriebsvermögen. Die Mieteinnahmen und die Zinserträge sind ebenso wie die Geschäftsführerbezüge **Sonderbetriebseinnahmen**. Sämtliche Wirtschaftsgüter der Sondersphäre des Mitunternehmers werden im Sonderbetriebsvermögen erfasst. Auch auf die Wirtschaftsgüter des Sonderbetriebsvermögens bezieht sich der Betriebsvermögensvergleich als Gewinnermittlungsmethode. Es gelten dieselben steuerlichen Grundsätze zur Ermittlung der Veränderung des Betriebsvermögens. Es kommt demnach auch in dieser Sphäre bei Wirtschaftsgütern zu steuerlich wirksamen *Abschreibungen*. Wirtschaftsgüter des Sonderbetriebsvermögens sind ebenso steuerlich *verstrickt* wie solche des steuerlichen Gesamthandsvermögens.

149 Die Einbeziehung von Sondervergütungen bei den Einkünften aus Gewerbebetrieb beruht im Wesentlichen auf der Erfüllung zweier Funktionen. Zum einen gilt die **Ermittlungsfunktion**. Da die Teilrechtsfähigkeit der Personengesellschaft bei der Ermittlung gewerblicher Einkünfte keine Rolle spielen soll, führt die Regelung im zweiten Halbsatz des § 15 Abs. 1 Satz 1 Nr. 2 Satz 1 dazu, dass auch außerhalb der Gesamthand erwirtschaftete Einkünfte bei der Ermittlung der Einkünfte aus Gewerbebetrieb einbezogen werden. Die vorrangige Funktion dieser Bestimmung wird jedoch in der **Qualifikation** gewerblicher Einkünfte gesehen. Dieser Aspekt trägt dem Umstand der Rechtsformneutralität der Besteuerung im Verhältnis zwischen Einzel- und Mitunternehmern Rechnung.

Neben Vermögensgegenständen und Schulden, die im Rahmen der Vergütungen des Gesellschafters eine Rolle spielen, sind alle übrigen im Alleineigentum des Mitunternehmers stehenden Wirtschaftsgüter, die dem Betrieb der Personengesellschaft zu dienen bestimmt und geeignet sind, Gegenstand des Sonderbetriebsvermögens. Ebenso wie die Vermögenssphäre des Einzelunternehmers ist bei der Vermögenssphäre des Mitunternehmers außerhalb des Gesamthandsvermögens zwischen notwendigem und gewillkürtem **Betriebsvermögen** und notwendigem **Privatvermögen** zu unterscheiden. Auf die diesbezüglichen Ausführungen (Rz. 113) wird verwiesen.

150 Sonderbetriebseinnahmen und **Sonderbetriebsausgaben** können auch *außerhalb* der Existenz von Gegenständen des Sonderbetriebsvermögens bestehen. Betriebliche Aufwendungen, die nicht mit betrieblichen, sondern eigenen Mitteln des Mitunternehmers getätigt werden, sind z. B. Sonderbetriebsausgaben. Dasselbe gilt für Einnahmen, die nicht in der betrieblichen Sphäre erzielt werden.

Gemäß der Rechtsprechung des Bundesfinanzhofs werden verschiedene Typen von Sonderbetriebsvermögen unterschieden, ohne dass hieran jedoch unterschiedliche Rechtsfolgen geknüpft werden. Sind Wirtschaftsgüter *geeignet und objektiv erkennbar dazu bestimmt, dem Betrieb der Personengesellschaft zu dienen*, wird von **Sonderbetriebsvermögen I** gesprochen. Sind hingegen die Wirtschaftsgüter bestimmt, *der Beteiligung des Mitunternehmers zu dienen*, liegt **Sonderbetriebsvermögen II** vor. Wirtschaftsgüter des Sonderbetriebsvermögens II sind z. B. Anteile eines Gesellschafters einer GmbH & Co. KG an der GmbH.

dd) Abgeleitete Gewerblichkeit

Neben und anstelle des Vorliegens gewerblicher Einkünfte einer Mitunternehmerschaft *durch gewerbliche Betätigung* gem. § 15 Abs. 2 sind Fälle gesetzlicher Gewerblichkeit oder durch die Rechtsprechung des BFH angeordnete Fälle von Gewerblichkeit zu unterscheiden. In diesen Fällen ist von gewerblichen Einkünften der Mitunternehmerschaft auszugehen unabhängig davon, ob der Tatbestand des originären Gewerbebetriebs erfüllt ist oder nicht. Es handelt sich hier um eine abgeleitete oder derivative Gewerblichkeit. Folgende Fälle sind zu unterscheiden:

- *Abfärbung der Gewerblichkeit gem. § 15 Abs. 3 Nr. 1,*
- *Gewerblich geprägte Personengesellschaft gem. § 15 Abs. 3 Nr. 2,*
- *Betriebsaufspaltung.*

Abfärbe- oder Infektionstheorie. Nach § 15 Abs. 3 Nr. 1 ist die Tätigkeit einer OHG, KG oder einer anderen Personengesellschaft, die *auch* eine Tätigkeit i. S. d. § 15 Abs. 1 Satz 1 Nr. 1 ausübt, in vollem Umfang gewerbliche Tätigkeit. Nach dieser Abfärbe- oder Infektionstheorie ist die gesamte Tätigkeit der Personengesellschaft dem gewerblichen Bereich zuzuordnen, wenn auch nur in einem Teilbereich gewerbliche Tätigkeiten ausgeübt werden. Wird somit die Gesamtbetätigung der Personengesellschaft als Einheit aufgefasst und liegt auch nur in einem Teilbereich eine gewerbliche Tätigkeit vor, wird die übrige, also die nichtgewerbliche Tätigkeit, von der gewerblichen „infiziert", was gem. § 15 Abs. 3 Nr. 1 zu einer Gewerblichkeit der *gesamten* Tätigkeit führt. Besteht die gewerbliche Tätigkeit nur zu einem *äußerst geringen Anteil*, liegt nach der Rspr. ein Bagatellfall vor, womit die Infektionstheorie nicht greift. Der BFH knüpft das Vorliegen eines Bagatellfalles an das kumulative Vorliegen von nicht mehr als 3 % des Nettoumsatzes und absolut maximal 24.500 EUR.

152

> **Beispiel:**
> Die Rechtsanwaltssozietät ABC entschließt sich, neben dem Eingang zum Bürogebäude einen Zigarettenautomaten aufzustellen. Die GbR bezieht die Zigaretten selbst und vereinnahmt die Münzen als Umsatzerlöse. Das Geschäft mit den Zigaretten entwickelt sich gut und erreicht schon bald einen Anteil von 5 % der gesamten Umsatzerlöse. Die ansonsten freiberufliche Tätigkeit der Sozietät wird durch § 15 Abs. 3 Nr. 1 gewerblich infiziert, die Honorareinkünfte der GbR unterliegen damit insgesamt auch der GewSt. Die Infektion kann auch über die Aktivitäten einzelner Mitglieder einer Personengesellschaft bewirkt werden. Übernimmt z. B. der Rechtsanwalt A im Namen der Sozietät ABC eine gewerbliche Treuhandtätigkeit, werden auch hierdurch sämtliche Honorareinkünfte zu gewerblichen umqualifiziert.

Auch die Beteiligung einer *vermögensverwaltenden Personengesellschaft* an einer *gewerblichen Personengesellschaft* führt zur Infektion der nichtgewerblichen Einkünfte.

Gewerblich geprägte Personengesellschaft. Nach § 15 Abs. 3 Nr. 2 ist ferner die Aktivität einer Personengesellschaft, die nicht schon originär gewerblich tätig ist, bei der ausschließlich eine oder mehrere Kapitalgesellschaften persönlich haftende Gesellschafter sind und bei der nur diese zur Geschäftsführung befugt sind (sog. *gewerblich geprägte Personengesellschaft*) in vollem Umfang Ge-

153

werbebetrieb. Die Regelung betrifft hauptsächlich die KG in ihrer Ausprägung einer GmbH & Co. KG, bei der eine oder mehrere GmbHs persönlich haftende Gesellschafter und die anderen Gesellschafter Kommanditisten sind. Die Besonderheit der GmbH & Co. KG besteht darin, dass keine natürliche Person persönlich haftender Gesellschafter ist und damit eine für die Personengesellschaft nach dem gesetzlichen Vorbild untypische Haftungsbeschränkung besteht. Sobald jedoch *ein weiterer Gesellschafter* zur Geschäftsführung befugt ist, der nicht persönlich haftender Gesellschafter ist, ist der Tatbestand der gewerblichen Prägung beseitigt (… und *nur diese* … zur Geschäftsführung befugt sind …). Auf diese Weise lassen sich vermögensverwaltende und gleichsam haftungsbegrenzte GmbH & Co. KGs gestalten, die nicht gewerblich geprägt sind.

Beispiel:

Die sich an 20 Zielfonds beteiligende Dachfondsgesellschaft „17. Earlybird Global Private Capital GmbH & Co. Beteiligungs KG" ist wie folgt strukturiert: Komplementärin der KG ist die A WP-Treuhandgesellschaft, Kommanditisten sind eine Vielzahl von Privatinvestoren. Der Kommanditist A ist ferner neben der WP-Gesellschaft zur Geschäftsführung befugt. Es handelt sich um eine vermögensverwaltende nicht gewerbliche geprägte GmbH & Co. KG.

153a **Betriebsaufspaltung.** Aus vorwiegend haftungsrechtlichen Gründen werden Unternehmen häufig in einen operativen und einen vermögensverwaltenden Teil aufgespalten. Der vermögensverwaltende Unternehmensteil (sog. Besitzgesellschaft) ist zumeist Eigentümer einer Immobilie, die dem operativen Unternehmensteil (Betriebsgesellschaft) entgeltlich zur Nutzung überlassen wird. Die Besitzgesellschaft wird regelmäßig als Personengesellschaft (GbR, GmbH & Co. KG) organisiert, während die Besitzgesellschaft im Regelfall Kapitalgesellschaft (zumeist GmbH) und nur im Sonderfall der sog. mitunternehmerischen Betriebsaufspaltung ebenfalls Personengesellschaft ist.

Die Betriebsaufspaltung wird häufig als Steuerberatermodell bezeichnet und hat seit den 1980er Jahren eine starke Verbreitung erreicht. Ein wesentlicher Anlass für die Betriebsaufspaltung liegt in der *Verringerung der Haftungsgrundlage* für das operative Geschäft. Die rechtliche Trennung beider Betriebsteile ermöglicht eine Abschottung des Vermögens der Besitzgesellschaft hinsichtlich der operativen Risiken der Betriebsgesellschaft. Im Falle der Insolvenz der Betriebsgesellschaft ist das Vermögen der Besitzgesellschaft nicht unmittelbar Gegenstand der Haftungsmasse. Es sind allerdings oftmals die Grundsätze der kapitalersetzenden Nutzungsüberlassung anzuwenden, so dass zumindest bzgl. der Vergütung für die Nutzungsüberlassung eine Mithaftung gegeben ist.

Sofern die Voraussetzungen der Betriebsaufspaltung vorliegen, hat nach der jahrzehntelangen Rechtsprechung des BFH der gewerbliche Betätigungswille auf der Ebene der Betriebsgesellschaft auch auf die Tätigkeit der Besitzgesellschaft dergestalt ausgestrahlt, dass die Aktivität als derivativ gewerblich und nicht rein vermögensverwaltend anzusehen ist.

153b Die **wesentlichen Voraussetzungen** der Betriebsaufspaltung sind die personelle und die sachliche Verflechtung. Die **personelle Verflechtung** ist gegeben, wenn die an Besitz- und Betriebsgesellschaft beteiligten natürlichen Personen einen einheitlichen geschäftlichen Betätigungswillen haben. Im Regelfall ist die personelle Verflechtung bei Schwestergesellschaften dann gegeben, wenn *an beiden Gesellschaften dieselben Personen im gleichen Verhältnis beteiligt sind (Beteiligungsidentität)* oder zumindest die Mehrheit der Stimmrechte in beiden Gesellschaften von derselben Person oder derselben Personengruppe ausgeübt wird (Beherrschungsidentität). Die **sachliche Verflechtung** liegt vor, wenn das der Betriebsgesellschaft zur Nutzung überlassene Wirtschaftsgut für diese eine *wesentliche Betriebsgrundlage* darstellt. Dies ist z. B. immer dann gegeben, wenn Grundstücke überlassen werden und diese aufgrund ihrer spezifischen Ausgestaltung betrieblichen Zwecken, wie z. B. Fabrikationszwecken, dienen. Aufgrund der Kasuistik in der Rechtsprechung wird der Begriff der wesentlichen Betriebsgrundlagen bei Immobilien sehr extensiv ausgelegt, womit nahezu jede Immobilie bei der Betriebsgesellschaft als wesentliche Betriebsgrundlage anzusehen ist.

Erscheinungsformen der Betriebsaufspaltung. Bezüglich des Prozesses der Begründung der Betriebsaufspaltung wird der Fall der Errichtung der Unternehmen in aufgespaltener Form (sog. unechte Betriebsaufspaltung) von dem Fall unterschieden, in dem der eine von dem anderen Betriebsteil im Wege der Gesamtrechtsnachfolge durch das Umwandlungsgesetz oder durch Einzelrechtsnachfolge abgetrennt wird (sog. echte Betriebsaufspaltung). Ferner gibt es Betriebsaufspaltungen in der Organisationsform von Schwestergesellschaften und einer Mutter-Tochter-Konstellation. **153c**

Zweck der Betriebsaufspaltung. Die Betriebsaufspaltung weist sowohl Vorteile als auch Nachteile auf. Sie kombiniert Elemente der Kapital- und Personengesellschaft. Als Vorteil ist die zivilrechtliche Haftungsabschirmung unter Aufrechterhaltung der Gewerblichkeit der Vermietungsaktivität (vor allem aus Erbschaft- und schenkungsteuerlicher Hinsicht, Erhaltung der Privilegierung nach §§ 13a, 13b ErbStG) sowie die Freistellung der **Geschäftsführervergütungen** und Pensionsrückstellungen bei der Betriebsgesellschaft von der **GewSt zu nennen**. Der Nachteil liegt in der steuerlichen Verstrickung der Immobilie und der Gewerbesteuerpflicht auf die Vermietungseinkünfte, die sich allerdings über die Anrechnung nach § 35 teilweise oder vollständig egalisiert, Rz. 352 ff. Die Betriebsaufspaltung hat auch eine Bedeutung bei **gespaltenen Thesaurierungsstrategien.** Werden z. B. Teile des Gewinns in der Betriebs-GmbH thesauriert und andere bei der Besitzgesellschaft über die Pachtrate ausgekehrt, kann die Gesamtsteuerbelastung in der Gruppe optimiert werden. **153d**

Weiterführende Literaturempfehlungen: *Birk/Desens/Tappe*, Rz. 705 ff.; *Jakob*, EStG, Rz. 1075 ff.

ee) Mehrstöckige Personengesellschaften

Gesellschafter von Personengesellschaften können nicht nur natürliche oder juristische Personen, sondern auch Personengesellschaften sein. Hieraus ergibt sich die Gestaltung sog. **doppelstöckiger bzw. mehrstöckiger Personengesellschaftsstrukturen**. Im reinen Personengesellschaftskonzern sind im Regelfall natürliche Personen Kommanditisten der Obergesellschaft oder Hol- **154** ding. Eine Holding-GmbH, an der diese Personen oder die Holding selbst als Gesellschafter beteiligt sind, ist persönlich haftende Gesellschafterin der Holding-KG. Die Holding-KG ihrerseits ist als Kommanditistin an mehreren rechtlich selbstständigen Personengesellschaften beteiligt. Komplementäre dieser Tochter-Personengesellschaften sind wiederum GmbHs, deren Anteile von den Tochter-Personengesellschaften (Einheitsgesellschaften) oder der Holding gehalten werden. Diese doppelstöckige Personengesellschaftsstruktur kann zu einer mehrstöckigen werden, wenn die Tochtergesellschaften wiederum an Personengesellschaften als Kommanditisten beteiligt sind.

155 Die **Gewinnermittlung** bei mehrstöckigen Personengesellschaften erfolgt auf jeder Ebene *separat* und grundsätzlich ebenso wie bei der einfachen Personengesellschaft (s. Rz. 128 ff.). Ausgehend von der handelsrechtlichen Gewinnermittlung und modifiziert nach den §§ 4 bis 7k werden auf jeder Ebene der Besteuerung Betriebseinnahmen und Betriebsausgaben im Rahmen von Sonderbetriebsvermögen erfasst. Die zweistufige Gewinnermittlung findet somit auf jeder Gesellschaftsebene statt. Im vorliegenden Beispiel sind deshalb steuerliche Gesamthandsbilanz und Sonderbilanz jeweils auf der Ebene der Enkel-Personengesellschaft, der Tochter-Personengesellschaft und der Obergesellschaft möglich. Hierbei finden die jeweiligen Ergebniszuweisungen Eingang in die Einkommensermittlung der jeweiligen übergeordneten Einheit.

ff) Beschränkung des Verlustausgleichs bei Kommanditgesellschaften

156 **Steuerpolitische Zielsetzung.** Im Bereich der Einkünfte aus Gewerbebetrieb gibt es im Falle der Verlustentstehung bei *Kommanditgesellschaften* eine in § 15a geregelte *Einschränkung des Verlustausgleichs*. Der rechtspolitische Zweck der Einführung des § 15a bestand darin, die Aktivitäten von *Verlustzuweisungsgesellschaften* einzuschränken. Vor Einführung der gesetzlichen Bestimmung hatten Steuerpflichtige im Rahmen der allgemeinen Regelungen zum Verlustausgleich eine unbeschränkte Ausgleichsmöglichkeit gewerblicher Verluste aus einer KG mit anderen positiven Einkünften. Diese Verluste beruhen in erster Linie auf steuerlich zulässigen *Sonderabschreibungen*, begründeten also keinen zusätzlichen Liquiditätsbedarf. Vor dem Hintergrund dieser steuerlichen Möglichkeit entstanden Verlustzuweisungsgesellschaften, deren Zweck vielfach auf das kurz- bis mittelfristige Entstehen von Verlusten mit unbeschränkter Verlustausgleichsmöglichkeit der Gesellschafter gerichtet war. Anleger haben sich als Kommanditisten an KGs während der Verlustphase beteiligt und in der Folge entstandene Verluste mit positiven Einkünften ausgeglichen.

157 **Regelungsbereich.** Vor dem Hintergrund dieser Praxis regelt § 15a, dass der einem Kommanditisten zuzurechnende Anteil am Verlust einer KG mit anderen positiven Einkünften weder **ausgeglichen** (§ 2 Abs. 3) noch **abgezogen** (§ 10d) werden kann, wenn und soweit ein auf den Kommanditisten entfallendes *Kapitalkonto* bei der KG *einen negativen Saldo* ausweist. Diese sog. § 15 a-Verluste sind allerdings in der Zukunft, sobald der negative Saldo durch Gewinne ausgeglichen wird, wieder *ausgleichsfähig* bzw. *abzugsfähig*. Sie gehen daher nicht verloren und werden deswegen als nur **verrechenbare Verluste** bezeichnet. Ziel des § 15a ist es somit, eine steuerliche Berücksichtigung von Verlusten der Kommanditisten bei der KG nur insoweit zuzulassen, wie

sie durch Belastungen auf dem Kapitalkonto des Kommanditisten auch tatsächlich *erlitten* werden. Über den Bestand des Kapitalkontos hinausgehende Verluste, die der Kommanditist wegen der bestehenden Haftungsbegrenzung rechtlich nicht zu tragen hat, sind steuerlich nicht berücksichtigungsfähig, solange das Kapitalkonto negativ ist.

Die Frage der Ausgleichs- und Abzugsfähigkeit bzw. die Feststellung nur verrechenbarer Verluste wird auf der Ebene der Ermittlung gewerblicher Einkünfte beantwortet. Sie ist damit der Ausgleichs- und Abzugsfähigkeit von Verlusten nach §§ 2 Abs. 3, 10d vorgelagert. § 15a schafft damit eine steuerlich wirkende Inhaltsbestimmung von Verlusten, die die steuerliche Nutzbarkeit von Verlusten vorgibt. **158**

Beispiel:
A ist seit dem 1.1.2017 an der ABC-GmbH & Co. KG als Kommanditist beteiligt. Seine Kommanditeinlage beträgt 100 TEUR. Im laufenden Geschäftsjahr 2017 erleidet die ABC-GmbH & Co. KG einen Verlust i. H. v. 600 TEUR. Die Kommanditisten A, B und C sind zu je einem Drittel am Vermögen der Gesellschaft beteiligt. Die GmbH ist Komplementärin und am Vermögen der KG nicht beteiligt. A wird auf seinem Kapitalkonto, welches einen Bestand von 100 TEUR ausweist, der anteilige Verlust i. H. v. 200 TEUR belastet. Es entsteht ein negatives Kapitalkonto des A i. H. v. 100 TEUR. Im Geschäftsjahr 2018 erzielt die ABC-GmbH & Co. KG einen Gewinn i. H. v. 60 TEUR.

A kann im Ermittlungszeitraum 2017 gem. § 15a von dem ihm zugewiesenen Verlust i. H. v. 200 TEUR nur 100 TEUR mit anderen positiven Einkünften ausgleichen bzw. dem Verlustabzug nach § 10d zuführen. Die übersteigenden weiteren 100 TEUR kann A gem. § 15a nicht mit anderen Einkünften ausgleichen. Sie werden gem. § 15a Abs. 4 Satz 1 im Rahmen der einheitlichen und gesonderten Feststellung bei der ABC-GmbH & Co. KG als nur verrechenbarer Verlust gesondert festgestellt. Die anteilige Gewinngutschrift in 2018 i. H. v. 20 TEUR ist gem. § 15a Abs. 4 Satz 1 den als nur verrechenbar festgestellten Verlusten gegenzurechnen. Sein nur verrechenbarer Verlust beträgt zum 31.12.2018 80 TEUR.

gg) Gewerblicher Veräußerungsgewinn

- *Veräußerung eines Betriebes oder Mitunternehmeranteils*

Aufgabe- oder Veräußerungsgewinn. Die Beendigung einer gewerblichen Tätigkeit durch *Veräußerungen des Gewerbebetriebs* oder durch *Betriebsaufgabe* führt bei Anwendung der Gewinnermittlungsmethode des Betriebsvermögensvergleichs nach § 4 Abs. 1 Satz 1 zur Steuerpflicht des anlässlich der Veräußerung oder Betriebsaufgabe erzielten Veräußerungs- oder Aufgabegewinns. Wird z. B. ein Einzelunternehmen veräußert und erzielt der Veräußerer für die Übertragung sämtlicher zum Betriebsvermögen gehörender Wirtschaftsgüter einen den Buchwert des Betriebsvermögens übersteigenden *Veräußerungspreis*, wird ein *Veräußerungsgewinn* erzielt, der nach § 4 Abs. 1 Satz 1 im letzten Wirtschaftsjahr der Tätigkeit realisiert wird. Gleiches gilt für die *Veräußerung eines Mitunternehmeranteils*. **159**

Ungeachtet der bestehenden Regelung der Steuerpflicht bei der Veräußerung oder Aufgabe eines Gewerbebetriebs oder Mitunternehmeranteils nach § 4

Abs. 1 Satz 1 normiert die Sondervorschrift des § 16 Abs. 1 die Steuerpflicht von Veräußerungsgewinnen bei der Veräußerung eines Gewerbebetriebs oder Teilbetriebs bzw. Mitunternehmeranteils. § 16 Abs. 2 Satz 1 enthält hierzu die Definition des Veräußerungsgewinns.

160 Freibetrag. § 16 Abs. 4 regelt in besonderen Fällen einen Freibetrag i. H. v. 45.000 EUR. Der Freibetrag wird Steuerpflichtigen, die das *55. Lebensjahr* vollendet haben oder berufsunfähig sind, *antragsgebunden* und nur *einmal im Leben* gewährt. Sofern der Veräußerungsgewinn den Betrag von 136.000 EUR übersteigt, ermäßigt sich der Freibetrag, so dass er bei Veräußerungsgewinnen ab 181.000 EUR nicht mehr zum Tragen kommt.

161 Tarif. Die Besonderheit des Veräußerungs- oder Aufgabegewinns nach § 16 besteht in der *Tarifregelung* nach § 34 Abs. 2 Nr. 1, Abs. 3. Nach § 16 ermittelte Veräußerungsgewinne sind hiernach *außerordentliche Einkünfte* gem. § 34 Abs. 3. Auf Antrag ist die ESt nach einem *ermäßigten Steuersatz* zu bemessen. Der ermäßigte Steuersatz beträgt 56 % des durchschnittlichen Steuersatzes, der sich ergeben würde, wenn die tarifliche ESt nach dem gesamten zu versteuernden Einkommen zu bemessen wäre, mindestens 14 %. Der ermäßigte Steuersatz ist auf Einkünfte im Betrag von 5 Mio. EUR begrenzt.

> **Beispiel:**
>
> A beendet seinen in der Rechtsform eines Einzelunternehmens geführten Buchhandel durch Geschäftsaufgabe zum 31.12.2018. Aus der Veräußerung von Wirtschaftsgütern im Rahmen der Geschäftsaufgabe erzielt A einen Veräußerungsgewinn i. H. v. 100 TEUR. Andere Einkünfte hatte A in 2018 nicht. A hat das 55. Lebensjahr bereits vollendet. A hat einen *Freibetrag* von 45 TEUR anzusetzen, so dass sein steuerpflichtiger *Aufgabegewinn* noch 55 TEUR beträgt. Ohne die Berücksichtigung eines besonderen Tarifs hätte die ESt gem. § 32a Abs. 1 Satz 2 Nr. 4 im VZ 2018 14.478 EUR und damit 26,32 % des zu versteuernden Einkommens ausgemacht. Der *ermäßigte Steuersatz* führt nunmehr dazu, dass der Aufgabegewinn nur mit 14,74 % und damit i. H. v. 8.107 EUR besteuert wird.

- ***Veräußerung von Anteilen an Kapitalgesellschaften***

162 Steuersystematischer Hintergrund. Um steuerliche *Rechtsformneutralität* im Verhältnis zwischen gewerblichen und freiberuflichen **Personengesellschaften** einerseits und **Kapitalgesellschaften** andererseits herzustellen, wurde § 17 eingeführt. Mit dieser Vorschrift werden Veräußerungsgewinne bei der Veräußerung von im Privatvermögen gehaltenen *Anteilen an Kapitalgesellschaften* den Veräußerungsgewinnen bei der Veräußerung von *Gewerbebetrieben* gleichstellt. Der Bedarf an Rechtsformneutralität wurde seitens des Gesetzgebers nur bei Vorliegen einer sog. wesentlichen Beteiligung von mehr als 25 % gesehen. Die kritische Beteiligungshöhe wurde im Laufe der Zeit von ursprünglich über 25 % (bis 1.12.1998) auf über 10 % (bis 31.12.2001) auf nunmehr lediglich über einem Prozent reduziert. Veräußerungsgewinne bei im Privatvermögen gehaltenen Anteilen an Kapitalgesellschaften waren unterhalb der genannten Beteiligungshöhen somit steuerfrei, solange auch zusätzlich die Spekulationsfrist aus § 23 abgelaufen war. Seit 2009 werden Veräußerungsgewinne bei Anteilen an Kapitalgesellschaften generell besteuert. Differenziert wird zwischen einer Beteiligung nach § 17 mit einer Beteiligungshöhe von mehr als einem Prozent

1. Einkommensteuer

und einer darunterliegenden Beteiligungshöhe und damit der Steuerpflicht nach § 20 Abs. 2 S. 1 Nr. 1. Hier gilt der besondere Steuersatz der Abgeltungsteuer, § 32d (sog. Wertzuwachsbesteuerung, s. Rz. 288). Zur **Anteilseignerbesteuerung** von **Ausschüttungen** und **Veräußerungsgewinnen** siehe zusammenhängende Darstellung Rz. 280 ff. (*Abgeltungsteuer, Teileinkünfteverfahren, Wertzuwachsbesteuerung*).

Tatbestandsvoraussetzung. Voraussetzung der Steuerpflicht nach § 17 ist, dass der Steuerpflichtige innerhalb eines 5-Jahres-Zeitraums vor Veräußerung der Anteile zu einem beliebigen Zeitpunkt zu mindestens 1 % mittelbar oder unmittelbar an der Kapitalgesellschaft beteiligt war. Wird während dieses Zeitraums eine Beteiligung von wenigstens 1 % an einer Kapitalgesellschaft gehalten, sind Veräußerungsgewinne hieraus zu den Einkünften aus Gewerbebetrieb zu zählen, anderenfalls zu den Einkünften aus Kapitalvermögen. **163**

> **Beispiel:**
> A erwirbt am 1.1.2013 ein Aktienpaket an der börsennotierten X-AG in Höhe von 0,9 % des gezeichneten Kapitals der Gesellschaft. Im Jahr 2017 beteiligt sich A ferner an der ABC GmbH & Co. KG mit 100 TEUR am Kommanditkapital von insgesamt 300 TEUR. Die ABC GmbH & Co. KG ist mit weiteren 0,6 % am gezeichneten Kapital der X-AG beteiligt. Am 2.1.2018 veräußert A die direkt gehaltenen Anteile an der X-AG. Hierbei realisierte er einen Veräußerungsgewinn in Höhe von 100 TEUR. Seit der Beteiligung an der ABC GmbH & Co. KG im Jahr 2017 war A unmittelbar und mittelbar zu insgesamt 1,1 % (0,9 % + (1/3 × 0,6 %) = 1,1 %) am Kapital der X-AG beteiligt. Damit waren die unmittelbar von A gehaltenen Anteile steuerlich verstrickt, der Veräußerungsgewinn ist nach § 17 steuerpflichtig. Der Gewinn unterliegt dem *Teileinkünfteverfahren* und ist in Höhe von 40 % steuerfrei (§ 3 Nr. 40 Satz 1 Buchst. c), zu versteuern sind 60 TEUR.

Berechnung/Freibetrag. § 17 Abs. 2 regelt die *Berechnung des Veräußerungsgewinns*. § 17 Abs. 3 enthält analog zu § 16 Abs. 4 einen *persönlichen Freibetrag* des Steuerpflichtigen, der bei einer 100 %igen Beteiligung allerdings lediglich 9.060 EUR beträgt und sich bei Überschreiten eines Veräußerungsgewinns von 36.100 EUR um den Mehrbetrag reduziert, sich somit bei 45.160 EUR auf 0 EUR verringert. Bei einer geringeren Beteiligung als 100 % reduzieren sich beide Beträge entsprechend. **164**

Tarif. Gewinne aus der Veräußerung von Anteilen der Kapitalgesellschaften gem. § 17 zählen *nicht* zu den außerordentlichen Einkünften gem. § 34 Abs. 2, die nach Abs. 3 der Vorschrift den ermäßigten Steuersatz zulassen würden. Die Besteuerung bestimmt sich nach dem *Teileinkünfteverfahren* (s. Rz. 289). **165**

Weiterführende Literaturempfehlungen: *Birk/Desens/Tappe*, Rz. 716 ff.; *Tipke/Lang*, § 9 Rz. 413 ff., § 17, § 18; *Jakob*, EStG, Rz. 619 ff.

j) Einkünfte aus Land- und Forstwirtschaft

Die Einkünfte aus Land- und Forstwirtschaft gemäß § 2 Abs. 1 Satz 1 Nr. 1 werden in den §§ 13 bis 14a näher geregelt. Sie gehören ebenso wie die Einkünfte aus Gewerbebetrieb zu den **Gewinneinkunftsarten**. Im Unterschied zu ge- **166** werblichen Einkünften unterliegen Einkünfte aus Land- und Forstwirtschaft allerdings nicht der **GewSt**.

Charakteristisch für Einkünfte aus Land- und Forstwirtschaft ist das Merkmal der Urproduktion. Nach R 15.5 EStR fallen hierunter die *planmäßige Nutzung der natürlichen Kräfte des Bodens zur Erzeugung von Pflanzen und Tieren sowie die Verwertung der dadurch selbstgewonnenen Erzeugnisse*. Das Gesetz unterscheidet u. a. zwei Arten von Einkünften:

Eigentliche land- und forstwirtschaftliche Tätigkeiten. Hierunter fallen Einkünfte aus dem Betrieb von Landwirtschaft, Forstwirtschaft, Weinbau, Gartenbau, Baumschulen, Gemüsebau, Obstbau. Die Tierzucht und Tierhaltung sowie Binnenfischerei, Imkerei, Wanderschäferei und Jagd zählen ferner hierzu.

Einkünfte aus Nebenbetrieben. Der Nebenbetrieb muss dem Hauptbetrieb zu dienen bestimmt sein. Hierzu zählen z. B. Brennereien, Molkereien, Torfstechereien, Kiesgruben und Mühlen.

167 **Gewinnermittlung.** Einkünfte aus Land- und Forstwirtschaft sind Gewinneinkünfte, womit die allgemeinen Gewinnermittlungsmethoden nach § 4 Abs. 1 und § 4 Abs. 3 gelten. Für Einkünfte aus Land- und Forstwirtschaft besteht allerdings in § 13a eine weitere besondere Gewinnermittlungsmethode. Die **Gewinnermittlung nach Durchschnittssätzen** führt in den meisten Fällen zu einem erheblich geringeren Gewinn als bei der Ermittlung nach § 4. Die Gewinnermittlung kommt nur dann in Betracht, wenn keine gesetzliche Buchführungsverpflichtung besteht. § 13a greift daher nur dann, wenn nicht bereits kraft Rechtsform § 238 HGB anzuwenden ist und die Größenordnungen des § 141 AO unterschritten werden, vgl. Rz. 73. Nach § 13a Abs. 1 Satz 1 Nr. 2–5 setzt die besondere Gewinnermittlung ferner voraus, dass die selbst bewirtschaftete Fläche 20ha/50ha (landwirtschaftliche/forstwirtschaftliche Nutzung) nicht überschreitet, der Tierbestand insgesamt 50 Vieheinheiten nicht übersteigt und bei den selbstbewirtschafteten Flächen der Sondernutzungen, bestimmt in Anlage 1a Nr. 2 Spalte 2, genannte Grenzwerte nicht überschritten werden. Es sind daher auch Fälle denkbar, bei denen § 13a nicht greift, der Steuerpflichtige allerdings berechtigt ist, den Gewinn nach **§ 4 Abs. 3** zu ermitteln.

Abgrenzungsprobleme zu Einkünften aus Gewerbebetrieb entstehen, wenn gewerbliche Tätigkeiten neben der eigentlichen Land- und Forstwirtschaft ausgeübt werden. Die Finanzverwaltung hat in R 15.5 Abs. 3–8 Bereiche differenziert, die dem Grunde nach die Voraussetzungen für eine Zurechnung zu Land- und Forstwirtschaft erfüllen. Eine typisierende Zurechnung dieser Aktivitäten findet allerdings nur dann statt, wenn der Anteil des Umsatzes aus diesen Tätigkeiten dauerhaft insgesamt nicht mehr als ein Drittel des Gesamtumsatzes und nicht mehr als 51.500 EUR im Wirtschaftsjahr beträgt.

Freibetrag. Sofern die Einkünfte 30.700 EUR bzw. 61.400 EUR bei Zusammenveranlagten nicht übersteigen, wird ein besonderer Freibetrag i.H.v. 900 EUR/1.800 EUR gewährt. Dieser Freibetrag wird rechentechnisch nicht auf der Ebene der Ermittlung der Einkünfte aus Land- und Forstwirtschaft, sondern erst im Rahmen der Ermittlung des Gesamtbetrags der Einkünfte berücksichtigt, § 13 Abs. 3.

Weiterführende Literaturempfehlungen: *Birk/Desens/Tappe,* Rz. 743 ff.; *Tipke/ Lang,* § 9 Rz. 404; *Jakob,* EStG, Rz. 597.

k) Einkünfte aus selbstständiger Arbeit

Abgrenzung zu gewerblichen Einkünften. Nach § 18 zählen insb. die Einkünfte aus freiberuflicher Tätigkeit zu den *Einkünften aus selbstständiger Arbeit* gem. § 2 Abs. 1 Satz 1 Nr. 3. Einkünfte aus selbstständiger Arbeit werden damit abgegrenzt von *Einkünften aus Gewerbebetrieb,* die nach § 15 Abs. 2 bei Ausübung eines freien Berufs oder einer anderen selbstständigen Arbeit nicht vorliegen. § 18 Abs. 1 Nr. 1 Satz 2 enthält die Aufzählung von sog. **Katalogberufen**, die bei Einschlägigkeit bereits in den meisten Fällen eine klare Zuordnung zu den Einkünften freiberuflicher Tätigkeit ermöglichen. Ungeachtet dessen gibt es eine Vielzahl von Grenzfällen. Während z. B. der *beratende Betriebs- oder Volkswirt* aufgrund Ausbildung oder Selbststudiums als freiberuflicher Unternehmensberater einzustufen ist, ist der *IT-Berater* i. d. R. gewerblich tätig. Gleiches gilt z. B. für den *Werbeberater (PR),* der i. d. R. weder künstlerisch noch beratend tätig ist und damit gewerbliche Einkünfte erzielt. Demgegenüber ist ein *Werbeschriftsteller* schriftstellerisch und damit freiberuflich tätig.

168

Weiterführende Literaturempfehlungen: Zu Abgrenzungs- und Einzelfällen s. *Schmidt,* § 18 Rz. 155.

Besteuerung. Die Einkünfte aus selbstständiger Arbeit werden ebenso wie solche aus Gewerbebetrieb durch die Ermittlung des Gewinns bestimmt (§ 2 Abs. 2 Nr. 1). Hinsichtlich der *Gewinnermittlung* gelten folglich die Bestimmungen des § 4 Abs. 1 und 3. Im Regelfall sind Steuerpflichtige, die Einkünfte aus freiberuflicher Tätigkeit erzielen, weder Ist- noch Kann-Kaufleute, §§ 1, 2 HGB. Soweit eine Kaufmannseigenschaft hiernach nicht vorliegt, besteht weder *Buchführungspflicht* gem. § 238 HGB noch die Verpflichtung, *regelmäßig Abschlüsse* zu machen. Da Steuerpflichtige mit Einkünften aus selbstständiger Arbeit auch nicht unter die Buchführungspflicht nach § 141 AO fallen, ist festzuhalten, dass die Pflicht der Gewinnermittlung nach dem Betriebsvermögensvergleich gem. § 4 Abs. 1 Satz 1 bei Freiberuflern regelmäßig nicht vorliegt. Soweit allerdings *Bücher freiwillig geführt* und *regelmäßig Abschlüsse gemacht* werden, greift wiederum verpflichtend die Gewinnermittlungsmethode nach § 4 Abs. 1 Satz 1.

169

Steuerpflichtige, die Einkünfte aus selbstständiger Arbeit erzielen, können somit i. d. R. das *Wahlrecht nach § 4 Abs. 3 ausüben.* Ausnahmen bilden z. B. Wirtschaftsprüfer, wenn diese gem. § 27 Abs. 1 WPO zulässigerweise in Gesellschaft als OHG oder KG firmieren; sie sind gem. §§ 6, 238, 242 HGB i. V. m. § 4 Abs. 1 Satz 1 buchführungs- und abschlussverpflichtet. Diese Steuerpflichtigen haben sich des Wahlrechts nach § 4 Abs. 3 durch Wahl der Rechtsform entledigt. Gleiches gilt für Freiberufler, die ihren Beruf in der Rechtsform der *Kapitalgesellschaft* ausüben (z. B. Rechtsanwalts-GmbH).

Die **Freiberufler-Personengesellschaft** (im Regelfall GbR oder Partnerschaftsgesellschaft) hat nach § 18 Abs. 4 Satz 2 die Grundsätze zur Mitunternehmerschaft gem. § 15 Abs. 1 Satz 1 Nr. 2 sowie zur Verlustverrechnung nach § 15a anzuwenden. Letzteres gilt nur im Sonderfall einer Freiberufler-KG.

170

171 Unterschiede in der Besteuerung. Insgesamt ist festzuhalten, dass die *Besteuerung des Freiberuflers* als Einzelunternehmer sowie des Freiberuflers, der sich in Gesellschaft mit anderen zusammenschließt, im Prinzip der *Besteuerung des Einzel- bzw. Mitunternehmers* nach § 15 folgt. Ein entscheidender Unterschied zwischen beiden Gruppen besteht im Bereich der **Gewinnermittlungsmethode**. Steuerpflichtige, die Einkünfte aus selbstständiger Arbeit erzielen, haben i. d. R. das Wahlrecht gem. § 4 Abs. 3. Ungeachtet dessen sind die Regelungen für die Ermittlung gewerblicher Einkünfte im Prinzip analog anwendbar. Der gravierende Unterschied zwischen den Einkünften aus selbstständiger Arbeit und solchen aus Gewerbebetrieb ist die bei gewerblichen Einkünften gegebene **Gewerbesteuerpflicht**.

I) Einkünfte aus nichtselbstständiger Arbeit

172 Einkunftstatbestand. Nach § 19 Abs. 1 Satz 1 zählen zu den Einkünften aus nichtselbstständiger Arbeit gem. § 2 Abs. 1 Satz 1 Nr. 4 insb. Gehälter, Löhne, Gratifikationen, Tantiemen aus Dienstverhältnissen sowie Wartegelder, Ruhegelder, Witwen- und Waisengelder und andere Bezüge und Vorteile aus früheren Dienstleistungen. § 19 besteuert damit *Lohneinnahmen* bzw. *steuerrechtlichen Arbeitslohn*. Grundlage des steuerlichen Arbeitslohns ist das Vorliegen bzw. das frühere Vorliegen eines *Dienstverhältnisses*, in dem die Zurverfügungstellung der individuellen Arbeitskraft dem Arbeitslohn als Gegenleistung gegenübersteht.

173 Abgrenzung zu Gewinneinkünften. In der *Nichtselbstständigkeit* liegt das wesentliche Abgrenzungskriterium zu den Einkünften aus *Gewerbebetrieb* und den Einkünften aus *selbstständiger Arbeit*. Beiden Einkunftsarten ist immanent, dass es sich um eine *selbstständige* Betätigung handelt, § 15 Abs. 2 Satz 1, § 18 Abs. 1. Ebenso wie bei der Abgrenzung zwischen gewerblichen und selbstständigen Einkünften ist auch die Grenze zwischen selbstständiger und nichtselbstständiger Tätigkeit fließend. Die Rechtsprechung des BFH hat hierzu eine umfangreiche Kasuistik entwickelt. Die Abgrenzung richtet sich für das EStG, das UStG und das GewStG im Prinzip nach den gleichen Grundsätzen.

174 In Abgrenzung zu gewerblichen und Einkünften aus selbstständiger Arbeit sind Wesensmerkmale der nichtselbstständigen Tätigkeit die **Weisungsgebundenheit** des Arbeitnehmers und dessen **organisatorische Eingliederung** in den Betrieb des Arbeitgebers. Weitere notwendige Voraussetzung nichtselbstständiger Einkünfte ist das Fehlen eines eigenen **Unternehmerrisikos**. Insgesamt kommt es bei der Abgrenzung auf das *Gesamtbild der Verhältnisse* an. Für die Frage der Weisungsgebundenheit und Eingliederung können hier das Bestehen einer *Urlaubsregelung* und *feste Arbeitszeiten* herangezogen werden. Das Negativmerkmal der Übernahme eigenen Unternehmerrisikos wird nicht allein durch eine erhebliche *erfolgsbezogene Vergütung* (Tantieme, Bonus) begründet. Sollte der Arbeitnehmer allerdings *auf eigene Rechnung* und *auf eigene Gefahr* tätig werden, wird der Bereich der Nichtselbstständigkeit im steuerlichen Sinne verlassen. Indizien können ferner aus dem *Vergütungssystem*, der eigenen Gestellung von *Arbeitsmitteln* (Arbeitsgeräte, Büro) sowie der Gestellung von *Mitarbeitern* auf eigene Rechnung gewonnen werden.

1. Einkommensteuer

Steuerbefreiungen. Bei Einkünften aus nichtselbstständiger Arbeit existieren 175
zahlreiche, überwiegend sozialstaatlich begründete Steuerbefreiungen. Zu
nennen sind insbesondere:

- *Auslagenersatz* durch den Arbeitgeber, § 3 Nr. 13, 16, 30, 31, 32, 50,
- *Übungsleiterfreibetrag*, § 3 Nr. 26, 2.400 EUR,
- *Aufwandspauschale* für alle nebenberuflich Tätigen im gemeinnützigen, mildtätigen oder kirchlichen Bereich 720 EUR, § 3 Nr. 26a,
- *Betriebliche Gesundheitsförderung*, § 3 Nr. 34,
- Einräumung einer *Vermögensbeteiligung* am Unternehmen des Arbeitgebers, § 3 Nr. 39,
- Mitbenutzung *betrieblicher Kommunikationsanlagen* (Telefon, Fax, Internet), § 3 Nr. 45, und *betrieblicher Ladeeinrichtungen für Elektrofahrzeuge*, § 3 Nr. 46,
- *Trinkgelder*, § 3 Nr. 51,
- *Arbeitgeberbeiträge zur Sozialversicherung*, § 3 Nr. 62,
- Zuschläge für *Sonntags-, Feiertags- und Nachtarbeit*, § 3b (s. Rz. 65),
- Zuwendungen des Arbeitgebers an seinen Arbeitnehmer und dessen Begleitpersonen anlässlich von Betriebsveranstaltungen, soweit solche Zuwendungen den Betrag von 110 EUR je Betriebsveranstaltung und Arbeitnehmer nicht übersteigen. Weitere Voraussetzung ist, dass die Teilnahme an der Betriebsveranstaltung allen Betriebsangehörigen des Betriebs oder Betriebsteils offensteht, § 19 Abs. 1 Satz 1 Nr. 1a. Für Betriebsveranstaltungen gab es früher eine Freigrenze von 110 EUR, nunmehr ist ein Freibetrag geregelt;
- Zuschläge für *Sonntags-, Feiertags- und Nachtarbeit*, § 3b (s. Rz. 65).

Sachbezüge. Zu den Einnahmen aus nichtselbstständiger Arbeit gehören 176
neben Geldbezügen auch Sachbezüge, § 8 Abs. 2. Die Lohnsteuerrichtlinien
sehen bei der Besteuerung **geldwerter Vorteile** zahlreiche Einzelregelungen
vor. Einen besonderen Stellenwert nimmt in der Praxis die Gestellung eines
Firmenwagens auch für private Zwecke ein, § 8 Abs. 2 Satz 2 bis 5. Hier gilt
die sog. *1%-Regelung*, wonach die private Nutzung eines Kraftfahrzeuges für
jeden Kalendermonat mit 1% des Bruttolistenpreises zzgl. Sonderausstattung
anzusetzen ist; die Kosten eines Akkumulators sind bei einem Elektrofahrzeug
abzuziehen. Von dieser Regelung kann nur durch das Führen eines den Richtlinien entsprechenden *Fahrtenbuchs* Abstand genommen werden. Der geldwerte Vorteil ist bei der 1%-Regelung um 0,03% der Bemessungsgrundlage pro
Kalendermonat und Entfernungskilometer zwischen Wohnung und Arbeitsstätte zu erhöhen, wenn das Fahrzeug, wie in der Praxis üblich, auch für Fahrten zwischen Wohnung und Arbeitsstätte genutzt werden kann. Für alle übrigen Sachbezüge sieht § 8 Abs. 2 Satz 11 eine Freigrenze von 44 EUR vor. Auch
der Privatanteil aus der Überlassung von Fahrrädern führt seit 2012 zum Sachbezug. Über § 8 Abs. 2 Satz 10 besteht ein gleichlautender Erlass der OFDen der
Länder vom 23.11.2012, wonach die 1%-Regelung (auf 100 EUR abgerundeter
Listenpreis) auch bei Dienst(elektro)fahrrädern anzuwenden ist.

Einkünfteermittlung. Die Einkünfte aus nichtselbstständiger Arbeit sind Über- 177
schusseinkünfte nach § 2 Abs. 2 Nr. 2. Sie werden durch den Überschuss der
Einnahmen über die *Werbungskosten* ermittelt. Bei der Vereinnahmung und Verausgabung ist § 11 anzuwenden. Hiernach gilt, dass vereinnahmt und verausgabt ist, was im Kalenderjahr zu- oder abgeflossen ist.

178 **Werbungskosten** sind Aufwendungen zum Erwerb, zur Sicherung und zur Erhaltung der Einnahmen, § 9 Abs. 1 Satz 1.

179 Aufwendungen des Arbeitnehmers für Wege zwischen Wohnung und Arbeitsstätte. Diese Aufwendungen sind als *Entfernungspauschale* oder sog. *Pendlerpauschale* im Rahmen der Werbungskosten abzugsfähig. Die Entfernungspauschale wird *verkehrsmittelunabhängig* gewährt, § 9 Abs. 1 Satz 3 Nr. 4. Sie kann bei Wegen, die zu Fuß, mit dem Fahrrad, mit öffentlichen Verkehrsmitteln oder dem Kfz zurückgelegt werden, in Anspruch genommen werden. Es ist nicht erforderlich, dass *überhaupt* Kosten entstanden sind. Es gilt ein *Höchstbetrag* von 4.500 EUR im Kalenderjahr. Bei der Nutzung eines eigenen oder zur Nutzung überlassenen Kraftwagens kann auch ein höherer Betrag angesetzt werden. Aufwendungen für die Benutzung öffentlicher Verkehrsmittel können angesetzt werden, soweit sie den Betrag der Entfernungspauschale übersteigen (*Günstigerregelung*, § 9 Abs. 2 Satz 2). Sofern abwechselnd öffentliche Verkehrsmittel und andere Beförderungsarten genutzt werden, greift die *Günstigerregelung* nur dann, wenn die Aufwendungen für öffentliche Verkehrsmittel für das gesamte Kalenderjahr den Betrag von 4.500 EUR übersteigen.

180 Pauschbetrag. Ohne Einzelnachweis kann ein Werbungskosten-Pauschbetrag für Arbeitnehmer i. H. v. 1.000 EUR in Anspruch genommen werden, § 9a Satz 1 Nr. 1.

181 Lohnsteuerverfahren. Die ESt auf Einkünfte aus nichtselbstständiger Arbeit wird im Lohnsteuerverfahren erhoben. Die Lohnsteuer ist keine Steuerart, sondern eine besondere *Erhebungsform* der ESt, vgl. Rz. 223. Sie ist in den §§ 38 ff. sowie in den Lohnsteuerrichtlinien geregelt. Die für die Ermittlung der Lohnsteuer erforderlichen Daten, sog. **E**lektronische **L**ohn**St**euer**A**bzugs**M**erkmale (ELStAM), werden beim Bundeszentralamt für Steuern (BZSt) gespeichert. Der auf die Lohnsteuerabzugsmerkmale bezogene Datentransfer findet elektronisch zwischen BZSt und Arbeitgeber statt. Beschäftigte haben beim Arbeitgeber lediglich ihre steuerliche Identifikationsnummer und das Geburtsdatum anzugeben.

m) Einkünfte aus Kapitalvermögen

182 Abgrenzung zu Gewinneinkünften. Bei den Einkünften aus Kapitalvermögen gem. §§ 2 Abs. 1 Satz 1 Nr. 5, 20 handelt es sich um *Vermögenseinkünfte*. Während bei den Gewinneinkunftsarten und den Einkünften aus nichtselbstständiger Arbeit Erwerbseinkünfte vorliegen, ist für Vermögenseinkünfte kennzeichnend, dass sie aus der *entgeltlichen Überlassung von Vermögen* aufgrund eines *Rechtsverhältnisses* entstehen. Einkünfte aus Kapitalvermögen entstehen in der *Privatsphäre* und sind insoweit von Einkünften aus Gewerbebetrieb und Einkünften aus selbstständiger Arbeit abzugrenzen. Erreicht die Vermögensverwaltung den Umfang einer gewerblichen Betätigung, so liegen keine Einkünfte aus Kapitalvermögen vor. Insoweit ist eine Abgrenzung der privaten Vermögenseinkünfte aus Kapitalvermögen, aus Vermietung und Verpachtung sowie aus privaten Veräußerungsgeschäften einerseits und der Einkünfte aus Gewerbebetrieb andererseits vorzunehmen.

1. Einkommensteuer

Zu den Einkünften aus Kapitalvermögen gehören gem. § 20 Abs. 1 insbesondere: **183**

- *Gewinnausschüttungen* aus Kapitalgesellschaften, Nr. 1,
- Erlöse aus der *Liquidation* von Kapitalgesellschaften, Nr. 2,
- Investmenterträge nach § 16 InvStG Nr. 3,
- Gewinnzuweisungen aus *typisch stillen Gesellschaften* (s. Rz. 135) und aus *partiarischen Darlehen*, soweit diese nicht als gewerbliche Tätigkeiten anzusehen sind, Nr. 4,
- Zinsen aus Hypotheken und Grundschulden, Renten aus Rentenschulden Nr. 5,
- Erträge aus *sonstigen Kapitalforderungen* jeder Art, insb. Spareinlagen, Nr. 7.

Korrespondierend zu den laufenden Einkünften des § 20 Abs. 1 aus dem *Halten* von Kapitalvermögen regelt § 20 Abs. 2 die Besteuerung der Einkünfte aus der *Veräußerung* von Kapitalvermögen. Zur **Anteilseignerbesteuerung** von **Ausschüttungen** und **Veräußerungsgewinnen** siehe Rz. 281 ff. (*Abgeltungsteuer, Teileinkünfteverfahren, § 8b KStG-Befreiung, Wertzuwachsbesteuerung*).

Einkünfteermittlung. Auch Einkünfte aus Kapitalvermögen werden durch die Ermittlung des Überschusses der Einnahmen über die Werbungskosten ermittelt, § 2 Abs. 2 Nr. 2. Anstelle der tatsächlichen Werbungskosten ist ein sogenannter *Sparer-Pauschbetrag* von 801 EUR anzusetzen, bei Zusammenveranlagten 1.602 EUR, § 20 Abs. 9. **184**

Kapitalertragsteuerverfahren. ESt auf Einkünfte aus Kapitalvermögen wird ebenso wie solche auf Einkünfte aus nichtselbstständiger Arbeit durch ein besonderes Verfahren erhoben. Es wird als Kapitalertragsteuerverfahren bezeichnet. Durch den Steuerabzug *an der Quelle* der Kapitaleinkünfte soll der Möglichkeit der Steuerflucht entgegengewirkt und damit die Verwirklichung des Steueranspruchs gewährleistet werden. Ebenso wie bei den Einkünften aus nichtselbstständiger Arbeit ist der Schuldner aus dem zivilrechtlichen Grundgeschäft (z. B. die ausschüttende Kapitalgesellschaft, das die Zinsen auszahlende Kreditinstitut) verpflichtet, die Steuer für *Rechnung des Gläubigers* an das Finanzamt abzuführen, § 44. Die Kapitalertragsteuer liegt nach § 43a bei 25%, in Ausnahmefällen bei 15%. Sie entfaltet im Regelfall Abgeltungswirkung, s. Rz. 282. **185**

n) Einkünfte aus Vermietung und Verpachtung

Auch Einkünfte aus Vermietung und Verpachtung gem. § 2 Abs. 1 Satz 1 Nr. 6 und § 21 sind wie Einkünfte aus Kapitalvermögen *Vermögenseinkünfte*. Den Einkünften aus Vermietung und Verpachtung liegen Rechtsverhältnisse zugrunde, aus denen Eigentümer Gegenstände zur Nutzung gegen Gewährung einer Gegenleistung überlassen. In der Vielzahl aller Fälle handelt es sich um *entgeltliche Überlassung von Grundbesitz*. Der Tatbestand des § 21 umfasst auch die Überlassung beweglicher Gegenstände. **186**

Verbilligte Vermietung an Angehörige. Wird ein Grundstück oder Wohnraum verbilligt überlassen, können Werbungskosten nur teilweise in Ansatz gebracht werden. Diese Konstellation greift in der Praxis bei der Vermietung an Angehörige. Die Zielsetzung ist hier vielfach, die Mieter durch eine geringe Miete **187**

wirtschaftlich zu entlasten, steuerlich jedoch den vollen Werbungskostenabzug für Abschreibungen und Finanzierungskosten in Anspruch nehmen zu können. Nach § 21 Abs. 2 ist das Mietverhältnis bei einer Vermietung von unter 66 % der ortsüblichen Miete in einen entgeltlichen und einen unentgeltlichen Teil aufzuteilen. Die Werbungskosten können nur anteilig angesetzt werden. Beträgt die Miete mehr als 66 % der ortsüblichen Miete, geht der Gesetzgeber typisierend von einer Einkünfteerzielungsabsicht aus, Werbungskosten sind voll abziehbar.

o) Sonstige Einkünfte

188 Sonstige Einkünfte gem. § 2 Abs. 1 Satz 1 Nr. 7 sind in den §§ 22 bis 23 geregelt. § 23 trifft für den in Nr. 2 der Vorschrift normierten Fall der *Einkünfte aus privaten Veräußerungsgeschäften* eine ausführliche Sonderregelung.

Sonstige Einkünfte können in drei Gruppen unterteilt werden:

- Einkünfte aus *wiederkehrenden Bezügen* nach § 22 Nr. 1 (s. Rz. 189 ff.),
- Einkünfte aus *privaten Veräußerungsgeschäften* nach § 22 Nr. 2, § 23 (Rz. 206),
- *übrige Einkünfte* (aus sonstigen Leistungen, aus Abgeordnetenbezügen und aus Altersvorsorgeverträgen nach § 22 Nr. 3 bis 5).

aa) Wiederkehrende Bezüge

189 Wiederkehrende Bezüge sind Leistungen in Geld oder Geldeswert, die dem Empfänger auf der Grundlage eines einheitlichen Rechtsgeschäfts in ständiger Abfolge und über eine gewisse Dauer zufließen. Sie sind nach § 22 Nr. 1 im Verhältnis zu Einkünften aus anderen Einkunftsarten *subsidiär*. Demnach sind z. B. *Ruhegelder* aus Mitunternehmerschaften nach §§ 15, 18, 24 Nr. 2 oder *Versorgungsbezüge* aus der betrieblichen Altersversorgung nach § 19 Abs. 2 vorrangig bei diesen Einkunftsarten zu erfassen und stellen keine wiederkehrenden Bezüge dar. Dasselbe gilt für wiederkehrende *Zinsen* oder *Mieten* nach §§ 20, 21.

190 Wiederkehrende Bezüge sind insb. **Renten** bzw. **Leibrenten**. Ihnen liegt regelmäßig ein Rechtsgrund in Gestalt eines *Stammrechts* zugrunde. Bei den Renten der *DRV Bund* wird dieses durch das *Sozialversicherungsrecht* bestimmt. Renten können auch aus einem *privatrechtlichen Rentenversicherungsvertrag* oder aus einem *sonstigen privaten Rechtsgeschäft* resultieren. Kennzeichnend für die Rente ist die Tatsache, dass sie in *gleichen Zeitabständen* und in *gleicher Höhe* zur Auszahlung kommt. In der Sonderform der *Leibrente* wird die Rente bis zum Lebensende eines Menschen gezahlt. Zur Besteuerung der Leibrente im Rahmen des Alterseinkünftegesetzes s. u. Rz. 192 ff.

191 Dauernde Lasten zählen ebenfalls zu den wiederkehrenden Bezügen. Eine dauernde Last muss mindestens auf zehn Jahre bestehen, sie kann auch für die Lebenszeit eines Menschen gewährt werden. Die dauernde Last ist von der Rente und der Leibrente dadurch abzugrenzen, dass *gleiche Zeitabstände* und eine *gleiche Höhe* der Leistungen nicht vorliegen müssen. Liegen durch äußere Umstände veränderbare Bezugsgrößen vor, ist von einer dauernden Last auszugehen. Bezugsgröße können bestimmte Einnahmen (Mieteinnahmen, Umsatzerlöse) oder Ergebnisse (Gewinn) sein. Dauernde Lasten sind als Betriebsausgaben, Werbungskosten oder Sonderausgaben (§ 10 Abs. 1 Nr. 1a Satz 1) in voller Höhe abzugsfähig. Ihnen entspricht die *volle Besteuerung* beim Empfänger als sonstige Einkünfte.

bb) Exkurs: Behandlung von Alterseinkünften

Das Recht der Besteuerung von Alterseinkünften beinhaltet vorrangig die Berücksichtigung von Altersvorsorgeaufwendungen als *Sonderausgaben* und die Besteuerung von Alterseinkünften als *sonstige Einkünfte*. Systematisch werden im Folgenden sowohl die Altersvorsorgeaufwendungen als auch die Altersbezüge insgesamt bei den *sonstigen Einkünften* behandelt. **192**

Nachlaufende Besteuerung. Nach Ablauf einer Übergangszeit werden Renten und Versorgungsbezüge nach dem gleichen System besteuert. Der Gesetzgeber hat sich dazu entschlossen, generell zur Besteuerung in der Nacherwerbsphase überzugehen. Hiernach können *Altersvorsorgeaufwendungen* in großem Umfang als Sonderausgaben abgezogen werden. Da ein sofortiger Übergang zur Besteuerung in der Nacherwerbsphase fiskalisch nicht durchführbar gewesen wäre, wurde ein **Übergangszeitraum** vom Jahr 2005 bis zum Jahr 2025 (bezogen auf die Ausweitung des *Sonderausgabenabzugs*, s. *§ 10 Abs. 3 Satz 6*) bzw. vom Jahr 2005 bis zum Jahr 2040 (bezogen auf die *Besteuerung* von Altersbezügen, s. § 22 Nr. 1 Satz 3, a, aa, Satz 3) gewählt. Im Rahmen der steuerlichen Behandlung von Vorsorgeaufwendungen differenziert der Gesetzgeber nunmehr zwischen: **193**

- Altersvorsorgeaufwendungen als **Basisversorgung** (§ 10 Abs. 1 Nr. 2, Abs. 3) und
- **anderen Vorsorgeaufwendungen** (§ 10 Abs. 1 Nr. 3, Abs. 4), die in Teilbereichen auch Altersvorsorgeaufwendungen sind.

(1) Basisversorgung

Begriff. Zur Basisversorgung werden insb. die gesetzliche Rentenversicherung, landwirtschaftliche Alterskassen und berufsständische Versorgungseinrichtungen gezählt, § 10 Abs. 1 Nr. 2 Buchst. a. Kapitalgedeckte Altersvorsorgeprodukte und ab dem Jahr 2014 auch Berufsunfähigkeitsversicherungen gehören in engen Grenzen (nicht vererblich, nicht übertragbar, nicht beleihbar, nicht veräußerbar, nicht kapitalisierbar, sog. Rürup-Rente) ebenfalls zur Basisversorgung, § 10 Abs. 1 Nr. 2 Buchst. b. **194**

Übergangsregelung zum Sonderausgabenabzug. Wesensmerkmal der Reform der Besteuerung der Alterseinkünfte ist eine schrittweise Steigerung des Sonderausgabenabzugs im Bereich der Basisversorgung. Das Gesetz geht hierbei von einem maximalen Abzugsbetrag aus. Dieser entspricht dem Höchstbeitrag zur knappschaftlichen Rentenversicherung, im Jahr 2018 sind das 23.712 EUR bzw. 47.424 EUR bei Zusammenveranlagten. Dieser Höchstbetrag wird allerdings erst im Jahr 2025 erreicht. Im Jahr 2005 betrug er 60 % des Höchstbetrages. In jedem Folgejahr steigt er um 2 Prozentpunkte an. Im Jahr 2017 beläuft er sich auf 84 %, im Jahr 2018 auf 86 %, im Jahr 2019 auf 88 % und im Jahr 2020 auf 90 %. Im VZ 2018 beträgt der maximale Abzugsbetrag somit 20.393 EUR. **195**

196 Sonderausgabenabzug. Bei den *berücksichtigungsfähigen Aufwendungen* sind sowohl Arbeitnehmerbeiträge als auch Arbeitgeberbeiträge anzurechnen. Dies gilt unabhängig davon, dass es bei der *Steuerfreiheit von Arbeitgeberbeiträgen* bleibt, § 3 Nr. 62. Bei Anwärtern auf Versorgungsbezüge (Beamte, Abgeordnete und andere) ist bei der Berechnung des Sonderausgabenabzugsbetrags wegen des Fehlens von Sozialversicherungsbeiträgen zu differenzieren. Würde hier keine Sonderregelung bestehen, würde diese Personengruppe dadurch begünstigt werden, dass die Höchstbeträge durch andere Vorsorgemaßnahmen ausgeschöpft werden könnten. Bei dieser Personengruppe ist damit der Höchstbetrag um den Betrag zu *kürzen*, der einem fiktiven Gesamtbeitrag zur gesetzlichen Rentenversicherung entspricht.

Beispiel 1:

Der ledige **Arbeitnehmer A** verfügt im VZ 2018 über ein Einkommen i. H. v. 50.000 EUR. Arbeitnehmer- und Arbeitgeberanteil zur Sozialversicherung betragen jeweils 5.000 EUR. Berücksichtigungsfähig ist der Gesamtbeitrag zur gesetzlichen Rentenversicherung i. H. v. 10.000 EUR. Dieser liegt unter dem Höchstbetrag von 23.712 EUR. Es sind 86 % der begünstigten Aufwendungen abzugsfähig, somit 8.600 EUR. Der steuerfreie Arbeitgeberbeitrag zur Sozialversicherung i. H. v. 5.000 EUR ist hiervon abzuziehen. Es verbleibt ein Betrag von 3.600 EUR. Hieraus ergibt sich, dass 72 % des Arbeitnehmerbeitrags zur Sozialversicherung den Sonderausgabenabzug ermöglichen.

Beispiel 2:

Der ledige selbstständige **Rechtsanwalt R** erzielt im VZ 2018 ebenfalls ein Einkommen i. H. v. 50.000 EUR. Er zahlt 10.000 EUR in das Rechtsanwalts-Versorgungswerk ein. Die 10.000 EUR unterschreiten den Maximalbetrag von 23.712 EUR. Von den 10.000 EUR sind im Jahr 2018 8.600 EUR begünstigte Aufwendungen. Da keine Arbeitgeberbeiträge geleistet wurden, steht R der Sonderausgabenabzug in dieser Höhe zu. Da R keinen Arbeitgeberbeitrag zur Sozialversicherung erhält, der steuerfrei wäre, können 86 % seiner Aufwendungen (8.600 EUR) dem Sonderausgabenabzug zugeführt werden.

Beispiel 3:

Der ledige **Beamte B** erzielt im Jahr 2018 ein Jahreseinkommen i. H. v. 50.000 EUR. Es fallen keine Beiträge zur Sozialversicherung an. Neben seiner Anwartschaft auf die Versorgungsbezüge (Pension) zahlt B jährlich 2.000 EUR in eine private Lebensversicherung (Rürup-Rente) ein. Von dem Höchstbetrag ist der fiktive Gesamtbeitrag zur gesetzlichen Rentenversicherung abzuziehen. Bei angenommenen 20 % fiktiver Beiträge sind 10.000 EUR von dem Höchstbetrag von 23.712 EUR in Abzug zu bringen. B bleibt mit 2.000 EUR Lebensversicherungsprämie unter dem Höchstbetrag von 13.712 EUR. Von den 2.000 EUR kann B 86 % und damit 1.720 EUR als Sonderausgaben abziehen.

197 Günstigerprüfung. Für Bezieher *kleinerer Einkommen* von bis zu 12.000 EUR bzw. bei Zusammenveranlagten von bis zu 24.000 EUR pro Jahr gibt es in den Jahren 2005 bis 2019 eine Übergangsregelung. Bei dieser Personengruppe kann der Übergang zur *nachgelagerten Besteuerung* sich nachteilig auswirken. § 10 Abs. 4a schreibt daher eine Günstigerprüfung zwischen der alten bis zum VZ

2004 und der ab 2005 geltenden neuen Rechtslage vor. Gegebenenfalls ist die günstigere, alte Rechtslage fortzuführen.

Alterseinkünftebesteuerung. Bezüge im Rahmen der Basisversorgung sind sonstige Einkünfte gem. § 2 Abs. 1 Satz 1 Nr. 7. § 22 Nr. 1 Satz 3 bestimmt, dass Leibrenten und andere Leistungen, die aus den gesetzlichen Rentenversicherungen, den landwirtschaftlichen Alterskassen, den berufsständischen Versorgungseinrichtungen und aus Renten- und Berufsunfähigkeitsversicherungen i. S. d. § 10 Abs. 1 Nr. 2 Buchst. b erbracht werden, *sonstige Einkünfte* sind, soweit sie jeweils der *Besteuerung unterliegen*. Die nachgelagerte Besteuerung von Alterseinkünften wird innerhalb eines Übergangszeitraums der Jahre 2005 bis 2040 erreicht. Renten sind im Jahr 2005 mit 50 % und in jedem Folgejahr bis zum Jahr 2020 mit einem um zwei Prozentpunkte erhöhten Satz zu versteuern. Ab dem Jahr 2021 beträgt der jährliche Erhöhungssatz nur noch einen Prozentpunkt. Hierbei kommt es grundsätzlich auf das *Jahr des Renteneintritts* an. Die 50 %-Regelung des Jahres 2005 gilt somit sowohl für alle *Bestandsrenten* (Renteneintritt vor 2005) als auch für Steuerpflichtige, die in 2005 erstmals Leibrenten oder andere Leistungen beziehen.

198

Freibetragssystem. Anders als bei der bisherigen Ertragsanteilsbesteuerung wird allerdings nicht der Prozentsatz der Rentenleistung festgeschrieben, sondern ein *Geldbetrag*, der als *Freibetrag* bis zum Lebensende fortgeführt wird (sog. Kohorte). Hieraus folgt, dass *Erhöhungen* von Leibrenten und anderen Leistungen in Folgejahren jeweils der vollständigen Besteuerung unterliegen. Das *Freibetragsverfahren* wird allerdings erst im *zweiten Jahr* des Rentenbezugs eingeführt. Im ersten Jahr bleibt es bei der Prozentsatz-Besteuerung. Der auf der Grundlage der Befreiungsregelung ermittelte steuerfreie Betrag wird dann für die Zukunft festgeschrieben.

199

> **Beispiel:**
>
> Der ledige A geht am 1.1.2016 in Rente. Seine monatlichen Rentenbezüge betragen 2.000 EUR. A erwartet kalenderjährlich eine Rentenerhöhung von 40 EUR. Seine monatliche Rente beträgt daher im Jahr 2017 2.040 EUR, im Jahr 2018 2.080 EUR. Der Besteuerungsanteil der Rente des A beträgt nach § 22 Nr. 1 Satz 3a, aa Satz 3 im Jahr des Rentenbeginns (2016) 72 %, somit 17.280 EUR. A kann ferner den Werbungskosten-Pauschbetrag von 102 EUR gem. § 9a Satz 1 Nr. 3 ansetzen. A hat im Jahr 2016 somit 17.178 EUR zu versteuern. Im Jahr 2017 bezieht A Renten i. H. v. 24.480 EUR (12 × 2.040 EUR). Nunmehr sind 72 % von 24.480 EUR zu versteuern, 17.625 EUR. Der Differenzbetrag in Höhe von 6.855 wird als Freibetrag eingefroren und in allen folgenden Jahren angesetzt. Nach Abzug des WK-Pauschbetrags von 102 EUR sind somit im VZ 2017 17.523 EUR zu versteuern. Von der Rente des Jahres 2018 (12 × 2.080 = 24.960 EUR) sind 6.85 EUR Freibetrag und 102 EUR WK-Pauschbetrag abzuziehen, zu versteuern sind 18.003 EUR. Alle späteren Rentenerhöhungen sind in vollem Umfang steuerpflichtig.

(2) Andere Vorsorgeaufwendungen

Begriff. Andere Vorsorgeaufwendungen sind Versicherungen gegen Arbeitslosigkeit, Erwerbs- und Berufsunfähigkeit, Kranken-, Pflege-, Unfall- und Haftpflichtversicherungen sowie Risikoversicherungen, die nur für den Todesfall eine Leistung vorsehen (§ 10 Abs. 1 Nr. 3a, 3b).

200

201 Sonderausgabenabzug. Nach § 10 Abs. 1 Nr. 3 können Beiträge zur gesetzlichen Kranken- und Pflegeversicherung **unbegrenzt** abgezogen werden. Soweit der Steuerpflichtige Anspruch auf *Krankengeld* hat, wird dieser Betrag pauschal um 4% gekürzt. Beiträge zur *privaten Krankenversicherung* sind abzugsfähig, soweit sie in Art, Umfang und Höhe der gesetzlichen Krankenversicherung entsprechen. Der Vergleich wird anhand des Leistungskatalogs der gesetzlichen Krankenversicherung durchgeführt, wobei ein Abschlagsverfahren bezogen auf die gesetzlichen Regelleistungen durchgeführt wird. Hierzu ist die *Krankenversicherungsbeitragsanteil-Ermittlungsverordnung – KVBEVO* vom 11.8.2009, BGBl. I 2009, S. 2730 f. anzuwenden. Ferner können die Beiträge zur gesetzlichen Pflegeversicherung angesetzt werden.

202 Andere sonstige Vorsorgeaufwendungen (Beiträge zu Versicherungen gegen Arbeitslosigkeit, Erwerbs- und Berufsunfähigkeit, Unfall-, Haftpflicht- und bestimmte Risikoversicherungen, § 10 Abs. 1 Nr. 3a) sind nur abzugsfähig, soweit sie zusammen mit den abzugsfähigen Kranken- und Pflegeversicherungsbeiträgen nachfolgende Höchstbeträge nicht überschreiten. Diese betragen für Beschäftigte, Rentner, Familienversicherte und in der Künstlersozialkasse Versicherte 1.900 EUR und für Selbstständige 2.800 EUR, § 10 Abs. 4 Satz 2. Bei Zusammenveranlagten ist jeweils zu prüfen, welcher Höchstbetrag gilt (insgesamt beträgt der Höchstbetrag damit entweder 5.600 EUR, 4.700 EUR oder 3.800 EUR).

Beispiel 1:

Der Angestellte A ist gesetzlich krankenversichert. Neben den Arbeitnehmerbeiträgen in Höhe von 1.300 EUR p.a. leistet er Beiträge zur privaten Zusatzversicherung in Höhe von 160 EUR sowie zur gesetzlichen Pflegeversicherung in Höhe von 140 EUR. Weitere Vorsorgeaufwendungen für Haftpflichtversicherungen betragen 270 EUR. Die Vorsorgeaufwendungen belaufen sich insgesamt auf 1.870 EUR und liegen damit unterhalb des Höchstbetrages für Arbeitnehmer von 1.900 EUR, sie können vollständig als Sonderausgaben angesetzt werden.

Beispiel 2:

Rechtsanwalt R ist privat krankenversichert. Er leistet Beiträge in Höhe von 4.500 EUR p.a. Hiervon entfallen 90% der Beiträge auf Basisleistungen, die verbleibenden 10% werden für Komfortleistungen verrechnet. Weiter fallen 220 EUR Beiträge zur Pflegeversicherung und 800 EUR Beiträge zu einer Risikolebensversicherung sowie Haftpflichtbeiträge an. Die Summe der Vorsorgeleistungen überschreitet den Höchstbetrag. Es sind 90% der Krankenversicherungsbeiträge (4.050 EUR) und die Pflegeversicherungsbeiträge mit 220 EUR und damit insgesamt 4.270 EUR als Sonderausgaben abziehbar. Die übrigen Vorsorgeaufwendungen sind steuerlich nicht zu berücksichtigen.

203 Lebensversicherungs-Altverträge. Nach § 10 Abs. 1 Nr. 3a zählen auch Lebensversicherungs-Altverträge, die vor dem 1.1.2005 abgeschlossen wurden und für die bis zum 31.12.2004 mindestens ein Versicherungsbeitrag geleistet worden ist, zu den anderen Vorsorgeaufwendungen. Laufende Beiträge sind somit seit dem 1.1.2005 im Rahmen der anderen Vorsorgeaufwendungen als **Sonderausgaben** abzugsfähig, sofern die o.g. Höchstbeträge nicht schon ausgeschöpft sind. Es handelt sich um Rentenversicherungen gegen laufende Beitragsleistungen ohne Kapitalwahlrecht bzw. mit Kapitalwahlrecht, wenn das Kapitalwahlrecht nicht vor Ablauf von 12 Jahren seit Vertragsabschluss ausgeübt werden kann, und Kapitalversicherungen gegen laufende Beitragsleistung mit Sparanteil, wenn der Vertrag über die Dauer von mindestens zwölf Jahren abgeschlossen ist. Die Erträge aus diesen Versicherungen gehören nach § 20 Abs. 1 Nr. 6 Satz 2 **nicht** zu den **steuerpflichtigen** Einkünften aus Kapitalvermögen.

Lebensversicherungs-Neuverträge. Lebensversicherungsverträge, die nicht unter die Basisversorgung fallen und die nicht als Altverträge gelten, werden hinsichtlich des **Sonderausgabenabzugs** in der Ansparphase wie andere Vorsorgeaufwendungen behandelt. In der Leistungsphase ist das bis zum VZ 2004 geltende Steuerprivileg weggefallen. Es werden nunmehr nach § 20 Abs. 1 Nr. 6 die Versicherungserträge in Höhe des Unterschieds zwischen Auszahlungsbetrag und den entrichteten Beiträgen als **Einkünfte aus Kapitalvermögen besteuert**. Werden die Erträge nach Vollendung des 60. Lebensjahres des Steuerpflichtigen und nach Ablauf von zwölf Jahren seit dem Vertragsschluss ausgezahlt, werden diese nach Satz 2 der Vorschrift nicht der Abgeltungsteuer von 25 % unterworfen, sondern dem allgemeinen Steuertarif, jedoch nur mit der halben Bemessungsgrundlage, so dass sich im Ergebnis ein progressiver Steuersatz von höchstens 22,5 % ergibt.

204

(3) Altersentlastungsbetrag

Gem. § 2 Abs. 3 ist zur Ermittlung des Gesamtbetrags der Einkünfte von der Summe der Einkünfte der Altersentlastungsbetrag abzuziehen. Dieser wird nach § 24a Satz 3 einem Steuerpflichtigen gewährt, der vor dem Beginn des betreffenden Veranlagungszeitraums das 64. Lebensjahr vollendet hat. Der Altersentlastungsbetrag wird bis zum Jahr 2040 auf Null abgebaut. Er beläuft sich im Jahr 2005 auf 40 % des Arbeitslohns und der positiven Summe anderer Einkünfte, höchstens jedoch 1.900 EUR. Sowohl der *Prozentsatz* von 40 % bei der Errechnung des Altersentlastungsbetrags als auch der *Höchstbetrag* von 1.900 EUR werden über 35 Jahre auf Null abgesenkt. Dabei wird der Prozentsatz bis zum Jahr 2020 mit jährlich 1,6 Prozentpunkten und für die dann folgenden 20 Jahre jährlich mit 0,8 Prozentpunkten abgesenkt. Das Abschmelzen des Höchstbetrags erfolgt ebenfalls in diesem Verhältnis.

205

cc) Private Veräußerungsgeschäfte

Wenn *Grundstücke* im Privatvermögen gehalten werden, sind bei der Veräußerung entstehende Veräußerungsgewinne grundsätzlich *steuerfrei*. **Ausnahmen** sind Veräußerungsgewinne aus *privaten Veräußerungsgeschäften* nach §§ 22 Nr. 2, 23 Abs. 1 Satz 1 Nr. 1. Als solche gelten Grundstücksveräußerungsgeschäfte, bei denen der Zeitraum zwischen Anschaffung und Veräußerung nicht mehr als 10 Jahre beträgt. Steuerfrei sind Veräußerungsgewinne bei Grundstücksgeschäften hingegen, wenn der Steuerpflichtige das Grundstück zwischen Anschaffung und Veräußerung ausschließlich oder im Jahr der Veräußerung und in den beiden vorausgegangenen Jahren (nicht notwendigerweise volle Kalenderjahre) zumindest teilweise zu eigenen Wohnzwecken genutzt hat, § 23 Abs. 1 Satz 1 Nr. 1 Satz 3. Der BFH hat am 27.6.2017 entschieden,

206

dass unter dieses Privileg auch Ferienwohnungen des Steuerpflichtigen fallen, wenn diese ihm auch in der nicht genutzten Zeit zur Verfügung stehen (Fremdvermietung begründet Schädlichkeit).

Beispiel:

A erwirbt ein Einfamilienhaus im Sommer 2013. Im Dezember 2016 zieht er selbst in das Haus ein. Im Januar 2018 wird das Objekt veräußert. Der Veräußerungsgewinn ist steuerfrei.

207 Nach § 23 Abs. 1 Satz 1 Nr. 2 beträgt die Frist bei anderen Veräußerungsgeschäften als die unter Nr. 1 genannten ein Jahr. Diese Regelung gilt etwa für Gold, Antiquitäten, Kunstwerke oder historische Fahrzeuge.

p) Steuertarif

208 Durch Anwendung des Steuertarifs auf das zu versteuernde Einkommen errechnet sich die sog. **tarifliche ESt,** § 2 Abs. 5 Satz 1 und § 32a Abs. 1 Satz 1. Die Ermittlung der tariflichen ESt setzt somit voraus, dass deren Bemessungsgrundlage, das *zu versteuernde Einkommen,* feststeht. Das zu versteuernde Einkommen wird gem. § 2 Abs. 5 Satz 1 aus dem *Einkommen,* vermindert um *Freibeträge* nach § 32 Abs. 6 und die sonstigen vom Einkommen *abzuziehenden Beträge,* ermittelt.

In den **Bestimmungen zum Steuertarif** der §§ 31 bis 34b werden zahlreiche Regelungsgegenstände (§§ 32, 32a Abs. 1 Satz 2 Nr. 1, 33, 33a, 33b) normiert, die systematisch nicht zum Steuertarif, sondern zur Steuerbemessungsgrundlage zählen.

209 **Grundfreibetrag.** Ein wesentlicher nach § 2 Abs. 5 Satz 1 *vom Einkommen abzuziehender Betrag* ist der Grundfreibetrag nach § 32a Abs. 1 Satz 2 Nr. 1. Dieser soll das Existenzminimum des Steuerpflichtigen steuerfrei stellen. Er wird von Zeit zu Zeit angehoben, um der Steigerung der Lebenshaltungskosten Rechnung zu tragen. Im VZ 2017 beträgt er 8.820 EUR und im VZ 2018 9.000 EUR. Das zu versteuernde Einkommen führt erst bei einem Überschreiten des Grundfreibetrages zum Entstehen einer tariflichen ESt.

210 **Steuertarif.** Der linear-progressive Steuertarif gem. § 32a soll dem Grundsatz der *Besteuerung nach der Leistungsfähigkeit* Rechnung tragen. Es lassen sich fünf *Einkommenszonen* des linear-progressiven Tarifs unterscheiden (Werte für VZ 2018, jeweils ohne SolZ):

- **Freizone/Nullzone.** Bis zum *Grundfreibetrag* (Rz. 209) beträgt die tarifliche ESt 0 EUR, § 32a Abs. 1 Satz 2 Nr. 1.
- Die **untere Progressionszone** liegt im Bereich von 9.001–13.996 EUR, § 32a Abs. 1 Satz 2 Nr. 2. Der Eingangssteuersatz liegt bei 14 %. Die *Durchschnittsbelastung* beträgt in diesem Bereich zwischen 0 % und 6,77 %. Die *Grenzbelastung* der tariflichen ESt steigt in dieser Zone von 14 % auf knapp 24 % an und ist damit etwas steiler als in der folgenden oberen Progressionszone.
- Die **obere Progressionszone** ist in der Spanne von 13.997–54.949 EUR angesiedelt, § 32a Abs. 1 Satz 2 Nr. 3. Die *Durchschnittsbelastung* liegt hier in

einem Rahmen von 6,77 % und 26,31 %. Die *Grenzbelastung* liegt zwischen knapp 24 % und 42 %.
- **Untere Proportionalzone.** Ab einem zu versteuernden Einkommen von 54.950 EUR ist die untere Proportionalzone nach § 32a Abs. 1 Satz 2 Nr. 4 erreicht. Einkommensteile, die diesen Betrag erreichen oder übersteigen, werden mit **42 %** besteuert. Die *Durchschnittsbelastung* steigt hier von etwa 26,31 % auf 38,69 % an, die *Grenzbelastung* beträgt 42 %.
- **Obere Proportionalzone.** Bei einem zu versteuernden Einkommen von über **260.533** EUR (Zusammenveranlagte das Doppelte) wird ein erhöhter **Grenzsteuersatz** von **45 %** angesetzt, sog. *Reichensteuer*. Hier steigt die Durchschnittsbelastung von 38,69 % bis unter 45 % an.

Durchschnittsbelastung. Der linear-progressive Tarif führt ab einem zu versteuernden Einkommen von einem EUR über dem Grundfreibetrag zu einer stetig steigenden Durchschnittsbelastung. Aufgrund der Tatsache, dass der Grundfreibetrag und die lineare Progression allen Steuerpflichtigen eingeräumt werden, kann die Durchschnittsbelastung selbst eines Spitzenverdieners einen Prozentsatz von 45 % nicht erreichen. Aufgrund des verhältnismäßig sinkenden Steuervorteils durch *Freibetrag* und *Steuerprogression* nähert sich der Prozentsatz der Durchschnittsbelastung mit steigendem Einkommen den genannten Steuersätzen (Grenzsteuerbelastung) an. **211**

> **Beispiel:**
> Bezogen auf den VZ 2018 beträgt bei einem zu versteuernden Einkommen von 100 TEUR die Durchschnittsbelastung 33,38 %, bei 200 TEUR 37,69 %, bei 300 TEUR 39,52 %, bei 500 TEUR 41,71 %, bei 1.000 TEUR 43,36 % und bei 5.000 TEUR 44,67 %.

Progressionsvorbehalt. Die *Steuerfreiheit bestimmter Einkünfte* führt auf Tarifebene zu einer geringeren tariflichen ESt und damit zu einem Vorteil in der Steuerprogression. Dieser Effekt ist bei bestimmten Steuerermäßigungen fiskalpolitisch nicht erwünscht. Ein wesentlicher Anwendungsfall sind *steuerfreie ausländische Einkünfte*, aber auch bestimmte *Sozialleistungen*. Der Progressionsvorbehalt nach § 32b (s. Rz. 526) wird zweistufig berechnet: **212**

- Die Steuerfreiheit führt zum einen zu einer Verringerung der Bemessungsgrundlage und damit der tariflichen ESt.
- Es erfolgt gem. § 32b eine fiktive Hinzurechnung der steuerfreien Einkünfte zur Bemessungsgrundlage. Auf der Grundlage der fiktiv erhöhten Steuerbemessungsgrundlage wird nunmehr der Durchschnittssteuersatz errechnet. Dieser ist grundsätzlich höher als der ohne Progressionsvorbehalt errechnete Steuersatz. Der höhere Steuersatz wird auf das zu versteuernde Einkommen angewendet.

> **Beispiel:**
> Der unverheiratete P erzielt 2018 20.000 EUR im Inland DBA-steuerfreie Einkünfte aus der Vermietung einer Schweizer Immobilie. Sein übriges zu versteuerndes Einkommen beträgt 60.000 EUR. Die ESt beträgt ohne Progressionsvorbehalt gem. § 32a Abs. 1 Satz 2 Nr. 4 60.000 EUR × 42 % ./. 8.621 EUR = 16.579 EUR. Dieses entspricht einem Tarif von 27,63 %. Mit den ausländischen Einkünften würde die ESt

80.000 EUR × 42% ./. 8.621 EUR = 24.979 EUR betragen. Dieses entspricht einem Tarif von 31,22%. Dieser Steuersatz ist nunmehr auf das zu versteuernde Einkommen anzuwenden: ESt = 60.000 EUR × 31,22% = 18.734 EUR.

- Korrespondierend dazu werden negative steuerfreie ausländische Einkünfte fiktiv von der Steuerbemessungsgrundlage abgezogen (*negativer Progressionsvorbehalt*). Der dann errechnete Steuersatz ist grundsätzlich niedriger als der ohne Progressionsvorbehalt errechnete Steuersatz. Für bestimmte Staaten und Einkunftsarten schließt § 2a jedoch die Berücksichtigung negativer ausländischer Einkünfte aus.

q) Thesaurierungsbegünstigung für Personenunternehmen

213 Anlass der Regelung. Das UntStRG 2008 war von dem gesetzgeberischen Bestreben gekennzeichnet, eine *rechtsformneutrale* Entlastung von Unternehmen zu gewährleisten. Obwohl die durchschnittliche Steuerbelastung von Personengesellschaften und Einzelunternehmen nach den empirischen Erhebungen des Bundesfinanzministeriums generell niedriger als die von Kapitalgesellschaften ist, werden alle Personenunternehmen in die Tarifsenkung mit einbezogen. Hintergrund der Begünstigung für Personenunternehmen ist neben dem Postulat der Rechtsformneutralität ferner das Schaffen von Anreizen für eine innenfinanzierte Steigerung der Eigenkapitalquote (lock-in-effekt), die im internationalen Vergleich als zu niedrig angesehen wurde.

214 Instrumentarium. Durch die veranlagungszeitraum- und gesellschafterbezogene Wahlmöglichkeit zur begünstigten Besteuerung nicht entnommener Gewinne können die Gesellschafter von Personengesellschaften bzw. Einzelunternehmer in den Genuss einer *zinsfreien Steuerstundung* kommen. Gewährleistet wird dies durch ein System aus *Tarifermäßigung* und *Nachversteuerung*. Ein erheblicher Steuerstundungseffekt setzt allerdings einem längeren Zeitraum zwischen Thesaurierung und Ausschüttung voraus (s. Rz. 362).

215 Tarifermäßigung. Beantragt der Steuerpflichtige die Anwendung der Tarifermäßigung, wird der nicht entnommene Anteil am Gewinn des Gesellschafters oder Einzelunternehmers nicht mit dem persönlichen Steuersatz gemäß § 32a, sondern mit einem linearen Steuersatz von 28,25% zuzüglich SolZ belastet, § 34a Abs. 1 Satz 1. Als *nicht entnommener Gewinn* wird nach Abs. 2 der steuerliche Gewinn vermindert um den positiven Saldo der Entnahmen und Einlagen des Wirtschaftsjahres bezeichnet. Berücksichtigt man, dass die Gewerbesteuer zumindest zu einem Teil durch die Anrechnung auf die Einkommensteuer egalisiert wird, kommt die Thesaurierungsbelastung der Gesellschafter von Personengesellschaften der Steuerbelastung von Kapitalgesellschaften recht nahe (s. Rz. 361).

Der Antrag setzt voraus, dass der *Gewinnanteil* des Steuerpflichtigen mehr als *10%* oder *10.000 EUR* beträgt, § 34a Abs. 1 Satz 3. Ferner muss die Gewinnermittlung mittels *Betriebsvermögensvergleich* nach § 4 Abs. 1 erfolgen, womit Steuerpflichtige, die ihren Gewinn nach § 4 Abs. 3 oder anderen Gewinnermittlungsmethoden (§§ 5a, 13a) bestimmen, die Regelung nicht in Anspruch nehmen können. Das Wahlrecht kann auch in Bezug auf *Teile* des nicht entnommenen Gewinns ausgeübt werden. Der Antrag ist durch *jeden Gesellschafter* einer Personengesellschaft separat und für *jeden Veranlagungszeitraum* gesondert zu stellen. Sofern sich im Rahmen einer laufenden steuerlichen Außenprüfung herausstellt, dass es steuerlich günstiger wäre, wenn der Antrag nicht gestellt worden wäre, kann er nach § 34a Abs. 1 Satz 4 bis zur Unanfechtbarkeit des Einkommensteuerbescheides ganz oder teilweise *zurückgenommen* werden.

Ermittlung des nicht entnommenen Gewinns. Weil § 34a Abs. 2 auf den *steuerlichen Gewinn* des Betriebes oder Mitunternehmeranteils abstellt, ist bei Personengesellschaften neben dem *Gesamthandsgewinn* auch der auf der zweiten Stufe zu ermittelnde Gewinn des *Sonderbetriebsvermögens* mit einzubeziehen. Die Gewinnermittlung bezieht somit zum Beispiel an Gesellschafter gewährte Tätigkeitsvergütungen sowie Darlehens- und Pachtzinsen mit ein. 216

Ferner gilt als nicht entnommener Gewinn nur der Gewinn, der prinzipiell **entnahmefähig** ist. Nicht entnahmefähig ist daher z. B. der Gewinn, der durch außerbilanzielle Hinzurechnung etwa im Rahmen nicht abzugsfähiger Betriebsausgaben tatsächlich verausgabt worden ist. Wurde der bilanzielle Gewinn durch nicht abzugsfähige *Geschenke*, anteilige *Bewirtungsaufwendungen* oder die nicht abzugsfähige *Gewerbesteuer* erhöht, ist insoweit Entnahmefähigkeit des Gewinns nicht gegeben, da eine Betriebsvermögensmehrung nicht eingetreten ist, die steuerliche Bemessungsgrundlage vielmehr nur aus fiskalischen Gründen erhöht wurde.

Von dem so ermittelten Gewinn ist der Saldo aus **Entnahmen und Einlagen** in Abzug zu bringen. Hierbei kommen Entnahmen und Einlagen sowohl im *Gesamthands-* als auch im *Sonderbetriebsvermögen* in Betracht. Stehen Sonderbetriebseinnahmen mit Zuflüssen in der Privatsphäre des Gesellschafters im Zusammenhang, gelten diese gleichsam als Entnahme.

Beispiel:

Die AB-GmbH & Co. KG in Bremen erzielt im Geschäftsjahr 2018 einen handelsrechtlichen Jahresüberschuss in Höhe von 1 Mio. EUR. Die Gewerbesteuerrückstellung in Höhe von 218 TEUR ist bereits erfolgswirksam berücksichtigt worden. Der mit 50 % am Kapital der Gesellschaft beteiligte Gesellschaftergeschäftsführer A erhielt eine im Ergebnis verrechnete Geschäftsführervergütung in Höhe von 250 TEUR. Neben dieser Vergütung hat A weitere Entnahmen in Höhe von 100 TEUR getätigt. Der Anteil des A am steuerlichen Gewinn der KG beträgt 500 TEUR zuzüglich 250 TEUR Sonderbetriebseinnahmen, insgesamt somit 750 TEUR. Die Gewerbesteuer ist nach § 4 Abs. 5b keine Betriebsausgabe, damit ist sie als nicht abzugsfähig zu behandeln. Sie entfällt auf A in Höhe von 109 TEUR. Aus der Sicht des A beträgt der entnahmefähige Gewinnanteil somit 641 TEUR (750 TEUR ./. 109 TEUR). Von diesem Betrag sind die geleisteten Sonderbetriebseinnahmen sowie die gesellschaftsrechtliche Entnahme in Höhe von insgesamt 350 TEUR in Abzug zu bringen. Der begünstigte Gewinn beläuft sich damit auf 291 TEUR. Bezogen auf diesen Betrag könnte ein Antrag nach § 34a auf Besteuerung mit einem Satz von 28,25 % gestellt werden. Laufend zu versteuern sind somit 750 TEUR ./. 291 TEUR = 459 TEUR. Würde auf sonstige Abzüge verzichtet, betrüge die tarifliche Einkommensteuer des A gemäß § 32a Abs. 1 Satz 2 Nr. 5 190 TEUR, die ESt auf den begünstigten Gewinn 82 TEUR. Vor Gewerbesteueranrechnung ergäbe sich hieraus insgesamt 272 TEUR. Der Gewerbesteuermessbetrag beläuft sich auf 49 TEUR (218 TEUR durch 440 % Hebesatz), hälftig bezogen auf A somit 25 TEUR, die Einkommensteuer ermäßigt sich somit um das 3,8-fache des Gewerbesteuermessbetrages und damit um 94 TEUR. Nach Anrechnung der Gewerbesteuer auf die Einkommensteuer beträgt diese somit insgesamt 178 TEUR, der SolZ weitere 10 TEUR, die Gesamtsteuerbelastung beliefe sich damit auf 188 TEUR. Mit anteiliger GewSt von 109 TEUR beträgt die Gesamtdurchschnittssteuerbelastung hier 39,6 %.

217 Ermittlung des festzustellenden nachversteuerungspflichtigen Betrages. In der redaktionell als nicht geglückt anzusehenden, weil kaum lesbaren Bestimmung des § 34a Abs. 3 Satz 2 erfolgt eine Überleitung des begünstigten Gewinns (*Begünstigungsbetrag*) zum *festzustellenden nachversteuerungspflichtigen Betrag*. Die Norm regelt, dass sich der festzustellende nachversteuerungspflichtige Betrag aus dem *Begünstigungsbetrag* abzüglich der darauf entfallenden *ESt* und des *SolZ* ohne Berücksichtigung der Steuerermäßigung aus der Anrechnung der GewSt errechnet. Dieser Betrag ist ggf. mit dem nachversteuerungspflichtigen Betrag des Vorjahres zu summieren und um den Nachversteuerungsbetrag des laufenden Jahres zu vermindern.

Beispiel:

Im vorigen Beispiel beträgt der Begünstigungsbetrag 291 TEUR, die Einkommensteuer hierauf 82 TEUR und der rechnerische SolZ 5 TEUR. Der zum 31. 12. 2018 festzustellende nachversteuerungspflichtige Betrag beläuft sich damit auf 204 TEUR. Vorträge aus 2017 bestanden ebensowenig wie ein Nachversteuerungsbetrag des Jahres 2018.

218 Nachversteuerung. Ist von dem Wahlrecht der Begünstigung nicht entnommener Gewinne Gebrauch gemacht worden, kann es in jedem folgenden Jahr zu einer Nachversteuerung kommen. Durch die Inanspruchnahme der Begünstigung nach § 34a Abs. 1 entsteht somit die latente Verpflichtung, zu einem späteren Zeitpunkt maximal in Höhe des festzustellenden *nachversteuerungspflichtigen Betrages* eine Nachversteuerung durchzuführen. Neben dem Bestehen eines *nachversteuerungspflichtigen Betrages* zum Ende des vorangegangenen Veranlagungszeitraums *(NB 1)* setzt die Nachversteuerung voraus, dass auch in dem der steuerlichen Betrachtung zu Grunde liegenden Veranlagungszeitraum ein *Nachversteuerungsbetrag (NB 2)* entstanden ist, § 34a Abs. 4 Satz 1. Dies wiederum ist nur gegeben, wenn der positive Saldo aus Entnahmen abzüglich Einlagen größer ist als der entnahmefähige Gewinn.

Beispiel:

Bezogen auf A wurde im vorgenannten Beispiel gemäß § 34a Abs. 3 Satz 3 ein nachversteuerungspflichtiger Betrag zu Ende des VZ 2018 in Höhe von 204 TEUR (NB 1) festgestellt. Beträgt der entnahmefähige Gewinnanteil des A inkl. Sondervergütungen im VZ 2019 nur 100 TEUR, der positive Saldo aus Entnahmen und Einlagen jedoch nach wie vor 350 TEUR, liegt im VZ 2019 ein Nachversteuerungsbetrag in Höhe von 250 TEUR (NB 2) vor, womit der gesamte festgestellte nachversteuerungspflichtige Betrag in Höhe von 204 TEUR der Nachversteuerung im VZ 2019 unterliegt.

219 Nachsteuertarif. Die ESt auf den Nachversteuerungsbetrag beläuft sich auf 25 % zuzüglich SolZ, § 34a Abs. 4 Satz 2. Bei einem Vergleich der Steuerbelastung, die sich aus der Kombination von Begünstigung und Nachversteuerung einerseits und dem Verzicht auf das Wahlrecht des § 34a andererseits ergibt, ist zu berücksichtigen, dass die Thesaurierungsbegünstigung mit einer zinslosen Steuerstundung verbunden ist, die sich allerdings erst über einen längeren Zeitraum merkbar auswirkt.

Beispiel:

Die Nachsteuer auf den nachversteuerungspflichtigen Betrag von 204 TEUR beträgt 51 TEUR zuzüglich SolZ in Höhe von 3 TEUR, insgesamt somit 54 TEUR. Die Gesamtsteuerbelastung im VZ 2018 zuzüglich der in 2019 zu entrichtenden Nachsteuer beträgt ohne Kalkulation des Steuerstundungseffekts 46,8 %. Ohne die Inanspruchnahme der Begünstigung aus § 34a würde sich die Belastung auf 46,5 % belaufen. Der Vorteil aus der zinslosen Steuerstundung der 54 TEUR und der Nachteil einer höheren Steuer in Höhe von 0,3 Prozentpunkten gleichen sich im Beispiel annähernd aus. Im Falle eines längeren Zeitraums zwischen Thesaurierung und Nachversteuerung wäre durch das Entstehen von Zinseffekten die Thesaurierungsregelung weitaus günstiger.

Sonderfälle. Nach § 34a Abs. 1 Satz 1 2. Halbsatz zählen *Veräußerungs- und Aufgabegewinne* gem. §§ 16 Abs. 4, 34 Abs. 3 nicht zu den begünstigten Gewinnen im Sinne der Vorschrift. Dient eine getätigte Entnahme dazu, *Erbschaft- oder Schenkungsteuer* aus der unentgeltlichen Übertragung eines Betriebs oder Mitunternehmeranteils *zu begleichen*, wird eine ansonsten gebotene Nachversteuerung insoweit nicht durchgeführt, § 34a Abs. 4 Satz 3. Die Abs. 5 und 6 sehen weitere Sonderregelungen bei der Übertragung oder Überführung eines Wirtschaftsgutes in ein anderes Betriebsvermögen sowie bei Betriebsveräußerung, Betriebsaufgabe oder der Einbringung eines Betriebs oder Mitunternehmeranteils in eine Kapitalgesellschaft vor. Bei unentgeltlicher Übertragung eines Betriebes oder Mitunternehmeranteils nach § 6 Abs. 3 tritt der Rechtsnachfolger nach § 34a Abs. 7 in die Nachversteuerungspflicht ein. 220

Weiterführende Literaturempfehlungen: *Jakob*, EStG, Rz. 751; *Ortmann-Babel / Zipfel*, Unternehmensteuerreform 2008 Teil II: Besteuerung von Personengesellschaften insbesondere nach der Einführung der Thesaurierungsbegünstigung, BB 2007, 2205; *Hey*, Unternehmensteuerreform: das Konzept der Sondertarifierung des § 34a EStG-E – Was will der Gesetzgeber und was hat er geregelt?, DStR 2007, 925.

r) Steuerermäßigungen

Im Rahmen der Steuerermäßigungen hat die „Anrechnung" von Gewerbesteuerbeträgen auf die tarifliche ESt gem. § 35 eine besondere Bedeutung, s. hierzu Rz. 352. Ferner ermäßigt sich die ESt bei haushaltsnahen Dienstleistungen (ohne Handwerkerleistungen, § 35a Abs. 3) um bis zu 20 % der Aufwendungen, maximal 4.000 EUR, § 35a Abs. 2, bei geringfügigen Beschäftigungsverhältnissen maximal 510 EUR, § 35a Abs. 1. Ferner können die Arbeitskosten aus Handwerkerleistungen für Renovierungs-, Erhaltungs- und Modernisierungsmaßnahmen von Eigentümern oder Mietern mit bis zu 20 % der Ausgaben, maximal 1.200 EUR, von der zu zahlenden ESt abgezogen werden, § 35a Abs. 3 EStG. Ausgeschlossen sind hierbei solche Maßnahmen, die schon nach dem CO_2-Gebäudesanierungsprogramm der KfW durch zinsverbilligte Darlehen oder steuerfreie Zuschüsse gefördert werden. Hintergrund dieser 221

Steuerermäßigungen ist, dass die Schwarzarbeit bekämpft werden soll, indem steuer- und sozialversicherungspflichtige Tätigkeiten gefördert werden. Voraussetzung ist stets, dass es sich bei den Aufwendungen nicht um Betriebsausgaben, Werbungskosten, Kinderbetreuungskosten oder außergewöhnliche Belastungen handelt, die schon bei der Ermittlung des Einkommens abgezogen werden können. Darüber hinaus sind eine Rechnung sowie unbare Zahlung auf das Bankkonto des Leistungserbringers erforderlich.

s) Solidaritätszuschlag

222 Der Solidaritätszuschlag (SolZ) wird auf eine fiktive *festzusetzende Einkommensteuer* erhoben, § 3 SolZG i.V.m. § 51a. Die festzusetzende Einkommensteuer ergibt sich nach § 2 Abs. 6 Satz 1 aus der tariflichen Einkommensteuer, vermindert um anzurechnende Steuern und Steuerermäßigungen und vermehrt um diverse andere Positionen. Für die Berechnung des SolZ werden davon abweichend stets Kinderfreibeträge anstelle von Kindergeld gewährt. Beim SolZ handelt es sich ebenso wie bei der Kirchensteuer um eine **Annex- oder Zuschlagsteuer**. Der SolZ ist Steuer i.S.v. § 3 Abs. 1 AO. Er knüpft im Unterschied zu anderen Steuerarten nicht an einen Lebenssachverhalt (z.B. das Einkommen oder das Vermögen), sondern an die Höhe der festzusetzenden ESt oder KSt an.

Der SolZ ist **Ergänzungsabgabe** zur ESt und zur KSt, womit dessen Steueraufkommen nach Art. 106 Abs. 1 Nr. 6 GG ausschließlich dem Bund zusteht. *Ergänzungsabgaben* hat es bereits in den Jahren 1968 bis 1976 sowie als *Stabilitätszuschlag* in den Jahren 1973 und 1974 gegeben. Der *SolZ* wurde im Zuge der deutschen Wiedervereinigung zunächst begrenzt auf die VZ 1991 und 1992 erhoben. Seit dem VZ 1995 besteht der SolZ zeitlich unbeschränkt.

Rechtsgrundlage für die Festsetzung und Erhebung von *Ergänzungsabgaben* ist § 51a. Das SolZG 1995 in der Fassung v. 15.10.2002 regelt die Festsetzung und Erhebung des *SolZ* ausdrücklich, allerdings weitgehend parallel zu § 51a.
Jahresergänzungsabgabe. Der SolZ knüpft bei der jährlichen *Veranlagung* zur ESt und zur KSt an die festgesetzten Steuern an. Er ist ferner bei den *Vorauszahlungen* zur ESt und zur KSt und damit als **Vorauszahlung auf die Ergänzungsabgabe** zu berücksichtigen. Der SolZ wird schließlich bei der *Lohnsteuer*, bei der *Kapitalertrag- oder Zinsabschlagsteuer* sowie beim *Steuerabzug nach § 50a* erhoben.
Bemessungsgrundlage des SolZ ist bei der Veranlagung zur ESt die festzusetzende ESt.
Steuersatz. Er beträgt seit dem VZ 1998 5,5% (VZ 1991/1992: 3,75%; VZ 1993/1994 kein SolZ; VZ 1995–1997: 7,5%).
Null-Zone. Für Bezieher geringerer Einkommen besteht bei der *Veranlagung* und bei *Vorauszahlungen zur ESt* eine sog. Null-Zone. Der SolZ wird hiernach nur erhoben, wenn die Bemessungsgrundlage 972 EUR bzw. bei Zusammenveranlagten 1.944 EUR übersteigt. Für die *Lohnsteuer* beträgt der Grenzbetrag bei monatlichen Zahlungen in der Steuerklasse III 162 EUR und bei anderen

Steuerklassen 81 EUR. Sofern die Beträge der Null-Zone überschritten werden, existiert ferner ein *Übergangsbereich* mit verringerter Ergänzungsabgabe.

t) Steuererhebung

ESt-Vorauszahlung. Die für Einkünfte aus Gewerbebetrieb und aus selbstständiger Arbeit relevante Erhebungsform der ESt ist die ESt- Vorauszahlung, § 37; sie ist nach § 36 Abs. 2 Satz 2 Nr. 1 auf die ESt *anrechenbar*. Die Vorauszahlungen werden vom Finanzamt durch Vorauszahlungsbescheid festgesetzt, § 37 Abs. 3 Satz 1, und bemessen sich nach der ESt, die sich bei der letzten Veranlagung ergeben hat. Sie wird an vier Vorauszahlungsterminen fällig, am 10. 3., 10. 6., 10. 9. und 10. 12. jeden Jahres, § 37 Abs. 1 Satz 1. **223**

Steuerabzug. Die ESt-Vorauszahlungen finden nicht statt, soweit ein Steuerabzug erfolgt. Steuerabzüge werden bei Einkünften aus nichtselbstständiger Arbeit gem. § 38 Abs. 1 Satz 1 (**Lohnsteuer**) und bei Einkünften aus Kapitalvermögen gem. § 43 Abs. 1 Satz 1 (**Kapitalertragsteuer**) erhoben. Vorauszahlungen werden demnach ausschließlich bei den Gewinneinkunftsarten sowie bei Einkünften aus Vermietung und Verpachtung und bei den sonstigen Einkünften erhoben.

Die Kapitalertragsteuer stimmt im Idealfall mit der festzusetzenden ESt überein. Die ESt ist mit der Kapitalertragsteuer abgegolten (**Abgeltungsteuer**). Dann braucht keine ESt-Veranlagung mehr durchgeführt zu werden. Auf eine Veranlagung kann auch verzichtet werden, wenn Lohnsteuer die festzusetzende ESt annähernd zutreffend abbildet, § 46. Für **beschränkt Steuerpflichtige** gelten Sondervorschriften, §§ 50a, 50 Abs. 2.

Weiterführende Literaturempfehlungen zur ESt: *Birk/Desens/Tappe*, Rz. 600 ff.; *Schmidt*; *Tipke/Lang*, § 8; *Jakob*, EStG.

2. Körperschaftsteuer*

a) System und Aufbau des KStG

aa) Verhältnis der Körperschaftsteuer zu anderen Steuerarten

224 Das KStG regelt vor allem die Besteuerung des Einkommens *juristischer* Personen. Das KStG grenzt damit seinen Anwendungsbereich von dem des EStG ab, das die Besteuerung des Einkommens *natürlicher* Personen zum Gegenstand hat. Der Begriff *Körperschaft* wird im KStG nicht näher definiert. Aus § 1 Abs. 1 lässt sich allerdings ableiten, dass insb. Kapitalgesellschaften und Genossenschaften Körperschaften sind.

Das EStG und das KStG sind in sachlicher Hinsicht gleichermaßen von anderen Steuerarten zu unterscheiden. Beiden Steuerarten ist gemein, dass Besteuerungsgegenstand das **Einkommen** von Personen ist. Das KStG regelt somit ebenso wie das EStG nicht die Besteuerung des Vermögens, das durch die ErbSt und GrSt besteuert wird.

Die **GewSt** tritt bei den Gewerbesteuerpflichtigen sowohl neben die ESt als auch neben die KSt. Die nach Steueraufkommen und Anzahl der Steuersubjekte im Rahmen der KSt dominierenden Kapitalgesellschaften gelten gem. § 2 Abs. 2 Satz 1 GewStG in vollem Umfang als Gewerbebetriebe und damit grundsätzlich gewerbesteuerpflichtig.

225 Die steuerliche Gesamtbelastung der Kapitalgesellschaft beträgt ca. 30 %. Sie setzt sich aus KSt, SolZ und GewSt zusammen. Vereinfachend können die Steuersätze beider Steuerarten zur Errechnung der Gesamtsteuerbelastung addiert werden. Hierbei ist jedoch zu beachten, dass die Bemessungsgrundlagen unterschiedlich sein können. Neben den Körperschaftsteuersatz von 15 % und dem SolZ von 0,825 % (15 % × 5,5 %) tritt beispielsweise bei einem Hebesatz von 400 % die GewSt mit 14 % (3,5 % × 400 %), hieraus resultiert eine Gesamtsteuerbelastung in Höhe von 29,825 %, s. Rz. 361.

In den VZ 2001 bis 2007 betrug der Körperschaftsteuersatz 25 %. Die GewSt war sowohl bei der GewSt als auch bei der KSt als Betriebsausgabe abzugsfähig. Abhängig vom Hebesatz ergab sich hieraus eine *Gesamtsteuerbelastung* von circa 40 %.

bb) Aufbau des Gesetzes

226 Das KStG regelt in den §§ 1 bis 6a unter dem Titel „*Steuerpflicht*" den *persönlichen Geltungsbereich* des Gesetzes. In § 1 sind die unbeschränkte Steuerpflicht, in § 2 die beschränkte Steuerpflicht und in § 5 i.V.m. § 13 die persönlichen Steuerbefreiungen geregelt. §§ 3, 4, 6 und 6a beinhalten Sonderregelungen in Ausnahmefällen. Die *sachliche Steuerpflicht* wird im Allgemeinen innerhalb der §§ 7 bis 13 geregelt. Hierbei werden durch § 7 Abs. 1 und 2 i.V.m. § 8 Abs. 1 Satz 1 die

---

* Die Vorschriften des KStG werden ohne die Gesetzesbezeichnung zitiert.

Vorschriften des EStG in das KStG inkorporiert. Durch diese Verweisung werden wesentliche Teile des EStG mit der von Rechtsprechung, Verwaltung und Literatur entwickelten Einkommensteuerrechtsdogmatik in den Anwendungsbereich des KStG einbezogen.

Die zum Konzernsteuerrecht gehörenden Regelungen für *Organschaften* sind in den §§ 14 bis 19 geregelt. Bestimmendes Merkmal bei Organschaften ist die über gesellschaftsrechtliche Beteiligungen und durch Unternehmensverträge begründete Verbundbeziehung zwischen verschiedenen Steuersubjekten, die zu einer gemeinsamen Steuerermittlung und Steuerveranlagung führt.

In den §§ 20 bis 22 werden *Sondervorschriften* für Versicherungsunternehmen, Pensionsfonds, Bausparkassen und Genossenschaften geregelt.

Die Bestimmungen zum *Freibetrag* bei der Bemessung der KSt finden sich in den §§ 24 bis 25, Bestimmungen zum *Steuertarif* in § 23.

§ 30 enthält die Regelung für den Zeitpunkt des Entstehens der KSt, für Abzugsbeträge, Vorauszahlungen und die veranlagte Steuer. Eine körperschaftsteuerliche Sondervorschrift zu den Regeln des Steuerverfahrens befindet sich in § 31, der die Steuererklärungspflicht, die Veranlagung und die Erhebung der KSt bestimmt.

cc) Jahressteuerprinzip, Ermittlungs- und Veranlagungszeitraum

Die KSt ist ebenso wie die ESt eine *Jahressteuer*, § 7 Abs. 3 Satz 1 KStG, § 2 Abs. 7 EStG, vgl. Rz. 33a. Zum materiell-rechtlich maßgebenden *Ermittlungszeitraum* heißt es wortgleich in den § 7 Abs. 3 Satz 2 KStG und in § 2 Abs. 7 Satz 2 EStG, dass die Grundlagen für ihre Festsetzung jeweils für ein Kalenderjahr zu ermitteln sind. Der für das Besteuerungsverfahren verwendete Begriff des *VZ* gem. § 25 Abs. 1 EStG gilt auch im KStG. **227**

b) Persönliche Steuerpflicht

aa) Unbeschränkte Steuerpflicht

Steuerpflichtige Subjekte. Gem. § 1 Abs. 1 sind *Körperschaften, Personenvereinigungen und Vermögensmassen*, soweit sie ihre Geschäftsleitung oder ihren Sitz im Inland haben, unbeschränkt körperschaftsteuerpflichtig. Aus § 1 Abs. 1 i.V.m. § 3 lässt sich schließen, dass der Gesetzgeber unter Körperschaften die in den Nr. 1 bis 2 des § 1 Abs. 1 angeführten *Kapitalgesellschaften* sowie *Genossenschaften* und *Versicherungs- und Pensionsfondsvereine auf Gegenseitigkeit* versteht. Die **Legaldefinition für Kapitalgesellschaften** wird in § 1 Abs. 1 Nr. 1 gleichlautend mit § 2 Abs. 2 Satz 1 GewStG vorgenommen. Als solche sind somit die *Europäische Gesellschaft*, die *Aktiengesellschaft*, die *Kommanditgesellschaft auf Aktien* und die *Gesellschaft mit beschränkter Haftung* zu bezeichnen. Erhebliche praktische Bedeutung haben die *Kapitalgesellschaft*, die *Genossenschaft* sowie als sonstige juristische Person des privaten Rechts der *rechtsfähige Verein* nach § 21 BGB. **228**

Betriebe gewerblicher Art. Als letzte Gruppe innerhalb der Vermögensmassen sind die *Betriebe gewerblicher Art* von juristischen Personen des öffentli- **229**

chen Rechts gem. § 1 Abs. 1 Nr. 5 i.V.m. § 4 zu nennen. Betroffen sind Betriebe innerhalb von Körperschaften des öffentlichen Rechts, die einer nachhaltigen wirtschaftlichen Tätigkeit zur Erzielung von Einnahmen nachgehen und sich innerhalb der Gesamtbetätigung der Körperschaft wirtschaftlich aus dieser herausheben. Hierbei sind im Gegensatz zum allgemeinen Tatbestand der Gewinnerzielung nach § 15 Abs. 2 EStG weder *Gewinnerzielungsabsicht* noch die *Teilnahme am allgemeinen wirtschaftlichen Verkehr* erforderlich. In Abs. 3 des § 4 werden exemplarisch Versorgungs- und Verkehrsbetriebe von Körperschaften des öffentlichen Rechts benannt.

230 Inlandsbezug. In geographischer Hinsicht setzt die unbeschränkte Steuerpflicht voraus, dass die **Geschäftsleitung** oder der **Sitz** der Körperschaft im Inland liegen. Das Inland wird für das KStG in § 1 Abs. 3 definiert. Nach den §§ 10 und 11 AO sind die *Geschäftsleitung* der Mittelpunkt der geschäftlichen Oberleitung und der Ort des *Sitzes* einer Körperschaft, Personenvereinigung oder Vermögensmasse der durch Gesetz, Gesellschaftsvertrag, Satzung, Stiftungsgeschäft oder dergleichen bestimmte Ort. Die Abgrenzung von Geschäftsleitung und Sitz ist in der praktischen Anwendung vergleichsweise unproblematisch. Diskussionen ergeben sich eher über den unbestimmten Rechtsbegriff des *Mittelpunktes der geschäftlichen Oberleitung* z. B. im Falle eines etwaigen internationalen *Doppelsitzes*.

231 Welteinkommen. Auch für unter das KStG fallende Personen gilt das Welteinkommens- oder Universalprinzip, s. Rz. 510. Ist die Geschäftsleitung oder der Sitz des Unternehmens im Inland, ist das Unternehmen im Inland mit allen inländischen und ausländischen Einkünften steuerpflichtig.

bb) Beschränkte Steuerpflicht

232 Steuerpflichtige Subjekte. Personen, die weder ihre Geschäftsleitung noch ihren Sitz im Inland haben, sind gem. § 2 Nr. 1 mit ihren *inländischen* Einkünften körperschaftsteuerpflichtig. Das System der beschränkten Steuerpflicht bei der KSt entspricht dem der ESt. Probleme können sich bei der Qualifikation der ausländischen Gesellschaft als Körperschaft ergeben. Die US-amerikanische *limited liability company (LLC)* kann beispielsweise je nach Ausgestaltung des Gesellschaftsvertrags im Inland steuerlich als Personengesellschaft oder als Kapitalgesellschaft zu behandeln sein.

233 Inländische Einkünfte. Die Definition der inländischen Einkünfte ist über die Verweisungskette der §§ 2 Nr. 1, 7 Abs. 1 und 2, 8 Abs. 1 Satz 1 KStG, § 49 EStG herzustellen. Gegenstand der Besteuerung inländischer Einkünfte ausländischer Körperschaften sind nach § 49 Abs. 1 Nr. 2 etwa *Einkünfte aus Gewerbebetrieb*, vor allem soweit diese im Rahmen einer im Inland unterhaltenen *Betriebsstätte* erzielt werden. Zum System der grenzüberschreitenden Besteuerung wird auf die Ausführungen im 3. Kapitel verwiesen, s. Rz. 509 ff.

234 Sonstige Körperschaften. Im Rahmen der beschränkten Steuerpflicht wird in § 2 Nr. 2 die Steuerpflicht von Dividenden insbesondere bei Körperschaften des öffentlichen Rechts geregelt. Durch die Bezugnahme auf *sonstige* Körperschaften erfolgt hier eine Abgrenzung zu den Subjekten, die der unbeschränkten Steuerpflicht unterliegen. Dies sind z. B. juristische Personen des öffentlichen

Rechts außerhalb der von ihnen unterhaltenen Betriebe gewerblicher Art. Sonstige Körperschaften sind nur mit den dem Steuerabzug unterliegenden inländischen Einkünften beschränkt körperschaftsteuerpflichtig. Hinsichtlich des Steuerabzugs ist § 43 EStG und dort z. B. Nr. 1 heranzuziehen. Hiernach sind Dividendenzahlungen an die juristische Person des öffentlichen Rechts nach § 20 Abs. 1 Nr. 1 Satz 1 i.V.m. § 43 Abs. 1 Nr. 1 EStG steuerpflichtig.

> **Beispiel:**
> Die Stadt Quakenbrück ist an der Stadtwerke Quakenbrück GmbH zu 100 % als Gesellschafterin beteiligt. Die Beteiligung wird nicht in einem Betrieb gewerblicher Art gehalten. Für das Geschäftsjahr 2017 erhält die Stadt nach einem Beschluss der Gesellschafterversammlung vom Februar des Jahres 2018 eine Dividende in Höhe von 2,5 Mio. EUR. Die Dividende gehört nach § 20 Abs. 1 Nr. 1 Satz 1 EStG zu Kapitalerträgen i.S.v. § 43 Abs. 1 Satz 1 Nr. 1 EStG, die dem Steuerabzug unterliegen. Weil es sich auch um inländische Einkünfte handelt, ist die Stadt Quakenbrück mit diesen Einkünften körperschaftsteuerpflichtig.

cc) Steuerbefreiungen

Persönliche Steuerbefreiungen. Die Bestimmung des § 5 enthält zahlreiche *persönliche* Steuerbefreiungen. Es handelt sich einerseits um *konkret-individuell* wirkende Befreiungen bestimmter Körperschaften (§ 5 Abs. 1 Nr. 1, 2, 2a, 15) sowie um *abstrakt-generelle* Regelungen für Körperschaften. Die Befreiungsregelungen gem. § 5 wirken bei der Erfüllung aller Voraussetzungen für das Entstehen der Körperschaftsteuerpflicht der Körperschaft insgesamt. Sie beziehen sich vorrangig auf *unbeschränkt steuerpflichtige* Körperschaftsteuersubjekte, § 5 Abs. 2 Nr. 2. Eine besondere Bedeutung hat die Vorschrift des § 5 Abs. 1 Nr. 9, die *gemeinnützige, mildtätige* oder *kirchlich* tätige Körperschaften, Personenvereinigungen und Vermögensmassen (s. Rz. 236) von der KSt freistellt. **235**

dd) Besteuerung gemeinnütziger, mildtätiger oder kirchlicher Körperschaften

Systematik. Das KStG stellt Körperschaften, die steuerbegünstigte Zwecke verfolgen, gem. § 5 Abs. 1 Nr. 9 von der KSt frei. Die Gesetzessystematik sieht vor, dass nach den Regeln der §§ 51 bis 68 der AO das Vorliegen *steuerbegünstigter Zwecke* prinzipiell für alle Steuerarten einheitlich festzustellen ist. Die sich hieraus ergebende *Steuerbefreiung* ist in den jeweiligen Einzelgesetzen geregelt. Neben der Befreiung von der KSt ist die Befreiung von der *GewSt*, § 3 Nr. 6, von der *USt* (für bestimmte Umsätze § 4 Nr. 18, 22 und für den Steuersatz § 12 Abs. 2 Nr. 8), von der *ErbSt*, § 13 Abs. 1 Nr. 16 und 17, sowie von der *GrSt*, § 3 Abs. 1 Nr. 3 und § 4 Nr. 6, geregelt. **236**

Steuerbegünstigte Zwecke. Nach der Legaldefinition des § 51 Satz 1 AO ist die ausschließliche und unmittelbare Verfolgung *gemeinnütziger, mildtätiger* oder *kirchlicher* Zwecke steuerbegünstigt. Der subjektive Anwendungsbereich für *Körperschaften*, die steuerbegünstigte Zwecke verfolgen, entspricht dem des KStG, § 51 Satz 2 AO i.V.m. § 1 Abs. 1. **237**

Gemeinnützige Zwecke verfolgende Körperschaften sind im Bereich der steuerbegünstigten Zwecke im Vergleich zu solchen, die mildtätige oder kirch- **238**

liche Zwecke verfolgen, deutlich in der Überzahl und in der Praxis am problemanfälligsten. Das Vorliegen gemeinnütziger Zwecke wird nach § 52 Abs. 1 Satz 1 AO an die *selbstlose, ausschließliche* und *unmittelbare* Förderung der Allgemeinheit auf materiellem, geistigem oder sittlichem Gebiet geknüpft. § 52 Abs. 2 AO enthält einen abschließenden Katalog förderungsfähiger Aktivitäten.

239 Selbstlosigkeit, Dotierung von Rücklagen. Die Selbstlosigkeit von als gemeinnützig anerkannten Körperschaften setzt nach § 55 Abs. 1 Nr. 1 Satz 1 AO voraus, dass Mittel nur *für satzungsmäßige Zwecke verwendet* und nach § 55 Abs. 1 Nr. 5 Satz 1 der Vorschrift *zeitnah eingesetzt* werden. Das Gesetz spricht hierdurch ein generelles Verbot aus, Mittel dem Kapital zuzuführen (auch *Thesaurierungs-* oder *Admassierungsverbot*). Erträge der Körperschaft sind somit grundsätzlich zeitnah zu verwenden. Langfristige Einbehalte von Erträgen im Eigenkapital sind prinzipiell unzulässig. Ausnahmen dazu sind durch das *Ehrenamtsstärkungsgesetz* in § 62 AO zusammengefasst und vereinfacht worden. Insbesondere ist es unschädlich, wenn die Körperschaft Erträge zweckgebunden einbehält, um steuerbegünstigte satzungsmäßige Zwecke nachhaltig erfüllen zu können. Hiernach kann die Erfüllung bestimmter Zwecke durch Ansammlung von Erträgen auch langfristig erfolgen. Buchhalterisch werden hierzu im Eigenkapital *Rücklagen* aus Überschüssen gebildet.

240 Freie Rücklage. Nach § 62 Abs. 1 Nr. 3 AO ist die Kapitalzuführung ferner zulässig, soweit sie maximal ein Drittel des Überschusses aus der Vermögensverwaltung und darüber hinaus höchstens 10 % aus den sonstigen Erträgen beträgt. Es handelt sich um die sog. freie Rücklage, die keiner bestimmten Zweckwidmung bedarf. Insbesondere die 10 %-Regelung bietet gemeinnützigen Körperschaften eine komfortable Möglichkeit, das Kapital etwa aus Gründen der realen Kapitalerhaltung zu stärken.

> **Beispiel:**
>
> Die gemeinnützige A-GmbH erzielt im VZ 2018 Einnahmen aus Spenden und Mitgliedsbeiträgen sowie einen Gewinn aus ihrem Zweckbetrieb i. H. v. insgesamt 1 Mio. EUR. Nach § 62 Abs. 1 Nr. 3 AO können 100 TEUR einer freien Rücklage zugeführt werden. Die spätere Verwendung der Mittel durch Entnahme aus den Rücklagen kann zu einem beliebigen Zeitpunkt erfolgen. Würde die A-GmbH darüber hinaus im Bereich der Vermögensverwaltung einen Überschuss der Einnahmen über die Ausgaben i. H. v. 90 TEUR erzielen (z. B. Mieten abzgl. Kosten), könnten weitere 30 TEUR der freien Rücklage zugeführt werden.

241 Wirtschaftlicher Geschäftsbetrieb, Zweckbetrieb. Verfolgt die Körperschaft insgesamt steuerbegünstigte Zwecke, werden aber in einem Teilbereich die hieran zu stellenden Anforderungen insb. mangels Vorliegen der Selbstlosigkeit nicht erfüllt, besteht die Möglichkeit der Trennung der Aktivitäten der Körperschaft in einen *begünstigten ideellen* und einen *nichtbegünstigten* Teil für steuerliche Zwecke. Sofern in einem nichtbegünstigten Teilbereich eigenwirtschaftliche Zwecke verfolgt werden, liegt insoweit ein *wirtschaftlicher Geschäftsbetrieb* nach § 14 AO vor, der allerdings nicht insgesamt zum Verlust der Steuerbefreiung der Körperschaft führen muss. Nach § 64 Abs. 1 AO wird die innerhalb des wirtschaftlichen Geschäftsbetriebs vorgenommene Aktivität der Körperschaft mit der Körperschaftsteuerpflicht belegt. Hier gilt eine *Freigrenze* in Höhe von 35.000 EUR, § 64 Abs. 3 AO. Ferner bestehen sowohl bei der KSt als auch bei der GewSt in § 24 KStG, § 11 Abs. 1 Satz 3 Nr. 2 GewStG für steuerbegünstigte Einrichtungen *Grundfreibeträge* in Höhe von 5.000 EUR. Sofern allerdings ein *Zweckbetrieb* nach §§ 65–68 AO vorliegt, ist die Annahme des wirtschaftlichen Geschäftsbetriebs nach § 64 Abs. 1 AO wiederum auszuschließen, womit insoweit Steuerbefreiung vorliegt. Zweckbetriebe liegen i. d. R. vor, wenn insgesamt eine steuerpolitisch begünstigungswürdige Körperschaft gegeben ist, die notwendigerweise auch eigenwirtschaftliche Zwecke verfolgt.

Beispiele:

Krankenhausunternehmen gem. § 67 AO, Altenheime oder Kindergärten, Behindertenwerkstätten, § 68 AO. Die allgemeinen Anforderungen an den Zweckbetrieb sind in § 65 AO geregelt.

Die Aktivitäten von Körperschaften, die steuerbegünstigte Zwecke verfolgen, lassen sich mithin in drei Bereiche unterteilen:

- *ideeller Bereich* (z. B. Vereinnahmung von Mitgliedsbeiträgen und Verwendung ausschließlich für begünstige Zwecke), grundsätzlich steuerfrei,
- *Vermögensverwaltung* (z. B. Vermietung von Grundstücken), grundsätzlich steuerfrei,
- *wirtschaftlicher Geschäftsbetrieb* (z. B. Bewirtschaftung eines Kasinos), steuerpflichtig, soweit nicht ausnahmsweise Zweckbetrieb.

Die **Anerkennung** steuerbegünstigter Zwecke erfolgt verfahrensrechtlich zweistufig. In einem ersten Schritt wird im Voraus verbindlich festgestellt, ob die Satzung den Anforderungen des Gemeinnützigkeitsrechts genügt. In einem zweiten Schritt wird ein *Freistellungsbescheid* erlassen, wenn die tatsächliche Geschäftsführung den Anforderungen der Satzung und des Gesetzes entspricht, und zwar jeweils nachträglich für drei VZ, vgl. Rz. 603.

c) Sachliche Steuerpflicht: Überblick über das steuerliche Einkommen

aa) System der Ermittlung des Einkommens

Anbindung an das EStG. Im Gegensatz zum EStG kommt das KStG aufgrund des Verweises auf die Bestimmungen des EStG mit einer sehr geringen Regelungsdichte innerhalb der *sachlichen Steuerpflicht* aus. Bemessungsgrundlage der KSt ist nach § 7 Abs. 1 das zu versteuernde Einkommen. Diese Vorschrift entspricht § 2 Abs. 5 Satz 1 Halbsatz 2 EStG. Das zu versteuernde Einkommen wird sodann an das Einkommen nach den Vorschriften des EStG geknüpft, §§ 7 Abs. 2, 8 Abs. 1 Satz 1. Der Verweis auf die Vorschriften des EStG betrifft nicht nur die Definition des Einkommens im körperschaftsteuerlichen Sinne, sondern auch die Frage, wie das Einkommen zu ermitteln ist. Die einkommensteuerlichen Regelungen der Einkommensermittlung werden somit insgesamt in die sachliche Steuerpflicht nach dem Körperschaftsteuerrecht einbezogen.

242

Einkunftsarten. Die Inkorporation der Vorschriften des EStG hinsichtlich der Ermittlung des Einkommens führt dazu, dass grundsätzlich *alle Einkunftsarten des EStG* auch körperschaftsteuerlich zum Einkommen gehören. § 8 Abs. 2 gibt

243

hier eine Sonderregelung vor, wonach Kapitalgesellschaften, Genossenschaften sowie Versicherungs- und Pensionsvereine auf Gegenseitigkeit nach § 1 Abs. 1 Nr. 1 bis 3 ausschließlich gewerbliche Einkünfte erzielen. Hieraus folgt, dass sämtliche Einkünfte von *Kapitalgesellschaften* körperschaftsteuerlich in *Einkünfte aus Gewerbebetrieb* umzuqualifizieren sind. Dies gilt z. B. für rein vermögensverwaltende GmbHs.

Demgegenüber erzielen sonstige juristische Personen des privaten Rechts, wie z. B. der nicht steuerbefreite rechtsfähige Verein gem. § 21 BGB oder nichtrechtsfähige Vereine, Anstalten, Stiftungen sowie Betriebe gewerblicher Art von Körperschaften des öffentlichen Rechts, generell Einkünfte aus allen Einkunftsarten nach § 2 Abs. 1 EStG.

244 Gewinnermittlungsmethode. Da z. B. Kapitalgesellschaften ausschließlich Einkünfte aus Gewerbebetrieb erzielen, gilt als *Einkünfteermittlungsmethode* grundsätzlich die der Gewinnermittlung, § 8 Abs. 1 Satz 1 i.V. m. § 2 Abs. 2 Nr. 1 EStG. Weil Kapitalgesellschaften und Genossenschaften ferner nach § 238 HGB buchführungsverpflichtet sind, haben sie ihren Gewinn aus Gewerbebetrieb stets nach dem **Betriebsvermögensvergleich** nach § 4 Abs. 1 Satz 1 EStG zu ermitteln, s. Rz. 70. Die Gewinnermittlungsmethode gem. § 4 Abs. 3 Satz 1 EStG der Ermittlung des *Überschusses der Betriebseinnahmen über die Betriebsausgaben* kommt somit bei diesen Steuerpflichtigen nicht in Betracht; sie könnte dagegen z. B. bei einem nicht steuerbefreiten eingetragenen Verein gem. § 21 BGB angewendet werden, der gewerbliche Einkünfte erzielt.

245 Gewinnermittlungszeitraum. Ebenso wie bei natürlichen Personen bzgl. der Einkünfte aus Gewerbebetrieb ist der Gewinnermittlungszeitraum bei Kapitalgesellschaften aufgrund des Bestehens der Buchführungsverpflichtung das **Wirtschaftsjahr**, für das regelmäßig Abschlüsse gemacht werden, § 7 Abs. 4 Satz 1 KStG und § 4a Abs. 1 Satz 2 Nr. 2 Satz 1 EStG. **Weicht** das den Abschlüssen zugrunde liegende **Wirtschaftsjahr vom Kalenderjahr ab** (z. B. Wirtschaftsjahr vom 1. 7. eines Jahres bis zum 30. 6. des Folgejahres), so gilt nach § 7 Abs. 4 Satz 2 der Gewinn aus Gewerbebetrieb als in dem Kalenderjahr bezogen, in dem das Wirtschaftsjahr endet, § 4a Abs. 2 Nr. 2 EStG.

246 Umstellung des Wirtschaftsjahres. Für buchführungspflichtige Steuerpflichtige nach dem KStG gilt ebenso wie für solche nach dem EStG, dass die *Umstellung des Wirtschaftsjahres* von einem vom Kalenderjahr abweichenden Wirtschaftsjahr auf das Kalenderjahr jederzeit *ohne Einvernehmen* des Finanzamts möglich ist. Anders herum ist die Umstellung des Wirtschaftsjahres vom Kalenderjahr zu einem von diesem abweichenden Zeitraum nur dann wirksam, wenn das *Einvernehmen des Finanzamts* hergestellt wird, § 7 Abs. 4 Satz 3 KStG und § 4a Abs. 1 Satz 2 Nr. 2 Satz 2 EStG. In beiden Fällen ist ein **Rumpfwirtschaftsjahr** zu bilden. Hiernach ist zunächst ein Wirtschaftsjahr zu bilden, welches einen kürzeren Zeitraum als das Kalenderjahr hat.

> **Beispiel:**
>
> Wird von einem Wirtschaftsjahr, das dem Kalenderjahr entspricht, auf ein hiervon abweichendes Wirtschaftsjahr umgestellt, das etwa am 30. 6. jeden Jahres endet, so ist zunächst ein Rumpfwirtschaftsjahr vom 1. 1. bis 30. 6. und sodann das neue vom Kalenderjahr abweichende Wirtschaftsjahr vom 1. 7. bis 30. 6. zu bilden. Gleiches gilt im umgekehrten Fall. Hier würde nach dem 30. 6., dem Ende des vom

Kalenderjahr abweichenden Wirtschaftsjahrs, zunächst ein Rumpfwirtschaftsjahr vom 1.7. bis 31.12. gebildet. Anschließen gilt das dem Kalenderjahr entsprechende Wirtschaftsjahr.

bb) Gewinnausschüttungen

Ein wesentlicher Unterschied zwischen der Besteuerung von natürlichen Personen und von Personengesellschaften einerseits sowie Körperschaften andererseits ist die Tatsache, dass bei dem erstgenannten Personenkreis das *Transparenzprinzip* gilt, während bei Körperschaften das *Trennungsprinzip* angewendet wird.

Transparenzprinzip (Einheitsprinzip). Bei natürlichen Personen und Personengesellschaften werden die Einkünfte, die etwa in einem Einzelunternehmen oder in der Personengesellschaft erwirtschaftet werden, dem oder den Unternehmensträgern *unmittelbar zugerechnet*, s. Rz. 129. Bei der Besteuerung nach dem EStG ist es hierbei unerheblich, ob das erwirtschaftete Vermögen durch *Entnahme* in die Privatsphäre des Inhabers oder Gesellschafters transferiert wird. Die Frage, ob der Inhaber des Einzelunternehmens oder der Personengesellschaft erwirtschaftete Mittel im Betrieb belässt oder aber für private Zwecke entnimmt, ist somit steuerlich im Prinzip unbeachtlich (es gibt allerdings Ausnahmen von dieser Regel, vgl. die *Thesaurierungsbesteuerung der Personengesellschaft* nach § 34a EStG, s. Rz. 213 ff., sowie Überentnahmen nach § 4 Abs. 4a EStG). 247

Trennungsprinzip. Dieses Prinzip sieht dagegen eine vollständige Separierung der Besteuerung bei der Gesellschaft und bei dem Gesellschafter vor. Das KStG hat das Trennungsprinzip im § 8 Abs. 3 Satz 1 geregelt. Hiernach ist es für die Ermittlung des Einkommens *der Gesellschaft* ohne Bedeutung, ob das Einkommen an die Gesellschafter *verteilt* wird. Als Verteilung ist hier der Beschluss über die Gewinnausschüttung oder Dividende und deren Durchführung zu sehen. Das Trennungsprinzip bewirkt mithin, dass erst beschlossene und zur Auszahlung gebrachte Gewinnausschüttungen zu Einnahmen *bei den Gesellschaftern* führen. Ob diese Einnahmen dann das Entstehen von ESt oder KSt auslösen, ist eine Frage der Besteuerung des Gesellschafters. Soweit der Gesellschafter eine natürliche Person oder Personengesellschaft ist, richtet sich die Besteuerung nach dem EStG. Ist der Gesellschafter der Kapitalgesellschaft wiederum eine Kapitalgesellschaft, so ist die Frage der Besteuerung der Ausschüttung nach dem Körperschaftsteuerrecht zu beurteilen. 248

Rechtsgeschäfte zwischen dem Gesellschafter und der Gesellschaft. Das Trennungsprinzip sieht vor, dass derartige Rechtsgeschäfte bei einer Kapitalgesellschaft prinzipiell steuerlich anzuerkennen sind. Es erfolgt grundsätzlich keine Umqualifizierung von Einkünften, die aus Rechtsgeschäften des Gesellschafters mit der Gesellschaft resultieren. Durch diese Tatsache weicht das System der Besteuerung von Kapitalgesellschaften erheblich von dem der Besteuerung von Personengesellschaften ab. Während Vergütungen aus Anstellungsverträgen, Zinsen aus Gesellschafterdarlehen und Mieten aus Grundstücksüberlassungen an die Gesellschaft bei Gesellschaftern von Personengesellschaften grundsätzlich zu den Einkünften aus Gewerbebetrieb zählen, erfolgt eine derartige Umqualifikation der Einkünfte bei Gesellschaftern von 249

Kapitalgesellschaften nicht. Vergütungen aus dem Anstellungsvertrag bei einer GmbH stellen beim Gesellschafter somit Einkünfte aus nichtselbstständiger Arbeit dar. Zinseinkünfte bei Gesellschafterdarlehen sind Einkünfte aus Kapitalvermögen; Miet- oder Pachteinnahmen bei der Überlassung von Wirtschaftsgütern an die Gesellschaft sind für den Gesellschafter einer Kapitalgesellschaft Einkünfte aus Vermietung und Verpachtung.

Während die vorgenannten Vergütungen bei den Gesellschaftern von Personengesellschaften zu den Einkünften aus Gewerbebetrieb zählen und Gegenstand der einheitlichen und gesonderten Gewinnfeststellung werden, ist dies bei Gesellschaftern von Kapitalgesellschaften nicht der Fall. Ein wesentlicher Unterschied bei der Besteuerung beider Rechtsformen liegt mithin darin, dass die einheitlich und gesondert festzustellenden Einkünfte aus Gewerbebetrieb bei Personengesellschaften der GewSt unterliegen. Anders ist die Rechtslage bei Kapitalgesellschaften. Die Vergütungen mindern einerseits das Einkommen und damit die Gewerbesteuer-Bemessungsgrundlage der Kapitalgesellschaft und sind andererseits als Einkünfte aus nichtselbstständiger Arbeit, Kapitalvermögen oder Vermietung und Verpachtung nicht gewerbesteuerpflichtig.

cc) Verdeckte Gewinnausschüttung (vGA)

250 Anlass der Regelung. Je stärker das Ergebnis einer Kapitalgesellschaft durch steuerlich abzugsfähige Betriebsausgaben verringert wird, desto geringer ist die Bemessungsgrundlage für KSt und GewSt. Sofern Betriebsausgaben auf der Seite des Leistenden Einnahmen oder Betriebseinnahmen darstellen, ist es für die steuerliche Gesamtbetrachtung von Bedeutung, ob diese der ESt oder der KSt unterliegen und ob sie der GewSt unterliegen oder nicht. Bei Leistungsverhältnissen zwischen Gesellschafter und Gesellschaft unterliegen entsprechende Einnahmen nur der ESt und nicht der KSt oder GewSt, wenn die Anteile im Privatvermögen gehalten werden. Die Frage der steuerlichen Anerkennung von Rechtsverhältnissen zwischen Gesellschaft und Gesellschaftern ist damit von erheblicher Bedeutung. Der Steuergesetzgeber hat daher Mechanismen eingeführt, die bestimmte Anforderungen an die *Ernsthaftigkeit* und die *Durchführung* von Rechtsbeziehungen zwischen Gesellschaftern und der Kapitalgesellschaft stellen. Sind nach diesen Grundsätzen Rechtsbeziehungen zwischen dem Gesellschafter und der Kapitalgesellschaft steuerlich *nicht anzuerkennen*, gelten diese als *verdeckte* Gewinnausschüttungen, die den gesellschaftsrechtlich beschlossenen Gewinnausschüttungen in ihren Rechtsfolgen ähnlich sind.

251 Rechtsfolge der verdeckten Gewinnausschüttung ist, dass die Gegenleistung der Kapitalgesellschaft an den Gesellschafter für die Erbringung einer Leistung *steuerlich umqualifiziert* und als *(verdeckte) Gewinnausschüttung* angesehen wird. Der möglicherweise auch handelsrechtlich erfasste Aufwand aus dem Rechtsgeschäft wird in jedem Fall steuerlich außerbilanziell egalisiert und als Leistung aus dem Gesellschaftsverhältnis und damit als Gewinnausschüttung behandelt. Der Gewinn der Kapitalgesellschaft erhöht sich somit, weil gem. § 8 Abs. 3 Satz 1 die *Verteilung* des Einkommens für die *Ermittlung* des Einkommens ohne Bedeutung ist. Analog hierzu wird auf der Ebene des Gesellschafters die Gegenleistung nicht mehr etwa den Einkünften aus nichtselbstständiger Arbeit oder Vermietung und Verpachtung zugewiesen, sondern als Gewinnausschüttung und damit bei den Einkünften aus Kapitalvermögen behandelt. Die Leistung teilt damit grundsätzlich das Schicksal der ordentlichen Gewinnausschüttung, womit diesbezüglich die *Abgeltungsteuer* anzuwenden ist, s. Rz. 282.

Beispiel:

Der Gesellschafter A ist auch Geschäftsführer der A-GmbH, an welcher er zu 60% beteiligt ist. Sein Geschäftsführungsgehalt beträgt 1 Mio. EUR p.a. Angemessen wäre bei der A-GmbH ein Gehalt in Höhe von 150 TEUR. In Höhe von 850 TEUR liegt somit eine verdeckte Gewinnausschüttung vor. In Höhe dieses Betrags ist das Einkommen der Kapitalgesellschaft außerbilanziell zu erhöhen. Derselbe Betrag ist bei A als Gewinnausschüttung steuerlich zu erfassen und der Abgeltungsteuer zu unterwerfen.

Korrespondierende steuerliche Behandlung der verdeckten Gewinnausschüttung auf den Ebenen der Kapitalgesellschaft und des Anteilseigners. Die Rechtsfolge der VGA besteht regelmäßig in einer Änderung des steuerlichen Einkommens sowohl der Kapitalgesellschaft als auch des Anteilseigners. Während Veranlagungen der Kapitalgesellschaft bis zur steuerlichen Außenprüfung (s. Rz. 598 ff.) regelmäßig durch die Bestimmung des Vorbehalts der Nachprüfung (s. Rz. 604) noch änderbar sind, kommt es vor, dass die Veranlagung des Anteilseigners, z. B. einer natürlichen Person, wegen Festsetzungsverjährung (s. Rz. 607 ff.) nicht mehr möglich ist. Hier konnte es bisher bei fehlender Änderbarkeit des Folgebescheids zu einer Doppelbesteuerung kommen. In § 32a Abs. 1 Satz 2 KStG ist eine verfahrensrechtliche Ablaufhemmung der Festsetzungsverjährung geregelt. Auch der umgekehrte Fall kommt vor. Durch Änderung des Einkommensteuerbescheids des Anteilseigners konnte z. B. bisher eine VGA anerkannt werden, deren Änderungen auf der Ebene der Kapitalgesellschaft (Mehrgewinn) wegen Verfristung nicht mehr durchführbar sind.

Kennzeichnend für eine verdeckte Gewinnausschüttung ist, dass sie einhergeht mit einer Rechtsbeziehung zwischen dem Gesellschafter oder einer ihm nahe stehenden Person und der Kapitalgesellschaft. Dieses Rechtsverhältnis weist neben oder statt einer rein schuldrechtlichen Komponente auch eine gesellschaftsrechtliche Komponente auf. Es hat mithin in der Regel einen zumindest gemischten schuldrechtlichen und gesellschaftsrechtlichen Charakter. Der gesellschaftsrechtliche Charakter kann sich hierbei auf die Tatsache, dass das Rechtsgeschäft überhaupt abgeschlossen wurde, oder auf einzelne Bedingungen des Rechtsgeschäfts beziehen. Während bei Rechtsbeziehungen der Kapitalgesellschaft mit Dritten in der Regel von einer kaufmännischen Ausgewogenheit der Vereinbarungen auszugehen ist, muss dies zwischen der Kapitalgesellschaft und dem Gesellschafter nicht in gleicher Weise der Fall sein. Während die Kapitalgesellschaft Dritte grundsätzlich nicht begünstigen wird, ist eine objektive Begünstigung und auch eine Begünstigungsabsicht bei der Kapitalgesellschaft in Richtung ihres Gesellschafters möglich.

252

Die **Höhe der verdeckten Gewinnausschüttung** bezieht sich somit im Regelfall auf den gesellschaftsrechtlich veranlassten und damit schuldrechtlich unangemessenen, einem Drittvergleich nicht standhaltenden Anteil. In besonderen Fällen ist jedoch die Rechtsbeziehung bereits **dem Grunde** nach als

253

gesellschaftsrechtlich veranlasst und damit insgesamt unabhängig von der Höhe der Leistung als verdeckte Gewinnausschüttung anzusehen.

254 **Begriff.** Eine verdeckte Gewinnausschüttung ist nach R 8.5 KStR eine bei der Kapitalgesellschaft eintretende

- Vermögensminderung oder verhinderte Vermögensmehrung,
- die durch das Gesellschaftsverhältnis veranlasst ist,
- sich auf die Höhe des Unterschiedsbetrages nach § 4 Abs. 1 Satz 1 EStG auswirkt und
- nicht im Zusammenhang mit einer offenen Ausschüttung steht.

255 **Vermögensminderung oder verhinderte Vermögensmehrung.** Das Merkmal der Vermögensminderung oder der verhinderten Vermögensmehrung bezieht sich auf den nach § 4 Abs. 1 Satz 1 EStG durchzuführenden Betriebsvermögensvergleich. Es handelt sich also um die Auswirkung der verdeckten Gewinnausschüttung auf das Betriebsvermögen der Kapitalgesellschaft. Dieses wird neben Einlagen bei der Kapitalgesellschaft insbesondere durch den Gewinn oder einen Verlust beeinflusst. Sofern die verdeckte Gewinnausschüttung somit zu einer Reduzierung oder zu einer Verhinderung eines ansonsten möglichen Gewinns bzw. zu einem höheren Verlust führt, liegt eine Vermögensminderung oder verhinderte Vermögensmehrung vor. Das Vorliegen einer verdeckten Gewinnausschüttung ist somit davon abhängig, ob das Rechtsgeschäft überhaupt eine Auswirkung auf das Betriebsvermögen der Kapitalgesellschaft hat. Handelt es sich hingegen um einen Vorgang, der steuerbilanziell ausschließlich auf der Aktivseite oder ausschließlich im Fremdkapital abgebildet wird, somit einen reinen Aktivtausch, Passivtausch, eine Bilanzverlängerung oder eine Bilanzverkürzung ohne Eigenkapitalberührung darstellt, liegt eine verdeckte Gewinnausschüttung nicht vor. Es handelt sich insbesondere um Fälle, bei denen die Kompensation einer vorher bestehenden verdeckten Gewinnausschüttung erfolgt. Erfasst die Kapitalgesellschaft nämlich in Höhe des Betrags der verdeckten Gewinnausschüttung einen schuldrechtlichen Anspruch gegen den Gesellschafter und wird hierdurch die Vermögensminderung oder verhinderte Vermögensmehrung kompensiert, wird das Vorliegen einer verdeckten Gewinnausschüttung ausgeschlossen.

256 **Gesellschaftsrechtliche Veranlassung.** Das Merkmal der gesellschaftsrechtlichen Veranlassung kennzeichnet den Kernbereich der rechtstheoretischen und unternehmenspraktischen Beschäftigung mit dem Thema der verdeckten Gewinnausschüttung. Die Problematik der Beurteilung der gesellschaftsrechtlichen Veranlassung liegt darin, dass neben dem verwirklichten realen Lebenssachverhalt ein fiktiver Maßstab zu entwickeln ist, anhand dessen das Vorliegen einer verdeckten Gewinnausschüttung zu ermitteln ist. Weil der Maßstab fiktiv ist und anhand von objektiven Kriterien in jedem konkreten Einzelfall moduliert werden muss, ergeben sich in der Praxis insbesondere im Rahmen von steuerlichen Außenprüfungen in diesem Bereich erhebliche Spielräume. Der von der Rechtsprechung herangezogene fiktive Maßstab zur Beurteilung einer verdeckten Gewinnausschüttung ist der eines *ordentlichen und gewissenhaften Geschäftsleiters*. Für den Sonderfall eines die Kapitalgesellschaft unmittelbar oder mittelbar beherrschenden Gesellschafters gibt es einen anderen, weiteren Maßstab, s. Rz. 258 ff.

Der Maßstab des ordentlichen und gewissenhaften Geschäftsführers (weitgehend synonym werden die Begriffe Fremdvergleich, Drittvergleich bzw. Angemessenheitsprüfung verwendet) vergleicht den realen Lebenssachverhalt mit der Entscheidungssituation eines fiktiven ordentlichen und gewissenhaften Geschäftsleiters, der das in Frage stehende Rechtsgeschäft oder die Rechtsbeziehung mit einem unabhängigen Dritten durchgeführt hätte. Der Maßstab des ordentlichen und gewissenhaften Geschäftsführers ist demnach eine negative Abgrenzungsmethode. 257

Beherrschender Gesellschafter. Weil die Einflussnahmemöglichkeiten für den beherrschenden Gesellschafter einer Kapitalgesellschaft weitaus größer sind als die eines Minderheitsgesellschafters, gibt es in diesem Bereich besondere Voraussetzungen der verdeckten Gewinnausschüttung. Liegen die besonderen Voraussetzungen bei Rechtsgeschäften zwischen der Gesellschaft und einem beherrschenden Gesellschafter vor, ist die steuerliche Anerkennung des Rechtsverhältnisses bereits **dem Grunde nach** nicht gegeben. Auf die Angemessenheit der Vereinbarung und den möglicherweise positiv durchgeführten Fremdvergleich kommt es dann nicht an. Das Rechtsgeschäft ist in diesem Fall insgesamt steuerlich nicht anzuerkennen, das Einkommen der Kapitalgesellschaft entsprechend zu korrigieren und in Höhe des Wertes der verdeckten Gewinnausschüttung ist auf der Ebene des Anteilseigners von den Rechtsfolgen einer offenen Gewinnausschüttung auszugehen. 258

Begriff. Als beherrschend wird der Gesellschafter angesehen, der unmittelbar oder mittelbar mehr als 50 % der Stimmrechte in der Gesellschafterversammlung hält. Bei mittelbaren Beteiligungen ist darauf abzustellen, ob der Gesellschafter über die unmittelbar an der Kapitalgesellschaft beteiligten Gesellschaften bzw. zusammen mit einer eigenen unmittelbaren Beteiligung seinen Willen in der Gesellschafterversammlung durchsetzen kann. 259

Gleichgerichtete Interessen. Ist Stimmenmehrheit weder unmittelbar noch mittelbar gegeben, können die Grundsätze der gesellschaftsrechtlichen Veranlassung bei beherrschenden Gesellschaftern auch dann erfüllt sein, wenn mehrere Gesellschafter jeweils zwar nicht allein, aber durch *Zusammenrechnung ihrer Stimmrechte* eine beherrschende Stellung haben, soweit *gleichgerichtete Interessen* vorliegen. Das Vorliegen gleichgerichteter Interessen kann insbesondere bei einer aus dem Geschäft oder der Maßnahme resultierenden Vorteilsgleichrichtung der Gesellschafter stammen. Die Vorteilsgleichrichtung kann sich insbesondere in der Vergleichbarkeit des betreffenden Rechtsgeschäfts mit der Kapitalgesellschaft ausdrücken. Werden z. B. gleichartige Kaufverträge, Darlehensverträge oder Geschäftsführeranstellungsverträge durch mehrere Gesellschafter mit der Kapitalgesellschaft abgeschlossen, kommt unabhängig von der individuellen Wertigkeit der Verträge allein aufgrund der Gleichartigkeit der Rechtsbeziehung das Vorliegen gleichgerichteter Interessen in Betracht. 260

> **Beispiel:**
> Gesellschafter A und B sind zu je 30 % an der ABC-GmbH beteiligt. Sie schließen einen notariell beurkundeten Kaufvertrag über jeweils ein Grundstück der GmbH ab. Obwohl weder A noch B beherrschende Gesellschafter sind, ist aufgrund der Gleichartigkeit der Kaufverträge vom Vorliegen gleichgerichteter Interessen aus-

zugehen. Die Stimmrechte beider Gesellschafter sind zusammenzuziehen und die Frage der gesellschaftsrechtlichen Veranlassung beider Kaufverträge nach den Grundsätzen des Maßstabs beherrschender Gesellschafter zu beurteilen.

261 Vergleichsmaßstab bei beherrschenden Gesellschaftern. Eine Rechtsbeziehung der Kapitalgesellschaft zum Gesellschafter wird steuerlich anerkannt, wenn sie auf einem

- *vorher abgeschlossenen* (zeitliches Rückwirkungsverbot),
- *klaren und eindeutigen* (Dokumentation von Leistung und Gegenleistung, kein Beurteilungsspielraum),
- *rechtlich bindenden* (insb. Einhaltung gesetzlicher oder vertraglich vereinbarter Formvorschriften, Vertretungsvorschriften) und
- *tatsächlich durchgeführten* (insb. vertragsgemäße Zahlungsflüsse zu den vereinbarten Zeitpunkten) Vertrag beruht.

Wesentliche Fallgruppen der VGA. In der Rechtsprechung des BFH hat sich eine Kasuistik herausgebildet, die nachfolgend skizziert wird:

262 Gesellschafter-/Geschäftsführervergütung. Im Bereich der steuerlichen Anerkennung von Gesellschafter-/Geschäftsführervergütungen hat die Finanzverwaltung unter Bezugnahme auf die Rechtsprechung des Bundesfinanzhofs eine *dreistufige Prüfungsfolge* geregelt. Zunächst ist hinsichtlich jedes Vergütungsbestandteils zu prüfen, ob eine gesellschaftliche Veranlassung bereits **dem Grunde nach** anzunehmen ist. Dies gilt z. B. bei der Regelung von *Überstundenvergütungen*, einer *„Nur-Tantieme"* oder *„Nur-Pensionszusage"*. Als Nächstes ist die Frage der gesellschaftsrechtlichen Veranlassung **der Höhe nach** zu prüfen. Hier ist insbesondere die Relation zwischen Grundgehalt und Tantieme zu betrachten, die das Verhältnis 75 : 25 nicht überschreiten darf (so genannte *relative Obergrenze*, bei dieser Regelung gibt es allerdings Ausnahmen z. B. in der Gründungsphase, bei wirtschaftlichen Schwierigkeiten, risikobehafteten Geschäftszweigen und stark schwankender Ertragslage). Die Tantieme darf nicht mehr als 50 % des handelsrechtlichen Jahresüberschusses vor Abzug von Ertragsteuern und vor Abzug der Tantieme betragen (*absolute Obergrenze*). Auf der letzten Stufe steht die Prüfung, ob die nach Abzug etwaiger zuvor als verdeckte Gewinnausschüttungen identifizierter Vergütungsbestandteile verbleibende Gesamtvergütung **angemessen** ist. Hier ist ein *Fremdvergleich* anhand einer *Gehaltsstrukturuntersuchung* vorzunehmen. Es gilt eine positive Aufgreifensregelung, sofern die Angemessenheitsgrenze um mehr als 20 % überschritten wird.

BMF-Schreiben zur Dreistufentheorie: Schreiben vom 14.10.2002 – IV A 2 – S 2742 – 62/02 und vom 1.2.2002, BStBl. I, S. 219.

263 Austauschverhältnisse und sonstige Dienstleistungen. Im Rahmen sonstiger Verträge zwischen Gesellschaft und Gesellschafter sind sich gegenüberstehende Leistung und Gegenleistung auf Angemessenheit zu beurteilen. Dies gilt z. B. für Darlehen hinsichtlich der Einräumung von Sicherheiten, des Stehenlassens von Darlehen bei sich verschlechternder Bonität und der Höhe von Zinsen. Es kommen Darlehensverhältnisse in beiden Richtungen in Betracht. Die verdeckte Gewinnausschüttung kann sowohl die Darlehensgewährung als solche betreffen (z. B. sofern keine Sicherheiten gegeben werden) als auch auf die Vergütung bezogen sein. Neben Darlehen kommen auch Kauf- und Tauschverträge in Betracht.

Gewinnabsaugung, Geschäftschancenlehre. Verbleibt der Kapitalgesellschaft aufgrund der Tantiemeregelung oder eines anderen Vertrages langfristig kein oder nur ein geringer Gewinn, wird der Fremdvergleich zu einem negativen Ergebnis führen, weil ein ordentlicher und gewissenhafter Geschäftsleiter eine derartige Regelung mit einem Dritten nicht abgeschlossen hätte. Nach der Geschäftschancenlehre ist eine verdeckte Gewinnausschüttung anzunehmen, wenn der Gesellschaftergeschäftsführer Geschäftschancen der Kapitalgesellschaft nicht über die Kapitalgesellschaft, sondern über ein anderes Unternehmen, an welchem er wirtschaftliche Interessen hat, abwickelt. Gleiches gilt hinsichtlich des der Kapitalgesellschaft zuzuordnenden Wissens oder bezüglich Kenntnissen der Mitarbeiter oder der Geschäftsleitung der Kapitalgesellschaft, die wirtschaftlich nutzbar gemacht werden können. Das Vorliegen einer verdeckten Gewinnausschüttung ist allerdings von dem Bereich des zulässigen Wettbewerbs durch den Gesellschafter abzugrenzen. Der Gesellschafter darf hiernach durchaus mit der von ihm gehaltenen Kapitalgesellschaft im Wettbewerb stehen. Hierzu darf er allerdings nicht Ressourcen der Kapitalgesellschaft in Gestalt von Know-how, Informationen, Personal und damit Chancen der Kapitalgesellschaft im Rahmen anderer wirtschaftlicher Interessen für sich nutzbar machen. **264**

Weiterführende Literaturempfehlungen: *Tipke/Lang,* § 11 Rz. 70 ff.; *Frotscher,* Rz. 389 ff.; *Birk/Desens/Tappe,* Rz. 1247 ff.

dd) Zinsschranke

Zweck und System der Regelung. Durch die Zinsschranke in §§ 4h EStG, 8a KStG verfolgt der Gesetzgeber das Ziel, Anreize dafür zu schaffen, dass Gewinne *internationaler Konzerne* im Inland versteuert werden. Der Fremdfinanzierungsaufwand im Inland wird nur anerkannt, soweit er „angemessen" im Sinne des Gesetzes ist. Technisch ist die Zinsschranke als Betriebsausgabenabzugsbegrenzung des Nettozinsaufwands bezogen auf 30 % des steuerlichen EBITDA ausgestaltet. Damit wird eine Verringerung der inländischen Besteuerungsgrundlage vermieden. Die Regelungen zur Zinsschranke repräsentieren damit die auch in anderen Staaten bekannten „thin capitalization rules". **265**

Persönlicher Anwendungsbereich. Aufgrund der systematischen Einbindung der Regelungen sowohl im EStG als auch im KStG gilt die Zinsschrankenregelung grundsätzlich *rechtsformunabhängig* und damit sowohl für *Personengesellschaften* als auch für *Körperschaften*, insbesondere Kapitalgesellschaften. Aufgrund der so genannten *Konzernklausel* (s. Rz. 272) gilt die Regelung nur für konzerngebundene Unternehmen und damit nicht für Einzelunternehmen und Gesellschaften ohne Beteiligungs- oder Verbundbeziehungen. **266**

Grundtatbestand. Nach § 4h Abs. 1 Satz 1 EStG sind Zinsaufwendungen eines Betriebes nur abzugsfähig, soweit sie den *Zinsertrag* und darüber hinaus 30 % des modifizierten Gewinns nicht übersteigen. Modifizierter Gewinn ist der um **267**

Zinsaufwendungen, Abschreibungen und Steuern erhöhte sowie um Zinserträge verminderte Gewinn (*steuerliches EBITDA*, s. Beispiel nach Rz. 269). Zinsaufwendungen sind Vergütungen für Fremdkapital, die den maßgeblichen Gewinn gemindert haben, § 4h Abs. 3 Satz 2 EStG. Hierunter fällt somit z. B. jede Art der Bankenfinanzierung. Weil es auf die Minderung des steuerlichen Gewinns ankommt, sind *Gesellschafterdarlehen bei Personengesellschaften* nicht als Fremdkapital anzusehen. *Abschreibungen* sind Absetzungen für Abnutzungen auf bewegliche, unbewegliche und immaterielle Wirtschaftsgüter.

268 Rechtsfolge. Auf der *Ebene des Zinsschuldners* werden nicht abzugsfähige Zinsaufwendungen dem Gewinn wieder hinzugerechnet, der dann je nach Rechtsform der ESt oder KSt sowie bei Gewerbetreibenden der GewSt unterliegt. Weil die Zinsschrankenregelung kein Fall der verdeckten Gewinnausschüttung ist, bleibt es auf der *Ebene des Zinsgläubigers* dabei, dass nach § 20 Abs. 1 Nr. 7 EStG *Zinseinnahmen* beziehungsweise nach Abs. 8 der Vorschrift *gewerbliche Einkünfte* vorliegen.

269 EBITDA-Vortrag, Zinsvortrag. Soweit das EBITDA den zur Verrechnung der Zinsaufwendungen erforderlichen Betrag übersteigt, kann es bis zu fünf Jahre lang vorgetragen werden, § 4h Abs. 1 Satz 3 EStG. Wenn umgekehrt ein Abzug von Zinsaufwendungen nach § 4h Abs. 1 Satz 1 EStG in einem Wirtschaftsjahr gekappt wird, sind diese Zinsaufwendungen nach Satz 2 der Vorschrift in die folgenden Wirtschaftsjahre vorzutragen. Der Zinsvortrag erhöht die für die Besteuerung maßgeblichen Zinsaufwendungen. Er geht bei *Aufgabe* oder *Übertragung* des Betriebs insgesamt sowie bei einem *Ausscheiden eines Mitunternehmers* aus der Gesellschaft anteilig unter, § 4h Abs. 5 EStG. Darüber hinaus sind bei Kapitalgesellschaften nach § 8a Abs. 1 Satz 3 *Mantelkaufgrundsätze* (s. Rz. 274 ff.) bezogen auf den Zinsvortrag anzuwenden.

> **Beispiel:**
>
> Die in einen amerikanischen Konzern eingebundene A-GmbH hat im Geschäftsjahr 2018 einen handelsrechtlichen Gewinn vor Steuern in Höhe von 1 Mio. EUR erwirtschaftet. Hierin sind Zinsaufwendungen von 5 Mio. EUR, Zinserträge von 1 Mio. EUR und Abschreibungen in Höhe von ebenfalls 1 Mio. EUR verrechnet. Unter Berücksichtigung der Zinsschranke sind Zinsaufwendungen und Zinserträge zunächst zu saldieren (4 Mio. EUR). Das steuerliche EBITDA beträgt 6 Mio. EUR (Gewinn vor Steuern zuzüglich Zinsaufwendungen und Abschreibungen, abzüglich Zinsertrag), nach § 4h Abs. 1 EStG sind nur 30 % davon, somit 1,8 Mio. EUR im Wirtschaftsjahr 2016 abzugsfähig. Weitere 2,2 Mio. EUR sind als Zinsvortrag in späteren Wirtschaftsjahren dem Zinsaufwand hinzuzurechnen.

270 Ausnahmen von den Rechtsfolgen der Zinsschranke. Nach § 4h Abs. 2 EStG i. V. m. § 8a Abs. 2 und 3 gelten die Regelungen der Zinsschranke in folgenden Fällen nicht:

- Unterschreiten der Freigrenze
- Konzernklausel
- Escape-Klausel

271 Freigrenze. Die Zinsschranke gilt nur, sofern die mit Zinserträgen saldierten Zinsaufwendungen *mindestens 3 Mio. EUR* betragen, § 4h Abs. 2 Satz 1a. Hierdurch werden kleine und mittlere Unternehmen aus dem Anwendungsbereich der Zinsschranke herausgenommen.

Konzernklausel. Unternehmen befinden sich nach § 4h Abs. 2b, Abs. 3 Sätze 5 und 6 EStG außerhalb des Anwendungsbereichs der Zinsschranke, wenn sie *nicht in einen Konzernabschluss einbezogen* sind und auch *seine Finanz- und Geschäftspolitik nicht mit einem oder mehreren anderen Betrieben einheitlich bestimmt* werden kann. Ausreichend ist, dass ein Konzernabschluss erstellt werden könnte, auch wenn er tatsächlich nicht erstellt wird. Liegt eine *körperschaftsteuerliche Organschaft* vor und ist der Konsolidierungskreis mit dem Organkreis identisch, ist steuerlich davon auszugehen, dass Organträger und Organgesellschaften einen einheitlichen Betrieb bilden, § 15 Satz 1 Nr. 3 Satz 2 KStG. Die Konzernklausel ist in diesen Fällen trotz der Einbeziehung in einen Konzernabschluss anzuwenden, wobei streng darauf zu achten ist, dass Organ- und Konzernkreis identisch sind. Dagegen sind bei einer typischen GmbH & Co. KG die KG und die Komplementär-GmbH für Zwecke der Zinsschranke schon wegen der einheitlichen Finanz- und Geschäftspolitik als einheitlicher Konzern zu betrachten. **272**

Escape-Klausel. Weist der Konzern insgesamt eine Finanzierungsstruktur auf, die die Mechanismen der Zinsschranke auslösen würden, liegt aber *keine Verlagerung von Fremdkapital* z. B. aus dem Ausland in das Inland vor, kann die Anwendbarkeit der Zinsschranke ausgeschlossen werden, § 4h Abs. 2 Satz 1c. Das inländische Unternehmen trifft hier die Darlegungslast, dass die Eigenkapitalquote auf Einzelunternehmensebene mindestens ebenso hoch wie die des Konzerns ist (Eigenkapitalvergleich). Maßgeblich ist jeweils der vorangegangene Abschlussstichtag, wobei eine Toleranzgrenze von zwei Prozentpunkten gewährt wird. **273**

BMF-Schreiben zur Zinsschranke: Schreiben vom 4.7.2008 – IV C 7 – S 2742-a/ 07/10001.

Weiterführende Literaturempfehlungen: *Frotscher*, Rz. 454 ff.; *Tipke/Lang*, § 11 Rz. 49 ff.; *Streck*, § 8a; *Herzig/Bohn*, Modifizierte Zinsschranke und Unternehmensfinanzierung, DB 2007, S. 1 ff.

d) Berücksichtigung steuerlicher Verluste (sog. Mantelkauf)

Die periodenübergreifende Verlustverrechnung im Rahmen des Verlustabzugs wird auch im Körperschaftsteuerrecht gewährt. Die einkommensteuerliche Regelung zum Verlustabzug in § 10d EStG gilt gemäß § 8 Abs. 1 Satz 1 entsprechend; damit sind insbesondere die Bestimmungen der so genannten Mindeststeuer (s. Rz. 60, 279) gemäß § 10d Abs. 2 EStG anzuwenden. **274**

Verlustabzugsbegrenzung. Nach § 8c wird die periodenübergreifende Verlustverrechnung versagt, wenn der Inhaber der Beteiligung an der Körperschaft wechselt. Die vorher erwirtschafteten Verluste verfallen und dürfen nicht mit späteren Gewinnen verrechnet werden. Systematisch unterscheidet die Verlustabzugsbestimmung zwischen Erwerben von mehr als 25%, aber nicht mehr als 50% einerseits und Erwerben von mehr als 50% andererseits. Während im ersten Fall Verluste nur quotal in Höhe des Beteiligungserwerbs untergehen, kommt es im zweiten Fall zum vollständigen Untergang des Verlustes. **275**

276 Schädlicher Beteiligungserwerb. § 8c Abs. 1 stellt auf den Erwerb von alternativ mehr als 25 % des *gezeichneten Kapitals*, der *Mitgliedschaftsrechte*, der *Beteiligungsrechte* oder der *Stimmrechte* an einer Körperschaft innerhalb von fünf Jahren ab. Es kommt sowohl die *unmittelbare* als auch die *mittelbare* Beteiligung in Betracht, wobei in letzterem Fall die Beteiligungsquoten multipliziert werden.

> **Beispiel:**
>
> Die A-GmbH ist zu 60 % an der B-GmbH beteiligt, die wiederum zu 50 % an der C-GmbH beteiligt ist. Die C-GmbH hat zum 31.12.2017 einen Verlustabzugsbetrag in Höhe von 1 Mio. EUR. Die A-GmbH veräußert ihre Beteiligung am 1.1.2018 an die D-GmbH. Aus Sicht der C-GmbH liegt eine 30 %ige mittelbare Anteilsübertragung vor, die zu einem quotalen Wegfall des Verlustabzugs in Höhe von 30 % und damit 0,3 Mio. EUR führt.

Erwerb. Der Tatbestand knüpft nicht an die Veräußerung, sondern an den Erwerb der o. g. Rechte an. Es muss sich ferner um *einen* Erwerber handeln, wobei nach § 8c Abs. 1 Satz 3 auch eine *Gruppe von Erwerbern* als ein Erwerber gilt, wenn diese gleichgerichtete Interessen verfolgt. Eine wesentliche Folge des Abstellens auf den Erwerber ist, dass der schädliche Beteiligungserwerb erst dann vorliegt, wenn sich mehr als 25 % der Rechte durch Übertragungen in der Hand eines Erwerbers vereinigen. Der Tatbestand wird somit nicht bereits dadurch erfüllt, dass verschiedene Anteilseigner ihre Rechte in Höhe von jeweils maximal 25 % an unterschiedliche Erwerber übertragen. Hier können allerdings parallele 5-Jahres-Fristen anlaufen.

> **Beispiel:**
>
> An der AB GmbH sind die Gesellschafter A und B zu je 50 % beteiligt. Am 1.1.2017 übertragen A und B jeweils 25 % der Anteile an die neuen Gesellschafter C und D. Sofern C und D nicht als Gruppe im Sinne von § 8c Abs. 1 Satz 3 anzusehen sind, liegt keine Übertragung von mehr als 25 % an einen Erwerber vor, womit Satz 1 der Vorschrift nicht erfüllt ist. Es laufen jedoch zwei parallele Fünfjahresfristen an. Überträgt A weitere 5 % seiner Anteile an C (Vorerwerber von A), liegt ein schädlicher Beteiligungserwerb in Höhe von 30 % vor.

276a Entscheidung des BVerfG vom 29.3.2017. § 8c Abs. 1 Satz 1 und die entsprechenden Vorgängerregelungen sind nach einer neueren Entscheidung des BVerfG mit Art. 3 Abs. 1 des GG unvereinbar. Der Beschluss bezieht sich auf den schädlichen Beteiligungserwerb von über 25 % und bis 50 %, nicht jedoch auf den Erwerb von über 50 % der Anteile. Mittlerweile befasst sich das BVerfG auch mit einem weiteren Vorlagebeschluss des FG Hamburg bzgl. der Verfassungsmäßigkeit der Übertragung von mehr als 50 % der Anteile und dem vollständigen Untergang des Verlustvortrages. Nach dem Beschluss ist der Gesetzgeber verpflichtet, spätestens bis zum 31.12.2018 rückwirkend zum 1.1.2008 eine Neuregelung zu treffen. Sollte der Gesetzgeber seiner Verpflichtung nicht nachkommen, tritt am 1.1.2019 im Umfang der festgestellten Unvereinbarkeit rückwirkend auf den Zeitpunkt ihres Inkrafttretens die Nichtigkeit der Regelung ein. Diese Entscheidungsformel hat nach § 31 Abs. 2 BVerfG Gesetzeskraft.

Die Praxisempfehlung geht dahin, sämtliche Feststellungsbescheide seit VZ 2008 durch Einspruch offen zu halten.

Konzernklausel. Ein schädlicher Beteiligungserwerb liegt nicht vor bei bestimmten konzerninternen Umstrukturierungen, § 8c Abs. 1 Satz 5. In der 2015 rückwirkend zum 1.1.2010 eingeführten Regelung werden Übertragungen begünstigt, bei denen die Obergesellschaft (oder eine natürliche Person an der Spitze des Konzerns) sowohl vor als auch nach der Übertragung unmittelbar oder mittelbar zu 100 % an der Verlustgesellschaft beteiligt ist. **276b**

Stille-Reserven-Klausel. Eine Ausnahme von der Verlustabzugsbeschränkung greift, wenn *stille Reserven* im Unternehmen vorhanden sind, § 8c Abs. 1 Sätze 6 bis 8. Die Ermittlung der stillen Reserven erfolgt hierbei durch Vergleich des steuerlichen Buchwertes des Eigenkapitals und des *gemeinen Wertes* der im Inland steuerpflichtigen Anteile an der Körperschaft. Der Grund für die Bezugnahme auf den gemeinen Wert der Anteile besteht darin, dass somit auf eine Unternehmensbewertung für Zwecke des § 8c regelmäßig verzichtet werden kann. **277**

> **Beispiel:**
>
> Die A-GmbH verfügt zum 31.12.2017 über körperschaftsteuerliche Verlustvorträge in Höhe von 1 Mio. EUR. Zum 1.1.2018 veräußert der alleinige Inhaber A sämtliche Geschäftsanteile an B. Das steuerliche Eigenkapital beträgt zum 1.1.2018 5 Mio. EUR. A und B einigen sich auf den tatsächlichen Verkehrswert von 6 Mio. EUR. Der körperschaftsteuerliche Verlustvortrag steht nach wie vor zur Verfügung.

Ist nun das steuerliche Eigenkapital der Körperschaft negativ und wird der gemeine Wert der Anteile mit 1 EUR bewertet, liegen rechnerisch stille Reserven vor. Um in diesem Fall auf das tatsächliche Vorliegen stiller Reserven abzustellen, ist nach Satz 8 in diesen Fällen auf den *gemeinen Wert des Betriebsvermögens* abzustellen. Die Inanspruchnahme der Stille-Reserven-Klausel setzt hier voraus, dass tatsächlich stille Reserven im Unternehmen vorliegen und diese auch betriebswirtschaftlich nachgewiesen werden können.

Rechtsfolge. Im Bereich der quotalen Verlustabzugsbeschränkung ist sowohl der dem schädlichen Beteiligungserwerb vorausgehende festgestellte Verlustabzugsbetrag als auch der bis zum Beteiligungserwerb erwirtschaftete Verlust des laufenden Wirtschaftsjahres betroffen. Wird die quotale Verlustabzugsbeschränkung einmal ausgelöst, beginnt bei weiteren Veräußerungen an denselben oder einen anderen Erwerber eine neue Fünfjahresfrist. Für Zwecke der Überschreitung der 50 %-Grenze werden jedoch frühere Erwerbe desselben Erwerbers hinzugerechnet. Neben dem Untergang der zum Ende des vorausgehenden Veranlagungszeitraums festgestellten Verlustabzugsbeträge geht auch der bis zum schädlichen Beteiligungserwerb aufgelaufene Verlust des Wirtschaftsjahrs verloren. **278**

> **Beispiel:**
>
> An der AB GmbH sind die Gesellschafter A und B zu 55 % beziehungsweise 45 % beteiligt. Am 1.7.2016 überträgt A 30 % seiner Beteiligung an C. Am 1.1.2017 überträgt A weitere 10 % und am 1.1.2018 die letzten 15 % an C. Zum 31.12.2015 beträgt der

festgestellte Verlustvortrag 1 Mio. EUR. Das laufende Wirtschaftsjahr 2016 schließt mit einem steuerlichen Verlust von einer weiteren Mio. EUR ab. Mit der Übertragung am 1.7.2016 kommt es zur quotalen Verlustabzugsbeschränkung in Höhe von 30%. Diese betrifft sowohl den Verlustvortrag als auch den rechnerischen Verlust des ersten Halbjahres 2016. Insgesamt gehen hierdurch somit anteilige Verluste in Höhe von 450 TEUR (30% von 1,5 Mio. EUR = 1 Mio. EUR aus 2015 zzgl. zeitanteilig 50% von 1 Mio. EUR aus 2016) verloren. Hinsichtlich der zweiten Übertragung am 1.1.2017 beginnt ein neuer Fünfjahreszeitraum, es kommt durch diese Übertragung zu keiner weiteren quotalen Verlustabzugsbegrenzung. Mit der Übertragung am 1.1.2018 kommt es zum vollständigen Untergang des bis zum 31.12.2017 bestehenden Verlustvortrags.

278a Fortführungsgebundener Verlustvortrag. Ein Verlustvortrag ist über einen *schädlichen Beteiligungserwerb* hinaus nutzbar, solange der Geschäftsbetrieb der Körperschaft fortgeführt wird. Voraussetzung ist, dass die Körperschaft in den drei Jahren *vor* dem schädlichen Beteiligungserwerb ausschließlich denselben Geschäftsbetrieb unterhalten hat und dieser *danach* unverändert weiter fortgeführt wird. Die Einstellung des Geschäftsbetriebs, die Aufnahme zusätzlicher Geschäftsbetriebe, gesellschaftsrechtliche Umstrukturierungen und bestimmte andere Maßnahmen führen nachträglich zum Wegfall des fortführungsgebundenen Verlustvortrags. Der fortführungsgebundene Verlustvortrag wird *nur auf Antrag* gewährt; der Antrag schließt die Anwendung der Stille-Reserven-Klausel aus. Körperschaften in einem Umstrukturierungsprozess müssen sich also entscheiden, ob sie die *Stille-Reserven-Klausel* in Anspruch nehmen (mit der Gewissheit, dass typischerweise ein Teil des Verlustvortrags wegfällt) oder den fortführungsgebundenen Verlustvortrag in Anspruch nehmen (mit dem Risiko, dass später der Verlustvortrag vollständig wegfällt).

> **Beispiel:**
>
> An der A GmbH war zunächst der Gesellschafter A allein beteiligt. Die A GmbH braut Bier und verkauft es an Gaststätten; das Geschäftsmodell ist seit über drei Jahren unverändert. Am 31.12.2016 beträgt der festgestellte Verlustvortrag 1 Mio. EUR. Am 1.1.2017 steigt B mittels Kapitalerhöhung als Gesellschafter ein, so dass er danach zu 75% an der GmbH beteiligt ist. Das Geschäftsjahr 2017 endet mit einer „schwarzen Null". Der Verlustvortrag fällt durch den schädlichen Beteiligungserwerb vom 1.1.2017 weg, aber auf Antrag der GmbH wird ein *fortführungsgebundener Verlustvortrag* i.H.v. 1 Mio. EUR festgestellt. Im VZ 2018 macht die Gesellschaft einen Gewinn von 1 Mio. EUR, weil folgende Restrukturierungsmaßnahmen sich auszahlen: (a) Die Produkte werden nicht nur an Gaststätten, sondern auch an Supermärkte verkauft; (b) die Produkte werden nicht nur im Großhandel, sondern auch über die Webseite der GmbH an Endkunden vertrieben (Einzelhandel); (c) die GmbH erweitert ihre Produktpalette um selbst hergestellte alkoholfreie Getränke; (d) die GmbH verkauft nicht nur selbst hergestellte, sondern auch zugekaufte Getränke. Bereits die Maßnahmen (a) bis (c) sind problematisch hinsichtlich der Frage, ob es sich um „denselben" Geschäftsbetrieb handelt. Spätestens Maßnahme (d) dürfte zum Wegfall des fortführungsgebundenen Verlustvortrags und damit zur Steuerpflicht aller späteren Gewinne führen.

279 Mindeststeuer. Die *betragsmäßige Begrenzung* des in § 10d Abs. 2 EStG geregelten Verlustvortrags (vgl. Rz. 60) schlägt auch auf die Besteuerung der Kapitalgesellschaften durch. Nicht ausgeglichene Verluste können nur bis zur Höhe eines Sockelbetrages von 1 Mio. EUR unbegrenzt mit positiven Einkünften verrechnet werden. Den Sockelbetrag übersteigende Verluste können nur bis zu 60% des Gesamtbetrags der Einkünfte steuermindernd angesetzt werden. Da *Sonderausgaben* und *außergewöhnliche Belastungen* als Bestandteile des *einkommensteuerlichen* Einkommensbegriffs gem. § 2 Abs. 4 EStG, auf den sich § 8 Abs. 1 bezieht, im Körperschaftsteuerrecht nicht denkbar sind, ist Bezugsgröße des den Sockelbetrag übersteigenden Betrages das *Einkommen*. Den Sockelbetrag übersteigende Beträge des Einkommens können somit i. H. v. 40% nicht zur Verlustverrechnung verwendet werden.

BMF-Schreiben zur Verlustabzugsbeschränkung für Körperschaften: Schreiben vom 4.7.2008 – IV C 7 – S 2745-a/08/10001, DB 2008, S. 1598 ff.

Weiterführende Literaturempfehlungen: *Frotscher*, Rz. 178 ff.; *Streck*, § 8c; *Tipke/Lang*, § 11 Rz. 57 f.; *Dötsch/Pung*, § 8c KStG: Verlustabzugsbeschränkung für Körperschaften, DB 2008, S. 1703 ff. (zum BMF-Schreiben).

e) Anteilseignerbesteuerung

Rechtsentwicklung. Die Dividendenbesteuerung und die Besteuerung von Gewinnen aus der Veräußerung von Kapitalgesellschaftsbeteiligungen (Anteilseignerbesteuerung) erfolgt durch ein System bestehend aus *Abgeltungsteuer*, *Teileinkünfteverfahren*, *§ 8b KStG-Befreiung* und *Wertzuwachsbesteuerung*. In den VZ 2001 bis 2008 war das sog. *Halbeinkünfteverfahren* anzuwenden, s. Rz. 358. Vgl. zur Rechtsentwicklung der Anteilseignerbesteuerung in den letzten 30 Jahren Rz. 356 ff. 280

aa) Dividendenbesteuerung

Bei der Dividendenbesteuerung ist zunächst zwischen den im Privatvermögen und im Betriebsvermögen gehaltenen Beteiligungen natürlicher Personen oder von diesen gebildeten Personengesellschaften zu unterscheiden. Bei den im **Privatvermögen** gehaltenen Beteiligungen gelten die Grundsätze der *Abgeltungsteuer* (s. Rz. 282) mit Veranlagungsoption und Günstigerprüfung. Im **Betriebsvermögen** gehaltene Beteiligungen werden nach dem *Teileinkünfteverfahren* (s. Rz. 285) besteuert. Für die im Betriebsvermögen von **Kapitalgesellschaften** gehaltenen Kapitalgesellschaftsbeteiligungen gilt die sog. *§ 8b KStG-Befreiung*, s. Rz. 286. 281

Im Privatvermögen gehaltene Beteiligungen: Abgeltungsteuer. Dividendeneinkünfte nach § 20 Abs. 1 Nr. 1 EStG unterliegen einem gesonderten Einkommensteuertarif in Höhe von 25%, § 32d Abs. 1 Satz 1 EStG. In eben dieser Höhe wird die *Erhebungsform* der *Kapitalertragsteuer* angeordnet, die nach § 43 Abs. 5 Satz 1 EStG Abgeltungswirkung entfaltet. Soweit die Kapitalertragsteuer erhoben wird, kommt es bezüglich der Dividende zu keiner Veranlagung zur ESt. Sofern die Abgeltungsteuer im Einzelfall für den Steuerpflichtigen ungünstig ist, bestehen zwei Optionen einer abweichenden Besteuerung: 282

Veranlagungsoption gemäß § 32d Abs. 4 EStG. Optiert der Steuerpflichtige zur Veranlagung, entfällt die Abgeltungswirkung. Der Steuersatz beträgt ebenfalls 25%. Der Steuerpflichtige kann nunmehr den *Sparer-Pauschbetrag* (s. Rz. 184) in 283

Höhe von 801 EUR (bei Zusammenveranlagten 1.602 EUR) gemäß § 20 Abs. 9 Sätze 1 und 2 EStG in Anspruch nehmen, auch wenn er zuvor keinen Freistellungsauftrag erteilt hat oder erteilen konnte. Selbiges gilt für die Berücksichtigung eines Verlustvortrages nach § 20 Abs. 6 EStG. Der Abzug weiterer tatsächlich entstandener Werbungskosten scheidet jedoch aus. Die Veranlagungsoption empfiehlt sich dann, wenn der Sparer-Pauschbetrag aus anderen Kapitaleinkünften bisher nicht in Anspruch genommen wurde.

284 Günstigerprüfung. Liegt die Grenzsteuerbelastung unter 25 %, kann auf die Abgeltungswirkung und den Steuersatz von 25 % verzichtet werden. Es werden die Kapitaleinkünfte auf Antrag des Steuerpflichtigen gemäß § 32d Abs. 6 Satz 1 EStG der allgemeinen Besteuerung im Rahmen der laufenden Veranlagung unterworfen.

> **Beispiel:**
>
> A ist zu weniger als 1 % an der im M-DAX gelisteten X AG beteiligt. Die X AG beschließt im Geschäftsjahr 2018 eine Gewinnausschüttung in Höhe von 5 % des Nominalkapitals der Aktien, auf A entfällt eine Bardividende in Höhe von 100 TEUR. Der Vorstand der X AG teilt A mit, dass Abgeltungsteuer in Höhe von 25 % einbehalten wurde und überweist der das Depot des A führenden Bank 75 TEUR (auf den SolZ wird hier verzichtet). Im Rahmen der ESt-Veranlagung des VZ 2018 kann A zur Veranlagungsoption gemäß § 32d Abs. 4 EStG optieren, wenn er den Sparer-Pauschbetrag von 801 EUR noch nicht in Anspruch genommen hat. A würde dann 200 EUR erstattet bekommen (25 % von 801 EUR). Betrüge die Ausschüttung nur 10 TEUR und hätte A im Übrigen nur geringes Einkommen, würde A die Günstigerprüfung nach § 32d Abs. 6 Satz 1 EStG beantragen, womit der Ausschüttungsbetrag mit den übrigen laufenden Einkommen nach dem allgemeinen Steuertarif versteuert würde. Hier könnte A mit einer erheblichen Erstattung rechnen.

285 Im Betriebsvermögen gehaltene Beteiligungen: Teileinkünfteverfahren. Befindet sich die Beteiligung im Betriebsvermögen, liegen gemäß § 20 Abs. 8 EStG gewerbliche Einkünfte vor, womit die *Abgeltungsteuer* (s. Rz. 282) nach § 32d Abs. 1 EStG **nicht** anwendbar ist. Das Teileinkünfteverfahren bestimmt nunmehr, dass 40 % der Dividende steuerfrei sind, § 3 Nr. 40 Satz 1 Buchst. d, Satz 2 EStG. 60 % der Dividende sind steuerpflichtig und unterliegen dem allgemeinen Steuertarif. Gemäß § 3c Abs. 2 EStG sind mit den Dividenden in wirtschaftlichem Zusammenhang stehende Betriebsausgaben nur in Höhe von 60 % abzugsfähig. Ein Sparer-Pauschbetrag wird nicht gewährt.

> **Beispiel:**
>
> Fall wie oben, allerdings befinden sich die Anteile im Gesamthandsvermögen der von A zu 100 % gehaltenen GmbH & Co. KG. Die Dividende ist nach § 3 Nr. 40 Satz 1 Buchst. d, Satz 2 EStG in Höhe von 40 % steuerfrei, 60 TEUR werden im Rahmen der einheitlichen und gesonderten Gewinnfeststellung als gewerbliche Einkünfte erfasst. Die Depotgebühren des A in Höhe von 1.000 EUR können mit 600 EUR als Betriebsausgaben angesetzt werden. Wenn der persönliche Steuersatz von A 42 % beträgt, entfällt auf seine Einkünfte aus der Beteiligung eine Steuer von 24.948 EUR. Nach Anrechnung der KapESt könnte A mit einer Steuererstattung von 52 EUR rechnen (25 % von 100 TEUR=25 TEUR).

2. Körperschaftsteuer

Auch Wertminderungen von Darlehen, die ein Gesellschafter seiner Kapitalgesellschaft gewährt hat, gelten als Betriebsausgaben, die nach § 3c Abs. 2 EStG nur zu 60% abzugsfähig sind.

Ausschüttungen an Kapitalgesellschaften, sog. § 8b KStG-Befreiung (Schachtelprivileg). Ausschüttungen von Kapitalgesellschaften an Kapitalgesellschaften sind grundsätzlich *steuerfrei*, § 8b Abs. 1. Es handelt sich systematisch um eine *sachliche* Steuerbefreiung. Eine Besteuerung des Ausschüttungsbetrages findet erst dann statt, wenn die *empfangende* Kapitalgesellschaft den Ausschüttungsbetrag wiederum an natürliche Personen oder von diesen gebildete Personengesellschaften ausschüttet. Bestünde die Regelung der Steuerfreiheit bei Ausschüttungen zwischen Kapitalgesellschaften nicht, käme es bei *mehrstufigen Beteiligungsverhältnissen* in der Addition zu einer nicht gewollten steuerlichen Mehrfachbelastung. Bei mehrstöckigen Kapitalgesellschaftsstrukturen bleibt es folglich bei der Besteuerung auf der *ersten Ebene der Gewinnerzielung* (der Kapitalgesellschaft) einerseits und auf der *Ebene des Anteilseigners* (soweit natürliche Person oder von diesen gebildete Personengesellschaft) andererseits; dazwischen erfolgende Ausschüttungen sind grundsätzlich steuerfrei. Voraussetzung der Steuerfreiheit ist jedoch, dass die Beteiligung mindestens 10% des Grund- oder Stammkapitals beträgt. Damit scheiden Aktien im sog. Streubesitz, also bei Investitionen an öffentlichen Börsen, im Regelfall aus. Die Vermögensverwaltung durch Kapitalgesellschaften ist dadurch als steuerlich unattraktiv anzusehen, weil die auf Unternehmensebene bereits mit durchschnittlich 30% Unternehmenssteuern belasteten Ausgangsgewinne auf Ebene der zwischengeschalteten Kapitalgesellschaft erneut mit 15% KSt belastet werden, womit vor Anteilseignerbesteuerung bereits eine kumulierte Steuer von über 40% (15% von 70% Nachsteuergewinn) verrechnet wurde.

286

Der **BFH** beschäftigt sich neuerdings mit der Frage der **Zulässigkeit der Steuerpflicht von Streubesitzdividenden**, Az. I R 29/17. Maßstab der Überlegungen des BFH ist die gesetzgeberische Grundentscheidung, Gewinne nur auf der Ebene der Kapitalgesellschaft auf Anteilseignerebene zu besteuern und im Übrigen, mit Ausnahme der nichtabzugsfähigen Betriebsausgaben von 5%, unbesteuert zu lassen.

Nichtabzugsfähige Betriebsausgaben gem. § 8b Abs. 5. *Pauschal* 5% des Ausschüttungsbetrages sind als *nichtabzugsfähige Betriebsausgabe* dem Gewinn der empfangenen Kapitalgesellschaft hinzuzurechnen. Der Nachweis geringerer tatsächlicher Aufwendungen in Bezug auf die Beteiligung ist nicht zulässig. Besonders bei mehrstufigen Konzernstrukturen führt diese Regelung zu einer deutlichen Erhöhung der steuerlichen Gesamtbelastung von Unternehmensgruppen.

> **Beispiel:**
>
> An der T-GmbH ist die M-GmbH zu 100% als Gesellschafter beteiligt. Gesellschafter der M-GmbH sind A und B zu je 50%. Beide halten ihre Beteiligung im Privatvermögen. Die T-GmbH erwirtschaftet im VZ 2017 Einkünfte aus Gewerbebetrieb (nach GewSt) i. H. v. 100 TEUR. Nach einem Beschluss der M-GmbH als Gesellschafterin der T-GmbH im Geschäftsjahr 2017 wird der Gewinn der T-GmbH aus dem Geschäftsjahr 2017, soweit er nicht als Steueraufwand für die KSt zu verwenden war,

noch in 2017 vorab an die M-GmbH ausgeschüttet. Die M-GmbH beschließt im Geschäftsjahr 2018, ihren Gewinn in voller Höhe an die Gesellschaft A und B auszuschütten. Die M-GmbH erzielt außer den Einkünften aus der Gewinnausschüttung aus der T-GmbH keine weiteren Einkünfte.

Die T-GmbH hat auf die Einkünfte aus Gewerbebetrieb, die nach GewSt i.H.v. 100 TEUR bestehen, 15 TEUR an KSt zu entrichten, SolZ und Kapitalertragsteuer werden aus Vereinfachungsgründen nicht gerechnet. Die verbleibenden 85 TEUR werden im Geschäftsjahr 2017 an die M-GmbH ausgeschüttet. Da es sich um die Ausschüttung einer GmbH an eine andere GmbH handelt, sind die Erträge aus der Ausschüttung bei der empfangenden Gesellschaft gem. § 8b Abs. 1 grundsätzlich sachlich von der KSt befreit. Gem. § 8b Abs. 5 sind allerdings aus dem Ausschüttungsbetrag 5% als nichtabzugsfähige Betriebsausgaben anzusetzen. Die M-GmbH hat somit im VZ 2017 5% von 85 TEUR, somit 4.250 EUR, der KSt zu unterwerfen. Die KSt hierauf beträgt 637 EUR. Die M-GmbH schüttet im Geschäftsjahr 2018 die verbleibenden 84.363 EUR an ihre Gesellschafter A und B aus. Weil die Beteiligungen im Privatvermögen gehalten werden, ist die Abgeltungsteuer anzuwenden. Sie beträgt 25% des Ausschüttungsbetrags von jeweils 42.181 EUR und somit jeweils 10.545 EUR.

bb) Besteuerung des Veräußerungsgewinns

287 Die bei der *Dividendenbesteuerung* maßgebliche Differenzierung danach, ob die Kapitalgesellschaftsbeteiligung im *Privatvermögen* oder im *Betriebsvermögen* gehalten wird, ist auch bei der *Besteuerung von Gewinnen aus der Veräußerung von Kapitalgesellschaftsbeteiligungen* von Bedeutung. Für das Privatvermögen ist ferner relevant, ob die Beteiligung sich *unterhalb von einem Prozent* am Kapital bewegt (dann Wertzuwachsbesteuerung, Rz. 288) oder *1% oder mehr* erreicht (dann Besteuerung ausschließlich nach § 17 EStG, s. Rz. 289, 162 ff.).

288 Im Privatvermögen gehaltene Streubesitzaktien: Wertzuwachsbesteuerung. Seit dem VZ 2009 gibt es mit der *Wertzuwachsbesteuerung* erstmals in Deutschland eine allgemeine *capital gains tax* bei Gewinnen aus Aktienverkäufen. Während bisher Veräußerungsgewinne aus sich im Streubesitz befindlichen Aktien nur innerhalb der Spekulationsfrist von einem Jahr der Besteuerung unterworfen wurden, im Übrigen jedoch steuerfrei waren, sind nunmehr Gewinne aus der Veräußerung von Kapitalgesellschaftsbeteiligungen *unabhängig von der Haltedauer* steuerpflichtig, § 20 Abs. 2 EStG. Die frühere Regelung zu *privaten Veräußerungsgeschäften* in §§ 23 Abs. 1 Satz 1 Nr. 2, 22 Nr. 2 EStG (s. Rz. 211 f., 291 Steuerrecht 2009) wurde dadurch abgelöst. Die der Wertzuwachsbesteuerung unterliegenden Veräußerungsgewinne sind, soweit sie aus Aktienverkäufen stammen, *kapitalertragsteuerpflichtig*. Der Kapitalertragsteuerabzug i.H.v. 25% entfaltet *Abgeltungswirkung*, welche jedoch mit einer Veranlagungsoption nach § 32d Abs. 4 und 6 EStG ausgestattet ist, s. Rz. 283 f.

289 Übrige im Privatvermögen gehaltene Beteiligungen. Beläuft sich die Beteiligungshöhe innerhalb der letzten fünf Jahre auf mindestens 1% vom Kapital, ist § 17 Abs. 1 Satz 1 EStG dergestalt anwendbar, dass Veräußerungsgewinne zu den Einkünften aus Gewerbebetrieb gehören, s. Rz. 162. Nach § 32d Abs. 1 Satz 1 ist die Abgeltungsteuer (s. Rz. 282) in diesem Fall jedoch nicht anwendbar. Ebenso wie bei den im Betriebsvermögen befindlichen Kapitalgesellschaftsbeteiligungen ist das *Teileinkünfteverfahren* (s. Rz. 285) anwendbar, womit 40 % des Veräußerungsgewinns steuerfrei sind, § 3 Nr. 40 Satz 1 Buchst. c EStG.

Im Betriebsvermögen gehaltene Beteiligungen. Ebenso wie bei den im Privatvermögen gehaltenen Beteiligungen von mindestens 1 % am Kapital sind auch die Veräußerungsgewinne von im Betriebsvermögen gehaltenen Beteiligungen steuerpflichtig, es ist ebenfalls das *Teileinkünfteverfahren* nach § 3 Nr. 40 Satz 1 Buchst. a EStG anwendbar, s. Rz. 285. Auf die Beteiligungshöhe kommt es nicht an, nach dem Teileinkünfteverfahren steuerpflichtig sind somit auch Veräußerungsgewinne von Beteiligungen, die unter 1 % am Kapital liegen. Im unmittelbaren wirtschaftlichen Zusammenhang stehende Betriebsausgaben sind nach § 3c Abs. 2 EStG i. H. v. 60 % abzugsfähig. Der Kapitalertragsteuerabzug auf den Veräußerungsgewinn entfaltet keine Abgeltungswirkung. **290**

Im Betriebsvermögen von Kapitalgesellschaften gehaltene Kapitalgesellschaftsbeteiligungen. Auch hier gilt die generelle *Steuerfreiheit*, die allerdings in § 8b Abs. 2 geregelt ist. Ebenfalls bestehen nicht abzugsfähige Betriebsausgaben nach § 8b Abs. 3. Ein etwaiger *Kapitalertragsteuerabzug* entfaltet keine Abgeltungswirkung, er ist im Rahmen der steuerlichen Veranlagung überwiegend zurückzugewähren. Anders als bei der Dividendenbesteuerung wird die Steuerfreiheit jedoch nicht an eine Mindestbeteiligungshöhe (s. Rz. 286) geknüpft.

Stichtagsregelung. Die Wertzuwachsbesteuerung ist erstmals bei Gewinnen aus der Veräußerung von Kapitalgesellschaftsbeteiligungen anzuwenden, die nach dem 31.12.2008 erworben wurden. Vor dem 1.1.2009 erworbene Kapitalgesellschaftsbeteiligungen sind, soweit sie den Anteil von einem Prozent am Kapital nicht erreichen, weiterhin nach § 23 Abs. 1 Nr. 2 EStG a. F. steuerfrei (sog. Grandfathering). **291**

> **Beispiel:**
>
> Im obigen Beispiel (Rz. 282) hat A die Aktien am 30.12.2008 erworben und am 30.6.2018 veräußert, sein Veräußerungsgewinn beträgt 20 TEUR. Der Veräußerungsgewinn ist steuerfrei, weil seine Beteiligung unter 1 % liegt. Die Grundsätze der Wertzuwachsbesteuerung sind noch nicht anwendbar, weil der Erwerb vor dem 1.1.2009 stattfand. Weil die Haltedauer von einem Jahr überschritten wurde, liegt auch kein privates Veräußerungsgeschäft nach altem Recht gem. § 23 Abs. 1 Satz 1 Nr. 2 EStG (Steuerrecht 2009 Rz. 291) vor.

Zusammenfassende Darstellung

Gesellschafter	Beteiligung im	Dividendenbesteuerung		Besteuerung des Veräußerungsgewinns	
		Beteiligung < 10 %	Beteiligung ≥ 10 %	Beteiligung < 1 %	Beteiligung ≥ 1 %
natürliche Person oder Personengesellschaft	PV	Abgeltungsteuer 25 %, § 32d Abs. 1 EStG		Wertzuwachsbesteuerung → Abgeltungsteuer 25 %	Teileinkünfteverfahren, § 17 EStG
	BV	Teileinkünfteverfahren, 60 % steuerpflichtig, § 3 Nr. 40 Satz 1 lit. a, d, Satz 2 EStG; Betriebsausgaben zu 60 % abzugsfähig, § 3c Abs. 2 EStG			
z.B. GmbH, AG	BV	steuerpflichtig § 8b Abs. 4 KStG	Zu 95 % steuerfrei § 8b Abs. 1, Abs. 5 KStG	derzeit noch zu 95 % steuerfrei § 8b Abs. 2, Abs. 3 KStG	Zu 95 % steuerfrei § 8b Abs. 2, Abs. 3 KStG

📖 **Weiterführende Literaturempfehlungen:** *Tipke/Lang*, § 9 Rz. 492 ff.; *Jakob*, EStG, Rz. 376 ff.; *Birk/Desens/Tappe*, Rz. 1237 ff.

cc) Investmentsteuergesetz

291a Anwendungsbereich. Das Investmentsteuergesetz (InvStG) regelt die Besteuerung von Investmentfonds und deren Anlegern. In seiner heutigen Form gilt es seit dem 1.1.2018, das vorherige Investmentsteuergesetz 2004 vom 15.12.2003 ist mit Ablauf des Jahres 2017 aufgehoben worden. Die nachfolgenden Ausführungen beziehen sich auf das neue geltende Recht und die Übergangsvorschriften.

Der **Systematik der Besteuerung** von Personengesellschaften folgend wurden Investmentfonds früher im Wesentlichen *transparent besteuert*. Der Fonds selbst war nicht steuerpflichtig, Erträge wurden zur Versteuerung auf Anlegerebene weitergeleitet. Ausgenommen waren Erträge aus Verkäufen von Anteilen auf Fondsebene, die erst bei Anteilsverkauf oder Ausschüttung aus dem Fonds versteuert wurden. Das frühere System barg EU-rechtliche Risiken, ermöglichte aggressive Steuergestaltung und stellte einen großen Aufwand bei der Ermittlung von Besteuerungsgrundlagen dar. Der Gesetzgeber hat daher eine Neugestaltung des Investmentsteuergesetzes vorgenommen, welches nunmehr eine *intransparente Besteuerung* und damit eine Trennung der steuerlichen Sphären von Formen und Anlegern vorsieht.

Der **Investmentfonds** unterliegt der KSt mit einem Steuersatz von 15 %, gegebenenfalls zuzüglich SolZ. Die KSt ist grundsätzlich definitiv und auf Anlegerebene nicht anrechenbar.

Der Wegfall der transparenten Besteuerung führt zunächst dazu, dass es **drei Ebenen der Besteuerung** gibt: Die *emittierende Aktiengesellschaft*, den *Fonds* und den *Anleger*. Die ersten beiden Besteuerungsebenen stellen definitive Steuerbelastungen dar. Ungeachtet des SolZ und bei einer angenommenen Gewerbesteuerbelastung von 15%, werden bei Vollausschüttung an den Fonds 30% auf Ebene der Aktiengesellschaft und 10,5% (15% des ausgeschütteten Nettobetrages von 70%) auf Fondsebene, insgesamt somit ca. 40% versteuert. Würden die ca. 60% Nachsteuerertrag der Abgeltungssteuer unterworfen, betrüge diese ca. 15% von der Grundbemessungsgrundlage, womit eine Gesamtsteuer von ca. 55% zusammenkäme. Diese Dreifachbesteuerung wird ausschließlich auf der Ebene des Anlegers durch sog. *Teilfreistellungen* reduziert.

Steuerlich werden drei Formen von **Erträgen auf Anlegerebene** unterschieden:

- Ausschüttungen,
- Vorabpauschalen,
- Veräußerungsgewinne, § 16 Abs. 1 InvStG.

Ausschüttungen sind an den Anleger ausgezahlte Beträge zuzüglich der Kapitalertragsteuer, § 2 Abs. 11 InvStG. **Vorabpauschalen** wurden früher als *ausschüttungsgleiche* Erträge bezeichnet und sind solche, die der Fonds thesauriert. Hier erfolgt eine fiktive Ausschüttung unter Anwendung einer Bewertung in Höhe der sog. risikolosen Marktverzinsung, § 18 InvStG. **Gewinne aus der Veräußerung des Anteils am Investmentfonds** durch den Anleger werden nach § 19 InvStG wie *Einkünfte aus Kapitalvermögen* nach § 20 Abs. 4 EStG versteuert, sofern diese nicht zu einem Betriebsvermögen gehören. Es ist dann die Abgeltungssteuer nach § 32d Abs. 1 Satz 1 EStG mit einem Steuersatz von 25% anwendbar. Hierbei sind die während der Besitzzeit angesetzten Vorabpauschalen abzusetzen, § 19 Abs. 1 Satz 3 InvStG.

Bezüglich des **Systems der Teilfreistellungen** werden verschiedene Fondstypen in Abhängigkeit der Zusammensetzung des Fonds (Aktienfonds, Mischfonds, Immobilienfonds, ausländische Immobilienfonds) und der steuerlichen Zuordnung beim Anleger im Privatvermögen, Betriebsvermögen oder durch eine Körperschaft vermittelten Betriebsvermögen differenziert. Die Teilfreistellungen liegen in der Höhe zwischen 15% und 80% der Erträge, § 20 InvStG.

Übergangsrecht. Aufgrund des Übergangs vom Transparenzprinzip zum Trennungsprinzip erfolgt eine fiktive Veräußerung der Fondsanteile zum 31.12.2017 zum letzten festgesetzten Rücknahmepreis und eine fiktive Wiederanschaffung zum 1.1.2018. Ergibt sich daraus ein fiktiver Veräußerungsgewinn, ist dieser dem Anleger zwar zuzurechnen, aber erst dann zu versteuern, wenn er seinen Anteil tatsächlich versteuert. Fondsanteile, die von Privatanlegern vor dem Zeitpunkt der Einführung der Abgeltungssteuer am 1.1.2009 angeschafft wurden und nach damaliger Rechtslage nicht der Wertzuwachsbesteuerung unterlagen (sog. „Grandfathering"), genießen einen Bestandsschutz. Dieser betrifft allerdings nur die Phase bis zum 31.12.2017. Wertveränderungen ab dem 1.1.2018 unterliegen dann auch bei Altanteilen künftig der Besteuerung. Bei Wertveränderungen von Alt-Anteilen wird jedoch ein Freibetrag von 100.000 EUR gewährt.

f) Exkurs: Konzernsteuerrecht, Organschaft

Das Recht der Besteuerung von Unternehmensverbindungen berücksichtigt die Tatsache, dass rechtlich selbstständige Unternehmen in wirtschaftlicher Hinsicht in einer bestimmten Beziehung zueinander stehen, um einheitliche Ziele verfolgen zu können. Hält ein Unternehmen eine **Beteiligung** an einem anderen Unternehmen gem. § 271 Abs. 1 HGB oder sind Unternehmen im Verhältnis zueinander **verbundene Unternehmen** i.S.v. § 271 Abs. 2 HGB, so ergeben sich mehr oder weniger große Einflussnahmemöglichkeiten des die Beteiligung haltenden Unternehmens. Die rechtliche Selbstständigkeit von Unternehmen kann durch Beteiligungs- oder Verbundbeziehungen von einer *wirtschaftlichen Abhängigkeit* überlagert werden. Der Grad der wirtschaftlichen Abhängigkeit kann zudem durch den Abschluss von Unternehmensverträgen deutlich verstärkt werden. Schließen Unternehmen z.B. Beherrschungs- und Gewinnabführungsverträge ab, können sie in wirtschaftlicher Hinsicht i.d.R. nur als Einheit begriffen werden.

Konzernsteuerrecht. Die laufende Besteuerung bei Unternehmensverbindungen wird allgemein als Konzernsteuerrecht bezeichnet. Der Begriff des Konzernsteuerrechts lässt sich aus dem **Konzernbegriff** in § 18 Abs. 1 Satz 1 AktG herleiten, wonach die Zusammenfassung eines herrschenden und/oder mehrerer abhängiger Unternehmen unter der einheitlichen Leitung des herrschenden Unternehmens den Konzern bildet. Der Konzernbegriff ist ferner von der **Konzernrechnungslegungspflicht** der §§ 290 ff. HGB abzugrenzen. Festzuhalten ist jedoch, dass weder das Gebilde, das sich aus der Zusammenfassung von Unternehmen zu einem Konzern i.S.d. § 18 Abs. 1 Satz 1 AktG, noch zu einem solchen gem. §§ 290 ff. HGB ergibt, eine eigene steuerliche Subjektivität besitzt. Das Konzernsteuerrecht ist vielmehr davon gekennzeichnet, dass Obergesellschaften Ergebnisbeiträge von selbstständigen Untergliederungen steuerlich zu berücksichtigen haben.

Betriebsaufspaltung. Schließlich sind unter das Konzernsteuerrecht Fälle der Aufgliederung einheitlicher Unternehmen in zwei rechtlich getrennte Einheiten zu fassen, von denen die eine ausschließlich vermögensverwaltende und die andere operative Tätigkeiten entfaltet, s. Rz. 153a ff.

293 **Organschaft.** Das Steuerrecht knüpft bei Unternehmensverbindungen grundsätzlich an die wirtschaftliche Betrachtungsweise an. Können Unternehmen durch den Abschluss von Unternehmensverträgen oder aus sonstigen Gründen wirtschaftlich nur als Einheit betrachtet werden, wird die sich aus der Subjektivität des Rechtsträgers ergebende Selbstständigkeit bei der Ermittlung der Besteuerungsgrundlagen aufgehoben. Die finanziellen Ergebnisse mehrerer Unternehmen werden zusammengerechnet. In diesen Fällen wird allgemein von einer steuerlichen Organschaft gesprochen.

294 **Organkreis.** Der Zweck von Organschaften liegt in der steuerlichen Zusammenfassung von mindestens zwei rechtlich selbstständigen Steuersubjekten (im Folgenden: Gesellschaften) für Zwecke der Ermittlung der Besteuerungsgrundlagen. Gemeinsames Merkmal aller Organschaften ist, dass die an der Organschaft teilnehmenden Personen oder Gesellschaften (*Organkreis*) entweder die Funktion des *Organträgers* oder die der *Organgesellschaft* innehaben. Es werden die *körperschaftsteuerliche* (Rz. 298), die *gewerbesteuerliche* (Rz. 301) und die *umsatzsteuerliche* Organschaft (Rz. 302) unterschieden.

Ergebnisabführungsvertrag (EAV). Wesensmerkmal der *körperschaftsteuerlichen* und *gewerbesteuerlichen* Organschaft ist, dass sich eine Kapitalgesellschaft (verpflichtetes Unternehmen) aufgrund eines *Gewinnabführungsvertrags* gem. § 291 Abs. 1 Satz 1 AktG (bei der GmbH analog) verpflichtet hat, ihren ganzen Gewinn an ein anderes (berechtigtes) Unternehmen abzuführen. Aufgrund der gem. § 302 Abs. 1 AktG bestehenden *Verlustübernahmeverpflichtung* (bei GmbH analog) wird vereinfachend von einem *Ergebnisabführungsvertrag* gesprochen. Das Vorliegen eines EAV führt gesellschaftsrechtlich dazu, dass die verpflichtete Gesellschaft ohne Vornahme einer Gewinnausschüttung ihr gesamtes Jahresergebnis mit Ablauf des Geschäftsjahres der berechtigten Gesellschaft zuweist. Wenn ein Verlust entsteht, ist das nach § 291 Abs. 1 Satz 1 AktG berechtigte Unternehmen verpflichtet, den entstandenen Verlust auszugleichen.

Voraussetzungen der Organschaft im Überblick:

Organschaft	Eingliederung			EAV
	finanzielle	wirtschaftliche	organisatorische	
körperschaft-steuerliche	ja	nicht erforderlich	nicht erforderlich	ja
gewerbesteuerliche	ja	nicht erforderlich	nicht erforderlich	ja
umsatzsteuerliche	ja	ja	ja	nicht erforderlich

Handelsbilanzielle Behandlung. In der Gewinn- und Verlustrechnung der *verpflichteten Gesellschaft* werden *im Gewinnfall* vor dem Ausweis des Jahresergebnisses *Aufwendungen aufgrund* eines *Gewinnabführungsvertrages* genau in der Höhe ausgewiesen, dass ein Jahresergebnis i. H. v. 0 EUR entsteht. Entsprechend werden *im Verlustfall Erträge aus Verlustübernahme* in genau der Höhe ausgewiesen, um das Ergebnis auf 0 EUR zu stellen. Bei der gem. § 291 Abs. 1 Satz 1 AktG *berechtigten Gesellschaft* werden Erträge und Aufwendungen ebenfalls vor dem Jahresergebnis ausgewiesen. **295**

Steuerrecht. Das Steuerrecht greift die handelsrechtliche Vorgehensweise auf. Nach der *Zurechnungsmethode* werden die Ergebnisanteile der den Gewinn abführenden bzw. den Verlustausgleich empfangenden Organgesellschaft *dem Organträger* (Empfänger der Gewinnabführung bzw. Verpflichteter aus der Verlustübernahme) *zugerechnet* und zusammen mit den eigenen Einkünften des Organträgers der Besteuerung zugeführt. Insgesamt wird so steuerlich erreicht, dass die Ermittlung der Besteuerungsgrundlagen im gesamten Organkreis *zentral* beim Organträger erfolgt. **296**

Die **Vorteile der Organschaft** lassen sich im Wesentlichen in drei Bereiche zusammenfassen: **297**

- sofortiger Verlustausgleich im Organkreis,
- unmittelbare Zurechnung des Einkommens der Organgesellschaft beim Organträger, wenn dieser eine natürliche Person oder eine gewerbliche Personengesellschaft ist, und damit Steuerentlastung in der steuerlichen Gesamtsicht,
- Vermeidung des Problems der *Pauschalversteuerung von 5 %* der Dividenden aus Kapitalgesellschaften gem. § 8b Abs. 5 KStG, s. Rz. 286.

Sofortiger Verlustausgleich. Der *sofortige Verlustausgleich* im Organkreis ist der wichtigste Vorteil der Organschaft. Insb. bei Organkreisen mit einer größeren Anzahl von Organgesellschaften und *heterogener Erfolgsstruktur* kann die sofortige Verlustverrechnung im Organkreis dazu führen, dass die Steuerbelastung im Konzern verringert wird. Während außerhalb der Organschaft bei Kapitalgesellschaften eine Verlustverrechnung nur *periodenübergreifend* im Rahmen des Verlustabzugs nach §§ 8c KStG, 10d EStG in Frage kommt, gewährleistet die steuerliche Organschaft die Verrechnung von Gewinnen und Verlusten zwischen allen dem Organkreis angehörenden Gesellschaften und *innerhalb derselben Periode*. Auch wenn sich diese Effekte prinzipiell in der Totalperiode der Unternehmen ausgleichen, ergeben sich durch die frühere Verrechnungsmöglichkeit positive Zins- und Liquiditätseffekte. Die Verlustverrechnung greift sowohl zwischen Organgesellschaft und Organträger als auch zwischen Organgesellschaften untereinander.

Unmittelbare Zurechnung. Im Fall einer Personengesellschaft als Organträger liegt ein besonderer Vorteil der Organschaft darin, dass die ertragsteuerliche **Doppelbelastung mit KSt** einerseits **und ESt** nach dem Teileinkünfteverfahren, die ohne Organschaft bestehen würde, vermieden wird. Der Erfolg im Organkreis wird steuerlich unmittelbar dem Organträger zugerechnet, wo er der Einkommensbesteuerung unterliegt. Wie im Steuerbelastungsvergleich gezeigt, kann hierdurch die steuerliche Gesamtbelastung um maximal 2,50 Prozentpunkte reduziert werden, s. Rz. 362.

Vermeidung der Pauschalversteuerung. Schließlich ist festzuhalten, dass das Vorliegen einer Organschaft den im Übrigen bestehenden Nachteil der *Pauschalversteuerung von 5 %* der Dividenden aus Kapitalgesellschaften gem. § 8 b Abs. 5 KStG vermeidet, s. Rz. 286.

Als **Nachteil** der körperschaftsteuerlichen und gewerbesteuerlichen Organschaft ist die mit der Ergebnisübernahme verbundene Haftung des Organträgers gem. § 302 AktG hervorzuheben.

298 **(1) Körperschaftsteuerliche Organschaft.** Die körperschaftsteuerliche Organschaft ist in den §§ 14 bis 19 KStG geregelt. Während die **Organgesellschaft** bei der körperschaftsteuerlichen Organschaft immer eine *Kapitalgesellschaft* ist, kann der **Organträger** gem. § 14 Abs. 1 Satz 1 Nr. 2 Satz 1 KStG entweder

- eine unbeschränkt steuerpflichtige *natürliche Person* oder
- eine nicht steuerbefreite *Körperschaft*, Personenvereinigung oder Vermögensmasse oder
- eine *Personengesellschaft* i. S. d. § 15 Abs. 1 Nr. 2 EStG sein, wenn sie eine Tätigkeit im Sinne des § 15 Abs. 1 Nr. 1 EStG ausübt; gewerbliche Prägung nach § 15 Abs. 3 EStG genügt hier nicht.

299 Die **Besteuerung des Organkreises nach der Zurechnungsmethode** richtet sich somit nur dann nach dem *Körperschaftsteuerrecht*, wenn der Organträger gem. § 1 Abs. 1 in den persönlichen Geltungsbereich des KStG fällt, mithin eine nicht steuerbefreite Körperschaft, Personenvereinigung oder Vermögensmasse ist. Ist der Organträger hingegen eine unbeschränkt steuerpflichtige natürliche Person oder Personengesellschaft i. S. d. § 15 Abs. 1 Nr. 2 EStG, erfolgt die Einkommensermittlung nach den Regeln des *Einkommensteuerrechts*. In diesem

Fall ist das KStG lediglich für die Frage des *Vorliegens einer steuerlichen Organschaft* maßgebend. Die Anteile an der Organgesellschaft dürfen sich aber bei Personengesellschaften als Organträger nicht nur im *Sonderbetriebsvermögen*, sondern müssen sich im *Gesamthandsvermögen* der Personengesellschaft befinden.

Die körperschaftsteuerliche Organschaft **setzt u.a. weiter voraus**:
- *finanzielle Eingliederung* gem. § 14 Abs. 1 Satz 1 Nr. 1 Satz 1 und
- Vorliegen eines *Gewinnabführungsvertrages* gem. § 14 Abs. 1 Satz 1, Satz 1 Nr. 3.

Finanzielle Eingliederung ist gegeben, wenn der Organträger an der Organgesellschaft vom Beginn ihres Wirtschaftsjahres an ununterbrochen in einem solchen Maße beteiligt ist, dass ihm die *Mehrheit der Stimmrechte* aus den Anteilen an der Organgesellschaft zusteht. Hierbei sind nach § 14 Abs. 1 Satz 1 Nr. 1 Satz 2 *mittelbare Beteiligungen* zu berücksichtigen, wenn die Beteiligung an *jeder* vermittelnden Beteiligung die Mehrheit der Stimmrechte gewährt.

Der **Gewinnabführungsvertrag** gem. § 291 Abs. 1 Satz 1 1. Alt. AktG (bei der GmbH analog) muss bestimmten steuerlichen Anforderungen genügen. Gem. § 14 Abs. 1 Satz 1 Nr. 3 ist er *mindestens für fünf Jahre* abzuschließen und muss im ersten Jahr der steuerlichen Geltung zivilrechtlich wirksam werden. Er muss korrekt durchgeführt werden.

Vororganschaftliche Verluste. Gem. § 15 Satz 1 Nr. 1 ist bei der Ermittlung des *körperschaftsteuerlichen Einkommens* der Organgesellschaft ein *Verlustabzug* i.S.d. § 10d EStG nicht zulässig. Dasselbe gilt gem. § 10a Satz 3 GewStG auch bei der Ermittlung des *gewerbesteuerlichen Einkommens* der Organgesellschaft. Da Verluste aus vororganschaftlicher Zeit beim Organträger nicht berücksichtigt werden können, ist im Rahmen der Steuerplanung vor der Begründung einer steuerlichen Organschaft darauf zu achten, ob Verlustabzugspotentiale vorliegen und ob diese vorher steuerlich nutzbar gemacht werden können. **300**

(2) Gewerbesteuerliche Organschaft. Die Voraussetzungen der gewerbesteuerlichen Organschaft entsprechen grundsätzlich denen der körperschaftsteuerlichen. Für beide Steuerarten sind sowohl die *finanzielle Eingliederung* als auch das Vorliegen eines *Gewinnabführungsvertrages* Voraussetzung, vgl. Rz. 299. Es gilt somit auch bei der gewerbesteuerlichen Organschaft die *Zurechnungstheorie*. Der Gewerbeertrag der Organgesellschaft wird dem des Organträgers zugerechnet. Dies gilt unabhängig davon, ob der Organträger seinerseits eine Kapitalgesellschaft ist und damit der Fiktion des § 2 Abs. 2 Satz 1 GewStG unterliegt oder ob er eine natürliche Person bzw. eine Personengesellschaft ist. **301**

Organgesellschaft ist Betriebsstätte. Gem. § 2 Abs. 2 Satz 2 GewStG gilt die Organgesellschaft i.S.d. §§ 14, 17 oder 18 KStG als *Betriebsstätte* des Organträgers. Die Betriebsstättenfiktion führt dazu, dass ggf. die Regelungen der Zerlegung nach § 28 ff. GewStG eingreifen, vgl. Rz. 351.

(3) Umsatzsteuerliche Organschaft. In subjektiver Hinsicht kann nach deutschem Recht auch bei der umsatzsteuerlichen Organschaft **Organgesellschaft** nur eine *juristische Person* sein, § 2 Abs. 2 Nr. 2 UStG. Das maßgebende Europarecht (Art. 11 MwStSystRL) beschränkt die Rechtsform hingegen nicht. Mitt- **302**

lerweile sieht die Rechtsprechung von BFH und EuGH übereinstimmend vor, dass auch Personengesellschaften grundsätzlich Organgesellschaften sein können. Technisch wird der Begriff der juristischen Person unionsfreundlich dergestalt extensiv ausgelegt, dass auch eine Personengesellschaft eine juristische Person sein kann. Eine gesetzliche Änderung scheint daher derzeit nicht zwingend notwendig zu sein. Die neue Rechtsprechung wird durch ein Schreiben des BMF vom 26.5.2017, Az. III C 2 - S 7105/15/10002, welches den UStAE in verschiedenen Stellen ändert, nunmehr auch von der Finanzverwaltung anerkannt. Bis zum Ablauf des 31.12.2018 besteht allerdings ein Wahlrecht von Steuerpflichtigen, noch nach der alten Rechtslage zu verfahren. Ab 2019 sind die neuen Regeln dann verbindlich für alle Steuerpflichtigen anzuwenden. Einzelheiten sind noch sehr strittig, zumal die beiden mit dieser Rechtsfrage beschäftigten Senate des BFH (V., XI.) in wesentlichen Fragen unterschiedliche Auffassungen vertreten. **Organträger** kann jede *natürliche oder juristische Person* oder *Personengesellschaft* sein, die Organträgereigenschaft ist damit grundsätzlich *rechtsformneutral* und steht somit jedem Unternehmer gem. § 2 Abs. 1 UStG offen.

303 Die umsatzsteuerliche Organschaft setzt die *finanzielle, wirtschaftliche* und *organisatorische Eingliederung* der Organgesellschaft in das Unternehmen des Organträgers voraus. Im Unterschied zu der körperschaft- und gewerbesteuerlichen Organschaft ist damit zusätzlich das Vorliegen der *wirtschaftlichen* und *organisatorischen Eingliederung* erforderlich. Ein *Gewinnabführungsvertrag* ist im Gegensatz zur gewerbesteuerlichen und körperschaftsteuerlichen Organschaft hingegen nicht erforderlich. Die umsatzsteuerliche Organschaft kann damit auch *ungeplant* entstehen, wenn die Eingliederungsvoraussetzungen, evtl. ohne entsprechendes Bewusstsein der Geschäftsleitungen, gegeben sind. Insoweit unterscheidet sich die umsatzsteuerliche Organschaft von den anderen Organschaften, bei denen durch den Abschluss des Gewinnabführungsvertrages die Organschaft zumeist final angestrebt wird.

304 Finanzielle Eingliederung. Die Anforderungen an die finanzielle Eingliederung entsprechen denen des § 14 Abs. 1 Satz 1 Nr. 1, s. Rz. 299. Voraussetzung ist damit, dass dem Organträger die Mehrheit der Stimmrechte bei der Organgesellschaft zusteht, UStAE 2.8 Abs. 5.

305 Wirtschaftliche Eingliederung. Wirtschaftliche Eingliederung ist gegeben, wenn die Organgesellschaft nach dem *Willen des Organträgers* im Rahmen des Organkreises wirtschaftlich tätig ist und die Tätigkeit des Organträgers in einem engen wirtschaftlichen Zusammenhang mit diesem *fördert* und *ergänzt*, UStAE 2.8 Abs. 6. Die wirtschaftliche Eingliederung liegt immer dann vor, wenn die Aktivitäten der Organgesellschaft auf die des Organträgers ausgerichtet sind. Entscheidend ist das *einheitliche Gesamtkonzept unter Leitung des Organträgers*. Fälle umsatzsteuerlicher Organschaften sind z. B. Einkaufs- und Verkaufsgesellschaften oder Produktions- und Vertriebsgesellschaften. Ist z. B. der Organträger eine Produktionsgesellschaft und nehmen Tochtergesellschaften Vertriebsfunktionen wahr, ist in der Regel von wirtschaftlicher Eingliederung auszugehen.

306 Organisatorische Eingliederung. Das Merkmal der organisatorischen Eingliederung setzt voraus, dass aufgrund organisatorischer Maßnahmen sichergestellt ist, dass in der Organgesellschaft der Wille des Organträgers auch tatsächlich ausgeführt wird, UStAE 2.8 Abs. 7. Die organisatorische Eingliederung ist immer bei *Personalunion von Organen* im Verhältnis von Organträger und Organgesellschaft gegeben. Sind z.B. Mitglieder der Geschäftsführung oder des Vorstands des Organträgers gleichzeitig entsprechende Gremienmitglieder bei der Organgesellschaft, ist von einer organisatorischen Eingliederung auszugehen. Nach UStAE 2.8 Abs. 9 genügt auch, dass ein nachrangiger Mitarbeiter des Organträgers maßgeblichen Einfluss auf die Geschäftsführung der Organgesellschaft hat. Der Abschluss eines **Beherrschungsvertrages** i.S.v. § 291 Abs. 1 AktG (bei der GmbH analog) führt gleichfalls zur Annahme einer organisatorischen Eingliederung.

Rechtsfolge der umsatzsteuerlichen Organschaft ist gem. § 2 Abs. 2 Nr. 2 Satz 2 UStG das Fehlen des Merkmals der *Selbstständigkeit* und damit der *Unternehmereigenschaft* der Organgesellschaft bezogen auf im Inland belegene Unternehmensteile. *Umsätze zwischen Organträger und Organgesellschaft* sind somit, sofern sie als im Inland ausgeführt gelten, *nicht steuerbar* und unterliegen damit nicht der USt, s. Rz. 415 ff. Besondere Vorteile entstehen durch die umsatzsteuerliche Organschaft in den Fällen, in denen der Organträger keine Vorsteuerabzugsberechtigung hat. Durch die Begründung umsatzsteuerlicher Organschaften können Leistungen von Tochtergesellschaften ohne USt an die Obergesellschaft erbracht werden und damit im Organkreis die USt als Kostenbestandteil gespart werden. Beispiele hierfür bieten etwa Dienstleistungstochtergesellschaften bei Krankenhausunternehmen. **307**

Weiterführende Literaturempfehlungen: *Frotscher,* Rz. 274 ff.; *Birk/Desens/Tappe,* Rz. 1220 ff.

g) Steuertarif

Die KSt beträgt gem. § 23 Abs. 1 **15%** des zu versteuernden Einkommens. Vgl. zur Entwicklung des KSt-Satzes Rz. 357 f. **316**

h) Solidaritätszuschlag

Auf die Rz. 222 wird verwiesen. **317**

i) Veranlagung und Erhebung

Nach § 31 Abs. 1 sind auf die Veranlagung und Erhebung der KSt die Regeln des EStG entsprechend anzuwenden. Auf die betreffenden Ausführungen wird verwiesen. **318**

3. Gewerbesteuer*

a) System und Aufbau des GewStG

aa) Grundlagen der GewSt

321 Die GewSt ist gem. § 3 Abs. 2 AO eine **Real- bzw. Objektsteuer**. Sie wird *rechtsformunabhängig* erhoben und unterscheidet sich von der ESt und KSt dadurch, dass sie *keine Personensteuer* ist und damit im Prinzip die *persönlichen Verhältnisse* des Steuerschuldners unberücksichtigt lässt. Die GewSt ist zudem **Gemeindesteuer**, § 1; nach Art. 106 Abs. 6 GG steht das Aufkommen der GewSt deshalb den Gemeinden zu. Gem. Art. 106 Abs. 6 Satz 2 GG ist den Gemeinden das Recht einzuräumen, die Höhe der GewSt durch Bestimmung von **Hebesätzen** im Rahmen der Gesetze festzusetzen.

322 Der *historische Gesetzgeber* hatte in der GewSt das sog. *Äquivalenzprinzip* vor Augen. Dieses sieht vor, die aus der Verpflichtung zur Daseinsvorsorge der Gemeinde resultierenden Lasten verursachungsgerecht umzulegen. Anknüpfungsmerkmal der GewSt ist daher nach wie vor der *„stehende Gewerbebetrieb"* gem. § 2 Abs. 1 Satz 1, der nach den Vorstellungen des Gesetzgebers eine wesentliche Ursache für das Tätigwerden der Gemeinde z. B. im Bereich der Infrastruktur setzt. Das GewStG bezieht daher seit jeher keine *persönlichen* Merkmale, wie etwa das der *individuellen Leistungsfähigkeit* des Steuerschuldners, in den Besteuerungstatbestand ein. Diese Ausweitung der Bemessungsgrundlage und deren heterogene Struktur sollten die Gleichmäßigkeit des Gewerbesteueraufkommens und damit die Kontinuität der Gemeindefinanzierung sichern.

Rechtsentwicklung. Der Gesetzgeber hatte sich bereits im Rahmen der Verhandlungen um das StSenkG im Jahr 2000 bemüht, die GewSt *abzuschaffen*. Die Abschaffung ist an dem Widerstand der Gemeinden gescheitert. Durch das mit dem StSenkG geschaffene Verfahren, zumindest bei Personengesellschaften die GewSt auf die Einkommensteuer „anzurechnen" (Rz. 352 ff.), ist die Doppelbelastung von ESt und GewSt beseitigt oder in Abhängigkeit zum Gewerbesteuerhebesatz wenigstens erheblich vermindert worden. Auch mit der *„Anrechnung"* der Gewerbesteuer kommt es jedoch im wirtschaftlichen Ergebnis bei vielen Steuerpflichtigen noch zu einer Restbelastung mit GewSt.

323 Gewerbeertrag. Besteuerungsgegenstand der GewSt ist der aus gewerblichen Einkünften resultierende Gewerbeertrag. Einkünfte aus anderen Einkunftsarten des EStG, insbesondere solche aus selbstständiger Arbeit, unterliegen somit nicht der GewSt. Die GewSt ist neben der ESt und der KSt eine weitere *Ertragsteuer*.

324 Keine Betriebsausgabeneigenschaft der GewSt. Die GewSt und die darauf entfallenden Nebenleistungen sind ebenso wie die übrigen Ertragsteuern keine

---

* Die Vorschriften des GewStG werden ohne Gesetzesbezeichnung zitiert.

Betriebsausgaben. Die GewSt ist somit weder bei der eigenen Bemessungsgrundlage, noch bei der ESt oder der KSt als Betriebsausgabe abzugsfähig. Die Nichtabzugsfähigkeit führt dazu, dass die Steuerarten ESt bzw. KSt und GewSt selbstständig und ohne gegenseitige Berücksichtigung der aus der jeweils anderen Steuerart resultierenden Steuerbelastung nebeneinander stehen. Die Regelung bedeutet *rechnerisch*, dass die Steuersätze der KSt und der GewSt, hier jedoch in Abhängigkeit vom Hebesatz, addierbar sind. Gleiches gilt für die Personengesellschaft, wenn und soweit die Thesaurierungsbesteuerung (s. Rz. 213) gewählt wird. Zu beachten ist jedoch, dass die Bemessungsgrundlagen der GewSt und der KSt durch Hinzurechnungen zum Gewerbeertrag und Kürzungen des Gewerbeertrags voneinander abweichen können.

> **Beispiel:**
>
> Die Stadt Bremen hat einen Hebesatz von 470% festgelegt. Die GewSt beträgt somit 16,45% (470% × 3,5%, §11 Abs. 2), mit der KSt von weiteren 15% sowie SolZ von 0,825% (15% × 5,5%) beträgt die Gesamtsteuerbelastung einer Kapitalgesellschaft in Bremen somit 32,275%.

System der GewSt. Die GewSt wird in einem *zwei- oder dreistufigen Verfahren* veranlagt. Anhand des Gewerbeertrags, der die Bemessungsgrundlage der GewSt bildet, wird in einem ersten Schritt unter Anwendung der Steuermesszahl der **Gewerbesteuermessbetrag** gem. §11 Abs. 1 und 2 ermittelt. Dieser wird nach §§ 28 ff. **zerlegt,** wenn in mehreren Gemeinden Betriebsstätten unterhalten werden. Jede Gemeinde setzt einen in Prozent ausgedrückten **Hebesatz** fest, der für alle in dem Gemeindegebiet unterhaltenen Gewerbebetriebe gilt, §§ 16 Abs. 1, 4. Die GewSt wird sodann durch Multiplikation des Steuermessbetrages mit dem Hebesatz ermittelt, § 16 Abs. 1. Da die Hebesätze prinzipiell unterschiedlich sind, wird die GewSt von Gemeinde zu Gemeinde in unterschiedlicher Höhe erhoben. **325**

Zuständigkeit. Für die Festsetzung des Steuermessbetrages ist gem. § 22 Abs. 1 Satz 1 AO das *Betriebsfinanzamt* (§ 18 Abs. 1 Nr. 2 AO) örtlich zuständig. Das Betriebsfinanzamt ist das Finanzamt, in dessen Bezirk sich die Geschäftsleitung des gewerblichen Betriebes befindet. Für die Festsetzung und Erhebung der GewSt sind die *Gemeinden* zuständig, § 16. **326**

bb) Aufbau des Gesetzes

Die **persönliche Steuerpflicht** wird entsprechend dem Charakter der GewSt als Objektsteuer relativ knapp in § 5 normiert. Persönliche Steuerbefreiungen enthält § 3. Die Bestimmungen zu den Gemeinden als **Steuer-** bzw. **Hebeberechtigte** finden sich in den §§ 1 und 4. Die Regelungen zur **sachlichen Steuerpflicht** befinden sich in den §§ 2 und 2a zum *Steuergegenstand*, in § 6 zur *Besteuerungsgrundlage* und in den §§ 7 bis 11 zur *Bemessung* der GewSt. **327**

Als Besteuerungsgegenstand wird in § 2 Abs. 1 Satz 1 jeder *stehende Gewerbebetrieb* bestimmt. Diese Festlegung knüpft an die historische Bedeutung der GewSt an. Mit dem Übergang der GewSt zu einer reinen Ertragsteuer sind als Steuergegenstand entsprechend dem EStG und dem KStG ausschließlich das *Einkommen*, genau genommen die *Einkünfte aus Gewerbebetrieb*, anzusehen.

Ebenso wie das KStG basiert das GewStG auf einer weitgehenden Verweisung auf Vorschriften des EStG und des KStG, § 7 Satz 1. Der Gewinn aus Gewerbebetrieb wird dem Charakter der GewSt als Objektsteuer folgend durch **Hinzurechnungen** und **Kürzungen** gewerbesteuerlich modifiziert. Die Hinzurechnungen sind in § 8, die Kürzungen in § 9 geregelt. Der nach dem EStG bzw. KStG ermittelte und gewerbesteuerlich modifizierte Gewinn aus Gewerbebetrieb wird nach § 11 Abs. 1 Satz 2 mit einer **Steuermesszahl** multipliziert. Diese beträgt 3,5 %, § 11 Abs. 2. Auf den so ermittelten **Steuermessbetrag** wird sodann im zweiten Schritt der von der jeweiligen Gemeinde festgesetzte **Hebesatz** angewendet. Das **Produkt aus Steuermessbetrag und Hebesatz** ist die Grundlage für die Festsetzung und Erhebung der GewSt, § 16 Abs. 1.

Die §§ 14 bis 15 enthalten **Verfahrensregelungen** zur Festsetzung des Steuermessbetrages, zur Steuererklärungspflicht und zu einem etwa festzusetzenden Verspätungszuschlag. Die auf der zweiten Stufe stehende **Entstehung**, **Festsetzung** und **Erhebung** der Steuer durch die hebeberechtigte Gemeinde ist in den §§ 16 bis 21 geregelt.

Für die Fälle, in denen ein Steuerschuldner **Betriebsstätten** in mehreren Gemeinden unterhält, kommt es zu einer **Zerlegung des Steuermessbetrages**. Das Heberecht steht in diesen Fällen allen betroffenen Gemeinden anteilig zu. Die Zerlegung ist in den §§ 28 bis 34 geregelt. § 36 enthält Regelungen zum zeitlichen Anwendungsbereich des GewStG.

cc) Begriff des Erhebungszeitraums

328 Mit dem Verweis auf EStG und KStG wird auch der Zeitraum, für den der Gewerbeertrag zu ermitteln ist, festgelegt. Der Verweis auf das EStG nimmt somit den **Ermittlungszeitraum** nach § 2 Abs. 7 Satz 2 EStG bzw. nach § 7 Abs. 3 Satz 2 KStG auf, der das *Kalenderjahr* ist.

Verfahrensrechtlich ist der Ermittlungszeitraum sowohl einkommensteuerlich als auch körperschaftsteuerlich als *VZ* definiert, § 25 Abs. 1 EStG. Das GewStG setzt sich jedoch über die Differenzierung von Zeiträumen nach materiellen und formellen Grundsätzen hinweg und definiert den **Erhebungszeitraum** als gewerbesteuerliches Korrelat zum *VZ*, §§ 7 Satz 1, 14 Satz 2. Als gewerbesteuerlicher Erhebungszeitraum ist somit einerseits der materiell-rechtlich wirkende Ermittlungszeitraum und andererseits der formell-rechtlich maßgebende *VZ* anzusehen.

b) Persönliche Steuerpflicht

aa) Steuerschuldner

329 Obwohl die GewSt als Objektsteuer konzipiert wurde, kommt das Steuerschuldverhältnis nicht ohne die persönliche Anknüpfung der Steuer bei einem Steuerschuldner als Träger von Rechten und Pflichten aus. Nach § 5 Abs. 1 Satz 1 ist Steuerschuldner der **Unternehmer**. Als Unternehmer werden in diesem Zusammenhang insb. **natürliche Personen**, die Einzelunternehmen betreiben, und **juristische Personen**, die gewerbesteuerpflichtig sind, bezeichnet.

Für **Personengesellschaften**, die gewerbliche Einkünfte erzielen, sieht das **330**
GewStG eine Sonderregelung vor. Nach § 5 Abs. 1 Satz 3 ist Steuerschuldner
eine Personengesellschaft, wenn ihre Tätigkeit Gewerbebetrieb ist. Im Unterschied zur Besteuerung von Personengesellschaften nach dem EStG ist die Personengesellschaft bei der GewSt nicht nur Zurechnungssubjekt, sondern selbst
Steuersubjekt. Das GewStG hat somit den Konflikt der Personengesellschaft,
der einerseits aus der Einheit der Gesellschaft und andererseits aus der Mehrheit der Gesellschafter resultiert, nicht durch das bei der ESt geltende **Transparenzprinzip** gelöst. Dieser Weg ist bei der GewSt nur deshalb möglich, weil die
GewSt keine Personensteuer ist und damit persönliche Verhältnisse des Steuerpflichtigen unberücksichtigt bleiben. Aufgrund des Charakters der GewSt als
Objektsteuer ist das – im Übrigen nur bei der KSt geltende – **Trennungsprinzip** auch bei der GewSt geschaffen worden. Die Belastung der Personengesellschaft durch die GewSt erfolgt somit ausschließlich auf der Ebene der Gesellschaft.

bb) Steuerbefreiungen

§ 3 enthält ebenso wie § 5 KStG einen Katalog von *persönlichen* Steuerbefrei- **331**
ungen. Hervorzuheben ist wiederum die Steuerbefreiung bei der Verfolgung
steuerbegünstigter Zwecke nach den §§ 51 bis 68 AO, § 3 Nr. 6 (vgl. Rz. 236 ff.). Die
Bestimmung ist identisch mit § 5 Abs. 1 Nr. 9 KStG. Auch die übrigen Steuerbefreiungen enthalten zahlreiche Parallelen zu § 5 KStG (s. Rz. 236).

c) Sachliche Steuerpflicht

aa) Gewerbliche Einkünfte

Gewinn aus Gewerbebetrieb. Aus § 2 Abs. 1 Satz 1 und 2 i.V.m. § 7 Satz 1 ergibt **332**
sich, dass der GewSt die sich nach dem EStG oder KStG ergebenden *Einkünfte*
aus Gewerbebetrieb unterliegen. § 7 bezieht sich hierbei auf den *Gewinn* aus
Gewerbebetrieb, was unpräzise ist. Besteuerungsgegenstand nach dem EStG
ist nicht der Gewinn, sondern u. a. die Einkünfte aus Gewerbebetrieb, § 2 Abs. 1
Satz 1 Nr. 2 EStG. Lediglich die Einkünfte*ermittlung* erfolgt bei den Einkünften
aus Gewerbebetrieb gem. § 2 Abs. 2 Nr. 1 durch Ermittlung des Gewinns, § 4
Abs. 1 Satz 1 und Abs. 3 EStG.

Inland. Grundvoraussetzung der sachlichen Steuerpflicht ist gem. § 2 Abs. 1 **333**
Satz 1, Abs. 7, dass der Gewerbebetrieb im *Inland* betrieben wird. § 2 Abs. 7 enthält hierzu eine Definition der geographischen Dimension des Inlands.

Hinsichtlich der **sachlichen Steuerpflicht** von Unternehmen sind folgende
Fälle zu unterscheiden:

- Gewerbliche Einkünfte kraft *gewerblicher Betätigung* gem. § 15 Abs. 2 EStG,
- Gewerbebetrieb kraft gesetzlicher Fiktion bei *Personengesellschaften* gem. § 15 Abs. 3 EStG,
- Gewerbebetrieb kraft gesetzlicher Fiktion bei *Kapitalgesellschaften*, Genossenschaften und Versicherungsvereinen auf Gegenseitigkeit gem. § 2 Abs. 2 Satz 1.

334 Gewerbliche Betätigung. Einzelunternehmer und Personengesellschaften, die bereits nach § 15 Abs. 2 EStG *originär* gewerbliche Einkünfte kraft gewerblicher Betätigung erzielen, unterliegen gem. § 2 Abs. 1 Satz 1 und 2 i.V.m. § 15 Abs. 1 Satz 1 Nr. 1 und 2, Abs. 2 EStG der GewSt. Der Verweis auf die Regelungen des EStG ergibt sich hier aus § 7 Satz 1.

335 Fiktion bei Personengesellschaften. Soweit Personengesellschaften nicht bereits originär gewerbliche Einkünfte erzielen, kann der Tatbestand der zitierten Paragraphenkette auch durch die *abgeleitete* Gewerblichkeit *kraft gesetzlicher Fiktion* begründet werden. Liegen insoweit gewerbliche Einkünfte nach der sog. *Abfärbe- oder Infektionstheorie* (s. Rz. 152) bzw. im Falle der sog. *gewerblich geprägten Personengesellschaft* (vgl. Rz. 153) nach § 15 Abs. 3 EStG vor, ist ebenfalls von gewerbesteuerpflichtigen Einkünften auszugehen.

336 Fiktion bei Kapitalgesellschaften. Die *Einkünfte von Kapitalgesellschaften* sind gem. § 2 Abs. 2 Satz 1 stets und in vollem Umfang als gewerbliche Einkünfte der GewSt zu unterwerfen. Die gewerbesteuerliche Regelung ist inhaltlich mit der körperschaftsteuerlichen Fiktion des § 8 Abs. 2 KStG (vgl. Rz. 243) identisch.

Organschaft. Nach § 2 Abs. 2 Satz 2 gilt eine Kapitalgesellschaft, die im Sinne von §§ 14 ff. KStG Organgesellschaft ist, als Betriebsstätte des Organträgers. Die gewerbesteuerliche Organschaft hat somit zur Folge, dass eine eigene persönliche Steuerpflicht der Organgesellschaft nicht besteht, der Gewerbeertrag der Organgesellschaft somit wie bei einer Betriebsstätte dem Organträger zugerechnet wird. Die Regelung zur gewerbesteuerlichen Organschaft stellt ferner klar, dass nur eine Kapitalgesellschaft Organgesellschaft sein kann (anders die Rechtsentwicklung bei der umsatzsteuerlichen Organschaft, wo neuerdings auch die Personengesellschaft zulässige Rechtsform der Organgesellschaft ist, vgl. Rz. 293 ff.).

Der Bestimmung des § 6 (Besteuerungsgrundlage) ist keine eigenständige Bedeutung beizumessen. Diese Vorschrift fungiert als Bindeglied zwischen den Regelungen zum Steuergegenstand und zum Gewerbeertrag in den §§ 2 und 7.

bb) Gewerbesteuerliche Modifikationen, Hinzurechnungen und Kürzungen

337 In § 7 wird im Rahmen der Bestimmung der Bemessungsgrundlage der GewSt der Begriff des **Gewerbeertrags** eingeführt. Anknüpfungsmerkmal des Gewerbeertrags ist der Gewinn aus Gewerbebetrieb, der sich nach dem EStG oder dem KStG ermittelt. Das GewStG unterscheidet sich in der Ermittlung der Bemessungsgrundlage von dem EStG und dem KStG allerdings dadurch, dass weitere, rein gewerbesteuerlich geltende Modifikationen durch *Hinzurechnungen* und *Kürzungen* zu berücksichtigen sind. Diese Modifikationen haben den gesetzessystematischen Zweck, den *Objektcharakter* der GewSt und damit die *Unabhängigkeit von den persönlichen Verhältnissen* des Steuerpflichtigen noch weiter herauszustellen. Die Regelungen beinhalten allerdings auch erforderliche Korrekturen, um eine *Doppelbesteuerung* insb. von Gewinnanteilen zu vermeiden.

338 Hinzurechnung von Finanzierungsanteilen. Als *Finanzierungsanteile* sind Entgelte für *Schulden*, für *Renten* und *dauernde Lasten*, die *Gewinnanteile des stillen*

Gesellschafters, ein bestimmter Anteil (20% bis 50% der Aufwendungen) von *Miet- und Pachtzinsen*, von *Leasingraten* sowie von 25% der Aufwendungen für die zeitlich befristete Überlassung von Rechten (*Konzessionen* und *Lizenzen*) anzusehen. Nach § 8 Nr. 1 sind Finanzierungsanteile dem Gewerbeertrag hinzuzurechnen, soweit sie einen Freibetrag von 100.000 EUR überschreiten. Die um den Freibetrag reduzierten Finanzierungsanteile werden jedoch nur mit jeweils 25% in der Berechnung berücksichtigt.

Beispiel:

Die A-GmbH hat ein steuerliches Ergebnis in Höhe von 100 TEUR vor Steuern erzielt. Aufwandswirksam wurden Zinsen für einen Kontokorrentkredit i. H. v. 150 TEUR, der Ertragsanteil einer Rentenzahlung i. H. v. 25 TEUR, die mit der Übernahme eines Geschäftsbereichs zusammenhängt, 20 TEUR Gewinnanteile eines stillen Gesellschafters, 15 TEUR Kfz-Leasingraten sowie 60 TEUR Miete für ein Geschäftsgrundstück berücksichtigt. Bei der Berechnung der Entgelte sind die Kontokorrentzinsen, die Rentenzahlungen und die Gewinnanteile des stillen Gesellschafters in voller Höhe (195 TEUR), die Kfz-Leasingraten zu 20% (3 TEUR) und die Grundstücksmietaufwendungen zu 50% (30 TEUR) anzusetzen. Der Gesamtbetrag der Finanzierungsanteile in Höhe von 228 TEUR ist um den Freibetrag in Höhe von 100 TEUR zu kürzen und sodann mit 25% zu multiplizieren. Es sind somit 32 TEUR dem Gewerbeertrag hinzuzurechnen.

Gewerbesteuerliches Schachtelprivileg. Um eine doppelte Belastung mit GewSt im Fall mehrstöckiger Unternehmensstrukturen zu vermeiden, sind nach § 9 Nr. 2 die *Anteile am Gewinn von Personengesellschaften* für Zwecke der Ermittlung des Gewerbeertrags zu *kürzen*. Dasselbe gilt für *Gewinnanteile aus Kapitalgesellschaften* nach § 9 Nr. 2a, sog. gewerbesteuerliches Schachtelprivileg. Diese Regelungen gewährleisten, dass Gewinne, die auf der Ebene einer Tochtergesellschaft bereits mit GewSt belastet sind, bei deren Gewinnzuweisung oder Ausschüttung an die Obergesellschaft dort nicht nochmals mit GewSt belastet werden. Für die Bemessung der GewSt der Obergesellschaft sind die *Beteiligungserträge* aus der Untergesellschaft für Zwecke der Ermittlung des Gewerbeertrags zu kürzen. Bei Tochterkapitalgesellschaften ist das gewerbesteuerliche Schachtelprivileg an eine *Beteiligungshöhe* von *mindestens 15%* geknüpft.

339

Die **Mindestbeteiligungshöhen** weichen bei der *Körperschaftsteuer* und der *Gewerbesteuer* voneinander ab. Bei der Beteiligung von Kapitalgesellschaften an Kapitalgesellschaften ist die Steuerfreistellung der **Dividende** an eine Mindestbeteiligungshöhe von 10% geknüpft, § 8 b Abs. 4 Satz 1 KStG. Die Befreiung von der Gewerbesteuer bei der Beteiligung an Tochterkapitalgesellschaften ist hingegen an eine Mindestbeteiligungshöhe von 15% geknüpft, § 9 Nr. 2a Satz 1. Dies gilt sowohl für Personengesellschaften als auch für Kapitalgesellschaften als Beteiligte an der Tochterkapitalgesellschaft. Aus diesem Zusammenspiel ergibt sich, dass Dividenden von Tochterkapitalgesellschaften an der Mutterkapitalgesellschaft bei einer Beteiligungshöhe von unter 10% sowohl ein weiteres Mal der Körperschaftsteuer als auch der Gewerbesteuer unterliegen und bei einer Beteiligungshöhe zwischen 10% und unter 15% zwar nicht der erneuten Körperschaftsteuer, allerdings einer weiteren Gewerbesteuerbelastung unterliegen. Erst bei einer Beteiligungshöhe von 15% an der Tochterkapitalgesellschaft greift auch das *gewerbesteuerliche Schachtelprivileg*, womit die erneute körperschaft- und gewerbesteuerliche Belastung zwischen Kapitalgesellschaften vermieden wird. Bei der **Veräußerung von Anteilen an Kapitalgesellschaften** ist körperschaftsteuerlich stets von der Steuerfreiheit nach § 8b Abs. 2 und Abs. 3 KStG auszugehen, während die gewerbesteuerliche Steuerfreiheit das Vorliegen einer mindestens 1%igen Beteiligungshöhe voraussetzt, § 17 Abs. 1 Satz 1 EStG i.V.m R 7.1 Abs. 3 Satz 1 Nr. 2 GewStR. Darunterliegende Beteiligungen sind nach §§ 20 Abs. 2 Satz 1 Nr. 1, Abs. 8 EStG, 7 Satz 1 gewerbesteuerpflichtig.

340 **Verluste bei Tochterpersonengesellschaften.** Da steuerlich Verluste bei Personengesellschaften ebenso wie die Gewinne den Gesellschaftern zugerechnet werden, enthält § 8 Nr. 8 konsequenterweise eine *Hinzurechnung des Verlustes* bei Beteiligungen an *Personengesellschaften*. Bestünden diese Regelungen nicht, hätte bei mehrstufigen Personengesellschaftsstrukturen die Obergesellschaft den Vorteil, dass der Verlust auf der Ebene der Tochtergesellschaft sich über den gewerbesteuerlichen Verlustvortrag nach § 10a einerseits und gewerbesteuermindernd auf der Ebene der Obergesellschaft andererseits und damit insgesamt doppelt auswirken würde.

341 **Gewerbesteuerliche Privilegierung der Immobilienvermietung (sog. Erweiterte Kürzung).** Erhebliche Bedeutung hat in der Praxis die Regelung der sog. *Erweiterten Kürzung*. Ursprüngliches Ziel der Norm war eine Gleichstellung der kraft Rechtsform gewerblichen Unternehmen (insb. GmbH, GmbH & Co. KG) mit den nicht gewerbesteuerpflichtigen, rein vermögensverwaltenden Personenunternehmen. Verwaltet ein Unternehmen ausschließlich eigenen Grundbesitz, ist der Gewerbeertrag um den Teil zu kürzen, der auf die Verwaltung und Nutzung des eigenen Grundbesitzes entfällt, § 9 Nr. 1 Sätze 2 bis 5. Voraussetzung ist, dass der Grundbesitz nicht dem *Gewerbebetrieb eines Gesellschafters* dient. Gestalterische Bedeutung erlangt die Regelung insbesondere, wenn im Rahmen von Unternehmensgruppen die Immobilienverwaltung auf eine Immobiliengesellschaft konzentriert und dann gewerbesteuerfrei an Gruppenunternehmen vermietet wird. Voraussetzung ist zum einen, dass die Immobiliengesellschaft *keine anderen Aktivitäten* entfaltet. Zum anderen darf die Vermietung *nicht an das Mutterunternehmen* oder in der Rechtsform einer Personengesellschaft betriebene Schwesterunternehmen erfolgen. In letzterem Fall würde das Schwesterunternehmen dem Gesellschafter des Immobilienunternehmens zugerechnet werden. Zu beachten ist jedoch bei der Vermietung innerhalb von Unternehmensgruppen die *Hinzurechnungsregelung* des § 8 Nr. 1e beim Mieter. Ferner sind die Belastungen aus der *Grunderwerbsteuer* zu berücksichtigen, wenn Immobilien innerhalb der Gruppe erst auf das Immobilienunternehmen übertragen werden müssen.

Beispiel:

Die A GmbH ist Eigentümer umfangreichen Grundbesitzes mit einem Verkehrswert von 12 Mio. EUR. Gesellschafter der A GmbH ist die M GmbH, die eine Vielzahl von weiteren Tochtergesellschaften in der Rechtsform der GmbH hält. Ergebnisabführungsverträge bestehen nicht. Der komplette Immobilienbesitz wird von der A GmbH an andere Tochterunternehmen der M GmbH vermietet, die jährlichen Mieteinnahmen betragen 1 Mio. EUR. Andere Aktivitäten hat die A GmbH nicht. Die A GmbH kann die erweiterte Kürzung nach § 9 Nr. 1 Satz 2 in Anspruch nehmen. Neben der 1 Mio. EUR Mieteinnahmen hat sie Kosten in Höhe von 200 TEUR. Die

KSt beträgt 120 TEUR (800 TEUR × 15 %), der SolZ beträgt 6.600 EUR. Vom Gewerbeertrag von 800 TEUR sind die Gewinne aus Vermietung von 800 TEUR zu kürzen, so dass bei der A GmbH keine Gewerbesteuer erhoben wird. Die mietenden Unternehmen haben allerdings von den grundsätzlich gewerbesteuerlich abzugsfähigen Mietaufwendungen 12,5 % (125 TEUR) dem Gewerbeertrag hinzuzurechnen, soweit die Summe der Hinzurechnungen 100 TEUR übersteigt, § 8 Nr. 1 Buchst. e. Ungeachtet dieser Hinzurechnung (bei einem Hebesatz von 440 % maximal 125 TEUR × 3,5 % × 440 % = 19.250 EUR) ist die Konzernsteuerbelastung bei einem Hebesatz von 440 % bei der Inanspruchnahme der erweiterten Kürzung um bis zu 123,2 TEUR (800 TEUR × 3,5 % × 440 %) geringer.

cc) Veräußerungs- und Aufgabegewinne

Gewinne aus der Veräußerung oder Aufgabe eines **Gewerbebetriebes** oder **Mitunternehmeranteils** sind in bestimmten Fällen von der GewSt befreit. Diese sich aus R 7.1 Abs. 3 GewStR ergebende Regelung steht im Zusammenhang mit den *einkommensteuerlichen Privilegierungen* der Gewährung eines besonderen *Freibetrages* nach § 16 Abs. 4 EStG und eines verringerten *Steuertarifs* bei Zutreffen weiterer besonderer Voraussetzungen gem. §§ 16, 34 EStG, vgl. Rz. 160, 161. Der *steuerpolitische* Grund für die einkommensteuerliche und gewerbesteuerliche Vergünstigung besteht insb. darin, den für Zwecke der Alterssicherung zu verwendenden Veräußerungsgewinn bei Betriebsbeendigung selbstständiger Unternehmer weniger zu belasten. Das GewStG schließt die Steuerfreiheit allerdings nach § 7 Satz 2 aus, soweit der Gewinn aus der Veräußerung oder Aufgabe

- eines Betriebs oder Teilbetriebs einer Mitunternehmerschaft oder
- eines Mitunternehmeranteils

nicht auf eine *natürliche Person* als unmittelbar beteiligten Mitunternehmer entfällt.

342

Beispiel:

An der GmbH & Co. KG sind neben A und B die C-AG als Kommanditisten beteiligt. Die Kommanditisten veräußern ihre Beteiligungen an D, E und F. Hierbei entstehen erhebliche Veräußerungsgewinne. Während A und B nach R 7.1 Abs. 3 Satz 1 Nr. 1 GewStR gewerbesteuerfrei veräußern können, entsteht – bezogen auf die Veräußerung der Anteile der C-AG – auf der Ebene der KG ein gewerbesteuerpflichtiger Veräußerungsgewinn. Schuldner der GewSt ist die KG. Sofern der Gesellschaftsvertrag für diesen Fall keine abweichende Gewinnverteilungsabrede vorsieht, wird die GewSt wirtschaftlich somit durch alle Gesellschafter entsprechend ihrer Gewinnverteilungsabrede getragen. Interessengerecht wäre es hingegen, die C-AG allein die GewSt tragen zu lassen. Dementsprechend sehen viele KG-Gesellschaftsverträge eine abweichende Gewinnverteilungsregelung bei Anteilsveräußerungen vor.

d) Berücksichtigung steuerlicher Verluste

Der nach § 7 zu ermittelnde Gewerbeertrag kann positiv oder negativ sein. Ist der Gewerbeertrag negativ, ist der Steuermessbetrag (§ 11 Abs. 1 Satz 1) mit 0 EUR festzusetzen, womit eine GewSt im Erhebungszeitraum nicht entsteht. Ein **Verlustrücktrag** ist durch das GewStG nicht vorgesehen. Das Ausschlie-

343

ßen eines Verlustrücktrags soll der Gleichmäßigkeit des Gewerbesteueraufkommens und damit der Kontinuität der Gemeindefinanzierung Rechnung tragen.

In § 10a ist allerdings ein periodenübergreifender **Verlustabzug** in Gestalt eines **Verlustvortrags** vorgesehen. Der Verlustvortrag wirkt dergestalt, dass festgestellte *Fehlbeträge* von maßgebenden Gewerbeerträgen zukünftiger Erhebungszeiträume nach § 10a Satz 1 gekürzt werden.

344 Die Anerkennung des gewerbesteuerlichen Verlustvortrags setzt sowohl *Unternehmens- als auch Unternehmeridentität* voraus. Anknüpfungsmerkmal der **Unternehmensidentität** ist die Kontinuität *wesentlicher Merkmale des Betriebs* im Zeitraum zwischen Verlustentstehung und Verlustverwendung. Die Unternehmensidentität bei Kapitalgesellschaften wird darüber hinaus durch einen Verweis in § 10a Satz 10 auf die Mantelkaufgrundsätze des § 8c KStG (s. Rz. 274 ff.) besonders geregelt. Sie stehen damit ebenso unter den Rechtsfolgen des Beschlusses des BVerfG vom 29.3.2017, wonach § 8c KStG mit Art. 3 Abs. 1 GG unvereinbar ist, s. Rz. 276a.

345 Neben der Unternehmensidentität wird nach § 10a Satz 8 i.V.m. § 2 Abs. 5 das Vorliegen der **Unternehmeridentität** gefordert. Für Zwecke des Verlustabzugs werden Verluste bei Personengesellschaften den jeweiligen *Gesellschaftern* im *Entstehungs- und Verwendungszeitpunkt* zugerechnet. Die *Nutzung* der Verluste setzt dabei eine Übereinstimmung der zugerechneten Verluste bei Verwendung *und* Entstehung voraus. Liegt z.B. ein *Gesellschafterwechsel* bei einer Personengesellschaft in der Zeitspanne zwischen Verlustentstehung und Verlustnutzung vor, wird mangels Vorliegens der Unternehmeridentität der Verlustabzug anteilig gekürzt.

346 Der Verlustvortrag ist **betragsmäßig begrenzt.** Ebenso wie bei der ESt und der KSt (s. Rz. 60, 279) können gewerbesteuerliche Verluste (Fehlbeträge) nur bis zur Höhe eines Sockelbetrages von 1 Mio. EUR mit dem maßgebenden *positiven* Gewerbeertrag verrechnet werden. Den Sockelbetrag übersteigende Verluste können nur bis zu 60% des maßgebenden Gewerbeertrags angesetzt werden.

e) Steuermessbetrag

347 Bemessungsgrundlage der GewSt ist nach § 11 Abs. 1 Satz 1 der *Steuermessbetrag*. Er ergibt sich nach § 11 Abs. 1 Satz 2 durch Anwendung der *Steuermesszahl* auf den zuvor ermittelten *Gewerbeertrag*. Die Steuermesszahl beträgt 3,5%, § 11 Abs. 2.

348 Der nach den §§ 7 bis 10a ermittelte Gewerbeertrag ist gem. § 11 Abs. 1 Satz 3 auf volle 100 EUR nach unten **abzurunden** und bei natürlichen Personen und Personengesellschaften um einen **Freibetrag** i.H.v. 24.500 EUR zu kürzen. Ein *negativer Gewerbeertrag* darf hierdurch allerdings nicht entstehen.

349 **Berechnung der GewSt.** Für die Berechnung der GewSt gilt folgende Formel:

$$\text{GewSt} = \text{Gewerbeertrag} \times \text{Hebesatz} \times 3{,}5\%$$

f) Entstehung, Festsetzung und Erhebung

Die Festsetzung und Erhebung der Steuer erfolgt durch die Gemeinde, in der eine Betriebsstätte zur Ausübung des stehenden Gewerbes unterhalten wird (hebeberechtigte Gemeinde), §§ 16 Abs. 1, 1, 4 Abs. 1. § 16 Abs. 2 bis 5 enthalten diverse formelle und materielle Anforderungen an den Beschluss über die Festsetzung des Hebesatzes durch die Gemeinde. Nach § 18 entsteht die GewSt mit Ablauf des Erhebungszeitraums, für den die Feststellung vorgenommen wird. § 19 Abs. 1 Satz 1 regelt die **Vorauszahlungstermine** auf GewSt. Die Vorauszahlungsbeträge werden nach § 20 Abs. 1 auf die Steuerschuld für den Erhebungszeitraum **angerechnet**. 350

g) Zerlegung

Unterhält ein Steuerpflichtiger mehrere Betriebsstätten in verschiedenen Gemeinden, sind die Grundsätze zur *Zerlegung des Steuermessbetrags* nach §§ 28 bis 34 anzuwenden. Als **Betriebsstätte** ist nach § 12 Satz 1 AO jede feste Geschäftseinrichtung oder Anlage anzusehen, die der Tätigkeit eines Unternehmens dient. **Zerlegungsmaßstab** ist nach § 29 Abs. 1 Nr. 1 das Verhältnis, in dem die Summe der Arbeitslöhne, die an die bei allen Betriebsstätten beschäftigten Arbeitnehmer gezahlt worden sind, zu den Arbeitslöhnen, die an die bei den Betriebsstätten der einzelnen Gemeinden beschäftigten Arbeitnehmer gezahlt worden sind, steht. § 33 Abs. 1 Satz 1 ermöglicht die Anwendung eines abweichenden Zerlegungsmaßstabes, falls die Zerlegung nach § 29 zu einem offenbar unbilligen Ergebnis führt. Über die Zerlegung ist durch Zerlegungsbescheid durch das **Betriebsfinanzamt** zu entscheiden, § 33 Abs. 1 Satz 2 i.V.m. §§ 185 ff. AO. 351

h) Anrechnung der GewSt auf die ESt

Nach § 35 EStG wird nicht die *tatsächlich gezahlte GewSt* auf die ESt angerechnet. Es wird vielmehr an das 3,8-fache des *Gewerbesteuermessbetrages* angeknüpft, der für das Unternehmen festgesetzt wurde. Durch die Anrechnung des Produkts aus Gewerbesteuermessbetrag und Faktor 3,8 ist der Anrechnungsbetrag meistens *nicht identisch* mit der festgestellten GewSt. Weil letztere von der Höhe des *Hebesatzes der Gemeinde* abhängt, führte ein niedrigerer Hebesatz grundsätzlich zu einer geringeren GewSt im Vergleich zum Anrechnungsbetrag, während höhere Hebesätze eine geringere Anrechnung im Vergleich zur festgestellten GewSt zur Folge haben. Der **kritische Hebesatz**, bei welchem die Gewerbesteuerbelastung identisch mit dem Anrechnungsvolumen ist, beträgt bei Betrachtung von ESt und GewSt **380%**, bei Einbezug des **SolZ ca. 401%**. Bei dieser Berechnungsmethode ist jedoch zu Gunsten des Fiskus zu beachten, dass die tatsächliche GewSt den Höchstbetrag der Anrechnung markiert, § 35 Abs. 1 Satz 2, somit die niedrigere tatsächliche Gewerbesteuer auch zu einer niedrigeren Anrechnung führt. Für Gewerbetreibende in Gemeinden mit einem unter 401% liegenden Hebesatz ist der Höchstbetrag der Anrechnung damit die tatsächlich geleistete Gewerbesteuer. Bei Gemeinden mit einem höheren Hebesatz bleibt es bei der Differenz zwischen (geringerer) Anrechnung und (höherer) Gewerbesteuerbelastung zu Ungunsten des Steuerpflichtigen. 352

353 Die Doppelbelastung bei natürlichen Personen und von diesen gebildeten Personengesellschaften aus GewSt und ESt wird ausschließlich durch die Anrechnung der GewSt auf die Einkommensteuer beseitigt bzw. abgemildert.

	EUR
Zu versteuerndes Einkommen vor GewSt	124.500
Gewerbesteuerhebesatz: 440 %	
Gewerbesteuerfreibetrag für Personengesellschaften	24.500
Gewerbeertrag nach Freibetrag	100.000
Gewerbesteuermessbetrag	3.500
GewSt	**15.400**
Zu versteuerndes Einkommen vor GewSt	124.500
ESt gem. § 32a EStG im VZ 2017	43.668
Anrechnungsfaktor: 3,8	
Anrechnung (Faktor × Gewerbesteuermessbetrag)	**13.300**
ESt nach Anrechnung	30.368
SolZ	1.670
Absolute Steuerbelastung	47.438
Steuerquote	38,1 %

Die Nettogesamtbelastung aus der GewSt bei einem Hebesatz von 440 % errechnet sich aus der Differenz zwischen der GewSt (15.400 EUR) und der Wirkung der Anrechnung (100.000 EUR × 3,5 % × 3,8 = 13.300 EUR ESt zzgl. 13.300 EUR × 5,5 % = 731,50 EUR SolZ., insg. 14.031 EUR) mit 1.369 EUR.

354 **Schwachpunkt des Anrechnungsverfahrens** ist, dass die Anrechnung die Entstehung von ESt überhaupt voraussetzt. Fallen bei einem Steuerpflichtigen z. B. mit GewSt belastete positive Einkünfte aus Gewerbebetrieb an, bestehen aber auch andere, nicht mit GewSt belastete negative gewerbliche Einkünfte und kommt es aufgrund einer möglichen Verlustverrechnung nicht zum Entstehen einer ESt, fällt der Anrechnungseffekt weg. Einen Vortrag der Anrechnung auf zukünftige Perioden oder einen Rücktrag in die Vergangenheit sieht das Gesetz nicht vor.

Weiterführende Literaturempfehlungen zur GewSt: *Frotscher*, Rz. 600 ff.; *Birk/Desens/Tappe*, Rz. 1351 ff.; *Tipke/Lang*, § 12.

4. *Exkurs 1:* Rechtsformwahl

Im Rahmen dieses Exkurses werden die sich aus der Einkommensteuer, der Körperschaftsteuer und der Gewerbesteuer ergebenden *quantitativen Folgen* der **laufenden Besteuerung** für Unternehmen dargestellt. Die Ergebnisse eines hieraus idealtypisch gerechneten Steuerbelastungsvergleichs geben Hinweise für die *Rechtsformwahl* von Unternehmen.

a) Kriterien der Rechtsformwahl

Einzelunternehmen und Personengesellschaften. Im Verhältnis der Rechtsformen Einzelunternehmen und Personengesellschaft zueinander sieht das Unternehmensteuerrecht eine weitgehende *Rechtsformneutralität* vor. Dies gilt unabhängig davon, welche Art von Einkünften im Einzelunternehmen oder in der Personengesellschaft erzielt wird. Neben der Frage der Auswirkungen der Rechtsform des Unternehmens auf die Besteuerung hat bei gleicher Rechtsform die *Einkunftsart* eine erhebliche Bedeutung. Insb. wegen des Hinzutretens der GewSt bei den Einkünften aus Gewerbebetrieb unterscheidet sich die steuerliche Gesamtbelastung einer gewerblich tätigen von einer freiberuflich tätigen Personengesellschaft erheblich. 355

Kapital- und Personengesellschaften. Während sich die Regelungen zur Besteuerung von Personengesellschaften bis zum VZ 2008 kaum grundlegend geändert haben, sind die Prinzipien der Besteuerung von Kapitalgesellschaften und ihren Anteilseignern in den letzten 30 Jahren mehrfach wesentlich verändert worden. 356

Das in den Jahren 1977 bis 2000 geltende so genannte **Anrechnungsverfahren** verfolgte das Ziel einer weitgehenden Steuerneutralität im Verhältnis der Rechtsformen der Kapital- und Personengesellschaften. Während die KSt auf einbehaltene Gewinne bei Kapitalgesellschaften zuletzt 40% betrug, reduzierte sich dieser Steuersatz im Falle von Ausschüttungen nachträglich auf 30%. Der Anteilseigner hatte die Dividende dann prinzipiell noch einmal zu versteuern, wobei die auf der Ebene der Gesellschaft geleistete KSt auf die ESt angerechnet wurde. Das Anrechnungsverfahren war hoch komplex und zuletzt aufgrund der Bezugnahme auf unbeschränkt Steuerpflichtige als Anrechnungsberechtigte vermutlich EU-rechtswidrig. 357

Halbeinkünfteverfahren. Mit der Absenkung des Körperschaftsteuertarifs von 40% bzw. bei Ausschüttungen 30% auf einheitlich 25% durch das StSenkG im Jahr 2000 und der Aufgabe des früheren körperschaftsteuerlichen Anrechnungsverfahrens (s. Rz. 357) wurde zur Abmilderung der in der steuerlichen Gesamtsicht bestehenden Doppelbelastung der Gesellschaft und ihrer Anteilseigner mit Wirkung zum VZ 2001 das *Halbeinkünfteverfahren* eingeführt. Unabhängig davon, ob die Beteiligung einer natürlichen Person oder Personengesellschaft im Privat- oder Betriebsvermögen gehalten wurde, wurden gemäß § 3 Nr. 40 Satz 1 Buchst. d, Satz 2 EStG a. F. 50% des Ausschüttungsbetrages steuerfrei gestellt. Eine Anrechnung von KSt bei Ausschüttungen erfolgte 358 nicht. Aufwendungen, die im wirtschaftlichen Zusammenhang mit der Dividende standen, waren nach § 3c Abs. 2 EStG nur zur Hälfte abzugsfähig. Das Halbeinkünfteverfahren wurde mit Wirkung zum VZ 2009 durch das Teileinkünfteverfahren und die Abgeltungsteuer (s. Rz. 282) abgelöst.

359 **Zeitfaktor.** Für die Gesamtsteuerbelastung von Kapitalgesellschaft und Anteilseigner war es seit der Geltung des Halbeinkünfteverfahrens nunmehr von starker Bedeutung, wie lang der Zeitraum zwischen dem Entstehen des Gewinns auf der Ebene der Kapitalgesellschaft und der Ausschüttung an die Anteilseigner war. Je später es zur Ausschüttung an die Gesellschafter kam, desto größer war der Vorteil für die Anteilseigner aus der zinsfreien Steuerstundung.

360 Dieser Effekt wurde durch die **Einführung der Abgeltungsteuer** (Rz. 282) seit dem VZ 2009 noch weiter verstärkt. Einerseits erfuhren Kapitalgesellschaften seit dem VZ 2008 eine Steuerentlastung von ca. 9 Prozentpunkten, die im Wesentlichen durch die weitere Herabsetzung des Körperschaftsteuersatzes von 25 % auf 15 % sowie die Herabsetzung der Gewerbesteuermesszahl von 5 % auf 3,5 % begründet ist (s. *Steuerrecht 2008* Rz. 361 f.). Die Definitiv-Steuerbelastung der Kapitalgesellschaft durch GewSt, KSt und SolZ beträgt damit seit dem VZ 2008 nur noch ca. 30 %. Andererseits werden Anteilseigner seit dem VZ 2009 mit der Abgeltungsteuer um mindestens 2,5 Prozentpunkte stärker belastet (bisher ½ × max. 45 % = max. 22,5 %, nunmehr 25 %, jeweils zzgl. SolZ). Der bereits beim Halbeinkünfteverfahren bestehende Zeitfaktor zwischen Gewinnentstehung und Gewinnausschüttung gewinnt hierdurch nochmal erheblich an Bedeutung. Dazu kommt, dass auch bei der Personengesellschaft die Möglichkeit geschaffen wurde, bei Gewinnthesaurierung einen geringeren Steuersatz anzuwenden (s. Rz. 213 ff.). Hierin ist das Bemühen des Gesetzgebers zu sehen, zur Neutralität des Steuerrechts mit Bezug auf die Rechtsform zurückzukehren.

b) Steuerbelastungsvergleich (Beispiel)

361 In dem sich anschließenden Steuerbelastungsvergleichsbeispiel wird die Steuerbelastung einer Kapitalgesellschaft der einer Personengesellschaft gegenübergestellt. Es wird die Steuerbelastung eines Unternehmens im VZ 2018 differenziert nach Unternehmens- und Anteilseignerbelastung gerechnet.

Nachfolgend wird die Steuerbelastung in der Gesamtsicht aus *Unternehmen und Gesellschafter* in Prozentpunkten dargestellt. Bei der Personengesellschaft wird zusätzlich die Option zur Anwendung der niedrigeren Thesaurierungsbelastung mit späterer Nachsteuer gem. § 34a EStG gerechnet.

Folgende **Prämissen** gelten:

- Für die GewSt wird unterstellt, dass **gewerbesteuerliche Hinzurechnungen oder Kürzungen** außerhalb des sog. Schachtelprivilegs (s. Rz. 339) nicht vorliegen. Der Hebesatz beträgt 400 %.
- Es gibt keine **Vergütungen** an Gesellschafter-Geschäftsführer.
- Es wird der gewerbesteuerliche **Freibetrag** für Personengesellschaften und Einzelunternehmen i.H.v. 24.500 EUR berücksichtigt.
- Es wird mit dem für alle Einkunftsarten geltenden **Grenzsteuerhöchstsatz** von 45 % gem. § 32a Abs. 1 Satz 2 Nr. 5 EStG unter Berücksichtigung des

4. Exkurs 1: Rechtsformwahl

Abzugsbetrages für *Grundfreibetrag und Progression* in Höhe von 16.438 EUR gerechnet. Der Tarif entspricht dem Rechtsstand vom 1.1.2018.
- Bei dem Thesaurierungsmodell der Personengesellschaft wird unterstellt, dass die **ESt** auf die thesaurierten Gewinne **entnommen** wird und die als entnommen geltende **GewSt nicht wieder eingelegt** wird.
- Es erfolgt keine Berücksichtigung der **Kirchensteuer**.
- Es wird von einem **ledigen Steuerpflichtigen** ausgegangen, der über keine anderen Einkünfte oder Steuerabzüge verfügt.
- Die Berechnung erfolgt für den VZ 2018.

Es bestehen nur geringfügige Unterschiede in der Gesamtsteuerbelastung bei der Besteuerung der Kapitalgesellschaft, wenn sich die Anteile im Betriebsvermögen befinden. Ansonsten sind die Werte identisch.

Kapitalgesellschaft	
Thesaurierung	29,83 %
Vollausschüttung und Anteilseigner ist	
natürliche Person, Anteile im Privatvermögen	48,33 %
natürliche Person, Anteile im Betriebsvermögen	48,08 %
Kapitalgesellschaft	30,38 %
Personengesellschaft	
Thesaurierung	34,06 %
Laufende Versteuerung	45,71 %
Thesaurierung mit Nachsteuer ohne Zinseffekt	46,27 %
Differenzen	
Thesaurierung (Mehrbelastung Personengesellschaft)	4,23 %
Vollausschüttung (Mehrbelastung Kapitalgesellschaft)	
natürliche Person, Anteile im Privatvermögen	2,62 %
natürliche Person, Anteile im Betriebsvermögen	2,37 %

Im **Vergleich** der Besteuerung der Kapitalgesellschaft und der Personengesellschaft lässt sich Folgendes festhalten: **362**

- Die Steuerbelastung der **thesaurierenden Kapital- oder Personengesellschaft** liegt bei ca. **30 %** bzw. bei ca. **34 %**. Als Grund für die um 4 Prozentpunkte höhere Steuerbelastung der thesaurierenden Personengesellschaft ist der Umstand zu nennen, dass die Thesaurierungsbegünstigung nur den nicht entnommenen Teil des Gewinns betrifft, wobei in jedem Fall Steuerzahlungen für GewSt und ESt als Entnahmen und damit begünstigungsmindernd anzusetzen sind.
- Die Steuerbelastung der **laufend besteuerten Personengesellschaft** und ihrer Gesellschafter ist um **2,4 bzw. 2,6** Prozentpunkte niedriger als die der an natürliche Personen **ausschüttenden Kapitalgesellschaft**.
- Das Ergebnis beider vorgenannten Erkenntnisse ist, dass bei *Thesaurierungsstrategie* die **Kapitalgesellschaft** und bei *Ausschüttungsstrategie* die **Personengesellschaft** vorzuziehen ist.
- Bei der **Personengesellschaft** ist die Steuerbelastung der *laufenden* Versteuerung um ca. **0,6** Prozentpunkte geringer als die *Thesaurierungsbelastung* mit *Nachsteuer* ohne Berücksichtigung des Zinseffekts. Der Vorteil der letztge-

nannten Option liegt jedoch in der zinsfreien Steuerstundung, die finanzmathematisch in einer Vorteils-Nachteils-Rechnung berücksichtigt werden kann. Bei einer angenommenen Alternativrendite von 3,75 % nach Steuern (5 % vor Steuern) und einer jährlich nachschüssigen Verzinsung wird nachfolgend der Effekt der zinsfreien Steuerstundung in die Gesamtsteuerbelastung hineingerechnet. Entscheidend ist hier die Zeitspanne zwischen Thesaurierung und Nachversteuerung:

Zeitspanne zwischen Thesaurierung und Nachsteuer in Jahren	lfd. Verst.	Thes./Nachst.	Differenz
1 Jahr	45,71 %	45,68 %	− 0,03 %
2 Jahre	45,71 %	45,13 %	− 0,58 %
5 Jahre	45,71 %	43,62 %	− 2,09 %
10 Jahre	45,71 %	41,55 %	− 4,16 %
15 Jahre	45,71 %	39,93 %	− 5,78 %

Hieraus ergibt sich, dass **nennenswerte Vorteile** der Option bei der Personengesellschaft erst bei einem Zeitraum von **5 Jahren** zwischen Thesaurierung und Nachversteuerung bestehen.

Berechnung der zuvor dargestellten Belastungen **im Einzelnen**:

Besteuerung der Kapitalgesellschaft und ihrer Gesellschafter, EUR

1. Steuerbelastung bei der Kapitalgesellschaft

Ermittlung der GewSt

Gewerbeertrag gem. §§ 7–9 GewStG (GE)	1.000.000,00
Steuermesszahl gem. § 11 Abs. 2 (StMZ)	3,50 %
Steuermessbetrag = GE x StMZ (StMB)	35.000
Hebesatz gem. § 16 GewStG (HS)	400 %
GewSt = StMB x HS	140.000

Ermittlung der KSt

Zu versteuerndes Einkommen	1.000.000
KSt-Satz	15,00 %
KSt	150.000

Ermittlung des SolZ

KSt	150.000
SolZ-Satz	5,50 %
SolZ	8.250

Ermittlung der Gesamtsteuerbelastung

GewSt	140.000
KSt 15 %	150.000
SolZ 5,5 %	8.250
Gesamtsteuerbelastung	298.250
Steuersatz	29,83 %

2. Steuerbelastung in der Gesamtsicht bei Vollausschüttungsprämisse

Ausschüttungshypothesen
Ausschüttungsvolumen nach Steuern

Zu versteuerndes Einkommen	1.000.000
Steuern	− 298.250
	701.750

a) Anteilseigner natürliche Person oder Personengesellschaft, Anteile im Privatvermögen

Ausschüttung	701.750
ESt-Satz Abgeltungsteuer	25,00 %
ESt	175.438
SolZ 5,5 %	9.649
Gesamtsteuerbelastung nach Ausschüttung	483.337
Anteil in %	48,33 %

b) Anteilseigner natürliche Person oder Personengesellschaft, Anteile im Betriebsvermögen

Ausschüttung	701.750
abzgl. Steuerfreiheit	
Teileinkünfteverfahren 40 % gem. § 3 Nr. 40	280.700
Steuerpflichtig	421.050
Grundfreibetrag und Progression	16.438
ESt-Satz	45,00 %
ESt	173.034
SolZ	9.517
Gesamtsteuerbelastung nach Ausschüttung	480.801
Anteil in %	48,08 %

c) Anteilseigner ist Kapitalgesellschaft

Ausschüttung	701.750
abzgl. Steuerfreiheit § 8b KStG 95 %	666.663
Steuerpflichtig	35.088
KSt-Satz	15,00 %
KSt	5.263
SolZ	289
Gesamtsteuerbelastung nach Ausschüttung	303.803
Anteil in %	30,38 %

Besteuerung der Personengesellschaft und ihrer Gesellschafter, EUR

	Regulär	Thesaurierung
Ermittlung des GewSt-Messbetrages		
Gewerbeertrag gem. §§ 7–9 GewStG (GE)	1.000.000	1.000.000
GE nach Freibetrag (FB) gem. § 11 Abs. 1 Satz 3 Nr. 1 GewStG 24.500 EUR	975.500	975.500
Steuermesszahl gem. § 11 Abs. 2 (StMZ)	3,50 %	3,50 %
Steuermessbetrag = GE nach FB x StMZ (StMB)	34.143	34.143
Hebesatz gem. § 16 GewStG (HS)	400 %	400 %

GewSt = StMB x HS	**136.570**	**136.570**
Ermittlung der ESt		
Zu versteuerndes Einkommen	1.000.000	1.000.000
abzgl. GewSt, weil Entnahmefiktion		− 136.570
abzgl. ESt / SolZ auf begünstigtes Einkommen, weil tatsächliche Entnahme		− 204.001
Begünstigter Teil des zu versteuernden Einkommens		659.429
ESt-Satz (lfd./begünstigter Satz nach § 34a)	45,00 %	28,25 %
ESt-Satz nicht begünstigter Teil		45,00 %
Grundfreibetrag und Progression	16.438	16.438
ESt vor Anrechnung	433.562	323.108
Anrechnung 3,8-facher Steuermessbetrag	129.742	129.742
ESt nach Anrechnung	**303.820**	**193.366**
Ermittlung des SolZ		
ESt	303.820	193.366
SolZ-Satz	5,50 %	5,50 %
SolZ	**16.710**	**10.635**
Ermittlung der Gesamtsteuerbelastung		
GewSt	136.570	136.570
ESt	303.820	193.366
SolZ	16.710	10.635
Gesamtsteuerbelastung	**457.100**	**340.571**
Steuersatz	**45,71 %**	**34,06 %**
Ermittlung der Nachsteuer		
Begünstigter Teil des zvE		659.429
darauf bereits ESt-Belastung 28,25 %		186.289
darauf bereits SolZ-Belastung 5,5 %		10.246
Nachsteuer-Bemessungsgrundlage		462.894
ESt-Satz		25,00 %
ESt		115.724
SolZ		6.365
Gesamtsteuerbelastung		**122.088**
Gesamtsteuer aus Thesaurierungs- und Nachsteuerbelastung		
GewSt		136.570
ESt		309.090
SolZ		17.000
Gesamtsteuerbelastung		**462.660**
in %		**46,27 %**

5. *Exkurs 2:* Übertragungen*

Nachfolgend werden die sich für Unternehmen ergebenden Folgen der entgeltlichen und unentgeltlichen Übertragung von Wirtschaftsgütern und Unternehmen oder Anteilen an Unternehmen behandelt. Eine besondere praktische Relevanz haben hierbei **Übertragungen von Einzelunternehmen und Übertragungen von Anteilen an Personengesellschaften**. Auf diese Fälle beziehen sich die nachfolgenden Ausführungen.

a) Überblick

Begriffe. Die handels- und gesellschaftsrechtlichen Begriffe *Vermögensgegenstand*, *Einzelunternehmen* und *Personengesellschaft* werden steuerlich abweichend bezeichnet. Neben der terminologischen gibt es auch eine inhaltliche Unterscheidung zwischen der handels- und gesellschaftsrechtlichen und der steuerlichen Begrifflichkeit. Im Anschluss an die nachfolgende Begriffsbestimmung werden in der Regel die steuerlichen Bezeichnungen verwendet. **363**

Wirtschaftsgut. Wegen des Maßgeblichkeitsprinzips (s. Rz. 78, 105) entspricht der steuerliche Begriff des Wirtschaftsguts grundsätzlich dem des *Vermögensgegenstandes*. Während allerdings Voraussetzung des Vermögensgegenstands dessen Verkehrsfähigkeit ist, setzt die Annahme eines Wirtschaftsguts (nur) dessen selbstständige Bewertungsfähigkeit voraus. Im Gegensatz zum handelsrechtlichen Vermögensgegenstand bezieht sich das Wirtschaftsgut auch auf Schulden und Rechnungsabgrenzungsposten, somit auch auf sog. *negative Wirtschaftsgüter*, s. Rz. 113 ff. **364**

Betriebsvermögen. Wenn ein Steuergesetz das Betriebsvermögen bezeichnet, ist in der Regel das handelsrechtliche *Einzelunternehmen* gemeint, z. B. § 6 Abs. 5. Als Betriebsvermögen gilt ferner die Zusammenfassung derjenigen Wirtschaftsgüter, die dem Betrieb eines Einzelunternehmens oder einer Personengesellschaft zuzuordnen sind, wenn der Steuerpflichtige damit Gewinneinkünfte erzielt, s. Rz. 113 ff. **365**

Mitunternehmerschaft. Personengesellschaften, die Einkünfte aus Gewinneinkunftsarten erzielen, werden als *Mitunternehmerschaften* bezeichnet. Anteile an diesen Personengesellschaften sind damit *Mitunternehmeranteile*. In diesem Bereich werden Wirtschaftsgüter des Gesamthandsvermögens von denen des Sonderbetriebsvermögens unterschieden, s. Rz. 137, 148. **366**

Teilbetrieb. Sofern Wirtschaftsgüter in einem bestimmten Zusammenhang zueinander stehen, liegt ein steuerlicher *Teilbetrieb* vor. Ein Teilbetrieb ist ein mit einer gewissen Selbstständigkeit ausgestatteter, organisatorisch geschlossener Teil des Gesamtbetriebs, der für sich allein lebensfähig ist. Teilbetriebe kommen innerhalb von Betriebsvermögen (Einzelunternehmen) und Mitunternehmerschaften (Personengesellschaften) vor. **367**

---

* Die Vorschriften des EStG werden ohne die Gesetzesbezeichnung zitiert.

368 Formen von Übertragungen. Generell kann abhängig von dem der Übertragung zugrundeliegenden obligatorischen Vertrag die **entgeltliche** von der **unentgeltlichen Übertragung** unterschieden werden. Entgeltliche Übertragungen sind insbesondere solche, denen ein Kaufvertrag zugrunde liegt. Andersherum sind unentgeltliche Übertragungen immer diejenigen, deren Grundlage eine Schenkung ist.

369 Handels- oder gesellschaftsrechtlich begründete Übertragungen. Sofern die Übertragung einen handels- oder gesellschaftsrechtlichen Charakter hat, kann sie sowohl entgeltlich als auch unentgeltlich sein. Wird beispielsweise ein Wirtschaftsgut aus dem Betriebsvermögen eines Mitunternehmers in eine Mitunternehmerschaft eingebracht, bei welcher der Einbringende Mitunternehmer ist, kann es sich sowohl um eine entgeltliche als auch um eine unentgeltliche Übertragung handeln. Werden dem Einbringenden als Gegenleistung für die Übertragung bei der Mitunternehmerschaft **weitere Gesellschaftsrechte** eingeräumt (z. B. durch eine Erhöhung des Anteils am Kommanditkapital), liegt nach der Auffassung des BFH generell ein Tauschvorgang und damit eine entgeltliche Übertragung vor. Gemäß § 6 Abs. 5 Satz 3 Nr. 1 ist allerdings diese entgeltliche Übertragung zum Buchwert möglich. Wird der Gegenwert des Wirtschaftsguts im Gesamthandsvermögen der Personengesellschaft **gegen eine Rücklage** erfasst, ist hingegen von einer unentgeltlichen Übertragung gem. § 6 Abs. 5 Satz 3 Nr. 1 auszugehen, wiederum zum Buchwert. Wird der Einbringungsbetrag dem Mitunternehmer auf dessen **Darlehenskonto** gutgeschrieben, ist ein entgeltlicher Veräußerungsvorgang anzunehmen, der nicht gegen Gesellschaftsrechte nach § 6 Abs. 5 Satz 3 Nr. 1 erfolgt. Dieser Vorgang hat die Gewinnrealisierung zur Folge.

Literaturhinweis: BMF-Schreiben betr. Zweifelsfragen zur Übertragung und Überführung von einzelnen Wirtschaftsgütern nach § 6 Absatz 5 EStG vom 8.12.2011, IV C 6 – S 2241/10/10002, DStR 2011, 2401; BMF-Schreiben betr. Einbringung eines Wirtschaftsguts in eine Personengesellschaft gegen Gutschrift auf dem sog. Kapitalkonto II vom 26.7.2016, IV C 6 – S 2178/09/10001, BStBl. I 2016, 684.

Nachfolgend werden zunächst **entgeltliche** und dann **unentgeltliche Übertragungsfälle** dargestellt. Innerhalb der *entgeltlichen Übertragungen* wird ein Schwerpunkt bei der entgeltlichen Übertragung von Mitunternehmeranteilen gesetzt. Hier werden insbesondere *Fälle des Gesellschafterwechsels* bei Mitunternehmerschaften (Eintreten und Austreten von Mitunternehmern aus der Mitunternehmerschaft, Übertragung von Mitunternehmeranteilen, Realteilung der Mitunternehmerschaft) behandelt. Schließlich erfolgt eine graphische Darstellung der verschiedenen Übertragungsfälle mit den wesentlichen Rechtsfolgen (s. Rz. 394).

370 Besteuerung stiller Reserven. Wesentliches Anliegen bei Übertragungen von Wirtschaftsgütern, Unternehmen oder Unternehmensanteilen ist es, die Aufdeckung und Versteuerung stiller Reserven anlässlich der Transaktionen zu vermeiden. Durch *Wertsteigerungen einzelner Vermögensgegenstände* sowie bei *Abschreibungen*, die die *wirtschaftliche* Abnutzung übersteigen, entstehen stille Reserven. Der Buchansatz von Vermögensgegenständen ist in diesen Fällen niedriger als der bei einer Veräußerung zu realisierende Verkehrswert. Stille Reserven sind auch auf *Gesamtunternehmensebene* denkbar, wenn der Wert des Unternehmens das Buchkapital übersteigt (*Geschäfts- oder Firmenwert*). Da die Aufdeckung und Versteuerung stiller Reserven anlässlich von Übertragungen i.d.R. unerwünscht ist, werden Gestaltungen angestrebt, die eine Fortführung der bisherigen Buchwerte ermöglichen.

b) Entgeltliche Übertragungen

Wirtschaftsgüter. Die entgeltliche Übertragung von Wirtschaftsgütern führt generell zur Gewinnrealisierung (Ausnahmen: Übertragungen im Wege der Realteilung, s. Rz. 387 oder gegen Gewährung von Gesellschaftsrechten gem. § 6 Abs. 5 EStG, s. Rz. 390 ff.). Um bei der Veräußerung und späterer Reinvestition bestimmter Anlagegüter steuerzahlungsbedingte Liquiditätsabflüsse zu vermeiden, besteht unter bestimmten in § 6b EStG genannten Voraussetzungen die Möglichkeit der Vermeidung der Gewinnrealisation durch Bildung einer sog. § 6b EStG-Rücklage. **371**

> **Beispiel:**
>
> Philine Lustig betreibt eine Boutique für hochwertige Damendessous in der Schlossstraße als Einzelunternehmen. Das Geschäftshaus steht in ihrem Eigentum und gehört insgesamt zum notwendigen Betriebsvermögen. Philine hat es am 21.2.2009 für 250 TEUR erworben. Sie beabsichtigt, das Einzelhandelsgeschäft in einer anderen Gegend fortzuführen und zieht in Betracht, ein anderes Geschäftshaus für 500 TEUR zu erwerben. Weil sich die Grundstückswerte positiv entwickelt haben, ist das Geschäftshaus in der Schlossstraße nunmehr für 500 TEUR zu verkaufen. Philine veräußert das Grundstück Ende 2017 und erzielt dabei einen Buchgewinn in Höhe von 250 TEUR. In ihrer Steuerbilanz zum 31.12.2017 bildet sie eine § 6b-Rücklage in Höhe von 250 TEUR und egalisiert auf diese Weise den Buchgewinn aus der Veräußerung. Anfang 2018 erwirbt sie das neue Geschäftshaus für 500 TEUR. Sie löst die § 6b-Rücklage in der Steuerbilanz auf und nimmt gleichzeitig eine Abschreibung des erworbenen Grundstücks in Höhe von 250 TEUR vor. Die Versteuerung des Buchgewinns von 250 TEUR konnte somit vermieden werden.

Betriebsvermögen, Teilbetrieb, Mitunternehmeranteile. Die entgeltliche Übertragung von Betriebsvermögen oder Teilbetrieben an Mitunternehmer oder die Übertragung von Mitunternehmeranteilen kann unter dem Stichwort der **Veränderung des Gesellschafterkreises bei Personengesellschaften** behandelt werden. Hier werden folgende gesellschaftsrechtliche Sachverhalte unterschieden: **372**

- Übertragung eines *Anteils* an einer Personengesellschaft an einen Dritten oder an einen Mitgesellschafter *(Fall 1)*,
- *Eintreten eines weiteren Gesellschafters* in die Gesellschaft *(Fall 2)*,
- *Ausscheiden eines Gesellschafters* aus der Gesellschaft *(Fall 3)*,
- *Realteilung* der Personengesellschaft *(Fall 4)*.

Fall 1: Übertragung des Anteils an einer Personengesellschaft an einen Dritten

373 Systematik. Der erste Fall des Gesellschafterwechsels kann durch Rechtsgeschäft zwischen dem ausscheidenden und dem übernehmenden Mitunternehmer (Gesellschafter) im Wege der *Sonderrechtsnachfolge* vereinbart werden. Sofern der Gesellschaftsvertrag hierzu keine Besonderheiten vorsieht, kann die Übertragung des Mitunternehmeranteils durch Kaufvertrag erfolgen, ggf. sind Zustimmungsvorbehalte der Gesellschaft oder ihrer Gesellschafter zu berücksichtigen. Es ergeben sich generell keine unmittelbaren ertragsteuerlichen Konsequenzen für die am Vertrag *nicht beteiligten Gesellschafter*.

374 Steuerliche Folgen auf der Ebene der Gesellschaft. Wenn der ausscheidende Gesellschafter keine natürliche Person ist, ist der Veräußerungsgewinn des ausscheidenden Gesellschafters gem. § 7 Satz 2 Nr. 2 GewStG *auf der Ebene der Gesellschaft* **gewerbesteuerpflichtig,** s. Rz. 342. Selbiges gilt, wenn eine natürliche Person als Gesellschafter nicht ihren gesamten Mitunternehmeranteil, sondern nur einen Teil davon überträgt, § 16 Abs. 1 Satz 2 EStG, R 7.1 Abs. 3 Satz 6 GewStR (auch einkommensteuerpflichtig für den Gesellschafter). Im Falle des Vorliegens von **gewerbesteuerlichen Verlustvorträgen** nach § 10a GewStG können diese nach dem Gesellschafterwechsel nur insoweit genutzt werden, als *Identität* zwischen den Gesellschaftern im Zeitpunkt der *Verlustentstehung* und der *Verlustnutzung* gegeben ist, s. Rz. 343 ff. Der auf den ausscheidenden Gesellschafter entfallende Anteil am gewerbesteuerlichen Verlustvortrag geht damit mangels Unternehmeridentität verloren.

375 Steuerliche Folgen auf der Ebene des ausscheidenden **Gesellschafters**. Liegt der *Kaufpreis* des Anteils an der Personengesellschaft über dem *steuerlichen Buchwert* desselben, kommt es zum Entstehen eines steuerpflichtigen *Veräußerungsgewinns*. Der ausscheidende Gesellschafter kann bei Vorliegen der weiteren Voraussetzungen (insb. der Vollendung des 55. Lebensjahrs) nach § 16 Abs. 4 EStG und § 34 Abs. 3 EStG den **Freibetrag** und den **ermäßigten Steuersatz** in Anspruch nehmen, s. Rz. 160 f.

376 Besonderheiten bei Sonderbetriebsvermögen. Hält der ausscheidende Gesellschafter Wirtschaftsgüter in einem Sonderbetriebsvermögen, wird der steuerliche Status des Sonderbetriebsvermögens durch das Ausscheiden aus der Mitunternehmerschaft automatisch beendet. Findet keine Disposition über diese Wirtschaftsgüter statt, werden sie in die steuerliche Privatsphäre transferiert. Es liegt quasi ein Fall der *Aufgabe des Sonderbetriebsvermögens* vor. Der zu versteuernde Gewinn berechnet sich in diesen Fällen aus der Summe des Veräußerungsgewinns des Mitunternehmeranteils und des Entnahmegewinns i. H. d. stillen Reserven im Sonderbetriebsvermögen. Werden Teile des Sonderbetriebsvermögens *in ein anderes Betriebsvermögen* des ausscheidenden Gesellschafters transferiert, ist dies nach § 6 Abs. 5 Satz 2 EStG zwar zum Buchwert möglich, die Vergünstigungen nach §§ 16 Abs. 4, 34 Abs. 3 EStG werden aber dann nicht gewährt, wenn in dem Sonderbetriebsvermögen *wesentliche Betriebsgrundlagen* enthalten sind (*Gesamtplan-Rechtsprechung*).

> **Beispiel:**
>
> An der ABC OHG sind A, B und C zu je einem Drittel beteiligt. A vermietet der OHG sein Geschäftsgrundstück für 500 TEUR p. a. Das Grundstück hält A im Sonderbe-

triebsvermögen, für das er eine Sonderbilanz erstellt hat. In dieser Bilanz wird das Grundstück mit 2,5 Mio. EUR ausgewiesen, obwohl der Verkehrswert bei 5 Mio. EUR liegt. A überträgt seine Beteiligung an der OHG auf D. Das Grundstück behält A. Es verliert den Charakter als Sonderbetriebsvermögen und wird zu steuerlichem Privatvermögen. Der Wechsel der Vermögenszuordnung stellt eine Entnahme dar. A hat den steuerlichen Teilwert des Grundstücks als Entnahmewert anzusetzen, hieraus entsteht ein Entnahmegewinn i.H.v. 2,5 Mio. EUR. A kann für den Veräußerungsgewinn des OHG-Anteils und für den Entnahmegewinn den ermäßigten Steuersatz anwenden.

Gestaltungstipp. A hätte das Grundstück vorher in eine von ihm als Kommanditisten gehaltene nach § 15 Abs. 3 Nr. 2 EStG (s. Rz. 153) gewerblich geprägte GmbH & Co. KG einbringen können. Dieser Vorgang ist grunderwerbsteuerfrei, es fallen nur Notar- und Gerichtskosten an. Die Einbringung ist nach § 6 Abs. 5 Satz 3 Nr. 2 EStG zum Buchwert möglich. Das Grundstück hätte hierdurch den Charakter als Sonderbetriebsvermögen verloren und würde zum Betriebsvermögen einer Mitunternehmerschaft gehören. Es wäre nicht zum Entstehen eines Entnahmegewinns bei der Veräußerung des OHG-Anteils durch A gekommen. Allerdings wäre der Gewinn aus der Veräußerung des OHG-Anteils in voller Höhe zu versteuern, ohne die Vergünstigungen nach §§ 16 Abs. 4, 34 Abs. 3 EStG, soweit das Geschäftsgrundstück in der OHG eine wesentliche Betriebsgrundlage darstellte.

Steuerliche Folgen auf der Ebene des eintretenden **Gesellschafters.** Der den Gesellschaftsanteil erwerbende Gesellschafter hat *Anschaffungskosten* i.H.d. *Veräußerungspreises* des Mitunternehmeranteils. Sofern bei der Veräußerung ein Veräußerungsgewinn entstanden ist, liegen die Anschaffungskosten des erworbenen Mitunternehmeranteils über dem Buchwert, der auf den *ausgeschiedenen* Mitunternehmer entfällt. Diesen *Mehrwert* kann der eintretende Gesellschafter steuerlich z.B. dadurch nutzbar machen, dass er Wirtschaftsgüter, auf die der Mehrwert tatsächlich entfällt, persönlich nach Maßgabe der allgemeinen Gewinnermittlungsvorschriften abschreibt und dadurch seine Einkommensteuerbemessungsgrundlage verringert. Weil nur der eintretende und nicht auch die Alt-Gesellschafter einen Mehrwert aufgebracht hat, kann dessen steuerliche Berücksichtigung nicht auf Ebene der Gesamthand, sondern nur auf einer separaten Rechnungsebene erfolgen. Der eintretende Gesellschafter stellt daher nur für die Abbildung dieser Mehrwerte eine **Ergänzungsbilanz** auf.

377

Ergänzungsbilanzen. In der Handelsbilanz bleibt insb. für Zwecke der *gesellschaftsrechtlichen Gewinnverteilung* der Ansatz des Buchkapitals durch den Gesellschafterwechsel unberührt. Steuerlich ist allerdings im Falle des Leistens eines Mehrwertes durch den eintretenden Gesellschafter von einem höheren neuen Buchkapital auszugehen. Technisch wird dieses Problem durch die Aufstellung sog. steuerlicher *Ergänzungsbilanzen* gelöst. In Ergänzung zur handelsrechtlichen Gesamthandsbilanz stellt der eintretende Gesellschafter eine steuerliche Ergänzungsbilanz auf, in welcher das *Mehrkapital* i.H.d. an den austretenden Gesellschafter vergüteten Mehrpreises (Differenz zwischen Veräußerungspreis und steuerlichem Buchwert) auf der Passivseite ausgewiesen wird. Dem Mehrkapital werden auf der Aktivseite der Ergänzungsbilanz diejenigen Wirtschaftsgüter zugewiesen, bei denen die den Mehrpreis begründenden stillen Reserven angenommen werden. Die Mehrwerte können sich auf einzelne Wirtschaftsgüter, z.B. auf Grundstücke und Gebäude, beziehen. Falls der Mehrwert allerdings nicht auf materielle

378

stille Reserven entfällt und damit nicht einzelnen Wirtschaftsgütern zugeordnet werden kann, wird auf der Aktivseite ein *Geschäfts- oder Firmenwert* ausgewiesen. Die Bildung einer Ergänzungsbilanz ist hierbei der *technische Weg*, die erhöhten Anschaffungskosten des eintretenden Gesellschafters abzubilden und z. B. über Abschreibungen steuerwirksam werden zu lassen. Die vorgenannten Grundsätze gelten entsprechend, wenn bei der Veräußerung ein Veräußerungsverlust entsteht.

379 Steuerliche Gesamtbilanz. Die steuerliche Ergänzungsbilanz ist ebenso wie etwa bestehende Sonderbilanzen Teil der steuerlichen Gesamtbilanz. Die Ermittlung der Grundlagen der Einkommensbesteuerung umfasst damit nicht nur Erfolgsbeiträge der Gesamthandsbilanz. Es werden zusätzlich Gewinne oder Verluste aus Sonderbilanzen oder Ergänzungsbilanzen erfasst. Das Gesamtergebnis ist auch Grundlage für die Ermittlung der GewSt.

> **Beispiel:**
>
> Die ABC-OHG hat ein handelsrechtliches Buchkapital von 300 TEUR. Der Unternehmenswert der ABC-OHG wurde von einem unabhängigen Sachverständigen mit 600 TEUR ermittelt, es liegen somit stille Reserven i. H.v. weiteren 300 TEUR in der Gesellschaft. Von den stillen Reserven entfallen 120 TEUR auf bestimmte Vermögensgegenstände des Anlagevermögens der OHG, 180 TEUR werden einem Geschäfts- oder Firmenwert zugewiesen. Zum Ende des Geschäftsjahres 2017 veräußert der 60-jährige Gesellschafter A seinen Anteil an der ABC-OHG an D. Sonderbetriebsvermögen hatte A nicht. D zahlt A einen Kaufpreis i. H.v. 200 TEUR.
>
> **Gesellschafter A** erzielt einen Veräußerungsgewinn i. H.v. 100 TEUR (200 TEUR ./. 100 TEUR). Dieser Veräußerungsgewinn ist nach §§ 16 Abs. 4, 34 Abs. 3 EStG begünstigt, sofern A einen entsprechenden Antrag stellt. Auf der Ebene der Gesellschaft entsteht keine GewSt auf den Veräußerungsgewinn, weil A eine natürliche Person ist. Die Gesellschaft beabsichtigt, die bisherigen handelsrechtlichen Buchwerte fortzuführen.
>
> Gesellschafter D übernimmt den Anteil des A i. H.v. 100 TEUR bei der ABC-OHG. D stellt zum 1.1.2018 eine steuerliche Ergänzungsbilanz auf, in welcher er den gezahlten Mehrpreis i. H.v. 100 TEUR als Mehrkapital auf der Passivseite ausweist. Dieses Mehrkapital entfällt i. H.v. 40 TEUR (120 TEUR : 3) auf stille Reserven im Anlagevermögen; i. H.v. 60 TEUR (180 TEUR : 3) weist D in der Ergänzungsbilanz einen Geschäfts- oder Firmenwert aus. Die Ergänzungsbilanz des D hat somit folgendes Aussehen: Geschäfts- oder Firmenwert 60 TEUR, Anlagevermögen 40 TEUR (beides Aktivseite), Mehrkapital auf der Passivseite 100 TEUR. D schreibt den Geschäfts- oder Firmenwert gem. § 7 Abs. 1 Satz 3 EStG über einen Zeitraum von 15 Jahren ab. Die Mehrwerte des Anlagevermögens werden entsprechend den in der Gesamthandsbilanz zugrunde gelegten Nutzungsdauern und Abschreibungsregeln abgeschrieben. Neben seinem Gewinnanteil in der ABC-OHG ist Gegenstand der steuerlichen Gewinnermittlung für D auch das Ergebnis seiner Ergänzungsbilanz. Insoweit hat er im Geschäftsjahr 2018 Abschreibungen i. H.v. 4 TEUR für den Geschäfts- und Firmenwert und entsprechende Abschreibungen für die Mehrwerte der übrigen im Anlagevermögen der Ergänzungsbilanz ausgewiesenen Wirtschaftsgüter zu berücksichtigen. Der daraus entstehende Gewerbesteuervorteil steht mangels abweichender Vereinbarung der Gesamtheit der Gesellschafter zu.

Fall 2: Eintreten eines weiteren Gesellschafters in die Gesellschaft

Systematik. Der Fall des Eintretens von Gesellschaftern in Personengesellschaften bestimmt sich nach § 24 UmwStG. Es handelt sich steuerlich um die *Veräußerung eines Anteils an einer Personengesellschaft* durch die bisherigen Gesellschafter an den neu eintretenden Gesellschafter. Gedanklich kann auch von einer Einbringung der Anteile an der Gesellschaft in ihrer bisherigen personellen Zusammensetzung in die Personengesellschaft in ihrer neuen personellen Konstellation ausgegangen werden. **380**

Steuerliche Folgen auf der Ebene der bisherigen **Gesellschafter**. Für die Gesellschafter in ihrer neuen personellen Zusammensetzung besteht das Wahlrecht nach § 24 UmwStG, die Wirtschaftsgüter mit dem Buchwert, einem Zwischenwert oder dem Teilwert anzusetzen. Der Ansatz eines *Zwischenwerts* oder *Teilwertes* führt zur Aufdeckung und sofortigen Versteuerung von stillen Reserven auf der Ebene der bisherigen Gesellschafter. **381**

Missbrauchsregelung. Werden die Wirtschaftsgüter mit einem Zwischenwert oder dem Teilwert angesetzt, kommt es grundsätzlich zur Aufdeckung und Versteuerung stiller Reserven. Um missbräuchliche Gestaltungen hinsichtlich der Vergünstigungen der §§ 16 Abs. 4 und 34 Abs. 3 EStG zu vermeiden, regelt § 16 Abs. 2 Satz 3 EStG, dass die Vergünstigungen nur insoweit zur Anwendung kommen, als die bisherigen Gesellschafter an der erweiterten Personengesellschaft nicht beteiligt sind. Hieraus folgt, dass *im Falle des Teil- oder Zwischenwertansatzes* und der Aufdeckung und Versteuerung stiller Reserven bei Eintreten eines Gesellschafters *für die bisherigen Gesellschafter* die genannten Vergünstigungen nicht anwendbar sind. Das Eintreten neuer Gesellschafter kann damit nicht zum Anlass genommen werden, *Freibetrag* und *ermäßigten Steuersatz* in Anspruch zu nehmen.

In den meisten Fällen wird auf den Ansatz von Zwischen- oder Teilwert verzichtet, es werden die Wirtschaftsgüter mit dem **Buchwert** angesetzt. Gleichwohl liegt ein Fall der Veräußerung eines Anteils an einer Personengesellschaft vor, denn die bisherigen Gesellschafter geben jeweils einen Teil ihrer Beteiligung an der Personengesellschaft zugunsten des eintretenden Gesellschafters auf. Sofern stille Reserven in der Personengesellschaft vorhanden sind, führt die *Wahlentscheidung* zur *Fortführung der steuerlichen Buchwerte* allerdings nur dazu, dass stille Reserven nicht *sofort* versteuert werden. Die Versteuerung wird beim Buchwertansatz jedoch über den *Lauf der Abschreibung* der Wirtschaftsgüter verteilt bzw. auf den Zeitpunkt ihres *Ausscheidens aus dem Betriebsvermögen* oder des *Ausscheiden der Gesellschafter* aus der Gesellschaft verschoben. Technisch wird auch hier zumeist der Weg über die Bildung von Ergänzungsbilanzen gewählt. **382**

Steuerliche Folgen auf der Ebene des eintretenden **Gesellschafters.** Ebenso wie im Fall des Gesellschafterwechsels tritt auch beim Eintritt neuer Gesellschafter bei Buchwertfortführung der bisherigen Gesellschafter das Problem höherer Anschaffungskosten im Verhältnis zum Buchwert auf. Der *eintretende Gesellschafter* ist i. d. R. verpflichtet, eine Einlage zu leisten, die dem *gemeinen Wert* seines zukünftigen Anteils am Unternehmen entspricht und damit oftmals über dem anteiligen Buchwert liegt. Die *bisherigen* Gesellschafter aber veräußern jeweils einen Teil ihres Anteils an der Personengesellschaft. Auch **383**

in diesem Fall wird technisch der Weg der Bildung von **Ergänzungsbilanzen** gewählt.

Ergänzungsbilanzen. Im Unterschied zum Gesellschafterwechsel werden im Fall des Eintretens von Gesellschaftern sowohl eine *Ergänzungsbilanz für den Eintretenden* als auch *Ergänzungsbilanzen für die bisherigen Gesellschafter* aufgestellt. Der eintretende Gesellschafter hat hierbei höhere Anschaffungskosten als zugewiesene Buchwerte und stellt daher im Regelfall eine *positive Ergänzungsbilanz* auf. Die bisherigen Gesellschafter hingegen geben Anteile ab, ihre geleisteten Anschaffungskosten verteilen sich auf einen geringeren verbleibenden Buchwert, sie haben daher umgekehrte, sog. *negative Ergänzungsbilanzen* aufzustellen. In diesen wird das *Mehrkapital* nicht auf der Passivseite, sondern *auf der Aktivseite* ausgewiesen. Die Wirtschaftsgüter werden auf der Passivseite gezeigt und ihrem Abschreibungsverlauf entsprechend bzw. bei deren Ausscheiden gewinnerhöhend aufgelöst.

> **Beispiel:**
>
> Im vorgenannten Beispiel tritt der Gesellschafter D in die ABC-OHG als neuer Gesellschafter ein. D hat eine Einlage i.H.v. 200 TEUR zu leisten. D werden in der Handelsbilanz 100 TEUR als Buchkapital zugewiesen. Die verbleibenden 100 TEUR werden im Rahmen einer gesamthänderisch gebundenen Rücklage passiviert. Das Buchkapital beträgt nunmehr 500 TEUR und verteilt sich auf Festkapitalanteile i.H.v. 400 TEUR für die vier Gesellschafter A, B, C und D sowie eine gesamthänderisch gebundene Rücklage i.H.v. 100 TEUR. Diese Rücklage steht allen vier Gesellschaftern zu gleichen Teilen zu.
>
> Der **Gesellschafter D** bildet eine *positive Ergänzungsbilanz* zum 1.1.2018, in welcher er auf der Passivseite den Mehrwert i.H.d. Betrages ausweist, der der Differenz zwischen eingezahltem und zugewiesenem Kapital entspricht. Zugewiesen wurde dem D sowohl das anteilige Festkapital i.H.v. 100 TEUR als auch sein Anteil an der gesamthänderisch gebundenen Rücklage i.H.v. 25 TEUR. Das in der Ergänzungsbilanz auszuweisende Mehrkapital beträgt damit 200 TEUR ./. 125 TEUR = 75 TEUR. Dieser Mehrwert entfällt i.H.v. 30 TEUR auf das Anlagevermögen und i.H.v. 45 TEUR auf den Geschäfts- oder Firmenwert. Die Abschreibung erfolgt wie im Fall des Gesellschafterwechsels.
>
> Die **übrigen Gesellschafter** haben das Mehrkapital i.H.v. jeweils 25 TEUR durch Bildung von Ergänzungsbilanzen zu egalisieren, wenn sie die Buchwerte nach §24 UmwStG steuerneutral fortführen wollen. Sie haben daher jeweils negative Ergänzungsbilanzen aufzustellen, in denen das Minderkapital i.H.v. jeweils 25 TEUR auf der Aktivseite ausgewiesen wird. Es wird jeweils auf der Passivseite den Wirtschaftsgütern zugewiesen, auf die es entfällt. Je 10 TEUR sind somit auf Wirtschaftsgüter des Anlagevermögens und je 15 TEUR auf den Geschäfts- oder Firmenwert zu beziehen. In den negativen Ergänzungsbilanzen werden die Wirtschaftsgüter über die in der Gesamthandsbilanz geltenden Nutzungsdauern gewinnerhöhend aufgelöst.

Fall 3: Ausscheiden eines Gesellschafters aus der Gesellschaft

384 Systematik. Der Fall des Ausscheidens eines Gesellschafters aus einer Personengesellschaft ist vergleichsweise weniger kompliziert. I.d.R. sehen Gesellschaftsverträge im Falle des Ausscheidens von Gesellschaftern *Abfindungsregelungen* vor. Scheidet ein Gesellschafter aus der Gesellschaft aus, so wächst sein

Anteil am Gesamthandsvermögen den übrigen Gesellschaftern zu, § 738 Abs. 1 Satz 1 BGB. Die in dieser Vorschrift angeordnete *Gesamtrechtsnachfolge* gilt über § 105 Abs. 3 HGB und § 161 Abs. 2 HGB auch für die OHG und die KG. Wird in Ermangelung stiller Reserven nur das Kapital ausgezahlt, ergeben sich weder für den ausscheidenden noch für die verbleibenden Gesellschafter steuerliche Konsequenzen. *Buchmäßig* wird dann entweder das Kapital gegen Verbindlichkeit gegenüber ausscheidenden Gesellschaftern *vermindert* oder in Höhe der einzustellenden Verbindlichkeit eine *Entnahme* der verbleibenden Gesellschafter erfasst. Ist die Abfindung, wie regelmäßig, höher als der Buchwert des ausscheidenden Gesellschafters, kommt es zu steuerlichen Konsequenzen.

Steuerliche Folgen auf der Ebene des ausscheidenden **Gesellschafters.** Die an 385 den ausscheidenden Gesellschafter gezahlte Abfindung ist, sofern sie seinen Anteil am Buchkapital übersteigt, steuerpflichtiger Veräußerungsgewinn. Der Gewinn ist ggf. (i.d.R. nach Vollendung des 55. Lebensjahrs des ausscheidenden Gesellschafters und auf Antrag) nach §§ 16 Abs. 4, 34 Abs. 3 EStG steuerbegünstigt, s. Rz. 160f. Er ist gewerbesteuerfrei, wenn der ausscheidende Gesellschafter eine natürliche Person ist, s. Rz. 342.

Sonderbetriebsvermögen. Voraussetzung der Vergünstigung ist wiederum eine steuerlich konforme Behandlung des Sonderbetriebsvermögens, s. hierzu Rz. 148, 376.

Steuerliche Folgen auf der Ebene der verbleibenden **Gesellschafter.** Die verbleibenden Gesellschafter haben nach herkömmlichem Verständnis *nachträgliche Anschaffungskosten* i.H.d. den Buchwert des ausscheidenden Gesellschafters *übersteigenden* Abfindungsanspruchs. Diese werden in der Praxis bisher den bestehenden Wirtschaftsgütern in der steuerlichen Gesamthandsbilanz zuaktiviert bzw. einem Geschäfts- oder Firmenwert zugeschlagen. Einer neueren Entwicklung folgend sind entsprechende Mehrwerte erfolgsneutral gegen das Eigenkapital der verbleibenden Gesellschafter zu buchen. Das IDW ermöglicht neuerdings beide Behandlungsweisen (IDW ERS HFA 7 n.F. Tz. 58a, 59). Ein etwaiger gewerbesteuerlicher Verlustvortrag erlischt in Höhe der Quote des ausscheidenden Gesellschafters. 386

> **Beispiel:**
>
> Aus der ABC-OHG scheidet der 60-jährige Gesellschafter A mit Ablauf des 31.12.2017 aus. A erhält ein *Abfindungsguthaben* i.H.v. 200 TEUR, das i.H.v. 100 TEUR seinem Buchkapital entspricht und i.H.v. weiteren 100 TEUR stille Reserven im Unternehmen abgilt. In der Schlussbilanz zum 31.12.2017 bucht der Buchhalter der Gesellschaft das Kapital des A (100 TEUR) aus und stellt in Höhe von 200 TEUR eine Verbindlichkeit gegen den ausgeschiedenen Gesellschafter ein. I.H.d. das Buchkapital übersteigenden Verbindlichkeitsbetrags von 100 TEUR werden auf der Aktivseite Wirtschaftsgüter des Anlagevermögens um 40 TEUR aufgestockt und ein Geschäfts- oder Firmenwert i.H.v. 60 TEUR ausgewiesen. Alternativ hätte dieser Betrag auch mit dem Eigenkapital der verbleibenden Gesellschafter verrechnet werden können. *Dann* wären *positive steuerliche Ergänzungsbilanzen* der verbleibenden Gesellschafter zu bilden gewesen. Der Gesellschafter A erzielt einen Veräußerungsgewinn i.H.v. 100 TEUR, der nach §§ 16 Abs. 4, 34 Abs. 3 EStG steuerbegünstigt ist.

Fall 4: Realteilung der Personengesellschaft

387 Systematik. Die Aufdeckung und Versteuerung der in der Personengesellschaft enthaltenen stillen Reserven anlässlich der Liquidation der Gesellschaft (s. Rz. 159) kann unter Ausnutzung der Grundsätze der Realteilung nach § 16 Abs. 3 Satz 2 bis 4 EStG vermieden werden. Die Realteilung ist systematisch mit der *Aufspaltung* gem. § 123 Abs. 1 UmwG verwandt. Sie setzt *Beendigung und Auflösung einer Personengesellschaft* und *Übernahme von Teilen des Gesamthandsvermögens* durch *jeden Gesellschafter* dergestalt voraus, dass die Besteuerung der stillen Reserven sichergestellt ist. Sie kann auch in der Variante vorliegen, dass das Gesamthandsvermögen wiederum in Personengesellschaften überführt wird, an welchen die Gesellschafter wirtschaftlich jeweils allein beteiligt sind (z. B. 100%ige Beteiligung als Kommanditist an einer GmbH & Co. KG). Weitere Voraussetzung der Realteilung ist, dass die empfangenden Gesellschafter keine Körperschaften i. S. d. KStG (z. B. GmbH, AG) sind. Ist dies jedoch der Fall, sind die Wirtschaftsgüter, soweit sie auf die genannten Gesellschafter entfallen, mit ihren steuerlichen Teilwerten anzusetzen. Die anteiligen stillen Reserven sind der Besteuerung zuzuführen.

Neuere Entwicklung in der Rechtsprechung. Der BFH hat den Anwendungsbereich der Realteilung durch neuere Rechtsprechung stark ausgeweitet. Die *Beendigung* und *Auflösung* der Personengesellschaft ist nunmehr nicht mehr erforderlich. Die Gesellschaft kann durch die übrigen Gesellschafter fortgeführt werden, wenn ein Gesellschafter als Abfindung einen die Qualität eines Teilbetriebs aufweisenden Betriebsteil (BFH vom 17.9.2015, Az. III R 49/13, BStBl. II 2017, 37) oder neuerdings sogar stattdessen nur Einzelwirtschaftsgüter ohne Teilbetriebseigenschaft erhält, die in einem Betriebsvermögen fortgeführt werden (BFH vom 30.3.2017, Az. IVR 11/15). Die Fälle der Beendigung und Auflösung der Gesellschaft werden nunmehr vom BFH als Fälle *echter Realteilung*, die der Fortsetzung der Gesellschaft als *unechte Realteilung* bezeichnet, BFH vom 16.3.2017, Az. IVR 31/14.

388 Steuerliche Folgen. Bei der Realteilung ist **zwingend der Buchwert** anzusetzen. Es besteht nicht das Wahlrecht, die übertragenen Wirtschaftsgüter alternativ mit einem Zwischenwert oder dem Teilwert anzusetzen.

Missbrauchsregelung, Sperrfrist. Um zu vermeiden, dass das Instrument der Realteilung lediglich dazu in Anspruch genommen wird, durch eine der Realteilung nachfolgende Übertragung bestimmter Wirtschaftsgüter eine nachgelagerte Versteuerung auf der Ebene bestimmter Gesellschafter herbeizuführen, ist in § 16 Abs. 3 Satz 3 EStG eine Missbrauchsregelung vorgesehen. Die Regelung greift, soweit im Nachgang zu der Realteilung innerhalb einer Sperrfrist Wirtschaftsgüter übertragen werden, die in ihrer Gesamtheit die Qualität von *Teilbetrieben* haben. Ggf. sind die Werte rückwirkend mit ihrem steuerlichen Teilwert anzusetzen.

389 Spitzenausgleich. Wird bei einer Realteilung ein Sonderbetrag zwischen den Gesellschaftern zum Ausgleich von Wertunterschieden der empfangenen Wirtschaftsgüter geleistet (Spitzenausgleich), liegen i. H. d. spitz geleisteten Betrages auf der Seite des Leistenden *Anschaffungskosten* und bei dem empfangenden Mitunternehmer ein *Veräußerungsgewinn* vor. Der Spitzenausgleich erfolgt immer dann, wenn es nicht gelingt, Wirtschaftsgüter nach der gesellschaftsrechtlichen Gewinnverteilung aufzuteilen.

Beispiel:
Am Vermögen der ABC-OHG sind A, B und C zu je 100 TEUR beteiligt. Die ABC-OHG wird zum 31.12.2017 aufgelöst. Die Gesellschafter beabsichtigen, das Geschäft in drei Einzelunternehmen fortzuführen. Es wird verabredet, dass A das *Grundstück*, B *die Anteile an einer Tochter-Personengesellschaft* und C *alle übrigen Wirtschaftsgüter* übernimmt. Die Buchwerte der genannten Wirtschaftsgüter betragen jeweils 100 TEUR. Der steuerliche Teilwert des Grundstücks wird mit 250 TEUR, der der Tochter-Personengesellschaft mit 150 TEUR und der der übrigen Wirtschaftsgüter mit 200 TEUR beziffert. Das Betriebsvermögen der ABC-OHG hat somit insgesamt einen steuerlichen Teilwert i. H. v. 600 TEUR. Um die Liquidation der Gesellschaft und die Zuteilung des Liquidationserlöses nach den Regelungen der gesellschaftsvertraglichen Gewinnverteilung zu gestalten, hat A dem B einen Spitzenausgleich i. H. v. 50 TEUR zu bezahlen. Weil Wirtschaftsgüter in das jeweilige Betriebsvermögen der einzelnen Mitunternehmer übertragen werden, sind die Grundsätze der Realteilung nach § 16 Abs. 3 Satz 2 EStG anwendbar. Diese Rechtsfolge ist nicht disponibel und gilt grundsätzlich unabhängig von der Stellung eines entsprechenden Antrags. Weil A dem B einen Spitzenausgleich i. H. v. 50 TEUR zu leisten hat, liegt eine Realteilung mit Spitzenausgleich vor. B erzielt einen Veräußerungsgewinn i. H. v. 50 TEUR, A hat Anschaffungskosten i. H. d. selben Betrages. B hat den Veräußerungsgewinn als laufenden Gewinn zu versteuern. Hätte es sich bei dem Grundstück, das dem A zugewiesen wurde, um einen steuerlichen Teilbetrieb gehandelt, hätte B die Vergünstigungen der §§ 16 Abs. 4, 34 Abs. 3 EStG in Anspruch nehmen können. A bilanziert das Grundstück mit 250 TEUR.

c) Unentgeltliche Übertragungen

Wirtschaftsgüter. Ist bei der Übertragung von Wirtschaftsgütern, die insgesamt nicht die Qualität eines *Betriebsvermögens* oder eines *Teilbetriebs* haben, *Entgeltlichkeit* durch die Vereinbarung einer Gegenleistung oder der Übertragung gegen Gewährung von Gesellschaftsrechten *nicht* gegeben, ist von einer *unentgeltlicher Übertragung* auszugehen. Dieser kann eine Schenkung oder eine gesellschaftsrechtliche Veranlassung zugrunde liegen. **390**

Geschenk. Der unentgeltlichen Übertragung kann zivilrechtlich eine Schenkung zugrunde liegen. Diese kann geschäftlich nützlich sein, die Übertragung kann daher beim Leistenden nach § 4 Abs. 4 EStG in Höhe der Anschaffungs- oder Herstellungskosten Betriebsausgabe sein. In diesem Fall ist allerdings bei Übersteigen der **Freigrenze** in Höhe von 35 EUR pro Geschäftsfreund und Wirtschaftsjahr insgesamt vom Vorliegen nichtabzugsfähiger Betriebsausgaben auszugehen, § 4 Abs. 5 Satz 1 Nr. 1 EStG, s. Rz. 107 ff. Ist die Schenkung privat veranlasst, liegt Entnahme vor, dann wird die Leistung mit dem Teilwert bewertet. Beim Empfänger ist das Geschenk ebenfalls ertragsteuerlich zu behandeln. Bei Nichtselbstständigen können lohnsteuerliche Folgen in Frage kommen.

Gesellschaftsrechtliche Veranlassung. Liegt der unentgeltlichen Übertragung eine gesellschaftsrechtliche Veranlassung zugrunde, ist der Anwendungsbereich des § 6 Abs. 5 EStG zu prüfen. Als *„Übertragung" einzelner Wirtschaftsgüter* werden hierbei steuerlich Fälle behandelt, die zivilrechtlich oft nicht einmal einen Rechtsträgerwechsel beinhalten. Betroffen sind insbesondere Transfers von Wirtschaftsgütern, die sich zwischen verschiedenen steuerlichen Vermögenssphären desselben Steuerpflichtigen bewegen. Es handelt sich um Vermögenstransfers eines Steuerpflichtigen zwischen dessen verschiedenen **Betriebsvermögen** (Einzelunternehmen), **Sonderbetriebsvermögen** oder einer **Mitunternehmerschaft**, an welcher der Steuerpflichtige als Mitunternehmer beteiligt ist.

391 Bei allen in § 6 Abs. 5 EStG geregelten Fällen erfolgen die jeweiligen Transaktionen **unentgeltlich** oder **entgeltlich** (gegen *Gewährung oder Minderung von Gesellschaftsrechten*). Buchhalterisch werden diese Vorgänge regelmäßig durch Ansprache des Kapitals abgebildet. Werden Wirtschaftsgüter aus Betriebsvermögen (Einzelunternehmen) oder Sonderbetriebsvermögen transferiert, liegt zumeist **unentgeltliche** Übertragung vor. Technisch erfolgt die Übertragung hier als Einlage und Entnahmen. Bei Übertragungen von Wirtschaftsgütern in oder aus Mitunternehmerschaften kann die Übertragung sowohl gegen Gewährung oder Minderung von Gesellschaftsrechten (**entgeltlich**) oder gegen eine gesamthänderisch gebundene Rücklage (**unentgeltlich**) erfasst werden.

392 Die **Übertragung einzelner Wirtschaftsgüter** zum Buchwert ist in folgenden Fällen möglich (jeweils § 6 Abs. 5 EStG, nähere Bezeichnung der Sätze und Nrn.):

- Übertragung aus dem Betriebsvermögen eines **Einzelunternehmens in** das eines anderen **Einzelunternehmens** desselben Steuerpflichtigen (Satz 1, *unentgeltlich*),
- Übertragung aus dem Betriebsvermögen eines **Einzelunternehmens** des Steuerpflichtigen **in** das **Sonderbetriebsvermögen** bei einer Personengesellschaft, bei der dieser als Mitunternehmer beteiligt ist, oder umgekehrt (Satz 2, *unentgeltlich*),
- Übertragung zwischen **verschiedenen Sonderbetriebsvermögen** desselben Steuerpflichtigen bei verschiedenen Personengesellschaften, bei denen der Steuerpflichtige Mitunternehmer ist (Satz 2, *unentgeltlich*),
- Übertragung aus dem Betriebsvermögen eines **Einzelunternehmens in** das **Gesamthandsvermögen** einer Personengesellschaft, an welcher der Steuerpflichtige als Mitunternehmer beteiligt ist (Satz 3 Nr. 1, *entgeltlich oder unentgeltlich*),
- Übertragung aus dem **Sonderbetriebsvermögen** eines Mitunternehmers in das **Gesamthandsvermögen** derselben Personengesellschaft oder einer anderen Personengesellschaft, an der der Steuerpflichtige als Mitunternehmer beteiligt ist, oder umgekehrt (Satz 3 Nr. 2, *entgeltlich oder unentgeltlich*),
- Übertragungen **zwischen den Sonderbetriebsvermögen** verschiedener Mitunternehmer derselben Personengesellschaft (Satz 3 Nr. 3, *unentgeltlich*, hier sind abweichend zu allen vorgenannten Transaktionen mehrere Steuerpflichtige betroffen, denkbar ist z. B. ein Tausch),
- jedoch **nicht** eine Übertragung zwischen den Gesamthandsvermögen verschiedener Personengesellschaften, an denen der Steuerpflichtige als Mitunternehmer beteiligt ist (Übertragung zwischen **Schwesterpersonengesellschaften**). Dieser Fall ist nicht im Gesetz geregelt und nach Auffassung des BMF auch nicht durch analoge Anwendung der vorstehenden Regelungen abzubilden, obwohl eine Übertragung vom Gesamthandsvermögen einer Personengesellschaft in das Betriebsvermögen eines Mitunternehmers und eine Übertragung vom Betriebsvermögen eines Mitunternehmers in das Gesamthandsvermögen einer anderen, beteiligungsidentischen Personengesellschaft jeweils für sich genommen zum Buchwert möglich wäre. Hier gibt es ferner widerstreitende Auffassungen innerhalb des BFH. Während der IV. Senat die Möglichkeit einer steuerneutralen Übertragung durch entsprechend weite Auslegung des Gesetzeswortlautes sieht, lehnt der I. Senat dies mit Verweis auf den klaren Gesetzeswortlaut ab. Letzterer hat mittlerweile die Sache dem BVerfG zur Entscheidung mit Verweis auf eine mögliche Gleichheitswidrigkeit nach Art. 3 GG vorgelegt.

Beispiele:

Der Einzelunternehmer A betreibt einen *Schraubenhandel* auf eigenem Grundstück. Auf das Grundstück entfallen stille Reserven i.H.v. 500 TEUR. A ist ferner Gesellschafter einer *Schraubenproduktionsgesellschaft* in der Rechtsform einer GmbH & Co. KG. Schließlich betreibt A ebenfalls als Einzelunternehmen auf Wunsch seiner Ehefrau ein *Einzelhandelgeschäft* für hochwertige Damenoberbekleidung. A zieht mit dem Schraubenhandel in eine gemietete Fläche um. Nutzt er das Grundstück zukünftig im Zusammenhang mit dem **Einzelhandelsunternehmen**, so ändert sich in der Zuordnung des Eigentums nichts, A bleibt Eigentümer des Grundstücks. Buchhalterisch entnimmt A allerdings das Grundstück aus dem Schraubenhandeleinzelunternehmen und legt es in das Bekleidungs-Einzelhandelsunternehmen ein. Stille Reserven müssen nicht aufgedeckt werden, weil Buchwertübertragung nach § 6 Abs. 5 Satz 1 EStG möglich ist. **Vermietet** A das Grundstück an die **Produktionsgesellschaft,** so wird es in das Sonderbetriebsvermögen eingelegt. Die Entnahme aus dem Einzelunternehmen ist zum Buchwert möglich. Dasselbe gilt für die **Einlage** des Grundstücks in das Gesamthandsvermögen der **Produktionsgesellschaft**. Hingegen ist bei der Übertragung des Grundstücks auf die Produktionsgesellschaft gegen **Übernahme von Verbindlichkeiten** oder gegen Gutschrift auf dem **Darlehenskonto des Gesellschafters** eine **entgeltliche Veräußerung** anzunehmen, bei welcher der Gesellschafter einen Gewinn realisiert.

Der Verzicht auf die Aufdeckung und Versteuerung stiller Reserven ist an gewisse Sperrfristen gebunden, die in § 6 Abs. 5 Satz 4 EStG geregelt sind.

Betriebsvermögen, Teilbetrieb, Mitunternehmeranteile. Die unentgeltliche Übertragung eines Betriebsvermögen (Einzelunternehmens), Teilbetriebs oder eines Mitunternehmeranteils führt gem. § 6 Abs. 3 EStG grundsätzlich *nicht* zur Aufdeckung und Versteuerung von stillen Reserven. Die Übertragung ist zum Buchwert möglich. Hauptanwendungsfall der unentgeltlichen Übertragung nach § 6 Abs. 3 EStG ist die Schenkung im Wege der *vorweggenommenen Erbfolge* oder die Übertragung im *Erbwege*. Ein weiterer Anwendungsfall ist bei der Anwachsung von Vermögensgegenständen und Schulden nach § 738 BGB zu sehen.

393

Voraussetzung des § 6 Abs. 3 EStG ist die *Unentgeltlichkeit* der Übertragung. Liegt eine *Teilentgeltlichkeit* z.B. durch die Verpflichtung zur Zahlung von *Gleichstellungsgeldern* an weichende Erbberechtigte bzw. Erben oder aufgrund eines *Erbvertrages* vor, ist der Vorgang in einen entgeltlichen und einen unentgeltlichen Teil *aufzugliedern* und steuerlich getrennt zu beurteilen. Bei der vollunentgeltlichen Übertragung bzw. im Bereich des unentgeltlichen Teils bei Teilentgeltlichkeit gilt die sog. *Fußstapfentheorie*, d.h. der Nachfolger ist grundsätzlich an die steuerlichen Wertansätze des alten Inhabers gebunden.

Beispiel:

A betreibt ein Schraubenhandelsunternehmen als eingetragener Kaufmann. Das Einzelunternehmen hat einen Verkehrswert von 1 Mio. EUR, der Buchwert liegt bei 250 TEUR. A verstirbt. Sein einziger Sohn S ist Alleinerbe und führt das Unternehmen fort. Nach § 6 Abs. 3 EStG hat S die Buchwerte des A fortzuführen, es kommt auf der Ebene des A im Zeitpunkt seines Ablebens nicht zur Aufdeckung und Versteuerung der stillen Reserven in Höhe von 750 TEUR.

394 Schaubild: Übertragungen

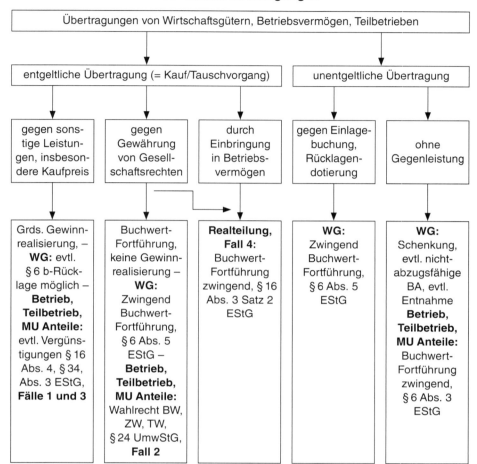

6. Umsatzsteuer*

USt im europäischen Binnenmarkt. Durch die *Einheitliche Europäische Akte* wurde der Binnenmarkt zum 1.1.1993 als Wirtschaftsraum ohne Binnengrenzen eingeführt. Hiernach wird innerhalb des Binnenmarktes der freie Verkehr von Waren, Personen, Dienstleistungen und Kapital gewährleistet. Die Umsetzung der Binnenmarktkonzepte erfolgte auf europäischer Ebene durch verschiedene *Richtlinien,* insbesondere die *Mehrwertsteuer-Systemrichtlinie,* die in Deutschland durch Änderungen des *Umsatzsteuergesetzes* umgesetzt wurde. Bei grenzüberschreitenden Lieferungen und sonstigen Leistungen war eine Festlegung erforderlich, ob das Besteuerungsrecht in dem Staat des *Ursprungs* der Leistungen oder der *Bestimmung* der Leistungen anzusiedeln war. **395**

Je nachdem, ob die USt im Staat des Ursprungs der Leistung oder im Staat des Eintretens des Erfolges der Leistung besteuert wird, ist zwischen dem **Ursprungslandprinzip** und dem **Bestimmungslandprinzip** zu unterscheiden. Nach verschiedenen Übergangsregelungen folgt das Umsatzsteuerrecht seit dem 1.1.2015 konsequent dem *Bestimmungslandprinzip,* demzufolge sich die Besteuerung nach dem Leistungserfolg beim Konsumenten richtet. Das Bestimmungslandprinzip führt dazu, dass die USt im Staat der Bestimmung der Leistung anfällt. Das eine Leistung in das übrige Gemeinschaftsgebiet erbringende Unternehmen hat demnach grundsätzlich keine USt im Inland zu entrichten, dafür wird aber eine USt im Bestimmungsland erhoben. Im grenzüberschreitenden Leistungsverkehr zwischen Unternehmern obliegt es dem Leistungsempfänger, die Umsatzsteuer dort anzumelden, wo er ansässig ist. Im Leistungsverkehr zwischen Unternehmer und Verbraucher sind alle umsatzsteuerlichen Pflichten vom Unternehmer zu erfüllen. Das kann dazu führen, dass beispielsweise ein Luxemburger Versandhändler USt nach litauischem Recht auf die Gegenstände abführt, die er an Privatkunden in Litauen liefert. **396**

a) System und Aufbau des UStG

aa) Verhältnis der Umsatzsteuer zu anderen Steuerarten

Verkehrsteuer. Der USt unterliegen gem. § 1 Abs. 1 Nr. 1 Lieferungen und sonstige Leistungen, die ein Unternehmen im Inland gegen Entgelt im Rahmen seines Unternehmens ausführt. Differenziert nach der Struktur des Steuergegenstandes knüpft die USt nicht an den *Ertrag,* die *Substanz* oder den *Besitz* an. Alleiniges Anknüpfungsmerkmal ist der Verkehr von Gütern und Leistungen. Die USt ist daher als Verkehrsteuer einzuordnen (teilweise wird die USt vorrangig als Verbrauchsteuer bezeichnet). **397**

Indirekte Steuer. Die USt ist indirekte Steuer, weil die Personen des Steuerschuldners und des wirtschaftlichen Steuerträgers nicht identisch sind. Bei der USt ist Steuerschuldner der Unternehmer, während der wirtschaftliche Steuerträger der Konsument ist. Die USt wird im Rahmen des umsatzsteuerlichen Austauschverhältnisses auf den Empfänger der Leistung wirtschaftlich über- **398**

---

* Die Vorschriften des UStG werden ohne die Gesetzesbezeichnung zitiert.

gewälzt. Unabhängig davon hat der Unternehmer als Steuerschuldner die USt an das Finanzamt abzuführen.

399 Verwendungssteuer. Hinsichtlich der zeitlichen Abfolge des Entstehens der Steuer ist die USt als Verwendungssteuer einzuordnen. Während z. B. die Personensteuern an die Entstehung des Einkommens anknüpfen, wird die USt im Zeitpunkt der Verwendung des zuvor entstandenen Einkommens erhoben.

400 Leistungsfähigkeitsprinzip. Im Bereich der dispositiven und für den Konsumenten verzichtbaren Leistungen unterliegt die USt ebenso wie die ESt dem Prinzip der Leistungsfähigkeit der mit der Steuer wirtschaftlich belasteten Person. Der Konsument hat es in der Hand, ob er die Leistung samt wirtschaftlicher Belastung mit USt übernehmen wird.

401 Unternehmensteuer. Die USt ist eine echte Unternehmensteuer, weil die Steuerschuldnerschaft bei Lieferungen und sonstigen Leistungen gem. §§ 1 Abs. 1 Nr. 1, 13a Abs. 1 Nr. 1 an die Unternehmereigenschaft gekoppelt ist.

bb) Aufbau des Gesetzes

402 Weil die USt als Steuerart nicht zu den Personensteuern zählt, ist eine strikte systematische Trennung zwischen den Regelungen zur persönlichen und zur sachlichen Steuerpflicht, wie etwa bei der ESt oder KSt, im UStG nicht vorgesehen. Regelungen *zur persönlichen Steuerpflicht* und zur Haftung enthalten die §§ 2 bis 2b und 13a bis 13c zur *Unternehmereigenschaft* und *Steuerpflicht bzw. Haftung*. Die *sachliche Steuerpflicht* ist in den §§ 1 bis 1c zu den *steuerpflichtigen Umsätzen und Erwerben* und in §§ 3 bis 3g zu *Lieferungen und sonstigen Leistungen* bzw. zu den jeweiligen *Leistungsorten* geregelt. §§ 4 bis 9 beinhalten Regelungen zu überwiegend *sachlichen*, zum Teil auch *persönlichen Steuerbefreiungen* und *Steuervergütungen*. Die *Bemessungsgrundlage* ist in §§ 10 und 11 geregelt. Der *Steuertarif* ist in § 12 und Besonderheiten zur *Entstehung der Steuer* sind in § 13 geregelt. §§ 14 bis § 14c behandeln die umsatzsteuerliche *Rechnung* und die §§ 15 und 15a den sog. *Vorsteuerabzug*. Die §§ 16 ff. beinhalten überwiegend *Verfahrensvorschriften* zum umsatzsteuerlichen Besteuerungsverfahren. In den §§ 23 ff. werden Sonderfälle und in den §§ 26 ff. insb. Bußgeld- und Straf- sowie Verfahrens- und Schlussvorschriften geregelt.

cc) Räumlicher Geltungsbereich

403 Inland, Freihafengebiete. Das UStG betrifft die Besteuerung von Umsätzen im Inland. Nach § 1 Abs. 2 Satz 1 ist Inland i. S. d. UStG das Gebiet der Bundesrepublik Deutschland mit Ausnahme dort im Einzelnen beschriebener Gebiete. Besondere Bedeutung haben insoweit die *Freihafengebiete* (sog. Freizone des Kontrolltyps I gem. § 1 Abs. 1 Satz 1 Zollverwaltungsgesetz). Die Freihafengebiete von Bremerhaven und Cuxhaven sind nicht als Inland und nach § 1 Abs. 2 Satz 2 damit als Ausland anzusehen. Umsätze, die im Freihafengebiet ausgeführt werden, sind daher im Inland nicht steuerbar und unterliegen nicht der USt. Liefert somit ein Unternehmer aus dem Freihafengebiet heraus und ist Ort der Lieferung nach §§ 3 ff. UStG ebenfalls das Freihafengebiet, liegt eine nicht steuerbare Lieferung vor. § 1 Abs. 3 enthält Ausnahmen zu den in den Freihafengebieten ausgeführten Umsätzen.

Gemeinschaftsgebiet, übriges Gemeinschaftsgebiet. Das Inland wird vom **404**
Gemeinschaftsgebiet abgegrenzt. Das Gemeinschaftsgebiet umfasst gem. § 1
Abs. 2a Satz 1 das Inland i. S. d. § 1 Abs. 2 Satz 1 und die Gebiete der übrigen
Mitgliedsstaaten der Europäischen Union, die nach dem Gemeinschaftsrecht
als Inland dieser Mitgliedsstaaten gelten. Hierbei wird weiter zwischen Gemeinschaftsgebiet (einschließlich Inland) und übrigem Gemeinschaftsgebiet
(ohne Inland) differenziert.

Drittland. Es ist somit zwischen *Inland, Ausland* und (übrigem) *Gemeinschafts-* **405**
gebiet zu unterscheiden. Vor dem Hintergrund dieser Dreiteilung wird nach
§ 1 Abs. 2a Satz 3 als *Drittland* das Gebiet bezeichnet, das nicht Gemeinschaftsgebiet ist. Hierdurch wird das übrige Gemeinschaftsgebiet, das aus der Sicht
Deutschlands auch Ausland ist, von dem Ausland im umsatzsteuerlichen
Sinne abgegrenzt.

dd) System der Allphasen-Netto-Umsatzsteuer mit Vorsteuerabzug

Die der USt zugrunde liegende Leistungserbringung erfolgt im Regelfall auf **406**
verschiedenen, jeweils nachfolgenden Stufen. Produkte oder Dienstleistungen, die Lieferungen und Leistungen darstellen, werden auf den Ebenen unterschiedlicher Erstellungsprozesse geschaffen und zuletzt dem Endverbraucher
angeboten. Hierbei wird z. B. das Produkt vom *Fabrikanten* produziert, an den
Großhändler verkauft, von diesem an den *Einzelhändler* weiterverkauft und
dann dem *Konsumenten* angeboten. Die USt knüpft hierbei grundsätzlich an
alle Phasen der Leistungserstellung an.

Allphasen-USt *ohne* Vorsteuerabzug. Würde jede Phase der Leistungserbringung ge- **407**
sondert mit USt belastet, würde sich die steuerliche Gesamtbelastung kumulieren. Produkte, die einer Vielzahl unterschiedlicher Produktionsphasen unterworfen sind, wären
im Ergebnis mit einer höheren USt belastet als solche Produkte, die z. B. bei Urproduktion von einem Unternehmen produziert und dem Konsumenten direkt angeboten werden. Dieses wettbewerbsverzerrende System bestand auch in Deutschland mit der Allphasen-USt *ohne Vorsteuerabzug* bis zum Jahre 1967.

Allphasen-USt mit Vorsteuerabzug. Seit 1968 gilt in der Bundesrepublik das **408**
System der Allphasen-USt *mit Vorsteuerabzug*. Dieses System gewährleistet,
dass einzig den Konsumenten die wirtschaftliche Belastung der USt trifft und
die Anzahl der Produktionsphasen bei verschiedenen Unternehmen auf die
Höhe der USt im wirtschaftlichen Ergebnis keinen Einfluss hat. Dieses Ergebnis
wird durch die *Technik des Vorsteuerabzugs* gewährleistet. Der Vorsteuerabzug
sieht vor, dass Unternehmer, die Leistungen von anderen Unternehmern beziehen, die insoweit anteilig zu zahlende USt im Rahmen der eigenen *Umsatzsteuerveranlagung* als *Vorsteuer* von der *Umsatzsteuerzahllast* abziehen können.
Hierdurch entsteht bei der jeweils *nachgelagerten* Stufe der Wertschöpfung wirtschaftlich *keine Belastung* durch die an das Unternehmen der Vorstufe *geleistete*
USt. Der absolute Betrag der USt wächst im Regelfall über die verschiedenen
Produktionsstufen weiter an und wird bei der Leistungserbringung gegenüber
dem Endkunden oder Konsumenten auf das Nettoentgelt aufgeschlagen. Der
Konsument hat keine Möglichkeit des Vorsteuerabzugs und muss damit die
USt wirtschaftlich tragen.

Beispiel:

Schraubenhersteller A produziert Schrauben und liefert diese an den Großhändler B. Der Lieferumsatz entspricht einem Gegenwert von 1.000 EUR. A schlägt auf die Lieferung 19 % USt auf und stellt insgesamt 1.190 EUR in Rechnung. A hat die 190 EUR an das Finanzamt als USt abzuführen. Da Berechnungsgrundlage für die Preisfindung 1.000 EUR waren, der A 1.190 EUR eingenommen und 190 EUR an das Finanzamt abgeführt hat, ist die USt für ihn *durchlaufender Posten* und damit *kein betrieblicher Aufwand*.

Großhändler B leitet die Schrauben an verschiedene Einzelhändler zu einem Gesamtpreis von 1.200 EUR weiter. Er schlägt insgesamt 19 % auf und verkauft die Schrauben somit für 1.428 EUR. Der Großhändler B hat auf die von ihm erbrachte Leistung damit 228 EUR aufgeschlagen und an das Finanzamt abgeführt. Die an A gezahlte USt i. H. v. 190 EUR kann er als *Vorsteuer* von der Umsatzsteuerzahllast abziehen. Per Saldo hat der Großhändler B somit lediglich 19 % seiner Wertschöpfung i. H. v. 200 EUR, somit 38 EUR, an das Finanzamt abzuführen. Diese Umsatzsteuerbeträge hat er wirtschaftlich der Leistung an die Einzelhändler aufgeschlagen, so dass im Ergebnis keine Belastung besteht.

Einzelhändler verkaufen die Schrauben an Endkunden insgesamt zu netto 1.400 EUR. Die Einzelhändler schlagen 19 % = 266 EUR USt auf und bieten die Schrauben für insgesamt 1.666 EUR an. Von den vereinnahmten Beträgen werden 266 EUR an das Finanzamt abgeführt, so dass auch die Einzelhändler wirtschaftlich nicht mit der USt belastet sind. Die Konsumenten der Schrauben haben nicht die Möglichkeit des Umsatzsteuerabzugs und tragen wirtschaftlich die insgesamt angefallene USt i. H. v. 266 EUR. Die im Ergebnis von den Endverbrauchern getragene USt wurde i. H. v. 190 EUR von dem A, i. H. v. 38 EUR von dem Großhändler B und i. H. v. weiteren 38 EUR von den Einzelhändlern an das Finanzamt abgeführt.

Auf der Handelsstufe des Großhändlers und der Einzelhändler unterliegt effektiv jeweils der dort erwirtschaftete *Mehrwert* der USt. Die USt wird daher umgangssprachlich als *Mehrwertsteuer* bezeichnet.

Ärzte, Kreditinstitute und andere Unternehmer, die steuerfreie Leistungen erbringen, sind mit diesen Leistungen von der USt befreit (sachliche Steuerbefreiung, Rz. 425), dürfen aber auch keine Vorsteuer abziehen. Im wirtschaftlichen Ergebnis wird die Wertschöpfung der vorangehenden Handelsstufen mit USt belastet, aber ihre eigene Wertschöpfung nicht. Im Verhältnis zu den Vorlieferanten und Vorleistenden werden diese somit wie Konsumenten behandelt.

b) Persönliche Steuerpflicht

409 **Unternehmerbegriff.** Steuerschuldner der USt ist im Regelfall der *Unternehmer*, §§ 13a Abs. 1 Nr. 1, 2 Abs. 1 Satz 1. Unternehmer ist hiernach, wer eine *gewerbliche* oder *berufliche* Tätigkeit *selbstständig* ausübt. **Gewerblich** oder **beruflich** ist nach § 2 Abs. 1 Satz 3 jede *nachhaltige Tätigkeit* zur *Erzielung von Einnahmen*, auch wenn die *Absicht, Gewinn zu erzielen*, fehlt. Durch den Verzicht auf das Vorliegen der Gewinnerzielungsabsicht ist der umsatzsteuerliche Unternehmerbegriff sehr viel weiter als der Begriff des Gewerbebetriebs im Ertragsteuerrecht. Wesentliche Merkmale des umsatzsteuerlichen Unternehmerbegriffes sind dessen **Selbstständigkeit** und **Nachhaltigkeit** in der Ausübung der Tätigkeit zur Erzielung von Einnahmen. Das Merkmal *Nachhaltig-*

keit hat besonders in der Gründungsphase von Unternehmen eine Bedeutung. Der Unternehmerbegriff ist generell *rechtsformunabhängig*. Unternehmer können daher *natürliche Personen*, *Personengesellschaften*, juristische Personen des Privatrechts, wie z. B. *Kapitalgesellschaften* oder *eingetragene Vereine*, aber auch *juristische Personen des öffentlichen Rechts* im Rahmen ihrer nicht-hoheitlichen Tätigkeit sein.

Nichtunternehmer, nichtunternehmerischer Bereich. Das Gegenstück zum Unternehmer ist der Nichtunternehmer. Soweit ein Unternehmer Leistungen für seinen nichtunternehmerischen Bereich bezieht, ist er einem Nichtunternehmer gleichgestellt. Abgrenzungsschwierigkeiten gibt es insbesondere bei *öffentlich-rechtlichen* und bei *gemeinnützigen Körperschaften*. Deren hoheitliche bzw. ideelle Tätigkeit ist grundsätzlich nichtunternehmerisch, während die wirtschaftlichen Geschäftsbetriebe der Umsatzsteuer unterliegen. Geboten ist auch die Abgrenzung zwischen der Tätigkeit einer Holding, die sich auf das Halten, Erwerben und Veräußern von Beteiligungen beschränkt (sog. *Finanzholding*, nichtunternehmerisch tätig, UStAE 2.3 Abs. 2) und einer Holding, die darüber hinaus in das Tagesgeschäft ihrer Tochtergesellschaften eingreift (sog. *Führungs- oder Funktionsholding*, unternehmerisch tätig); vgl. zur gemischt tätigen Holding EuGH v. 16.7.2015, Rs. C-108, 109/14, DStR 2015, S. 1673. Streitpunkt ist häufig nicht die Umsatzsteuerpflicht als solche, sondern die daraus folgende Vorsteuerabzugsberechtigung der Körperschaft für bezogene Leistungen. **410**

Innengesellschaft. Unternehmer ist nicht die Innengesellschaft, die nach außen nicht in Erscheinung tritt. Zu denken ist hier an Arbeitsgemeinschaften des Baugewerbes oder Einkaufsringe, bei denen lediglich ein Gesellschafter nach außen als Vertragspartei auftritt, während im Innenverhältnis Chancen und Risiken sowie Erträge und Aufwendungen geteilt werden. **411**

Organschaft. Nach § 2 Abs. 2 Nr. 2 wird eine gewerbliche oder berufliche Tätigkeit nicht selbstständig ausgeübt, wenn eine juristische Person nach dem Gesamtbild der tatsächlichen Verhältnisse *finanziell*, *wirtschaftlich* und *organisatorisch* in das Unternehmen des Organträgers eingegliedert ist (Organschaft). Leistungen innerhalb des durch Organträger und Organgesellschaften gebildeten Organkreises sind nicht steuerbar, die Mitglieder des Organkreises bilden umsatzsteuerlich ein (einziges) Unternehmen. Siehe zur **umsatzsteuerlichen Organschaft** Rz. 302 ff., zur Organschaft allgemein Rz. 293 ff. **412**

Das sog. **Reverse-Charge-System (RCS)** ist ein *umgekehrtes Umsatzsteuererhebungsverfahren*, bei dem der Leistungsempfänger Steuerschuldner ist. Während im Regelfall der *leistende Unternehmer* Schuldner der USt ist, diese in Rechnung stellt und an das Finanzamt abführt, wurde zur Sicherung des Steueraufkommens insbesondere im Bereich der Baubranche und bei im Ausland ansässigen Unternehmern das *Reverse-Charge-System* eingeführt, § 13b. Hiernach berechnet der *Leistungsempfänger* die USt und führt diese ggf. nach Abzug der *Vorsteuer* (s. Rz. 439 ff.) an das Finanzamt ab. Ein *Erstattungsüberhang* an Vorsteuer wird damit ausgeschlossen. Der Unternehmer stellt eine Rechnung ohne Aufschlag und Ausweis der USt, aber mit Hinweis auf das RCS, aus. Voraussetzungen des RCS sind: **413**

- Sowohl Leistender als auch Leistungsempfänger müssen *Unternehmer im umsatzsteuerlichen Sinne* sein (der Leistungsempfänger kann auch juristische Person des öffentlichen Rechts sein).
- Es muss sich um eine Werklieferung oder sonstige Leistung eines *im Ausland ansässigen Unternehmers*, eine Lieferung *sicherungsübereigneter Gegenstände* durch den Sicherungsgeber an den Sicherungsnehmer, *Grundstückslieferungen* oder andere grunderwerbsteuerpflichtige Lieferungen, *Bauleistungen, Lieferung von Gas oder Elektrizität* gem. § 3g oder andere (im Einzelnen aufgeführte) steuerhinterziehungsaffine Leistungen handeln, § 13b Abs. 1, Abs. 2. Der Katalog dieser Leistungen unterliegt ständigen gesetzlichen Änderungen und kann auch durch Rechtsverordnungen ohne Beteiligung des Bundestages vorübergehend erweitert werden. Solche Rechtsverordnungen werden mit nur einem Monat Vorlaufzeit eingeführt (sog. *Schnellreaktionsmechanismus*) und gelten für maximal neun Monate, können aber durch den Gesetzgeber verlängert werden.
- Die Leistung ist *in Deutschland steuerbar* (ansonsten gilt die § 13b entsprechende Regelung im übrigen Gemeinschaftsgebiet).

414 Das RCS basiert auf der *EU-Mehrwertsteuer-Systemrichtlinie*. Nach § 14a Abs. 1 hat der leistende Unternehmer im Fall des RCS eine *besondere Rechnung* zu erstellen, die beide *USt-Identifikationsnummern* sowie einen *Hinweis* auf die Verlagerung der Steuerschuldnerschaft enthält.

Beispiel:

Der Unternehmer A beginnt, seine Tätigkeit nach Frankreich auszuweiten. Er stellt dem französischen Steuerberater S die Frage, ob er sich deswegen bei den französischen Behörden umsatzsteuerlich registrieren lassen müsse, was für ihn mit erheblichem Verwaltungsaufwand verbunden wäre. Der S beantwortet die Frage nach eingehender Würdigung der Sach- und Rechtslage und berechnet dem A dafür 3.000 EUR. Bei der Beratungsleistung des S handelt es sich aus deutscher Sicht um eine sonstige Leistung eines im Ausland ansässigen Unternehmens. Nach § 3a Abs. 2 ist der Umsatz im Inland steuerbar und steuerpflichtig, weil der Empfänger der Beratungsleistung im Inland ansässig ist. Der A schuldet die USt, der S muss lediglich eine Rechnung mit Hinweis auf das RCS ausstellen, aber sonst keine Pflichten gegenüber den deutschen Steuerbehörden erfüllen. A hat die USt von 570 EUR im Rahmen seiner USt-Voranmeldung (s. Rz. 437) anzugeben, kann aber ggf. in gleicher Höhe die Vorsteuer (Rz. 439 ff.) gegenrechnen.

c) Sachliche Steuerpflicht

415 Die sachliche Steuerpflicht setzt das Vorliegen von sowohl *steuerbaren* als auch *steuerpflichtigen* Umsätzen voraus. Die **Steuerbarkeit** erfordert hiernach gem. §§ 1 Abs. 1 Nr. 1 Satz 1, 2 Abs. 1, 3 Abs. 1 und 9, dass

- eine *Lieferung* oder *sonstige Leistung* vorliegt,
- ein *Unternehmer* diese *im Rahmen seines Unternehmens* ausführt,
- die Lieferung oder sonstige Leistung im *Inland* und *gegen Entgelt* erfolgt.

416 Einfuhrumsatzsteuer. Der USt unterliegen ferner Einfuhren aus Drittlandsgebieten *(Einfuhrumsatzsteuer, EUSt)* nach § 1 Abs. 1 Nr. 4. Für die EUSt gelten die Vorschriften des Zollrechts sinngemäß, die EUSt wird gem. Art. 108 Abs. 1

GG durch die Bundesfinanzbehörden verwaltet. Sie wird im Folgenden nicht näher behandelt.

Innergemeinschaftlicher Erwerb im Inland gegen Entgelt ist in § 1 Abs. 1 Nr. 5 und den §§ 1a bis 1c geregelt.

aa) Lieferungen und sonstige Leistungen im Inland

Lieferung und sonstige Leistung. Der Grundtatbestand der steuerbaren Umsätze ist die Lieferung und sonstige Leistung nach § 1 Abs. 1 Nr. 1 Satz 1. Aus der Formulierung des Gesetzes lässt sich entnehmen, dass die Lieferung ein Sonderfall der Leistungen ist. Der Leistungsbegriff ist somit der Oberbegriff. Im Folgenden wird als Leistung sowohl die Lieferung als auch die sonstige Leistung bezeichnet. **417**

Lieferung. Der Tatbestand der *Lieferung* wird in § 3 Abs. 1 erläutert. Die Lieferung ist hiernach durch die *Verschaffung der Verfügungsmacht über einen Gegenstand* gekennzeichnet. **418**

Unter § 3 Abs. 1a wird der Sonderfall der *innerbetrieblichen Verbringung* von Gegenständen des Unternehmens in das übrige Gemeinschaftsgebiet geregelt. Die Abs. 3, 4 und 5 regeln Sonderfälle der Lieferung.

Sonstige Leistung ist eine Leistung, die keine Lieferung ist, § 3 Abs. 9 Satz 1. Der Negativabgrenzung folgen in den Sätzen 2 und 3 und Abs. 10 bis 12 des § 3 weitere Einzelfälle. Der Begriff der Leistung wird im Rahmen des UStAE weiter bestimmt. **419**

Ort der Leistung. Für die Abgrenzung der im Inland ausgeführten Leistungen kommt es entscheidend auf die Festlegung des Ortes der Leistung an. Hierbei ist der konkrete Ort im Inland für die USt allerdings irrelevant. Entscheidend ist lediglich, ob der Ort im Inland, im übrigen Gemeinschaftsgebiet oder im Drittland liegt. Hierzu enthalten die Vorschriften des § 3 Abs. 5a bis 8 und §§ 3c, 3e bis 3g für die *Lieferung* und die §§ 3a und 3b für die *sonstige Leistung* besondere Regelungen. **420**

> **Beispiel:**
> A mietet bei der Mobile Holiday Ltd. mit Sitz in London/Großbritannien für private Zwecke einen PKW der Marke Bentley für zwei Wochen an. Die Übergabe des PKWs am 12.12.2018 findet vereinbarungsgemäß in Bremen statt. Nach § 3a Abs. 3 Nr. 2 Satz 1 ist Ort der sonstigen Leistung Bremen, der Ort, an dem das Beförderungsmittel dem Empfänger tatsächlich zur Verfügung gestellt wird. Der Umsatz ist im Inland steuerbar und steuerpflichtig.

Leistung gegen Entgelt, unentgeltliche Leistung. Nach § 1 Abs. 1 Nr. 1 ist nur die gegen Entgelt erbrachte Leistung steuerbar. Die meisten unentgeltlichen Leistungen werden jedoch nach § 3 Abs. 1b, Abs. 9a den entgeltlichen Leistungen gleichgestellt und damit in die Steuerbarkeit hineingezogen. Wichtige Anwendungsfälle sind die **Entnahme** (Sach-, Nutzungs- oder Leistungsentnahme) und die **Sachspende**. Die in den gleichen Vorschriften geregelte unentgeltliche Abgabe an Personal des Unternehmers ist selten, da beispielsweise **421**

das Überlassen eines Dienstwagens zum privaten Gebrauch eine Gegenleistung zur Arbeitsleistung darstellt und damit entgeltlich ist.

bb) Innergemeinschaftlicher Erwerb

422 **System der Besteuerung innergemeinschaftlicher Lieferungen.** In § 1 Abs. 1 Nr. 5 ist der innergemeinschaftliche Erwerb im Inland gegen Entgelt geregelt, der das Bestimmungslandprinzip umsetzt. Während die **Lieferung** aus dem Inland in das übrige Gemeinschaftsgebiet steuerbar (soweit der Ort der Lieferung als im Inland liegend fingiert wird), aber nach § 4 Nr. 1b i.V.m. § 6a steuerfrei ist, sofern die Lieferung in der Form des § 17a UStDV nachgewiesen wird (sog. **Gelangensbestätigung**), ist der **innergemeinschaftliche Erwerb** gegen Entgelt im Bestimmungsland steuerbar und steuerpflichtig. Wird somit ein Gegenstand aus dem übrigen Gemeinschaftsgebiet in das Inland geliefert, entspricht die Steuerfreiheit der innergemeinschaftlichen Lieferung gem. § 4 Nr. 1b i.V.m. § 6a einer Steuerbarkeit im Inland nach den Regeln des innergemeinschaftlichen Erwerbs. *Steuerschuldner* des innergemeinschaftlichen Erwerbs ist gem. § 13a Abs. 1 Nr. 2 der Erwerber.

423 Innergemeinschaftlicher Erwerb setzt voraus, dass

- der Gegenstand der Lieferung aus dem übrigen Gemeinschaftsgebiet in das Inland gelangt ist,
- der Erwerber ein Unternehmer oder eine juristische Person ist und
- der Lieferer Unternehmer ist und die Lieferung gegen Entgelt ausführt.

424 Auch der Erwerber des innergemeinschaftlichen Erwerbs (Ausnahme: i.g. Erwerb von neuen Fahrzeugen) ist zum Vorsteuerabzug berechtigt.

Beispiel:

Der im Elsass ansässige Schraubenhersteller A liefert Schrauben im Gegenwert von 1.000 EUR an den Einzelhändler B im Schwarzwald. Der A bedient sich der Leistungen des Spediteurs S zum Verbringen der Schrauben in den badischen Nachbarort. Es handelt sich um eine Lieferung, deren Ort im französischen Inland liegt, wo die Beförderung oder Versendung an den Abnehmer beginnt. Die somit im französischen Inland steuerbare Lieferung ist als innergemeinschaftliche Lieferung in Frankreich steuerfrei. Nach § 1 Abs. 1 Nr. 5 liegt in Deutschland ein innergemeinschaftlicher Erwerb im Inland gegen Entgelt vor. Es ist ein Gegenstand bei einer Lieferung an einen Erwerber aus dem Gebiet eines Mitgliedsstaates in das Gebiet eines anderen Mitgliedsstaates gelangt. Der Erwerber ist Unternehmer, der den Gegenstand für sein Unternehmen erwirbt. Die Lieferung wird durch einen Unternehmer gegen Entgelt im Rahmen seines Unternehmens an den Erwerber ausgeführt. Die USt auf den innergemeinschaftlichen Erwerb beträgt 19% und somit 190 EUR. B veräußert die Schrauben für 1.200 EUR zzgl. USt i.H.v. 19% (228 EUR) an Endverbraucher. Die gezahlte USt auf den innergemeinschaftlichen Erwerb i.H.v. 190 EUR kann B im Rahmen seiner Umsatzsteuererklärung als Vorsteuer geltend machen und von der abzuführenden USt in Abzug bringen. Insgesamt hat er somit 190 EUR (USt igE) + 228 EUR (USt auf die Lieferung an Endverbraucher) – 190 EUR (Vorsteuer aus igE) = 228 EUR abzuführen.

cc) Steuerbefreiungen

Neben der *Steuerbarkeit* wird für das Entstehen der USt die *Steuerpflicht* vorausgesetzt. Steuerpflichtig sind Umsätze, die steuerbar und nicht steuerbefreit sind. Die Steuerbefreiungen sind in den §§ 4 bis 9 geregelt. Die Vorschrift des § 4 enthält einen Katalog von vorwiegend rein *sachlichen*, zum Teil aber auch konkret-individuellen oder abstrakt-generellen *personenbezogenen* Steuerbefreiungen. Die Steuerbefreiungen bei *Vermietungen und Verpachtungen* (s. Rz. 426) sowie bei *Übertragungen von Grundstücken* sind in der Praxis von erheblicher Bedeutung. Die §§ 4b bis 7 behandeln Steuerbefreiungen bei Lieferungen mit *Auslandsberührung*. § 8 betrifft Umsätze für die *Seeschifffahrt* und für die *Luftfahrt*. **425**

dd) Option zur Steuerpflicht

Steuerfreiheit der Vermietung. Insb. bei Grundstücksvermietungen wirkt sich die Steuerbefreiung nach § 4 Nr. 12 Satz 1 Buchst. a grundsätzlich dann negativ aus, wenn der Vermieter im Zusammenhang mit der Anschaffung oder Herstellung des Grundstücks und Gebäudes USt zu zahlen hatte. Die Steuerfreiheit von Ausgangsumsätzen führt grundsätzlich dazu, dass insoweit auch der Vorsteuerabzug entfällt, § 15 Abs. 2 Satz 1 Nr. 1. Würde die Regelung zur Steuerfreiheit von Vermietungsumsätzen nicht bestehen, hätte der Vermieter die Möglichkeit, die Mietzinsen um Umsatzsteuerbeträge zu erhöhen und gleichsam über den Zeitraum der Vermietung angefallene USt als Vorsteuer abzuziehen. Im wirtschaftlichen Ergebnis stünde der Vermieter umsatzsteuerlich nicht als Konsument, sondern als Unternehmer da, mit der Folge, dass die gezahlte USt sich nicht als wirtschaftliche Belastung auswirken würde. **426**

Option zur USt. Um bestimmte Fälle der Vermietung dem Bereich der Sphäre des umsatzsteuerlichen Unternehmers zuzuweisen, besteht die Möglichkeit der *Option zum Verzicht auf die Steuerbefreiung*. Sofern der anmietende Leistungsempfänger das Grundstück ausschließlich für Umsätze verwendet, die den Vorsteuerabzug nicht ausschließen, kann der Vermieter gem. § 9 Abs. 2 auf die Steuerbefreiung nach § 4 Nr. 12 Satz 1 Buchst. a verzichten und damit z. B. den Vorsteuerabzug auf die Anschaffungs- und Herstellungskosten sowie Reparaturkosten vornehmen. **427**

> **Beispiel:**
>
> Bauherr B erwirbt zum 1.7.2018 ein Grundstück mit aufstehendem Gebäude für 1 Mio. EUR zzgl. 190 TEUR USt von einem Bauträger. B hat die Absicht, 80 % der Grundfläche an ein zahntechnisches Labor und 20 % der Fläche an eine Zahnarztpraxis zu vermieten. Die Vermietung ist steuerbar und grundsätzlich nach § 4 Nr. 12 Satz 1 Buchst. a steuerfrei. Da das *zahntechnische Labor* steuerbare und gem. § 4 Nr. 14a Satz 2 ausschließlich steuerpflichtige Umsätze ausführt, ist es zum Vorsteuerabzug nach § 15 berechtigt. B kann insoweit gem. § 9 Abs. 2 umsatzsteuerlich optieren und die Miete mit USt in Rechnung stellen. Hinsichtlich der *Vermietung an die Zahnarztpraxis* ist das nicht möglich, weil die Leistungen der Praxis nach § 4 Nr. 14a Satz 1 steuerfrei sind und damit gem. § 15 Abs. 2 Satz 1 Nr. 1 der Vorsteuerabzug ausgeschlossen ist. B kann somit von der vom Bauträger in Rechnung gestellten USt von 190 TEUR nur 80 % als Vorsteuer abziehen. Würde die Miete des Labors 7 TEUR mtl. zzgl. USt betragen, würden in der Voranmeldung für Juli 2018 1.330 EUR als USt und 152 TEUR als Vorsteuer angeben werden. Es entstünde ein *Vorsteuererstattungsanspruch* i. H. v. 150.670 EUR.

ee) Bemessungsgrundlage

429 Entgelt. Die Bemessungsgrundlage ist bei Umsätzen außer bei der Einfuhrumsatzsteuer das Entgelt, § 10 Abs. 1 Satz 1. Entgelt ist nach § 10 Abs. 1 Satz 2 der *Gegenwert* dessen, was der Leistungsempfänger aufwendet, um die Leistung zu erhalten, abzüglich der USt.

> **Beispiel:**
>
> Eine Leistung wird für 119 EUR inkl. USt angeboten. Methodisch ist zunächst die USt zu errechnen, da diese vom Entgelt abzuziehen ist. Hierbei bedient man sich folgender Formel: Entgelt = Gegenwert der Leistung in EUR durch 1,19 (= 1 + USt-Satz), im Beispiel also 119 EUR : 1,19 = 100 EUR. Die Bemessungsgrundlage beträgt somit 100 EUR, die USt 19 EUR.

d) Steuersatz

430 Allgemeiner Steuersatz. Er beträgt seit dem 1.1.2007 19% der Bemessungsgrundlage (§ 12 Abs. 1).

Der Steuersatz betrug in **Deutschland** ab 1.1.1968 10%, ab 1.7.1968 11%, ab 1.1.1978 12%, ab 1.7.1979 13%, ab 1.7.1983 14%, ab 1.1.1993 15%, ab 1.4.1998 16%.

Die Steuersätze der **übrigen Staaten der EU** betrugen per **1.1.2018**: Belgien 21%, Bulgarien 20%, Dänemark 25%, Estland 20%, Finnland 24%, Frankreich 20%, Griechenland 24% (Inseln 17%), Großbritannien 20%, Irland 23%, Italien 22%, Kroatien 25%, Lettland 21%, Litauen 21%, Luxemburg 17%, Malta 18%, Niederlande 21%, Österreich 20%, Polen 23%, Portugal 23% (Madeira 22%, Azoren 18%), Rumänien 19%, Schweden 25%, Slowakei 20%, Slowenien 22%, Spanien 21%, Tschechische Republik 21%, Ungarn 27%, Zypern 19%. Außer in Dänemark gibt es überall ermäßigte Steuersätze. Die Steuersätze **anderer Staaten** betragen per **1.4.2018** z.B. in China 17%, Russland 18%, Singapur 7%, Japan 10%, USA (differenziert nach Bundesstaat, zusätzlich lokale USt) bis 10%, Norwegen 25%, Schweiz und Lichtenstein 7,7% (ab 2018) und Türkei 18% (für Luxusgegenstände abweichend).

431 Abwälzung auf Abnehmer. Weil Steuerschuldner der Unternehmer ist, ist die Frage der Weiterbelastung der Umsatzsteuer auf den Abnehmer gemäß der vertraglichen Regelung zu beurteilen. Voraussetzung ist hierbei, dass der Vertrag eine Verweisung auf die *gesetzliche Umsatzsteuer* enthält. Andernfalls liegt eine sog. *Bruttovereinbarung* vor, womit ein Aufschlag der USt nicht in Frage kommt.

432 Ermäßigter Steuersatz. Er betrug bis zum 31.12.1992 stets die Hälfte des Regelsteuersatzes, wurde dann aber bei späteren Steuererhöhungen nicht verändert. Er beträgt seit dem 1.7.1983 7%. Der ermäßigte Steuersatz gilt für bestimmte, einzeln aufgezählte Leistungen. Bedeutung haben insoweit die § 12 Abs. 2 i.V.m. Nr. 1 und 2 der Anlage zum UStG. Es handelt sich hierbei insb. um land- und forstwirtschaftliche Erzeugnisse, Futter- und Düngemittel, bestimmte Nahrungsmittel, Buchhandels- und Druckereierzeugnisse, Kunst- und Sammlungsstücke sowie Körperersatzstücke. Seit 2010 fallen *Hotelunterbringungen* unter den ermäßigten Tarif, § 12 Abs. 2 Nr. 11 Satz 1.

e) Entstehen und Anmeldung der Steuer

Voranmeldungszeitraum. Nach § 16 Abs. 1 Satz 2 ist der *Besteuerungszeitraum* das *Kalenderjahr*. Aufgrund des gewaltigen Volumens der Geldströme zwischen umsatzsteuerlichen Unternehmern und dem Fiskus hat das UStG im Unterschied zu anderen Steuerarten innerhalb des Besteuerungszeitraums als weiteren Abrechnungszeitraum den Voranmeldungszeitraum eingeführt. Voranmeldungszeitraum ist gem. § 18 Abs. 2 Satz 1 grundsätzlich das *Kalendervierteljahr* oder nach Satz 2 und Satz 4 bei Überschreiten einer USt von 7.500 EUR im vorangegangenen Kalenderjahr sowie in Neugründungsfällen der *Kalendermonat*. **433**

Zuordnung von Leistungen zum Voranmeldungszeitraum. Nach § 13 Abs. 1 Nr. 1 Buchst. a und b entsteht die Steuer für Lieferungen und sonstige Leistungen mit Ablauf des Voranmeldungszeitraumes, in dem die Leistungen ausgeführt bzw. das Entgelt vereinnahmt worden ist. Im gesetzlichen Regelfall ist hinsichtlich der Zuordnung von Umsätzen zu Voranmeldungszeiträumen vom Zeitpunkt der Ausführung der Leistung auszugehen, § 13 Abs. 1 Nr. 1a, § 16 Abs. 1 Satz 1. Der Zeitpunkt der Ausführung der Leistung ist hierbei abhängig von der konkreten Lieferung oder sonstigen Leistung. Bei der Lieferung gilt der Umsatz gem. § 3 Abs. 1 z. B. als ausgeführt, wenn die Verfügungsmacht über den Gegenstand dem Leistungsempfänger verschafft wurde. Schwieriger ist die Bestimmung des Zeitpunkts bei sonstigen Leistungen. Hierzu ist insb. der UStAE heranzuziehen. **434**

Vereinbarte Entgelte. Im gesetzlichen Regelfall der Besteuerung nach den *vereinbarten* Entgelten gem. § 16 Abs. 1 Satz 1 ist es grundsätzlich irrelevant, ob die Entgelte bereits *vereinnahmt* wurden (Ausnahme: Abschlagszahlungen, § 13 Abs. 1 Nr. 1 Buchst. a Satz 4). Führt z. B. der Unternehmer eine Lieferung innerhalb des Voranmeldungszeitraums Januar 2018 an einen Dritten aus, entsteht die Steuer gem. § 13 Abs. 1 Nr. 1a mit Ablauf des Januar 2018, unabhängig davon, ob auch innerhalb dieses Voranmeldungszeitraumes das vereinbarte Entgelt dem Unternehmer zugegangen ist. Beträgt das Entgelt z. B. 100 EUR und die USt darauf 19 EUR, entsteht die USt somit mit Ablauf des Januar 2018, auch wenn der Leistungsempfänger weder das Entgelt noch die USt (insgesamt 119 EUR) an den Unternehmer geleistet hat. Der Unternehmer trägt somit die Finanzierungskosten, soweit er Umsatzsteuerbeträge nach dem UStG abzuführen hat, die er von dem Leistungsempfänger noch nicht vereinnahmt hat. Fällt er mit seiner Forderung aus, erhält er die darauf entfallende USt allerdings zurück. **435**

Vereinnahmte Entgelte. Um kleinere Unternehmer zu entlasten, können Unternehmer, deren Gesamtumsatz im vorangegangenen Kalenderjahr nicht mehr als 500.000 EUR betragen hat, auf Antrag ihre Steuer nicht nach den *vereinbarten*, sondern nach den tatsächlich *vereinnahmten* Entgelten berechnen, § 20. Diese liquiditätsorientierte Vorgehensweise entspricht ertragsteuerlich der Gewinnermittlung nach § 4 Abs. 3 Satz 1 EStG des Überschusses der Betriebseinnahmen über die Betriebsausgaben. § 20 Satz 1 Nr. 3 räumt analog zu § 4 Abs. 3 Satz 1 EStG demnach z. B. den Angehörigen freier Berufe i. S. d. § 18 Abs. 1 Nr. 1 EStG unabhängig von der Höhe der in dem vorangegangenen Kalenderjahr erzielten Umsätze die Möglichkeit der Steuerberechnung nach den vereinnahmten Entgelten ein. **436**

437 Umsatzsteuer-Voranmeldung. Verfahrensrechtlich haben Unternehmer eine Umsatzsteuer-Voranmeldung abzugeben, in der sämtliche ausgeführten Umsätze mit den errechneten Umsatzsteuerbeträgen enthalten sind, § 18 Abs. 1 Satz 1. In der Umsatzsteuer-Voranmeldung sind auch die im Rahmen des Allphasen-Umsatzsteuersystems abzusetzenden Vorsteuerbeträge anzugeben. Durch das Absetzen von Vorsteuerbeträgen wird der Vorsteuerabzug realisiert. Es findet somit in jeder Umsatzsteuer-Voranmeldung eine Verrechnung von abzuführenden Umsatzsteuerbeträgen mit gegenzurechnenden Vorsteuerbeträgen statt. Der sich aus dem Saldo von USt und Vorsteuer ergebende Betrag stellt die umsatzsteuerliche Zahllast dar. In Sonderfällen (z. B. in der Anlaufphase von Unternehmen, in der zwar Kosten, jedoch noch keine Umsatzerlöse erzielt werden) kann sich eine Umsatzsteuer-Zahllast zu Gunsten des Steuerpflichtigen ergeben. Dies ist dann der Fall, wenn die Vorsteuer auf empfangene Leistungen höher ist, als die in dem Besteuerungszeitraum (hier: Voranmeldungszeitraum) abzuführende USt. Eine zu Gunsten des Steuerpflichtigen bestehende Umsatzsteuer-Zahllast ist Steuervergütungsanspruch gem. § 37 Abs. 1 AO, s. Rz. 629.

438 Zeitpunkt des Entstehens. Die USt entsteht mithin im Regelfall gem. § 13 Abs. 1 Nr. 1 Buchst. a und b mit Ablauf des Voranmeldungszeitraumes, in dem die Leistungen ausgeführt oder das Entgelt vereinnahmt worden ist. Die Umsatzsteuer-Zahllast wird für den kürzeren Besteuerungszeitraum (Voranmeldungszeitraum) als *Vorauszahlung* definiert, § 18 Abs. 1 Satz 1, die nach Satz 4 der Vorschrift am zehnten Tag nach Ablauf des Voranmeldungszeitraumes fällig ist.

f) Vorsteuerabzug und Rechnung

439 Vorsteuerabzug. Nach § 15 Abs. 1 Satz 1 Nr. 1 kann der Unternehmer die in Rechnungen i. S. d. § 14 gesondert ausgewiesene Steuer für Lieferungen oder Leistungen, die von anderen Unternehmern für sein Unternehmen ausgeführt worden sind, abziehen. Der Vorsteuerabzug setzt in den hier behandelten Fällen somit voraus, dass

- eine *Rechnung* mit dem in §§ 14, 14a vorgesehenen *Inhalt* vorliegt,
- der Rechnung eine *Lieferung* oder *sonstige Leistung* zugrunde liegt,
- die Lieferung oder sonstige Leistung von einem *anderen Unternehmer* für *sein Unternehmen* ausgeführt worden ist.

440 Rechnungen, Gutschriften. Das Umsatzsteuer-System kommt ohne *Dokumentation der Lieferungen und sonstigen Leistungen in Handelsbriefen* nicht aus. Ebenso wie im Ertragsteuerrecht ermöglichen insb. Handelsbriefe und sonstige Dokumente (Verträge etc.) überhaupt erst das Nachvollziehen des Vorliegens der Umsatzsteuerzahllast bzw. des Vorsteueranspruchs. Das UStG kennzeichnet die den Vorsteuerauszug aus Lieferungen und sonstigen Leistungen ermöglichenden Dokumente als *Rechnungen* und *Gutschriften*, § 14 Abs. 1 Satz 1, Abs. 2 Satz 2. Als **Gutschrift** bezeichnet das UStG den Fall, dass der Leistungsempfänger anstelle des leistenden Unternehmers über die Leistung abrechnet.

441 Elektronische Rechnungen. Rechnungen können gem. § 14 Abs. 1 Satz 7 auf Papier oder auf elektronischem Wege übermittelt werden. Voraussetzung für letztere Versendungsform ist, dass der Empfänger zustimmt. Dabei muss der

6. Umsatzsteuer

Rechnungsempfänger ein Verfahren implementieren, das die Echtheit der Herkunft und die Unversehrtheit des Inhalts der Rechnung gewährleistet. Dies kann durch jegliches innerbetriebliches Steuerungsverfahren erreicht werden, das einen verlässlichen Prüfpfad zwischen einer Rechnung und einer Lieferung oder Dienstleistung schafft. Diese Voraussetzung wird z. B. durch die Angabe der Kunden-, Vertrags- oder Auftragsnummer auf der Rechnung erfüllt. Nach § 14 Abs. 3 gelten die Echtheit der Herkunft und die Unversehrtheit des Inhalts als gewährleistet bei einer qualifizierten elektronischen Signatur oder beim Elektronischen Datenaustausch (EDI).

Neben dem Erfordernis, dass *überhaupt* eine Rechnung vorliegt, sind in den letzten Jahren erhebliche weitere **formale Anforderungen** an die Rechnung aufgestellt worden. Die Kontrolle der *Qualität der Eingangsrechnungen* hat somit im Hinblick auf zukünftige Betriebsprüfungen in der Praxis eine enorme Relevanz erhalten. Die *formalen Anforderungen für die Rechnung* ergeben sich aus den §§ 14 Abs. 4 und 14a Abs. 3, 5 und 7 und werden im Folgenden systematisiert wiedergegeben:

- vollständiger **Name** und **Anschrift** des *leistenden Unternehmers* und des *Leistungsempfängers* (bei c/o-Rechnungen nicht nur des *Postempfängers*),
- **Umsatzsteueridentifikationsnummer** (USt-Id-Nr.) *oder* **Steuernummer** des *leistenden Unternehmers*, bei *innergemeinschaftlichen Lieferungen* bzw. RCS-Leistungen (Rz. 413, 414) die USt-Id-Nrn. des leistenden Unternehmers **und** des Leistungsempfängers,
- **Ausstellungsdatum,**
- fortlaufende **Nummerierung** der Rechnungen durch den Rechnungsaussteller, *einmalige* Nummernvergabe,
- Angabe von **Menge** und **Art** der *gelieferten* Gegenstände, **Umfang** und Art der *sonstigen Leistung*,
- **Zeitpunkt** der Lieferung oder sonstigen Leistung, Worte „Lieferungszeitpunkt" oder „Leistungszeitpunkt" müssen explizit aus der Rechnung hervorgehen, mindestens Angabe des Leistungs*monats*,
- bei *Vorvereinnahmung* von Teilen des Entgelts **Vereinnahmungsdatum,**
- **Aufschlüsselung** des Entgelts nach *Steuersätzen* und *Steuerbefreiungen*,
- Hinweis auf im Voraus vereinbarte **Entgeltminderungen**, z. B. Jahresboni,
- anzuwendender **Steuersatz,**
- auf das Entgelt anzuwendender **Steuerbetrag** oder Hinweis auf Steuerbefreiung,
- Hinweis auf bestehende **Aufbewahrungspflichten** des Leistungsempfängers, § 14b Abs. 1 Satz 5 i. V. m. § 14 Abs. 2 Satz 1 Nr. 1,
- bei **Verlagerung der Steuerschuldnerschaft** nach § 13b (RCS, s. Rz. 413, 414),
- Hinweis auf innergemeinschaftliches Dreiecksgeschäft,
- Bezeichnung als **Gutschrift** dann und nur dann, wenn der Leistungsempfänger über die Leistung abrechnet (s. Rz. 440).

Unternehmensbezug der Leistung. In § 15 regelt das UStG die Zugehörigkeit des Unternehmers zur *Wertschöpfungskette der Leistungserbringung* und grenzt diesen gleichsam vom Konsumenten ab. Erforderlich ist, dass die Leistung für das Unternehmen des Unternehmers ausgeführt worden ist. Der Unternehmer 442 kann damit Leistungen, die etwa an ihn persönlich als natürliche Person erbracht werden, nicht dem Vorsteuerabzug zuführen.

443 Steuerfreie Leistungen. Das System der Allphasen-USt mit Vorsteuerabzug setzt ferner voraus, dass die Lieferungen oder sonstigen Leistungen prinzipiell für steuerbare und steuerpflichtige Ausgangsumsätze des Unternehmers verwendet werden. Nach § 15 Abs. 2 Nr. 1 ist der Vorsteuerabzug somit grundsätzlich ausgeschlossen, wenn der Ausgangsumsatz steuerfrei ist.

444 Ausfuhrlieferungen. Dieses Prinzip gilt nicht bei innergemeinschaftlichen Lieferungen und sonstigen Leistungen sowie Leistungen in Drittländer. Vorgenannte überwiegend in den § 4 Nr. 1 bis 7 geregelten Umsätze führen nicht zum Verlust des Vorsteuerabzugs. Ein Unternehmer, der sich z.B. im Inland ausschließlich mit dem Export von Gütern in das übrige Gemeinschaftsgebiet oder in Drittlandsgebiete befasst, hat grundsätzlich den vollen Vorsteuerabzug auf seine Leistungsbezüge, unabhängig davon, ob er steuerpflichtige Umsätze ausführt. In den Voranmeldungen dieses Unternehmers finden sich folglich regelmäßig *Umsatzsteuer-Zahllast-Beträge* zu seinen Gunsten, die *Steuervergütungsansprüche* darstellen, §§ 15 Abs. 2 Satz 1 Nr. 1, Abs. 3 Nr. 1a, 4 Nr. 1.

445 Das **Vorsteuervergütungsverfahren** regelt die Erstattung von im Ausland gezahlten Umsatzsteuerbeträgen unter bestimmten Voraussetzungen. Durch eine EU-Richtlinie zum Vorsteuer-Vergütungsverfahren ist dieses EU-weit harmonisiert worden.

Vorsteuervergütungen sind grundsätzlich sowohl innerhalb der EU als auch in Drittländern, mit denen sog. Gegenseitigkeitsabkommen abgeschlossen wurden, möglich. Mit Schreiben vom 25.9.2009 (IV B 9 – S 7359/07/10009, aktuell: BMF vom 17.10.2014 IV B 3 – S 7359/07/10009) hat das BMF eine Übersicht über Staaten, mit denen ein Gegenseitigkeitsabkommen besteht bzw. nicht besteht, veröffentlicht. Für das Vorsteuervergütungsverfahren müssen folgende Voraussetzungen erfüllt sein:

- Der antragstellende Unternehmer hat in einem anderen Mitgliedstaat eine mit Vorsteuer belastete Leistung empfangen und ist dort weder ansässig noch umsatzsteuerlich registriert.
- Die Antragstellung erfolgt elektronisch im Staat der Ansässigkeit des antragstellenden Unternehmers (Deutschland: www.bzst.de). Kopien der Rechnung in elektronischer Form können angefordert werden, wenn der Rechnungsbetrag 1.000 EUR übersteigt.
- Der Antrag muss sämtliche in einen Zeitraum fallende Vorsteuern umfassen. Dieser Zeitraum beträgt mindestens drei und maximal 12 Monate. Der Antrag muss mindestens zu einer Erstattung von 50 EUR führen, bei einem geringeren Zeitraum als einem Jahr beträgt die Mindestvergütung 400 EUR.
- Der Antrag ist spätestens bis zum 30.9. des auf die Ausführung des Umsatzes folgenden VZ zu stellen. Die Weiterleitung an den Vergütungsstaat durch den Ansässigkeitsstaat erfolgt spätestens 15 Tage nach Antragseingang. Die Entscheidung über den Antrag soll innerhalb von vier bis acht Monaten erfolgen. Bei Überschreitung der Frist entsteht Anspruch auf Verzinsung nach den nationalen Regelungen des Ansässigkeitsstaates.

g) Besteuerungsverfahren

Steueranmeldung. Die Besonderheit des umsatzsteuerlichen Besteuerungsverfahrens liegt darin, dass der Steuerpflichtige die Steuer *selbst zu berechnen* hat. Während bei den Personen- und Realsteuern der Steuerpflichtige lediglich die Besteuerungsgrundlagen in der Steuererklärung angibt, und die Steuer sodann durch das Finanzamt berechnet und festgesetzt wird, hat bei der USt der Steuerpflichtige auch die Steuer selbst zu berechnen. Die Steueranmeldung ist nach § 150 Abs. 1 Satz 3 AO ein besonderer Fall der Steuererklärung, s. Rz. 589. Sie ist dadurch gekennzeichnet, dass nach § 167 Abs. 1 Satz 1 AO eine amtliche Festsetzung der Steuer nach § 155 AO nur erforderlich ist, wenn die Festsetzung zu einer abweichenden *Steuerhöhe* führt oder der Steuer- oder Haftungsschuldner eine Steueranmeldung nicht abgibt. Die Steueranmeldung steht nach § 168 Satz 1 AO stets einer Steuerfestsetzung unter dem *Vorbehalt der Nachprüfung* gleich, s. Rz. 604. Führt sie zu einer Herabsetzung der bisher zu entrichtenden Steuer oder zu einer Steuervergütung, bedarf sie der Zustimmung durch die Finanzbehörde, § 168 Satz 2 AO. — 446

Mini-One-Stop-Shop. Elektronische Dienstleistungen sind seit dem 1.1.2015 nach dem *Bestimmungslandprinzip* dort zu versteuern, wo der Leistungsempfänger ansässig ist. Soweit der Leistungsempfänger *Unternehmer* ist, erledigt dieser die Steueranmeldung (RCS, Rz. 413, 414). Unternehmer, die EU-weit elektronische Dienstleistungen an *Nichtunternehmer* erbringen, müssen hingegen ihre Leistungen in jedem Bestimmungsland selbst versteuern. Zur Vereinfachung des Verfahrens genügt es, dass sich der leistende Unternehmer in seinem Heimatstaat für das sog. Mini-One-Stop-Shop-Verfahren (deutsch: *kleine einzige Anlaufstelle*, § 18h UStG) anmeldet. Die kleine einzige Anlaufstelle, in Deutschland das BZSt, erhebt die Umsatzsteuer und verteilt sie an die beteiligten Staaten. — 447

Weiterführende Literaturempfehlungen zur USt: *Birk/Desens/Tappe,* Rz. 1670 ff.; *Bunjes*; *Tipke/Lang,* § 14; *Lippross*.

7. Grunderwerbsteuer*

a) System und Aufbau des GrEStG

448 Verkehrsteuer. Die GrESt ist wie auch die USt eine Verkehrsteuer. Sie knüpft an die Übertragung von *Grundstücken* an. Auch die Übertragung von *Anteilen an Gesellschaften*, die Grundstücke halten, kann grunderwerbsteuerpflichtig sein. Daher hat die GrESt durch die Regelungen des § 1 Abs. 2a und Abs. 3 für das *Konzernsteuerrecht* eine erhebliche Bedeutung erlangt. Bei Umstrukturierungen innerhalb von Unternehmensverbindungen spielt die GrESt seitdem eine erhebliche Rolle.

449 Aufbau des Gesetzes. Das Gesetz regelt in § 13 mit der Steuerschuldnerschaft die *persönliche Steuerpflicht*. § 4 enthält eine Reihe *persönlicher Steuerbefreiungen*. Die *sachliche Steuerpflicht* ist in den §§ 1 bis 9 (ohne § 4) geregelt. §§ 1 und 2 regeln den *steuerbaren Erwerbsvorgang* und die Festlegung des *Grundstücksbegriffs*. § 3 enthält *Steuerbefreiungen*, die überwiegend sachlichen Charakter haben. Hier ist die Nähe zu den *persönlichen Steuerbefreiungen* gegeben, weil auf besondere persönliche Merkmale abgestellt wird, die in der Person des Erwerbers erfüllt sein müssen, wie z. B. Ehe oder Verwandtschaft. In den §§ 5 bis 7 sind *Steuerbefreiungen* bei der Beteiligung von *Gesamthandsgemeinschaften* und *Gesellschaften* geregelt. In den §§ 8 und 9 ist die *Bemessungsgrundlage* der GrESt, in § 11 der *Steuersatz* geregelt. Das Entstehen und die Fälligkeit der Steuer ergibt sich aus §§ 14 und 15. § 16 behandelt den Fall der *Rückgängigmachung des Erwerbsvorgangs*, die §§ 17 ff. enthalten diverse *Verfahrensvorschriften*.

b) Persönliche Steuerpflicht

450 Die **Steuerschuldnerschaft** knüpft nach § 13 an die *Art des Erwerbsvorgangs* an. Für den klassischen Erwerbsvorgang des Kaufvertrages über ein Grundstück, das den Anspruch auf Übereignung begründet, sind Erwerber *und* Veräußerer gem. § 1 Abs. 1 Nr. 1 Steuerschuldner. Sie sind nach § 44 Abs. 1 Satz 2 AO *Gesamtschuldner*, d. h. jeder haftet für die gesamte Steuer. Bei der Änderung des Gesellschafterbestandes einer Personengesellschaft nach § 1 Abs. 2a ist gem. § 13 Nr. 6 die Personengesellschaft Steuerschuldner.

451 Bei den **persönlichen Steuerbefreiungen** ist die Steuerfreiheit bei dem Erwerb eines Grundstücks durch eine juristische Person des öffentlichen Rechts hervorzuheben, sofern die Übertragung aus Anlass des Übergangs von öffentlich-rechtlichen Aufgaben erfolgt, § 4 Nr. 1. Dasselbe gilt bei ausländischen Staaten, die für Zwecke der Begründung von Botschaften und Konsulaten oder zu kulturellen Zwecken Grundstücke erwerben, § 4 Nr. 2 und 3.

---

* Die Vorschriften des GrEStG werden ohne die Gesetzesbezeichnung zitiert.

c) Sachliche Steuerpflicht

aa) Erwerbsvorgänge

Kauf. Bei durch Kauf begründeten *Grundstücksübertragungen* ist Anknüpfungspunkt der GrESt das zivilrechtliche Grundgeschäft und damit der *Abschluss des Kaufvertrages*, § 1 Abs. 1 Nr. 1. Da auch andere Rechtsgeschäfte, die einen Anspruch auf Übereignung begründen, GrESt auslösen, sind eine Vielzahl praktischer Erwerbsfälle unter diese Vorschrift zu fassen. Neben dem Grundstückskaufvertrag kommen der *Unternehmenskauf*, der *Erbschaftskauf*, die Inanspruchnahme eines *Wiederkaufsrechts*, ein *Tausch*, *Auseinandersetzungsverträge von Gesamthandsgemeinschaften*, *Einbringungsverträge*, *Erbbaurechtsverträge*, *Schenkungsverträge* und *Vergleichsverträge* in Betracht.   452

Auflassung. Sofern der Anspruch auf Übereignung *kraft Gesetzes* begründet wird, ist die Auflassung der Anknüpfungspunkt der GrESt, § 1 Abs. 1 Nr. 2. Praktische Anwendungsfälle sind z. B. die Übereignung kraft *Auftrag*, *Treuhand*, *Schadensersatzanspruch* oder *ungerechtfertigter Bereicherung*.   453

Eigentumsübergang. Wenn weder ein vertraglicher Anspruch auf Übereignung noch das Erfordernis einer Auflassung besteht, ist der Übergang des Eigentums der Auslöser der GrESt, § 1 Abs. 1 Nr. 3. Erfasst sind Fälle der *gesetzlich angeordneten Gesamtrechtsnachfolge*. In Betracht kommen insb. Grundstücksübertragungen bei *Umwandlungsvorgängen*. Als solche sind die *Verschmelzung*, die *Spaltung* oder die *Vermögensübertragung* zu nennen. Auch *Anwachsungsfälle* nach § 738 BGB bei Personengesellschaften (GbR, OHG und KG) gehören zu den Übertragungen des Eigentums kraft Gesetz.   454

> **Beispiel:**
>
> Die A GmbH & Co. KG ist Eigentümerin eines Grundstücks. A ist der einzige Kommanditist, die A-GmbH als Komplementärin scheidet durch Beschluss der Gesellschafter der A GmbH & Co. KG aus der Gesellschaft aus. Weil A nunmehr allein sämtliche Anteile an der KG hält, aber eine Personengesellschaft notwendigerweise aus mindestens zwei Gesellschaftern besteht, wachsen eine logische Sekunde später alle Vermögensgegenstände und Schulden dem verbleibenden Gesellschafter A gem. §§ 161 Abs. 2, 105 Abs. 3 HGB, 738 Abs. 1 Satz 1 BGB an. Die KG geht ohne Liquidation unter. Es liegt ein steuerbarer Erwerbsvorgang vor. Nach § 6 Abs. 2 Satz 1 wird die GrESt allerdings nicht erhoben.

Änderung des Gesellschafterbestandes bei Personengesellschaften. Während § 1 Abs. 1 streng an das Zivilrecht anknüpft, sehen die übrigen Absätze eher eine wirtschaftliche Betrachtungsweise vor. Nach § 1 Abs. 2a unterliegen Fälle des Gesellschafterwechsels bei Personengesellschaften, sofern diese Grundstücke halten, unter bestimmten Voraussetzungen der GrESt. Der Tatbestand erfordert, dass zum Vermögen einer Personengesellschaft ein *inländisches Grundstück* gehört und sich *innerhalb von fünf Jahren der Gesellschafterbestand* unmittelbar oder mittelbar dergestalt *ändert*, dass mindestens 95 % der Anteile am Gesellschaftsvermögen auf neue Gesellschafter übergehen. Es handelt sich um eine gesetzliche Fiktion, die eingeführt wurde, um Missbrauchsfälle durch die Inanspruchnahme von Personengesellschaften einzudämmen. Vorausset-   455 zung des Tatbestandes ist der Übergang von mindestens 95 % der Anteile am Gesellschaftsvermögen innerhalb eines Fünfjahreszeitraums. Die Fünfjahresfrist beginnt mit dem erstmaligen Übergang eines Anteils auf einen neuen Gesellschafter. Abgestellt wird auf den Zeitpunkt des zivilrechtlich wirksamen Übergangs. Es ist erforderlich, dass Anteile auf neue Gesellschafter übergehen. Anteilsverschiebungen *im Kreise von Altgesellschaftern* fallen nicht unter diese Regelung.

> **Beispiel:**
>
> An der grundbesitzenden A & B OHG sind A und B zu je 50 % beteiligt. Beide Gesellschafter übertragen jeweils 48 % ihrer Anteile auf C. Der Tatbestand des § 1 Abs. 2a ist erfüllt. Würde B 48 % der Anteile an der Gesellschaft von A erwerben, würde eine Übertragung im Kreise der Altgesellschafter erfolgen, § 1 Abs. 2a wäre nicht erfüllt. In Betracht käme § 1 Abs. 3.

456 **Anteilsvereinigung in der Hand des Erwerbers.** Nach § 1 Abs. 3 zählt schließlich die Anteilsvereinigung in der Hand des Erwerbers zum grunderwerbsteuerbaren Tatbestand. Die Bestimmung greift nur, wenn nicht bereits der Tatbestand der Anteilsübertragung nach § 1 Abs. 2a erfüllt ist. Im Unterschied zu Nr. 2a werden bei der Anteilsvereinigung neben Personengesellschaften auch *Kapitalgesellschaften* vom Tatbestand erfasst. Unter den Tatbestand der *Gesellschaft* fallen nicht der Verein, die stille Gesellschaft und die Erbengemeinschaft. Anknüpfungspunkt der Anteilsvereinigung ist das der Übertragung zugrundeliegende *Rechtsgeschäft*. Ebenso wie § 1 Abs. 2a verfolgen § 1 Abs. 3, Abs. 3a das Ziel, Steuerumgehungen zu verhindern. Der Tatbestand wird durch die *unmittelbare* oder *mittelbare Anteilsvereinigung* bzw. die Vereinigung von mindestens 95 % der Anteile in der Hand des Erwerbers begründet. Als Anteilsvereinigung gilt auch die *wirtschaftliche Anteilsvereinigung* von mindestens 95 % der Anteile in der Hand des Erwerbers gem. § 1 Abs. 3a, wobei mittelbare Beteiligungen über Personen- oder Kapitalgesellschaften quotal durchgerechnet werden.

> **Beispiel:**
>
> An der A-GmbH ist der Gesellschafter A zu 100 % beteiligt. Die B-GmbH ist Eigentümerin eines inländischen Grundstücks. A erwirbt 20 % der Anteile an der B-GmbH. Die A-GmbH erwirbt die restlichen 80 % Anteile an der B-GmbH. Durch diesen Erwerb werden die Anteile an der B-GmbH zum Teil unmittelbar und zum Teil mittelbar in der Hand des Erwerbers (A) vereinigt. § 1 Abs. 3 Nr. 1 ist erfüllt.
>
> An der C-GmbH ist der Gesellschafter C zu 100 % beteiligt. Die C-GmbH ist Eigentümerin eines inländischen Grundstücks. Außerdem ist C gemeinsam mit D je zur Hälfte an der CD-OHG beteiligt. D erwirbt einen Anteil von 94 % an der C-GmbH, den verbleibenden Anteil von 6 % bringt C in die CD-OHG ein. Es handelt sich um eine wirtschaftliche Anteilsvereinigung von 94 % + ½ von 6 %, also mehr als 95 %, in der Hand des Erwerbers (D). Der Vorgang ist nach § 1 Abs. 3a steuerbar.

bb) Grundstücksbegriff und sachliche Steuerbefreiungen

457 Der **Grundstücksbegriff** des § 1 wird in § 2 konkretisiert. Es wird allgemein auf das bürgerliche Recht Bezug genommen. Soweit nach bürgerlichem Recht auch *Betriebsvorrichtungen* als wesentliche Bestandteile nach § 93 BGB zum Grundstück gehören, bestimmt § 2 Abs. 1 Satz 2 Nr. 1, dass Maschinen und sonstige Vorrichtungen aller Art nicht zu den Grundstücken gerechnet werden. Diese Bestimmung steht in Übereinstimmung mit der bilanzsteuerrechtlichen Behandlung von Betriebsvorrichtungen. Rechtsfolge ist ein Ausscheiden der auf Betriebsvorrichtungen bezogenen Gegenleistung aus der Bemessungsgrundlage. Nach § 2 Abs. 2 stehen Erbbaurechte und Gebäude auf fremdem Boden den Grundstücken gleich.

Bei den **sachlichen Steuerbefreiungen** ist § 3 Nr. 2 hervorzuheben, der einen *Vorrang des ErbStG* bei Grundstückserwerben von Todes wegen und unter Lebenden regelt. Dasselbe gilt für den Erwerb durch Miterben im Rahmen der Erbauseinandersetzung, den Erwerb durch Ehegatten oder Lebenspartner, auch im Rahmen der Vermögensauseinandersetzung nach der Scheidung und im Rahmen von Verwandtschaftsverhältnissen, § 3 Nr. 3 bis 6. Auch der Erwerb durch Mitberechtigte an der fortgesetzten Gütergemeinschaft und der Rückerwerb durch den Treugeber bei Auflösung der Treuhand sind steuerfrei, § 3 Nr. 7 und 8.

458

cc) Besondere Steuerbefreiungen bei Gesamthand

Übergang eines Grundstücks auf **eine Gesamthand.** Die §§ 5 und 6 enthalten in der Praxis sehr bedeutsame Regelungen bei der Beteiligung von *Gesamthändern*. Im Falle des Übergangs eines Grundstücks von mehreren Miteigentümern bzw. von einem Alleineigentümer *auf eine Gesamthand* (Personengesellschaft, z. B. GbR, OHG, KG) wird die Steuer nach § 5 Abs. 1 und 2 nicht erhoben, soweit der Anteil des Miteigentümers bzw. Alleineigentümers an der Gesamthand dem erworbenen Bruchteil am Grundstück bzw. dem Alleineigentum entspricht. In § 5 Abs. 3 ist ferner eine *Missbrauchsvorschrift* geregelt, wonach die Steuerbefreiung *nachträglich wegfällt*, wenn der Anteil des Veräußerers (Miteigentümer, Alleineigentümer) am Vermögen der Gesamthand innerhalb von fünf Jahren nach Übergang des Grundstücks auf die Gesamthand vermindert wird.

459

> **Beispiel:**
>
> A ist Eigentümer eines Grundstücks. A gründet eine GmbH & Co. KG, an welcher er als Kommanditist zu 100 % beteiligt ist. Die A-GmbH ist Komplementärin der GmbH & Co. KG und am Vermögen der KG nicht beteiligt. A überträgt das Grundstück gegen Gewährung von Gesellschaftsrechten auf die KG. Es liegt ein anderes Rechtsgeschäft nach § 1 Abs. 1 Nr. 1 vor, das den Anspruch auf Übereignung begründet. Es handelt sich um einen steuerbaren Erwerbsvorgang. Da A zu 100 % am Vermögen der GmbH & Co. KG beteiligt ist, wird die Steuer nach § 5 Abs. 2 nicht erhoben. Die Missbrauchsvorschrift des § 5 Abs. 3 ist zu beachten, wonach die Steuerbefreiung nachträglich wegfällt, sofern sich der Anteil des A an der GmbH & Co. KG innerhalb von fünf Jahren nach Übergang des Grundstücks auf die Gesamthand vermindert. A hat also die Kommanditanteile mindestens fünf Jahre zu halten, um nicht die Steuerbefreiung gem. § 5 Abs. 3 nachträglich zu verlieren.

Übergang eines Grundstücks von **einer Gesamthand.** Während § 5 den Übergang eines Grundstücks *auf* eine Gesamthand regelt, enthält § 6 Bestimmungen zum Übergang des Grundstücks *von* einer Gesamthand. Es handelt sich bei § 6

460

Abs. 1 und 2 um eine Parallelvorschrift zu § 5 Abs. 1 und 2. Die Steuerbefreiung greift, soweit der Bruchteil, den ein *Miteigentümer* als Erwerber erhält, dem Anteil entspricht, zu dem er am Vermögen der Gesamthand beteiligt ist. Gleiches gilt bei Übergang auf einen *Alleineigentümer*, soweit er am Vermögen der Gesamthand beteiligt ist. Nach § 6 Abs. 3 sind die Vorschriften auch auf den Fall des Übergangs eines Grundstücks *von einer Gesamthand auf eine andere Gesamthand* anwendbar.

Beispiel:

Die A GmbH & Co. KG hält ein inländisches Grundstück. An der Gesellschaft ist A zu 80 % und B zu 20 % beteiligt. Die A GmbH & Co. KG veräußert das Grundstück an die B GmbH & Co. KG. An dieser Gesellschaft ist B zu 80 % und A zu 20 % beteiligt. Es handelt sich um einen steuerbaren Erwerbsvorgang gem. § 1 Abs. 1 Nr. 1.

Soweit der Anteil des A an der B GmbH & Co. KG dem Anteil entspricht, zu dem er am Vermögen der A GmbH & Co. KG beteiligt ist, entsteht keine GrESt. I. H. v. 20 % entsteht somit aufgrund der Doppelbeteiligung des A keine GrESt. Dasselbe gilt umgekehrt für B, womit im Ergebnis nach § 6 Abs. 3 Satz 1 die GrESt i. H. v. 40 % nicht erhoben wird.

461 **Missbrauchsvorschrift.** Auch beim Übergang von einer Gesamthand existiert eine Missbrauchsvorschrift. § 6 Abs. 4 knüpft an den Zeitraum von fünf Jahren *vor* der Übertragung an. Hat innerhalb dieses Zeitraumes ein Erwerber seinen Anteil an der Gesamthand des *Veräußerers* durch Rechtsgeschäft unter Lebenden erworben, greift die Befreiungsvorschrift nicht ein.

Beispiel:

In dem obigen Fall hat B seine Beteiligung an der A GmbH & Co. KG erst zwei Jahre vor der Übertragung durch Kaufvertrag von A erworben. Bezogen auf B greift nach § 6 Abs. 4 Satz 1 die Befreiungsregelung des § 6 Abs. 3 Satz 1 nicht ein. Es wird eine Steuerbefreiung lediglich bezogen auf A und damit i. H. v. 20 % gewährt.

dd) Konzernbefreiungsklausel

462 **Umstrukturierung im Konzern.** Die Befreiung des § 6a knüpft insb. an die Tatbestände des gesetzlichen Eigentumsübergangs (§ 1 Abs. 1 Nr. 3, s. Rz. 454), der Änderung im Gesellschafterbestand bei Personengesellschaften (§ 1 Abs. 2a, s. Rz. 455) und der Anteilsvereinigung in der Hand des Erwerbers (§ 1 Abs. 3 Abs. 3a, s. Rz. 456) an. Voraussetzung ist stets, dass der Tatbestand auf einer Verschmelzung, einer Spaltung (Auf- und Abspaltung, Ausgliederung) oder der selteneren Vermögensübertragung nach § 1 Abs. 1 Nrn. 1 bis 3 UmwG basiert. Von der Vorschrift nicht erfasst sind damit Übertragungen im Wege der Einzelrechtsnachfolge (z. B. gewöhnliche Grundstücksübertragungen im Konzern). Voraussetzung der Steuerbefreiung ist, dass an einer Umwandlung ausschließlich *herrschende* und *abhängige Unternehmen* beteiligt sind und eine *ununterbrochene Beteiligungshöhe* von mindestens 95 % innerhalb der letzten fünf Jahre vor der Transaktion bestand. Umfasst sind somit alle up- und downstream-Transaktionen sowie sidestream-Vorgänge zwischen Schwester- und/oder Enkelgesellschaften, sofern die Muttergesellschaft zu mindestens 95 % mittelbar oder unmittelbar beteiligt ist. Das Merkmal „ununterbrochen" bedeutet nicht, dass keine gesellschaftsrechtlichen Veränderungen innerhalb der letzten fünf Jahre vorgelegen haben dürfen. Der BFH hat mittlerweile Zweifel hinsichtlich der Frage geäußert, ob § 6a gegen europäisches Beihilferecht verstößt und damit möglicherweise ex ante unionsrechtswidrig wäre. In diesem Fall müssten in allen betreffenden Fällen zinspflichtige Bescheide erlassen werden.

> **Beispiel:**
>
> Die A-GmbH & Co. KG ist zu 100 % beteiligt an der B-GmbH & Co. KG und der C-GmbH & Co. KG. Letztere Gesellschaft ist zu 95 % an der D-GmbH & Co. KG beteiligt, die umfangreichen Grundbesitz hält. Die Konzernleitung beabsichtigt, immobilientragende Gesellschaften zusammenzuführen und verschmilzt die D-GmbH & Co. KG auf die ebenfalls Immobilien haltende B-GmbH & Co. KG. Der Vorgang ist gem. § 1 Abs. 1 Nr. 3 grunderwerbsteuerpflichtig und nach § 6a von der GrESt befreit.

Weiterführende Literaturempfehlungen zur Konzernbefreiungsklausel: *Schaflitzl/Stadler*, DB 2010, S. 185 ff.; *Rödder/Schönfeld*, DStR 2010, S. 415 ff.; BMF-Schreiben vom 1.12.2010, BStBl. I 2010, S. 1321 ff.

ee) Bemessungsgrundlage

Kauf, Tausch, etc. Die GrESt wird generell nach dem *Wert der Gegenleistung* bemessen, § 8 Abs. 1. Die Höhe der Gegenleistung ermittelt sich nach § 9 und hängt von dem jeweiligen *Erwerbsgrund* ab. Für den Kauf ist Gegenleistung der Kaufpreis, § 9 Abs. 1 Nr. 1. **463**

Gesellschaftsrechtliche Erwerbsvorgänge. In den Fällen der *Veränderung des Gesellschafterkreises* von Personengesellschaften und der *Anteilsvereinigung* nach § 1 Abs. 2a, Abs. 3 und Abs. 3a sowie bei *Umwandlungen*, *Einbringungen* und anderen *Erwerbsvorgängen auf gesellschaftsrechtlicher Grundlage* wird die Steuer gem. § 8 Abs. 2 i.V. m. §§ 151, 157 ff. BewG bemessen, die auch die Bewertung für erbschaft- und schenkungsteuerliche Zwecke regeln. Für Grundstücke und Betriebsgrundstücke sind nach § 157 Abs. 3 die §§ 176 bis 198 BewG anzuwenden. Hiernach ist für den *Grund und Boden* der *Bodenrichtwert* nach § 179 BewG anzusetzen. Dieser wird aus vergangenen Grundstücksverkäufen in dem Gebiet hergeleitet. Bei *Mietwohngrundstücken und Geschäftsgrundstücken* findet ein in § 182 Abs. 3, §§ 184 ff. BewG geregeltes *Ertragswertverfahren* Anwendung. **464**

d) Steuertarif

Der **Steuersatz** beträgt grundsätzlich 3,5 %, § 11 Abs. 1. Nach Art. 105 Abs. 2a Satz 2 GG haben die Länder seit dem 1.7.2006 die Befugnis zur Bestimmung des Steuersatzes bei der Grunderwerbsteuer. Davon haben alle Länder außer Bayern und Sachsen Gebrauch gemacht und den Steuersatz auf 4,5 % (Hamburg), 5,0 % (Baden-Württemberg, Bremen, Mecklenburg-Vorpommern, Niedersachsen, Rheinland-Pfalz, Sachsen-Anhalt), 6,0 % (Berlin, Hessen) oder sogar 6,5 % (Brandenburg, Nordrhein-Westfalen, Schleswig-Holstein, Saarland und Thüringen) angehoben. **465**

e) Besteuerungsverfahren

466 Für die Besteuerung ist das *Lagefinanzamt* örtlich zuständig, § 17 Abs. 1 Satz 1 i.V.m. § 18 Abs. 1 Nr. 1 AO. Die §§ 18 bis 20 regeln **Anzeigepflichten** von Gerichten, Behörden und Notaren sowie Beteiligten über grunderwerbsteuerrelevante Vorgänge. Zum Inhalt der Anzeige s. § 20.

Weiterführende Literaturempfehlungen zur GrESt: *Birk/Desens/Tappe,* Rz. 1800 ff.; *Pahlke*; *Tipke/Lang,* § 15.

8. Erbschaftsteuer und Schenkungsteuer*

a) System und Aufbau des ErbStG

aa) Verhältnis der Erbschaftsteuer und Schenkungsteuer zu anderen Steuerarten

Personensteuer. Die ErbSt ist eine Personensteuer, weil sie die individuellen persönlichen Verhältnisse des Steuerschuldners berücksichtigt. Sie knüpft u. a. an das *Vermögen des Erblassers* oder *Schenkers* an und ist somit in Abgrenzung zur Ertragsteuer eine *Substanzsteuer*. Die ErbSt entsteht vor allem im Erbfall und bei der Schenkung und fällt daher *aperiodisch* an. **467**

Das ErbStG ist ein *Anfallsteuergesetz*. Es regelt die Besteuerung des Vermögensanfalls beim Vermögensempfänger. Grundlage der Besteuerung ist somit nicht das Vermögen in der Hand des Erblassers oder Schenkers, sondern der Vermögenszuwachs in der Hand des Erben oder Beschenkten. Hiervon bleibt allerdings die Frage der Steuerschuldnerschaft unberührt.

bb) Aufbau des Gesetzes

Die ErbSt ist gegliedert in die Bereiche **468**

- Steuerpflicht, §§ 1 bis 9,
- Wertermittlung, §§ 10 bis 13d,
- Berechnung der Steuer, §§ 14 bis 19a,
- Steuerfestsetzung und Erhebung, §§ 20 bis 35 und
- Ermächtigungs- und Schlussvorschriften, §§ 36 bis 37a.

Die unbeschränkte und beschränkte *persönliche Steuerpflicht* ist in § 2 geregelt. Die *sachliche Steuerpflicht* setzt bei der Definition *steuerbarer Vorgänge* in den §§ 1, 3, 7 und 8 an und berücksichtigt wesentliche *sachliche Steuerbefreiungen* in den §§ 5, 13 bis 13d. Die *Wertermittlung* ist in den §§ 10 bis 12 geregelt. Der Zeitpunkt des *Entstehens* der Steuer ergibt sich aus § 9. Die *Steuerermittlung* ist in den §§ 14 bis 19a geregelt. Nach § 14 sind im Rahmen der sachlichen Steuerpflicht *frühere Erwerbe* zu berücksichtigen. Die Festlegung von *Steuerklassen* ist in § 15, die *persönlichen Freibeträge* sind in §§ 16 bis 18 und die *Steuersätze* sind in § 19 geregelt. Das erbschaftsteuerliche *Erhebungsverfahren* und Regelungen zur *Steuerschuldnerschaft* ergeben sich aus den §§ 20 ff.

b) Persönliche Steuerpflicht

aa) Unbeschränkte Steuerpflicht

Inländereigenschaft. Wesensmerkmal der unbeschränkten Steuerpflicht ist die Inländereigenschaft, die nur in Ausnahmefällen durch die deutsche Staatsan- **469**

---

* Die Vorschriften des ErbStG werden ohne die Gesetzesbezeichnung zitiert.

gehörigkeit vermittelt wird. Die Erbschaftsteuerpflicht knüpft generell an den *Wohnsitz* oder *gewöhnlichen Aufenthalt* an, § 2 Abs. 1 Nr. 1 Satz 2 Buchst. a i.V. m. §§ 8 und 9 AO, s. Rz. 35.

Natürliche Personen, die im Inland weder Wohnsitz noch gewöhnlichen Aufenthalt haben, aber *deutsche Staatsangehörige* sind, sind Inländer, sofern sie sich nicht länger als fünf Jahre dauernd im Ausland aufgehalten haben, § 2 Abs. 1 Nr. 1 Satz 2 Buchst. b. Diese Bestimmung soll Fälle der Steuerflucht für einen Zeitraum von fünf Jahren sanktionieren. Unter der Inländerdefinition werden ferner sog. *Auslandsdeutsche*, wie z. B. die Angehörigen ausländischer Vertretungen, gefasst, Buchst. c.

bb) Beschränkte Steuerpflicht

470 Liegen keine Fälle der unbeschränkten Steuerpflicht nach § 2 Abs. 1 Nr. 1 vor, kommt eine Besteuerung nach dem ErbStG im Rahmen der beschränkten Steuerpflicht hinsichtlich des *Inlandsvermögens* nach § 2 Abs. 1 Nr. 3 in Betracht. Inlandsvermögen ist gem. § 121 BewG insb. inländisches Grundvermögen und inländisches Betriebsvermögen sowie Anteile an inländischen Kapitalgesellschaften.

c) Sachliche Steuerpflicht

aa) Steuertatbestände

471 Der ErbSt unterliegen gem. § 1 Abs. 1 Nr. 1 und 2 i.V. m. §§ 3 und 7 **Erwerbe von Todes wegen** und **Schenkungen unter Lebenden**. Nach § 1 Abs. 1 Nr. 3 und 4 unterliegen ferner z. B. die *Errichtung* von **Stiftungen** und Dotierungen des Stiftungskapitals sowie das *Vermögen* der Stiftung in Zeitabständen von je 30 Jahren der ErbSt (sog. Erbersatzsteuer). Beide Fälle bleiben in den folgenden Ausführungen außer Betracht.

bb) Exkurs: Mittelbare Schenkungen unter Beteiligung einer Kapitalgesellschaft

472 Als steuerbare Schenkung unter Lebenden gilt nach § 7 Abs. 8 auch die *Werterhöhung von Anteilen an einer Kapitalgesellschaft,* die eine an der Gesellschaft beteiligte Person durch die Leistung einer anderen Person an die Gesellschaft erlangt. Damit werden Fälle der **disquotalen Einlage** erfasst.

> **Beispiel:**
>
> Die Eheleute A und B sind zu je 50 % an der C-GmbH beteiligt. A veräußert eine Maschine (Verkehrswert: 100 TEUR) zum Preis von 40 TEUR an die C-GmbH. Das entspricht einer verdeckten Einlage des A in die GmbH von 60 TEUR; die Anteile von A und B steigen jeweils um 30 TEUR im Wert. Dies gilt nach § 7 Abs. 8 als Schenkung von A an B. Es kommt nicht darauf an, ob der A die Maschine aus betrieblichen Gründen oder aus persönlichen Gründen unter Wert verkauft hat.

Auch der umgekehrte Fall, die **verdeckte Gewinnausschüttung (vGA**, s. Rz. 250), kann eine schenkungsteuerpflichtige Zuwendung darstellen, und zwar im Verhältnis zwischen der Gesellschaft und dem begünstigten Gesellschafter. Das entnimmt der BFH (Urteil vom 7.11.2007, BStBl. II 2008, S. 258) unmittelbar der Regelung des § 7 Abs. 1 Nr. 1. Weitere Voraussetzung ist hier das Bewusstsein der Gesellschaft über die vGA. Der Gesetzgeber hat mit § 15 Abs. 4 die Rechtsprechung des BFH aufgegriffen. Die Finanzverwaltung nimmt an, dass lediglich der Teil der vGA steuerpflichtig ist, der über die Beteiligungsquote des begünstigten Gesellschafters hinausgeht.

Beispiel:

A ist zu 80% an der X-GmbH beteiligt. A veräußert eine Maschine (Verkehrswert: 100 TEUR) zum Preis von 160 TEUR an die X-GmbH. Das entspricht einer verdeckten Gewinnausschüttung der GmbH an A von 60 TEUR. Diese vGA entspricht zu 80% (48 TEUR) seiner Beteiligungsquote, die übrigen 12 TEUR sind nach Auffassung der Finanzverwaltung schenkungsteuerpflichtig.

Literaturhinweis: Koordinierter Ländererlass vom 20.10.2010, BStBl. I 2010, S. 1207; *Fischer,* Die Neuregelung des § 7 Abs. 8 ErbStG durch das BeitrRL-UmsG, ZEV 2012, S. 77 ff.; *Korezkij,* Schenkungen unter Beteiligung von Kapitalgesellschaften, DStR 2012, S. 163 ff.

cc) Sachliche Steuerbefreiungen

Das ErbStG kennt außerhalb von persönlichen Freibeträgen keine *persönlichen* Steuerbefreiungen. Dagegen werden in den §§ 5, 13 bis 13d *sachliche* Steuerbefreiungen geregelt. In § 5 Abs. 2 wird die Steuerfreiheit des durch Tod oder in anderer Weise beendeten Güterstands der Zugewinngemeinschaft und des hieraus resultierenden *Zugewinns* nach § 1371 Abs. 2 BGB von der Steuer freigestellt. § 13 enthält diverse, überwiegend sozialpolitisch begründete Steuerfreistellungen. 473

Praxistipp: Güterstandsschaukel. Der gesetzliche Güterstand der Zugewinngemeinschaft kann unter Ausnutzung der Steuerfreiheit des § 5 Abs. 2 wirksam beendet und anschließend sofort neu begründet werden. Ein Missbrauch von Gestaltungsmöglichkeiten ist hierin nicht zu sehen.

Beispiel:

A und B leben seit ihrer Eheschließung im Jahr 2004 im gesetzlichen Güterstand der Zugewinngemeinschaft. Am Anfang der Ehe haben beide keine Vermögenswerte. Im Jahr 2018 hat A ein Vermögen in Höhe von 10 Mio. EUR, B ist weiter vermögenslos. A und B heben den gesetzlichen Güterstand der Zugewinngemeinschaft per Ende des Jahres 2018 durch Regelung der Gütertrennung notariell auf und begründen zu Beginn des Jahres 2019 erneut den gesetzlichen Güterstand der Zugewinngemeinschaft. Die von A auf B übertragenen 5 Mio. EUR sind nach § 5 Abs. 2 steuerfrei.

Sachliche Steuerbefreiungen beim Betriebsvermögen und bei Anteilen an Kapitalgesellschaften. Mit der sog. *Verschonungsregelung* in §§ 13a, 13b ist eine sachliche Steuerbefreiung geregelt, die das Betriebsvermögen und Anteile an Kapitalgesellschaften betrifft. Die Verschonungsregelung wird im Zusammenhang mit der Bewertung von Betriebsvermögen und Anteilen an Kapitalgesellschaften behandelt, siehe Rz. 481. 474

475 Steuerbefreiung des „Familienheims". Der Erwerb eines zu eigenen Wohnzwecken genutzten Hauses oder einer Eigentumswohnung (Familienheim) unter Ehegatten oder Lebenspartnern ist steuerfrei, § 13 Abs. 1 Nr. 4a, Nr. 4b ErbStG. Voraussetzung beim Erwerb von Todes wegen ist, dass der Erblasser im Familienheim eine Wohnung bis zum Erbfall zu eigenen Wohnzwecken genutzt hat und diese beim erbenden Ehegatten unverzüglich zur Selbstnutzung bestimmt ist. Begünstigt sind auch Fälle, in denen der Erblasser aus zwingenden Gründen an der Selbstnutzung zu eigenen Wohnzwecken gehindert war. Dieser Fall könnte bspw. beim Umzug eines Ehegatten in ein Altersheim gegeben sein. Sofern *Kinder Erben* sind und das Wohneigentum eines Elternteils nach dessen Ableben bewohnen, greift eine Steuerbefreiung ein, soweit die Wohnfläche nicht größer als 200 qm ist, § 13 Abs. 1 Nr. 4c. Schenkungen an Kinder sind diesbezüglich nicht begünstigt. So soll sichergestellt werden, dass zumindest der überlebende Ehegatte das gemeinsame Familienheim weiterhin bewohnen kann, ohne bei sehr wertvollen Objekten erheblichen Erbschaftsteuerzahlungen ausgesetzt zu sein.

> **Beispiel:**
>
> Die wohlhabenden Eheleute A und B bewohnen ein größeres Anwesen am Starnberger See mit einer Grundstücksfläche von 15.000 qm. Das Gebäude hat eine Wohnfläche von 680 qm. A ist im Februar 2018 gezwungen, in ein nahe gelegenes Altenwohnheim umzuziehen, in welchem er bereits in Pflegestufe 2 versorgt werden muss. B bewohnt weiterhin die Villa. Im November 2018 verstirbt A. Die Eheleute haben ein Berliner Testament errichtet, nach dem sich beide Partner zu Alleinerben einsetzen. Der Erwerb des Grundstücks durch A ist nach § 13 Abs. 1 Nr. 4b ErbStG steuerfrei.
>
> **Abwandlung:** Aus Kummer verstirbt auch B im Dezember 2018. Sohn C ist Alleinerbe und beabsichtigt, unmittelbar nach dem Ableben der Mutter das Anwesen zu beziehen. Weil eine Wohnfläche von mehr als 200 qm gegeben ist, greift § 13 Abs. 1 Nr. 4c ErbStG nur teilweise ein.

dd) Entstehen

476 Die ErbSt entsteht nach § 9 Abs. 1 Nr. 1 und 2 mit dem *Tod des Erblassers* bzw. dem Zeitpunkt der *Ausführung der Schenkung*. Der Zeitpunkt der Entstehung der Steuer ist für den Stichtag der Bewertung nach § 11 von Bedeutung.

ee) Wertermittlung

477 Einzelheiten zur Wertermittlung des steuerpflichtigen Erwerbs sind in den §§ 10 bis 12 geregelt. Besonderheiten ergeben sich für die Bewertung von Grundvermögen, Betriebsvermögen und Anteilen an Kapitalgesellschaften.

Grundbesitz. Nach § 12 Abs. 3 ist Grundbesitz nach den Vorschriften der §§ 151 Abs. 1 Satz 1 Nr. 1, 157 Abs. 3 BewG anzusetzen.

478 • **Unbebaute Grundstücke.** Es gilt der Ansatz des zuletzt vor dem Besteuerungszeitpunkt ermittelten *Bodenrichtwertes*, §§ 178, 179 BewG.

479 • **Bebaute Grundstücke.** Es ist das *Vergleichswertverfahren*, *Ertragswertverfahren* oder *Sachwertverfahren* anzuwenden, §§ 182 Abs. 1, 183–198 BewG.

- Das **Vergleichswertverfahren** gem. § 183 BewG ist regelmäßig für Wohnungseigentum, Teileigentum sowie Ein- und Zweifamilienhäuser anzuwenden. Grundlage der Bewertung sind die tatsächlich realisierten Kaufpreise vergleichbarer Grundstücke, die von den Gutachterausschüssen im Sinne von §§ 192 ff. BauGB mitgeteilt werden. Anstelle von Preisen können auch von den Gutachterausschüssen zu ermittelnde Vergleichsfaktoren herangezogen werden.
- Das **Ertragswertverfahren** ist im Falle von Mietwohngrundstücken und Geschäfts- sowie gemischt genutzten Grundstücken anzuwenden, für die sich auf den örtlichen Grundstücksmarkt eine übliche Miete ermitteln lässt. Der *Bodenwert* (Bodenrichtwert) und der *Gebäudeertragswert* sind hierbei zu addieren. Zur Ermittlung des Gebäudeertragswertes werden vom *Rohertrag* (Jahresnettokaltmiete) übliche oder pauschalierte Bewirtschaftungskosten abgezogen. Dem sich hieraus ergebenden *Reinertrag* wird der Bodenwert gemäß einem festgelegten Liegenschaftszinssatz in Abzug gebracht. Der verbleibende Gebäudereinertrag wird mit einem festgelegten Faktor multipliziert, der von der Restnutzungsdauer abhängt.

Beispiel:

A ist Eigentümer einer Mietwohnanlage mit 8 Wohneinheiten. Die Restnutzungsdauer der Anlage beträgt 50 Jahre, die Grundstücksgröße 2.000 qm. Der Bodenrichtwert beläuft sich auf 250 EUR pro qm. Alle Einheiten sind vermietet, die Jahresnettokaltmiete je Einheit beträgt 12.000 EUR, insgesamt somit 96.000 EUR. Der Bodenwert beträgt 500.000 EUR (2.000 × 250 EUR). Von der Jahresnettokaltmiete sind die Bewirtschaftungskosten in Abzug zu bringen. Wenn keine geeigneten Erfahrungssätze der Gutachterausschüsse nach §§ 192 ff. BauGB vorliegen, ist nach § 187 Abs. 2 von pauschalierten Bewirtschaftungskosten nach Anlage 23 zum BewG auszugehen. In Anbetracht der Restnutzungsdauer von 50 Jahren betragen diese 23 % des Rohertrags, somit 22.080 EUR. Der so ermittelte Reinertrag in Höhe von 73.920 EUR ist nach § 185 Abs. 2 BewG um den Betrag zu vermindern, der sich durch eine angemessene Verzinsung des Bodenwertes ergibt. Sofern keine geeigneten Liegenschaftszinssätze der Gutachterausschüsse nach §§ 192 ff. BauGB vorliegen beträgt dieser bei Mietwohngrundstücken nach § 188 Abs. 2 Satz 2 Nr. 1 BewG 5 %. Der abzuziehende Betrag beläuft sich damit auf 25.000 EUR (5 % von 500.000 EUR), der Gebäudereinertrag auf 48.920 EUR. Der nun anzuwendende Kapitalisierungsfaktor ergibt sich aus Anlage 21 zum BewG und hängt von der Höhe des Liegenschaftszinssatzes und der Restnutzungsdauer des Gebäudes ab, er beträgt hier 18,26. Der Ertragswert beträgt 500.000 EUR (Bodenwert) zzgl. 893.279 EUR (Gebäudeertragswert), somit insgesamt 1.393.279 EUR.

- Das **Sachwertverfahren** ist ein Auffangverfahren, welches dann anzuwenden ist, wenn nach den anderen Verfahren ein Wert nicht ermittelt werden kann. Der Wert wird hier nicht aus dem Ertrag, sondern aus den typisierten Herstellungskosten errechnet. Neben diesen sog. Regelherstellungskosten sind eine Alterswertminderung sowie ein Marktanpassungsfaktor (Wertzahl) anzuwenden.

Beispiel:

B besitzt ein Industriegrundstück mit aufstehendem Fabrikationsgebäude in Massivbauweise inkl. Büro- und Sozialtrakt mit einer Größe von 10.000 qm. Der Bodenrichtwert beträgt 100 EUR pro qm, die Brutto-Grundfläche (BGF) 6.000 qm. Das Gebäude ist im Jahr 1987 errichtet worden, von der Gesamtnutzungsdauer von 40 Jahren gem. Anlage 22 zum BewG (§ 190 Abs. 2 BewG) sind somit in 2018 bereits 31 Jahre verstrichen. Der Bodenwert und der Gebäudewert sind getrennt zu ermitteln, § 189 Abs. 1 BewG. Der Bodenwert beträgt 1.000.000 EUR (10.000 × 100 EUR), § 179 BewG. Der Gebäudewert ergibt sich aus den Regelherstellungskosten gem. Anlage 24 zum BewG. Bei Annahme eines mittleren Ausstattungsstandards betragen die Regelherstellungskosten nach Position 15.4 je qm 950 EUR, der Gebäuderegelherstellungswert damit 5.700.000 EUR. Die anzunehmende wirtschaftliche Gesamtnutzungsdauer von 40 Jahren ist zu 78 % verstrichen, die Alterswertminderung ist nach § 190 Abs. 2 Satz 4 BewG allerdings nur bis zu 60 % möglich. Der Gebäudewert beträgt damit 2.280.000 EUR, der vorläufige Sachwert nach § 189 Abs. 3 Satz 1 BewG 3.280.000 EUR. Dieser ist nach Satz 2 mit einer Wertzahl nach § 191 BewG zu multiplizieren, welche nach Anlage 25 hier 0,6 beträgt. Der nach dem Sachwertverfahren ermittelte gemeine Wert des Grundstücks beträgt damit 1.968.000 EUR.

480 Bewertung des Betriebsvermögens und von Anteilen an Kapitalgesellschaften. Für den Bestand und die Bewertung des Betriebsvermögens sind § 12 Abs. 5 ErbStG, §§ 151 Abs. 1 Satz 1 Nr. 2, 95–97, 109, 199–201 BewG anzuwenden. Nach § 109 Abs. 1 BewG ist der gemeine Wert zu ermitteln. Dafür stehen folgende Methoden zur Verfügung:

- Nach § 11 Abs. 2 Satz 2 BewG ist der gemeine Wert zunächst **aus Verkäufen,** die weniger als ein Jahr zurückliegen, zu ermitteln.
- Lässt sich der gemeine Wert hieraus nicht ableiten, so ist er unter Berücksichtigung des Vermögens und der Ertragsaussichten der Kapitalgesellschaft zu schätzen. Untergrenze der Bewertungen ist der **Mindestwert,** der sich aus der Summe der gemeinen Werte der zum Betriebsvermögen gehörenden Wirtschaftsgüter abzüglich der zum Betriebsvermögen gehörenden Schulden ergibt. Im Übrigen setzt die Schätzung voraus, dass eine **Unternehmensbewertung nach dem Ertragswertverfahren** vorgenommen wird. Die Bewertung erfordert daher grundsätzlich das Vorliegen einer Unternehmensplanung. In den §§ 199–203 BewG wird ein alternativ anwendbares **vereinfachtes Ertragswertverfahren** geregelt, welches einen durchschnittlichen Vergangenheitsjahresertrag zugrunde legt und diesen mit einem Kapitalisierungsfaktor multipliziert.
- **Vereinfachtes Ertragswertverfahren.** Das vereinfachte Ertragswertverfahren kann bei Unternehmen jeder Größenordnung angewendet werden. Die Bewertung findet wie folgt statt: Das so genannte *nicht betriebsnotwendige Vermögen* ist zu separieren und getrennt nach dem gemeinen Wert zu bewerten, § 200 Abs. 2 BewG. Für den Betrieb, den das übrige Vermögen bildet, wird ein *zukünftig nachhaltig erzielbarer Jahresertrag* ermittelt. Dazu ist der *durchschnittliche Jahresertrag* der vergangenen drei Jahre bspw. um enthaltenen Steueraufwand und Steuerertrag sowie andere außergewöhnliche Positionen zu korrigieren. Insbesondere ist ein angemessener *Unternehmerlohn* in Abzug zu bringen. Das Ergebnis ist mit einem *Kapitalisierungsfaktor* von 13,75 zu multiplizieren, § 203 Abs. 1 BewG.

8. Erbschaftsteuer und Schenkungsteuer

Beispiel:

Der Jahresabschluss der ABC OHG zum 31.12.2017 weist Vermögensgegenstände von 2 Mio. EUR und Schulden von 1,5 Mio. EUR aus. Unter den Vermögensgegenständen befindet sich mit 0,5 Mio. EUR bilanzierter, ungenutzter Grund und Boden, der einen gemeinen Wert von 1 Mio. EUR hat. Im Durchschnitt der letzten drei Jahre erzielte das Unternehmen bei einem Umsatz von 6 Mio. EUR einen Jahresüberschuss vor Steuern von 400 TEUR, ein angemessener Unternehmerlohn ist mit 120 TEUR anzunehmen.

Der **Mindestwert** ist aus der Summe der gemeinen Werte der Vermögensgegenstände abzüglich der gemeinen Werte der Schulden zu ermitteln und beträgt 1 Mio. EUR (Vermögensgegenstände abzüglich Schulden 0,5 Mio. EUR zuzüglich stille Reserven im Grund und Boden 0,5 Mio. EUR).

Nach dem **vereinfachten Ertragswertverfahren** ist der durchschnittliche Jahresertrag vor Steuern um den Unternehmerlohn zu kürzen, weitere außergewöhnliche Positionen liegen nicht vor. Der Ertragswert beläuft sich auf 280 TEUR (400 TEUR abzgl. 120 TEUR Unternehmerlohn) multipliziert mit Faktor 13,75, somit 3,85 Mio. EUR. Hinzuzurechnen ist das Grundstück als nicht betriebsnotwendiges Vermögen mit dem gemeinen Wert von 1 Mio. EUR, so dass sich ein steuerlicher Wert des Betriebsvermögens von 4,85 Mio. EUR ergibt. Der Mindestwert kommt nicht zum Tragen.

Verschonungsregelung. Bei Betriebsvermögen, land- und forstwirtschaftlichem Vermögen und Anteilen an Kapitalgesellschaften (bei Beteiligung von mehr als 25%) werden umfangreiche Vergünstigungen gewährt, §§ 13a, 13b ErbStG. Der Erwerb eines Anteils von mehr als 26 Mio. EUR an einem Großunternehmen wird nur eingeschränkt verschont, § 13c, eröffnet aber den Weg zum Erlass der Erbschaft- oder Schenkungsteuer, wenn der Erwerber trotz des Erwerbs nicht in der Lage ist, die Steuer aus seinem verfügbaren Vermögen zu begleichen, § 28a, sog. „Verschonungsbedarfsprüfung".

- **Regelverschonung (85%-Regelung).** Im gesetzlichen Regelfall bleibt begünstigtes Vermögen *in Höhe von 85%* außer Ansatz (*Verschonungsabschlag*), § 13a Abs. 1 Satz 1 ErbStG. Voraussetzung ist, dass die *Ausgangslohnsumme* innerhalb eines Zeitraums von 5 Jahren (*Lohnsummenfrist*) insgesamt 400% der Ausgangslohnsumme nicht unterschreitet (*Mindestlohnsumme*). Die Ausgangslohnsumme wird aus dem Schnitt der Lohnsummen der letzten fünf Jahre ermittelt. Die Lohnsumme umfasst alle Vergütungen, die an die Beschäftigten gezahlt werden. Die 400% der Ausgangslohnsumme müssen somit innerhalb der 5-jährigen Lohnsummenfrist erreicht werden. Hierbei ist es unerheblich, ob in einzelnen Jahren Unterschreitungen der Ausgangslohnsumme vorliegen. Die *Ausgangslohnsumme* und die *Anzahl der Beschäftigten* werden gesondert festgestellt, wenn dieses für die Erbschaftsteuer oder eine andere Feststellung von Bedeutung ist, § 13a Abs. 4 ErbStG. Wird der Betrieb nicht wenigstens innerhalb der Lohnsummenfrist *fortgeführt*, wird der Verschonungsabschlag *pro rata temporis* nicht gewährt. Das Risiko des *teilweisen* Wegfalls des vollen Verschonungsabschlags ist generell erst nach Ablauf der Lohnsummenfrist von 5 Jahren beseitigt.
- **Optionsverschonung (100%-Regelung).** Der Verschonungsabschlag greift nicht nur zu 85%, sondern in voller Höhe, wenn der Steuerpflichtige un-

widerruflich erklärt, dass er von der *Sonderregelung des § 13a Abs. 10 ErbStG* Gebrauch macht. Grundvoraussetzung hierbei ist, dass das begünstigte Vermögen höchstens zu **20 %** aus *Verwaltungsvermögen* besteht. Die vollständige Steuerbefreiung setzt voraus, dass in einem 7-jährigen *Lohnsummenzeitraum* insgesamt 700 % der *Ausgangslohnsumme* erreicht werden, der Betrieb muss ferner mindestens 7 Jahre fortgeführt werden. Das Nichterreichen der *Mindestlohnsumme* von 700 % oder der Behaltensfrist von 7 Jahren führt ebenfalls zur proratarischen Kürzung des Verschonungsabschlags.

Beispiel:

A ist alleiniger Gesellschafter der A GmbH & Co. KG. A verstirbt am 31.12.2017, Tochter T ist Alleinerbin. Zum Nachlass gehören ausschließlich die KG-Anteile. Der gemeine Wert des Betriebsvermögens, welches insgesamt begünstigt ist, beträgt 5 Mio. EUR. Die Ausgangslohnsumme beträgt 2 Mio. EUR. Das Verwaltungsvermögen liegt unter 20 %, T gibt die Erklärung nach § 13a Abs. 10 ErbStG ab (vollständige Steuerbefreiung, 7-Jahres-Frist). Der volle Verschonungsabschlag beläuft sich auf 5 Mio. EUR, womit durch den Erbfall zunächst keine Erbschaftsteuer ausgelöst wird. T führt den Betrieb bis zum Jahr 2025 fort, anschließend veräußert sie ihre Anteile. Aufgrund umfangreicher Restrukturierungsmaßnahmen, welche T in den Jahren 2018 und 2019 durchzuführen hat, sinkt die Lohnsumme in diesen Jahren auf 1 Mio. EUR und damit auf 50 % der Ausgangslohnsumme. In allen anderen Jahren wird die maßgebende Lohnsumme erreicht, aber nicht überschritten. Der Verschonungsabschlag fällt somit insgesamt um 2/14 weg, die Mindestlohnsumme wird in dem 7-Jahres-Zeitraum nur zu 600 % erreicht. Die erbschaftsteuerliche Bemessungsgrundlage erhöht sich damit nachträglich um 714 TEUR.

- **Verwaltungsvermögen.** Die Verschonungsregelung greift nicht, soweit das begünstigte Vermögen aus Verwaltungsvermögen besteht, § 13b Abs. 2. Zum Verwaltungsvermögen gehören bspw. *verpachtete Grundstücke*, *Anteile an Kapitalgesellschaften* mit einer Beteiligung von 25 % oder weniger, *Wertpapiere* sowie *Kunstgegenstände*. Verwaltungsvermögen von Tochtergesellschaften wird anteilig mit berücksichtigt, § 13b Abs. 9, sog. Verbundvermögensaufstellung. Auch Bankguthaben oder Forderungen gelten als Verwaltungsvermögen, soweit sie einen Freibetrag von 15 % des gesamten Unternehmenswertes übersteigen. Der Nettowert des Verwaltungsvermögens wird in Höhe von 10 % des begünstigten Betriebsvermögens gekürzt, sog. unschädliches Verwaltungsvermögen (§ 19b Abs. 7 Satz 1, Schmutzzuschlag).

Beispiel:

Der Unternehmenswert beträgt nach dem vereinfachten Ertragswertverfahren 10 Mio. EUR, der Nettowert des Verwaltungsvermögens 4 Mio. EUR, begünstigt sind 6 Mio. EUR, sog. Schmutzzuschlag 600 TEUR, begünstigt 6,6 Mio. EUR, nicht begünstigt 3,4 Mio. EUR. Keine Optionsverschonung, weil Verwaltungsvermögen über 20 %. Daher Regelverschonung, Bemessungsgrundlage 85 %, begünstigt 5,61 Mio. EUR, nicht begünstigt 4,39 Mio. EUR(15 % von 6,6 Mio. EUR = 990 TEUR, Verwaltungsvermögen 3,4 Mio. EUR).

- **Bagatellregelung.** Von der Lohnsummenregelung ausgenommen sind Betriebe mit bis zu fünf Beschäftigten. Diese kommen auch dann in den Genuss der Vergünstigungen, wenn die eigentlich geforderte Lohnsumme nicht erreicht wird. Abgestufte Anforderungen an die Lohnsumme gelten für Betriebe mit 6 bis 15 Beschäftigten.

d) Steuerermittlung

aa) Steuerklassen

Das ErbStG sieht in § 15 Abs. 1 drei Steuerklassen vor. Personen der **Steuerklasse I** sind *Ehegatten, Lebenspartner, Kinder* und *Abkömmlinge von Kindern* sowie *Eltern* und *Voreltern*. Personen der **Steuerklasse II** sind weitere *Angehörige*, die nicht zur Steuerklasse I gehören. In **Steuerklasse III** werden die *übrigen Erwerber* berücksichtigt. Die Steuerklasse entfaltet Relevanz bei der Berücksichtigung der *Freibeträge* und bei den Steuersätzen nach §§ 16 bis 19.

482

bb) Persönliche Freibeträge

Die persönlichen Freibeträge der Erwerber sind in § 16 Abs. 1 geregelt. **Ehegatten** und **Lebenspartnern** werden ein Betrag von 500.000 EUR und bei Erwerb von Todes wegen zusätzlich ein besonderer *Versorgungsfreibetrag* i. H. v. 256.000 EUR gewährt, der nach § 17 Abs. 1 für beide Gruppen neben den allgemeinen persönlichen Freibetrag tritt. **Kinder** haben einen persönlichen Freibetrag von 400.000 EUR, der sich ebenfalls bei Erwerben von Todes wegen nach § 17 Abs. 2 um einen besonderen *Versorgungsfreibetrag* erhöht. Dieser ist abhängig vom Alter des Kindes im Erwerbszeitpunkt und beträgt zwischen 10.300 EUR und 52.000 EUR. **Kindeskinder** haben einen Freibetrag von 200.000 EUR, alle **übrigen Personen** der **Steuerklasse I** von 100.000 EUR und Personen der **Steuerklassen II und III** von 20.000 EUR.

483

cc) Steuersatz

Die Steuersätze sind abhängig von der Zuordnung des Wertes des Steueranfalls zu einem *Werteintervall* und von der *Steuerklasse*, § 19. Die Steuersätze liegen zwischen 7 % und 50 %. In der **Steuerklasse I** belaufen sich die Steuersätze auf 7 % bis 30 % (bis 75 TEUR 7 %, bis 300 TEUR 11 %, bis 600 TEUR 15 %, bis 6 Mio. EUR 19 %, bis 13 Mio. EUR 23 %, bis 26 Mio. EUR 27 %, darüber 30 %). Die Steuersätze in der **Steuerklasse II** betragen bis 75 TEUR 15 %, bis 300 TEUR 20 %, bis 600 TEUR 25 %, bis 6 Mio. EUR 30 %, bis 13 Mio. EUR 35 %, bis 26 Mio. EUR 40 %, darüber 43 %. In der **Steuerklasse III** beträgt der Steuersatz bei Erwerben bis 6 Mio. EUR 30 % und darüber 50 %.

484

Geringfügige Überschreitung der Wertgrenze. Wird die Wertgrenze in geringem Umfang überschritten, ist § 19 Abs. 3 zu prüfen. Die Regelung soll im Einzelfall Unbilligkeiten ausräumen, wenn durch leichtes Überschreiten der Wertgrenze für die gesamte Bemessungsgrundlage ein höherer Satz anzuwenden ist. Ohne diese Regelung könnte ein geringfügiges Überschreiten für den Steuerpflichtigen nachteiliger sein, als wenn er einen geringeren Erwerb empfangen hätte. § 19 Abs. 3 sieht vor, dass die Differenz der ErbSt zu dem Steuerbetrag errechnet wird, der sich ergeben hätte, wenn die letztvorhergehende Wertgrenze anzuwenden gewesen wäre. Bei Steuersätzen bis zu 30 % ist nun zu prüfen, ob die errechnete Differenz die Hälfte des Betrages übersteigt, um den die letztvorhergehende Wertgrenze überschritten wird. Soweit dies der Fall ist, wird die Steuer nicht erhoben. Dadurch wird der Grenzsteuersatz auf 50 % gekappt.

485

dd) Berücksichtigung früherer Erwerbe

486 Für die Inanspruchnahme der **persönlichen Freibeträge** und der **Steuerprogression** in § 19 werden nach § 14 Erwerbe **innerhalb von zehn Jahren** zusammengerechnet. Die Freibeträge stehen Erwerbern somit nur alle zehn Jahre einmal in voller Höhe zu. Hierbei sind Erwerbsfälle z. B. von Kindern bezogen auf ihre Eltern grundsätzlich separat zu sehen. Erfolgen *mehrere Erwerbe* innerhalb von zehn Jahren, sind diese für die Berechnung der Freibeträge und der Steuersätze *zusammenzurechnen*. Erfolgen z. B. eine Schenkung im Jahr 2011 und ein Erbfall im Jahre 2018 und sind Schenker und Erblasser bzw. Beschenkter und Erbe jeweils identisch, werden die Erwerbe hinsichtlich der Ermittlung der Freibeträge und der Steuersätze zusammengerechnet. Hier wird der frühere Erwerb mit dem früheren Wert dem späteren hinzugerechnet. Von der Steuer wird dann die Steuer auf den früheren Erwerb abgezogen.

> **Beispiel:**
>
> Britta Fröhlich meint es gut mit ihrer Tochter Julia. Sie schenkt Julia zum 21.5.2008 und zum 21.5.2017 je 250 TEUR. Die Schenkungsteuerberechnung im Jahr 2008 berücksichtigt die Inanspruchnahme des damaligen persönlichen Freibetrags von 205 TEUR; es waren 45 TEUR mit einem Steuersatz von 7% zu versteuern; die Schenkungsteuer betrug 3.150 EUR. Für die Besteuerung der Schenkung in 2017 sind beide Schenkungen zusammenzurechnen. Basis sind somit 500 TEUR. Der in 2017 geltende Freibetrag von 400 TEUR ist in Abzug zu bringen, der Betrag von 100 TEUR ist mit einem Steuersatz von 11% zu multiplizieren; die ErbSt beträgt 11.000 EUR. Von dieser Steuer ist die Steuer des Vorerwerbs in Abzug zu bringen, zu zahlen sind nunmehr 7.850 EUR.

Weiterführende Literaturempfehlungen zur ErbSt: *Birk/Desens/Tappe,* Rz. 1550 ff.; *Tipke/Lang,* § 15.

9. Grundsteuer*

a) System und Aufbau des GrStG

aa) Grundlagen der Grundsteuer

Real- oder Objektsteuer. Die GrSt ist gem. § 3 Abs. 2 AO ebenso wie die GewSt eine Real- bzw. Objektsteuer. Sie ist *Substanzsteuer* und *Besitzsteuer*. Nach Artikel 106 Abs. 6 GG steht das Aufkommen der GrSt den Gemeinden zu, die das Recht haben, die **Hebesätze der GrSt** im Rahmen der Gesetze festzusetzen (§ 1 Abs. 1). 487

Grundbesitz. Steuergegenstand der GrSt sind Grundstücke und Betriebe der Land- und Forstwirtschaft einschließlich der Betriebsgrundstücke, § 2. Die Bewertung des Steuergegenstands erfolgt mit dem *Einheitswert*, der sich aus dem Bewertungsgesetz ergibt, §§ 13 Abs. 1 Satz 2 GrStG, § 19 Abs. 1 BewG. 488

bb) Aufbau des Gesetzes

Die *persönliche Steuerpflicht* wird in § 10 mit der Steuerschuldnerschaft geregelt. § 3 enthält persönliche Steuerbefreiungen. Die Bestimmungen zu den Gemeinden als *Steuer- bzw. Hebeberechtigte* finden sich in § 1. Die *sachliche Steuerpflicht* ergibt sich aus § 2 (*Steuergegenstand*), § 4 (*sonstige Steuerbefreiungen*) und §§ 13 ff. (*Bemessung*). § 13 Abs. 1 Satz 2 enthält die grundlegende Verweisung auf das *Bewertungsgesetz*, aus dem sich die Berechnung des *Einheitswerts* ergibt. Die §§ 5 bis 8 enthalten *Einschränkungen der persönlichen und sachlichen Steuerbefreiungen*. § 9 betrifft Regelungen zum *Stichtag* und zur *Entstehung* der GrSt. 489

b) Persönliche Steuerpflicht

aa) Steuerschuldnerschaft und Haftung

Steuerschuldner der GrSt ist derjenige, dem der Steuergegenstand bei der Feststellung des Einheitswerts zugerechnet wird, § 10 Abs. 1. Die *Zurechnung* bestimmt sich nach § 39 AO und orientiert sich damit entweder am zivilrechtlichen oder am wirtschaftlichen Eigentum. 490

Haftung. Neben der Steuerschuldnerschaft regelt das GrStG in § 11 die *Haftung* des Nießbrauchers und Erwerbers bei Grundstücksübertragungen. Auch insoweit handelt es sich um Sondervorschriften zu den Haftungsregelungen der §§ 69 ff. AO. 491

bb) Steuerbefreiungen

Nach § 3 Abs. 1 Satz 1 Nr. 3 ist der Grundbesitz, der von einer inländischen Körperschaft für gemeinnützige oder mildtätige Zwecke genutzt wird, von 492

---

* Die Vorschriften des GrStG werden ohne die Gesetzesbezeichnung zitiert.

der GrSt befreit. Dasselbe gilt für Grundbesitz einer Religionsgemeinschaft, Nr. 4. Auch der Grundbesitz, der von einer inländischen juristischen Person des öffentlichen Rechts genutzt wird, ist von der GrSt befreit.

c) Sachliche Steuerpflicht

493 Das **Bewertungsgesetz** hat heute praktisch nur noch Bedeutung für die *GrSt* und in Teilbereichen für die *ErbSt* und *GrESt*. Die Intention des Gesetzes war ursprünglich die einheitliche Wertfeststellung insb. von Grundstücken im Steuerrecht (**Einheitswert**).

Das *Bewertungsgesetz* war früher Grundlage für die Ermittlung diverser anderer Steuern. Es galt für die GewSt im Bereich der früher bestehenden *Gewerbekapitalsteuer*, für die *Vermögensteuer* und umfassend für die *ErbSt*. Die Wertverzerrungen seit der letzten Einheitswertfeststellung (in den alten Bundesländern 1964, in den neuen Bundesländern 1935) durch städtebauliche Entwicklungen und andere tiefgreifende Veränderungen am Immobilienmarkt verursachten verfassungsrechtliche Zweifel daran, ob die Höhe der Grundsteuer für einzelne Objekte – gemessen an der Höhe der Grundsteuer für andere Objekte – gerecht bemessen ist (Normenkontrollverfahren beim BVerfG anhängig unter 1 BvL 11/14). Mit Urteil vom 10.4.2018 hat das BVerfG entschieden, dass die Regelungen zur Einheitsbwertung von Grundvermögen in den alten Bundesländern seit 2002 mit dem Gleichheitssatz unvereinbar sind. Der Gesetzgeber hat spätestens bis zum 31.12.2019 eine Neuregelung zu schaffen, die bisherigen Regelungen dürfen dann bis spätestens 31.12.2024 weiter angewandt werden.

494 Die GrSt wird ebenso wie die GewSt in einem zweistufigen Verfahren veranlagt. Sie bemisst sich nach dem **Steuermessbetrag**, § 13 Abs. 1 Satz 1. Dieser ergibt sich durch Anwendung der **Steuermesszahl** auf den Einheitswert. Die Steuermesszahl ist ein *Tausendsatz*, der in §§ 14 und 15 festgelegt ist. Er beträgt für Betriebe der Land- und Forstwirtschaft 6,0, für Grundstücke 3,5. Für Einfamilienhäuser ist für die ersten 38.346,89 EUR ein Tausendsatz von 2,6 und für den Rest ein Tausendsatz von 3,5 anzusetzen. Für Zweifamilienhäuser gilt ein Tausendsatz von 3,1.

495 In einem *zweiten Schritt* wird der **Hebesatz** auf den Steuermessbetrag angewendet, es ergibt sich ein auf EUR lautender Steuerbetrag. Den in Prozent ausgedrückten Hebesatz setzt jede Gemeinde für das Gemeindegebiet fest, § 25. Da die Hebesätze generell unterschiedlich sind, wird die GrSt von Gemeinde zu Gemeinde in variierender Höhe erhoben.

496 Zuständigkeit. Der Steuermessbetrag wird durch das örtlich zuständige Lagefinanzamt nach § 22 Abs. 1 Satz 1 i.V.m. § 18 Abs. 1 Nr. 1 AO für den Erhebungszeitraum festgesetzt. Zur Festsetzung der GrSt ist demgegenüber die Gemeinde zuständig. Die Gemeinden setzen die GrSt für das *Kalenderjahr* fest, § 27 Abs. 1 Satz 1.

3. Kapitel

Internationales Steuerrecht

Das internationale Steuerrecht findet Anwendung, wenn bei grenzüberschreitenden Sachverhalten die Aktivitäten von Steuerpflichtigen den räumlichen Bereich eines nationalen Steuerrechts überschreiten. Weil das internationale Steuerrecht durch die Staatengemeinschaft gebildet wird, handelt es sich um ein komplexes System aus *völkervertraglichen* und *nationalen Regelungen*. Vorrangige Ziele des internationalen Steuerrechts sind die globale Sicherstellung der Besteuerung (also Vermeidung der doppelten Nichtbesteuerung) sowie die Vermeidung der Doppelbesteuerung von Steuerpflichtigen durch das Steuerrecht verschiedener Staaten.

Das internationale Steuerrecht ist mit der zuletzt genannten Zielsetzung des *Kollisionsrechts* systematisch etwa vergleichbar mit dem internationalen Privatrecht. Es hat in diesem Zusammenhang die Aufgabe, in Kollisionsfällen eine Zuordnung des Steuertatbestands zu einem nationalen Recht unter Ausschluss oder Anrechnung der Steuern des kollidierenden anderen nationalen Rechts herzustellen.

Immanente Voraussetzung des internationalen Steuerrechtes ist das Vorliegen eines **grenzüberschreitenden Sachverhaltes**. Dieser ist immer dann gegeben, wenn eine Aktivität eines Steuerpflichtigen die fiskalischen Interessen von mindestens zwei Staaten berührt. Hierbei ist methodisch zunächst aus der Sicht jedes Staates zu prüfen, ob eine Steuerpflicht nach dem jeweiligen nationalen Steuerrecht vorliegt. Ergibt sich hieraus ein sogenannter Qualifikationskonflikt, stellt sich die Frage, wie zu verfahren ist. Hierbei ist der positive Qualifikationskonflikt durch Vorliegen einer doppelten Besteuerung vom negativen Qualifikationskonflikt, d.h. der doppelten Nichtbesteuerung, zu unterscheiden.

Aus dem Souveränitätsprinzip jedes Staates ergibt sich, dass dieser auf seinem Territorium die Besteuerung von Personen regeln und hierfür Anknüpfungspunkte definieren kann. Bei grenzüberschreitenden Aktivitäten von Steuerpflichtigen ist es folglich möglich, dass zwei Staaten mit derselben Aktivität jeweils unabhängig voneinander steuerliche Rechtsfolgen verbinden. Anknüpfungspunkte können beispielsweise die *Ansässigkeit einer Person* im Inland, die *Staatsangehörigkeit* sowie die territoriale Zuordnung des *Ursprungs des Einkommens* (bspw. Immobilie, Betrieb, Kapital) sein.

In den meisten nationalen Steuerrechtsordnungen hat es sich durchgesetzt, mit einem universellen, weltweiten Besteuerungsanspruch an die *Ansässigkeit einer Person im Inland* und mit einem auf die Einkommensquelle beschränkten partiellen Besteuerungsanspruch an den *Ursprung des Einkommens* anzuknüpfen. Eine im Inland ansässige Person gilt somit zumeist als **unbeschränkt steuerpflichtig** *(Welteinkommensprinzip)*. Ist eine Ansässigkeit im Inland dagegen nicht gegeben, setzt die Besteuerung eine sachliche Anknüpfung an den Ursprung des Einkommens im Inland im Rahmen der beschränkten Steuerpflicht voraus *(Territorialprinzip)*.

511 **Konfliktsituationen** entstehen folglich am häufigsten durch das Aufeinandertreffen der unbeschränkten Steuerpflicht einer Person mit der Folge der Besteuerung der Welteinkünfte einerseits und der beschränkten Steuerpflicht in einem anderen Staat andererseits. Im Falle eines internationalen Doppelwohnsitzes können auch Fälle mehrfacher unbeschränkter Steuerpflicht im Konflikt zueinanderstehen. Voraussetzung des Konfliktes und des Mechanismus von dessen Abmilderung oder Auflösung ist es stets, dass es sich um vergleichbare Steuern bei demselben Steuerpflichtigen innerhalb desselben Zeitraums handelt.

Für den Regelfall des Zusammentreffens von unbeschränkter und beschränkter Steuerpflicht sind aus Sicht des deutschen Steuerrechtes grundsätzlich der *Inboundfall* und der *Outboundfall* zu unterscheiden. In ersterem Fall ist ein im Inland nicht unbeschränkt Steuerpflichtiger (sog. Steuerausländer) im Inland mit einer steuerrelevanten Tätigkeit aktiv. Beim Outboundfall ist der sog. Steuerinländer (ein im Inland unbeschränkt Steuerpflichtiger) im Ausland aktiv.

Für beide Fälle ist zu differenzieren, ob es internationale Instrumente der Konfliktvermeidung, sog. Doppelbesteuerungsabkommen gibt. Falls es keine Doppelbesteuerungsabkommen gibt, sind nationale Regelungen der Abmilderung der mehrfachen Besteuerung zu prüfen.

512 Sonderfragen bei grenzüberschreitenden Aktivitäten von Steuerpflichtigen ergeben sich bei so genannten internationalen Verflechtungen, wenn Einkünfte aus einer Geschäftsbeziehung zum Ausland mit einer ihm nahestehenden Person erzielt werden. Anknüpfend an die Beendigung der unbeschränkten Steuerpflicht gibt es ferner Regelungsbedarf bei Wohnsitzwechseln in niedrigbesteuerte Gebiete. Schließlich sind Fälle ausländischer Zwischengesellschaften zu betrachten. Durch Einsatz dieser Vehikel wird eine unmittelbare Besteuerung ausländischer Aktivitäten im Inland vermieden oder verzögert. All diese Fälle sind im Außensteuergesetz geregelt.

513 Die nachfolgende Darstellung beschäftigt sich mit den folgenden Fallgruppen:
- ausländische Einkünfte unbeschränkt Steuerpflichtiger,
- inländische Einkünfte beschränkt Steuerpflichtiger,
- besondere im Außensteuerrecht geregelte Fälle von grenzüberschreitenden Aktivitäten.

1. Ausländische Einkünfte unbeschränkt Steuerpflichtiger*

In diesem Abschnitt werden die Fälle unbeschränkt Steuerpflichtiger mit Aktivitäten im Ausland betrachtet. Sie werden abgegrenzt von den sog. Steuerausländern mit Inlandsaktivitäten. Im Regelfall wird die Auslandsaktivität ohne Begründung eines dortigen Wohnsitzes oder ständigen Aufenthalts ausgeführt, womit im jeweiligen Ausland eine der deutschen beschränkten Steuerpflicht entsprechende Einordnung stattfindet. Umfasst von den nachfolgenden Überlegungen sind allerdings auch Fälle des Doppelwohnsitzes, d. h. der zusätzlichen Begründung eines Wohnsitzes im Ausland.

Eine grundlegende Frage ist, ob mit dem ausländischen Staat ein Abkommen zur Vermeidung der Doppelbesteuerung (so genanntes Doppelbesteuerungsabkommen) abgeschlossen wurde. In der nachfolgenden Darstellung werden zunächst Fälle mit vorhandenen Doppelbesteuerungsabkommen und dann solche ohne Abkommen erörtert.

a) Vorliegen eines Doppelbesteuerungsabkommens

Deutschland hat aktuell 96 Doppelbesteuerungsabkommen auf dem Gebiet der Steuern vom Einkommen und Vermögen mit anderen Staaten abgeschlossen. Darüber hinaus bestehen 43 Sonderabkommen zu Erbschaft- und Schenkungsteuern, Schifffahrt und Luftfahrt sowie zur Rechts- und Amtshilfe. Es befinden sich ferner 61 Abkommen (und weitere 12 Sonderabkommen) in Verhandlung. Auf der Internetseite des Bundesfinanzministeriums sind die bereits abgeschlossenen Abkommen und der Stand des Verfahrens zukünftig abzuschließender Verträge einsehbar. **514**

Transformation. Doppelbesteuerungsabkommen sind völkerrechtliche Verträge und bedürfen gemäß Art. 59 Abs. 2 Satz 1 GG der Zustimmung in der Form eines Bundesgesetzes. Erforderlich ist somit ein sogenanntes Transformationsgesetz, welches den Inhalt des Doppelbesteuerungsabkommens in nationales Recht überführt. Völkerrechtlich erfolgt dann noch die Ratifikation und der Austausch der Ratifikationsurkunden, Art. 14 Abs. 1 und 16 Wiener Übereinkunft. Nach § 2 AO geht der Inhalt des so geschaffenen Rechts dann den Steuergesetzen vor. Über diese Regel setzt sich der Bundesgesetzgeber in Einzelfällen bewusst hinweg, wenn er bestimmt, dass das im Doppelbesteuerungsabkommen niedergelegte Recht im Inland nicht anwendbar sein soll, sog. Treaty Override. Vgl. Rz. 524, 561. **515**

aa) OECD-Musterabkommen

In Anbetracht der Vielzahl an Staaten und der sich daraus ergebenden mannigfaltigen Auslandsbeziehungen besteht ein Interesse daran, eine weltweit möglichst einheitliche Struktur internationaler Abkommen zu erzeugen. Ziel des Systems bilateraler Abkommen soll es hiernach sein zu gewährleisten, dass

---

* Die Vorschriften des EStG werden ohne die Gesetzesbezeichnung zitiert

steuerrelevante Aktivitäten zumindest in einem Staat steuerlich erfasst werden (Vermeidung der sog. doppelten Nichtbesteuerung oder des negativen Qualifikationskonflikts), die Steuerfolgen für Steuerpflichtige dann jedoch wirkungsvoll auf eine weltweite Einmalbesteuerung desselben Sachverhalts reduziert werden können. Die OECD hat daher einen *Musterabkommen* (OECD-MA) verfasst, welches gleichsam als Grundlage für den Abschluss neuer Doppelbesteuerungsabkommen dient, andererseits jedoch auch eine Auslegungshilfe für bereits abgeschlossene Abkommen bietet. Im Verhältnis zwischen Industriestaaten und Entwicklungsländern haben die *Vereinten Nationen* ferner ein Musterabkommen entwickelt. Schließlich verwenden die USA ein eigenes Musterabkommen.

Die nachfolgende Behandlung der Struktur und Wirkungsweise von Doppelbesteuerungsabkommen basiert folglich auf dem OECD-MA, weil sich die meisten von der Bundesrepublik abgeschlossenen Abkommen nach diesem richten.

bb) Aufbau und Inhalt von DBA gemäß OECD-MA

Das OECD-MA hat folgenden Aufbau:

- Persönlicher und sachlicher Anwendungsbereich, Art. 1 und 2
- Definitionen, Art. 3–5
- Verteilung des Einkommens, Art. 6–21 („Verteilungsartikel")
- Vermeidungsnormen, Art. 23A, 23B („Methodenartikel")
- Verfahrensregelungen und Schlussbestimmungen, Art. 24–31

516 **Persönlicher und sachlicher Anwendungsbereich.** Das DBA ist grundsätzlich auf *Personen* anwendbar, die in einem Vertragsstaat (aus Sicht Deutschlands hiesige unbeschränkte Steuerpflicht) oder in beiden Vertragsstaaten *ansässig* sind. Der Begriff der Ansässigkeit wird insbesondere bei den Verteilungsartikeln aufgegriffen. Für die Fälle einer beidseitigen Ansässigkeit bestimmen die Art. 4 Abs. 2 und 3 die Ansässigkeit der Person (sog. Tie-Breakers-Rule). Sachlich spricht das Musterabkommen von der Besteuerung des Einkommens und Vermögens. Nach Abschaffung der Vermögensteuer in Deutschland entfalten DBAs auf diesem Gebiet grundsätzlich keine Rechtsfolgen.

517 **Definitionen.** Eine aus der Ansässigkeit der Person herrührende Festlegung ist die des *Ansässigkeitsstaates*. Andersherum ist der Staat, in dem nur die Quellen der Einkünfte oder das in diesem belegene Vermögen besteuert werden, als *Quellenstaat* bezeichnet. Ferner ist festzuhalten, dass abkommensrechtliche und national-steuerliche Definitionen voneinander abweichen können. Die Definition der Betriebsstätte ist beispielsweise in Art. 5 OECD-MA deutlich enger gefasst als jene in § 12 AO. Während es abkommensrechtlich eine Voraussetzung ist, dass durch die Betriebsstätte die Geschäftstätigkeit eines Unternehmens ganz oder teilweise ausgeübt wird, ist national-steuerrechtlich nur erforderlich, dass diese der Tätigkeit eines Unternehmens dient. Ferner werden bestimmte Funktionen bereits als Betriebsstätte ausgeschlossen, beispielsweise das Warenlager, das nach § 12 Satz 2 Nr. 5 AO im Inland eine Betriebsstätte begründet. Eine Bauausführung oder Montage im Ausland gilt nach Art. 5 Abs. 3 OECD-MA auch nur dann als Betriebsstätte, wenn ihre Dauer zwölf Monate

1. Ausländische Einkünfte unbeschränkt Steuerpflichtiger

überschreitet. Nach § 12 Satz 2 Nr. 8 AO ist eine Bauausführung oder Montage bereits bei einer längeren Dauer als sechs Monaten gegeben.

Verteilungs- und Methodenartikel. In den Art. 6–21 werden Einkünfte erläutert und jeweils dem Ansässigkeitsstaat oder Quellenstaat zur Besteuerung zugewiesen. Die Formulierung kann lauten, dass die Einkünfte in dem einen oder anderen Staat besteuert werden **„können"**. Zumeist ist hier geregelt, dass Einkünfte, die eine in einem Vertragsstaat *ansässige* Person bezieht, im anderen Staat besteuert werden können. Diese Regelung ermöglicht eine Besteuerung im Quellenstaat. In diesem Fall sind zusätzlich die Vermeidungsnormen Art. 23A und 23B anzuwenden, welche festlegen, wie der Besteuerungskonflikt letztendlich gelöst wird. Soweit der Verteilungsartikel die Formulierung **„können nur"** verwendet (Art. 7 Abs. 1, 8 Abs. 1, 12 Abs. 1, 15 Abs. 1, 21 Abs. 1), beinhaltet die Regelung hingegen bereits eine endgültige Zuweisung des Besteuerungsrechts zum Ansässigkeits- oder Quellenstaat. Dieser Mechanismus gilt auch für die Formulierung **„dürfen nicht"**, Art. 20. Aufgrund der Verzahnung der Regelungsbereiche „Verteilung" und „Methoden" werden diese nachfolgend zusammenhängend erläutert. **518**

(1) Einkünfte aus unbeweglichem Vermögen

Einkünfte aus unbeweglichem Vermögen können im Quellenstaat besteuert werden, Art. 6 Abs. 1. Selbiges gilt für Gewinne aus der Veräußerung unbeweglichen Vermögens, Art. 13 Abs. 1. Diese Regel wird auch als *Belegenheitsprinzip* bezeichnet. **519**

> **Beispiel:**
>
> Rechtsanwalt R ist Eigentümer eines in Florenz belegenen Mehrfamilienhauses, aus welchem er jährliche Mieteinnahmen in Höhe von 50.000 EUR erzielt. Die Einkünfte können in Italien besteuert werden

(2) Unternehmensgewinne

Unternehmensgewinne sind grundsätzlich in dem Staat zu besteuern, in dem die Person ansässig ist, die das Unternehmen betreibt, Art. 7 Abs. 1, 3 Abs. 1 Buchst. d. Angeknüpft wird hier je nach Rechtsform des Unternehmens an den Wohnsitz, den ständigen Aufenthalt oder den Ort der Geschäftsleitung, Art. 4 Abs. 1. Da hier die Formulierung „können nur" gewählt wurde, beinhaltet diese Regelung bereits eine endgültige Verteilungsnorm. **520**

Dieses Prinzip wird nur dann aufgelöst, wenn das Unternehmen seine Geschäftstätigkeit im Quellenstaat durch eine dort belegene Betriebsstätte ausübt. Betriebsstätteneinkünfte können dann im Quellenstaat besteuert werden. Voraussetzung ist somit das Vorliegen einer abkommensrechtlichen Betriebsstätte, sog. *Betriebsstättenprinzip*.

> **Beispiel:**
>
> Unternehmer U betreibt in Bremen eine Schraubenfabrik als eingetragener Kaufmann. Er unterhält in Warschau eine dem abkommensrechtlichen Betriebsstättenbegriff entsprechende nichtselbstständige Betriebsstätte, in welcher er den Verkauf

in Polen für sein bremisches Unternehmen durchführt. Sämtliche Einkünfte des Kaufmanns sind grundsätzlich in Deutschland steuerpflichtig. Die Einkünfte der Betriebsstätte in Warschau sind jedoch getrennt zu ermitteln und können der polnischen Besteuerung nach Art. 7 Abs. 1, 5 DBA Deutschland Polen vom 14.5.2003 unterworfen werden.

(3) Dividenden und Zinsen

521 Grundsätzlich können Dividenden und Zinsen im Quellenstaat besteuert werden. Aufgrund der Mobilität dieser Vermögen besteht ein besonderes Interesse des Ansässigkeitsstaates des Aktionärs bzw. Anlegers, zumindest teilweise das Besteuerungsrecht zu behalten. Das OECD-MA sieht deshalb vor, dass die Besteuerung in **beiden Staaten** erfolgt, sogenannte *Mischmethode*. Der Quellenstaat hat hier das Recht, eine Quellensteuer zu erheben, die auf die Steuer im Ansässigkeitsstaat nach Art. 23A Abs. 2, 23B Abs. 1 angerechnet wird. Das DBA sieht für die Quellensteuer Korridore vor, die bei Dividenden 15 % und bei Zinsen 10 % des Bruttobetrages nicht übersteigen dürfen.

> **Beispiel:**
>
> Manager M hat aus einer früheren Tätigkeit bei Airbus Industries in Frankreich im Rahmen eines Mitarbeiterbeteiligungsmodells Aktien erworben. Airbus behält 15 % der Dividende von 10.000 EUR als Quellensteuer ein. Die Dividendenbeträge sind grundsätzlich in Deutschland als Einkünfte aus Kapitalvermögen steuerpflichtig, wobei die als Quellensteuer einbehaltene Dividende auf die Abgeltungsteuer anrechenbar ist. Die abkommensrechtliche Anordnung der Anrechnung (Art. 23A Abs. 2, 23B Abs. 1 OECD-MA) findet nach nationalsteuerlichen Regelungen, § 32d Abs. 5 S. 2, statt. Siehe konkret DBA Deutschland Frankreich vom 21.7.1959, Art. 9 Abs. 1 und 2, 20 Abs. 2.

(4) Einkünfte aus unselbstständiger Arbeit

522 Die nachfolgenden Regelungen haben eine besondere Relevanz für so genannte Expatriates oder Expats. Gehälter, Löhne und ähnliche Vergütungen, die aus unselbstständiger Arbeit bezogen werden, können grundsätzlich nur im Ansässigkeitsstaat besteuert werden. Eine Besteuerung im Quellenstaat erfolgt hingegen dann, wenn die Arbeit dort ausgeübt wird (sog. Arbeitsortsprinzip). Eine ganz wesentliche Rückausnahme ist in Art. 15 Abs. 2 geregelt, und setzt voraus, dass nachfolgende Bedingungen kumulativ erfüllt sind:

- Der Arbeitnehmer hält sich im Quellenstaat insgesamt nicht länger als 183 Tage innerhalb eines Zwölfmonatszeitraumes auf,
- die Vergütungen werden von einem Arbeitgeber gezahlt, der nicht im Quellenstaat ansässig ist und
- die Vergütungen werden nicht von einer Betriebsstätte getragen, die der Arbeitgeber im Quellenstaat unterhält.

Bei Eintreten der so genannten **183-Tage-Regelung** bleibt es bei einer Besteuerung im Ansässigkeitsstaat. Von dieser Regelung gibt es zahlreiche **Ausnahmen**, beispielsweise für Mitarbeiter von Transport- und Reiseunternehmen, für Aufsichtsräte, für Künstler und Sportler, für Ruheständler und Mitarbeiter des öffentlichen Dienstes und für Auszubildende. Die 183-Tage-Regelung gilt zudem ebenfalls nicht bei sogenannten Grenzpendlern, weil diese in der Regel ganzjährlich und täglich ihre Arbeit im Quellenstaat ausüben.

Im Bereich der **Methodenartikel** wird eine Zuordnung des Besteuerungsrechts zu dem einen oder anderen Staat oder im Fall der Dividenden und Zinsen zu beiden Staaten vorgenommen, sofern dies nicht bereits im Bereich der Verteilungsartikel erfolgt ist. Sofern die Verteilungsregelungen vorsehen, dass eine Besteuerung im Quellenstaat erfolgen kann, regelt Art. 23A Abs. 1, dass eine Befreiung von der Besteuerung der Einkünfte im Ansässigkeitsstaat erfolgt. Betroffen hiervon sind insbesondere Einkünfte aus unbeweglichem Vermögen, Betriebsstätteneinkünfte und Arbeitseinkünfte bei Ausübung der Tätigkeit im Quellenstaat (ungeachtet der 183-Tage-Regelung). Für den Fall der Dividenden und Zinsen greift hier das gemischte Modell. **523**

cc) Qualifikations- und Zuordnungskonflikte

Ungeachtet des Systems aus Verteilungs- und Methodenregelungen kann es zur Doppelbesteuerung oder Doppelnichtbesteuerung kommen, weil Vertragsstaaten das Abkommen entsprechend des jeweiligen Nationalsteuerrechts unterschiedlich auslegen. Falls es deswegen zu einer doppelten Freistellung oder im Quellenstaat nur zu einer Besteuerung mit einem begrenzten Steuersatz kommen sollte, regeln sog. **switch-over-Klauseln** oder **Rückfallklauseln**, dass der Ansässigkeitsstaat statt der Freistellung die Anrechnungsmethode anwendet und damit mangels Entstehens einer Steuer im Quellenstaat eine Besteuerung vornimmt. Auf der Ebene des Abkommensrechts ist Art. 23A Abs. 4 OECD-MA eine solche Klausel. Sofern nicht bereits auf Abkommensebene eine **switch-over-Klausel** besteht, ist sie für Deutschland in § 50d Abs. 9 Satz 1 Nr. 1 einseitig geregelt worden. Diese Regelung ist gleichzeitig ein **Treaty Override**, vgl. Rz. 515, weil sie unilateral die Regelung des Doppelbesteuerungsabkommens verändert. Von der abweichenden Anwendung auf der Grundlage eines unterschiedlichen Rechtsverständnisses im nationalen Steuerrecht sind Fälle zu trennen, bei denen rechtlich eine Besteuerung im Quellenstaat vorgesehen ist, dieser jedoch die Einkünfte von der Besteuerung freistellt. Um insoweit willkürliche Qualifikations- und Zuordnungskonflikte zu vermeiden, bestehen Klauseln, die als Merkmal auf die tatsächliche Besteuerung abstellen. Diese so genannten **subject-to-tax-Klauseln** können ebenfalls abkommensrechtlich oder nationalsteuerrechtlich geregelt werden. Wenn Vertragspartner von DBAs eine Steuerpflicht im Quellenstaat nur für den Fall der unbeschränkten, nicht aber für den dem Abkommen grundsätzlich immanenten Fall der beschränkten Steuerpflicht vorsehen, ist eine entsprechende Regelung für Deutschland in § 50d Abs. 9 Satz 1 Nr. 2 vorgenommen worden. **524**

dd) Behandlung von Personengesellschaften

Das OECD-MA regelt die Besteuerung von Gewinnen eines Unternehmens, welches von Personen betrieben wird, Art. 7 Abs. 1, 3 Abs. 1d. Bei der Frage der Besteuerung der Personengesellschaften überlässt es das Musterabkommen den Vertragsstaaten zunächst, ob diese nach innerstaatlichem Recht die Personengesellschaft selbstständig und unmittelbar besteuern oder, wie in Deutschland, auf eine eigene Steuerpflicht verzichten und die den Gesellschaftern zugewie- **525** senen Gewinnanteile der Besteuerung unterwerfen. Für den nach dem deutschen Steuerrecht gewählten Weg sieht das OECD-MA zwar vor, dass dieses für Personen und gleichsam Personengesellschaften gilt, versagt allerdings der Personengesellschaft die Fähigkeit, *ansässige Person* zu sein, weil sie eben bezogen auf die Einkommen-steuer nicht in Deutschland steuerpflichtig ist. Die sog. *Abkommensberechtigung* hat damit nicht die Personengesellschaft, sondern jede einzelne an dieser beteiligte natürliche oder juristische Person. Betreiber des Unternehmens nach Art. 3 Abs. 1 des OECD-MA ist damit jeder Gesellschafter.

Bestimmte, nur nach deutschem Steuerrecht geltende Besonderheiten werden weder im OECD-MA noch in der Vielzahl der mit Deutschland abgeschlossenen DBA berücksichtigt. Dies betrifft beispielsweise die nur *abgeleitete gewerbliche* Tätigkeit einer Personengesellschaft nach § 15 Abs. 3 (Gewerblichkeit nach *Infektion, gewerblich geprägte* Personengesellschaft, s. Rz. 151–153) sowie den Fall des Vorliegens einer *Betriebsaufspaltung*, s. Rz. 153a. Voraussetzung von Unternehmensgewinnen im Sinne von Art. 7 Abs. 1 OECD-MA ist hingegen stets das Vorliegen einer originären gewerblichen oder freiberuflichen Tätigkeit entsprechend §§ 15 Abs. 2, 18 Abs. 1 Nr. 1. Auch die Qualifikationsnorm für *Sondervergütungen* nach § 15 Abs. 1 Satz 1 Nr. 2 Satz 1 2. Halbsatz EStG (Rz. 143–150) wird in den meisten Abkommen nicht berücksichtigt, so dass diese Umqualifizierung abkommensrechtlich nicht stattfindet. Möglicherweise gibt es allerdings auf der Ebene des DBA eine eigene Qualifikationsnorm, beispielsweise Art. 11 Abs. 4, der Zinsen der Betriebsstätte zuweist.

Beispiel:

Gesellschafter der AB OHG sind der in Deutschland ansässige A und die in Frankreich ansässige B. Das Unternehmen wird aus Frankreich betrieben. Die OHG selbst ist nach dem DBA Deutschland Frankreich keine ansässige Person. Abkommensberechtigung haben A und B jeweils persönlich. Die in Frankreich betriebene OHG ist aus Sicht des A eine unselbstständige Betriebsstätte, deren Gewinn folglich in Frankreich besteuert wird und in Deutschland von der Besteuerung freigestellt ist. Reicht A der OHG ein Darlehen aus, welches nach nationalem Steuerrecht als Sondervergütung anzusehen ist, wird dieses zunächst auf Abkommensebene den Einkünften aus Zinsen zugewiesen. Art. 11 Abs. 4 qualifiziert diese Einkünfte allerdings wiederum zu Unternehmensgewinnen um.

ee) Progressionsvorbehalt

526 Grenzüberschreitende Aktivitäten ermöglichen es, steuerliches Einkommen auf verschiedene Staaten zu verteilen und dort jeweils Freibeträge und Steuerprogression zu generieren. Aus Gründen der Steuergerechtigkeit werden im deutschen Recht auf der Ebene des steuerlichen Tarifrechts DBA-steuerfreie Einkünfte fiktiv der Bemessungsgrundlage hinzugerechnet, siehe Rz. 212. Art. 23A Abs. 3 OECD-MA eröffnet diesen Weg auf Abkommensebene, der in Deutschland durch § 32b umgesetzt wurde.

b) Nichtvorliegen eines Doppelbesteuerungsabkommens

527 Besteht kein Doppelbesteuerungsabkommen mit einem anderen Staat, gibt es mithin keine bilaterale Möglichkeit der Auflösung der aus einem doppelten Besteuerungsanspruch resultierenden steuerlichen Belastung, sondern es kommen nur unilaterale, rein national wirkende Mechanismen in Betracht. In Deutschland sind dies

- die Steueranrechnung,
- der Steuerabzug und
- der Erlass sowie die Pauschalierung

der deutschen Steuer, die in den §§ 34c, 32d Abs. 5 EStG und 26 KStG geregelt sind. Grundvoraussetzung der Entlastung ist, dass es sich um eine unbeschränkt steuerpflichtige Person handelt, dass ausländische Einkünfte vorliegen und der Steuerpflichtige mit diesem zu einer der deutschen Einkommensteuer entsprechenden Steuer herangezogen wurde. Ferner ist notwendig, dass die Steuer festgesetzt und gezahlt wurde und nicht durch einen Ermäßigungsanspruch gekürzt werden kann, ein DBA mit diesem Staat nicht vorliegt und dass es sich nicht um Kapitaleinkünfte nach § 32d handelt, § 34c Abs. 1.

Anrechnung. Der Regelfall der Entlastung stellt die Anrechnung nach §§ 34c EStG, 26 KStG dar. Die Regelung, dass die ausländischen Einkünfte auf die deutsche Einkommensteuer anzurechnen sind, die auf die Einkünfte aus diesem Staat entfällt, impliziert, dass es einen sogenannten **Anrechnungshöchstbetrag** durch die hierauf entfallende deutsche Einkommensteuer gibt. Ist also die ausländische Steuer höher als die anteilig im Inland hierauf anfallende Steuer, ist nur diese und nicht die gesamte ausländische Steuer anrechenbar. **528**

> **Beispiel:**
> A erzielt im VZ 2017 Einkünfte aus nichtselbstständiger Arbeit in Deutschland i. H. v. 50 TEUR. Darüber hinaus erhält er Mieteinkünfte aus der Vermietung eines Einfamilienhauses in Rio de Janeiro, Brasilien. Die nach dem Euro-Referenzkurs umgerechneten Mieteinnahmen betragen 10 TEUR. In Brasilien hat A hierauf 1.800 EUR ESt entrichtet. Das DBA Deutschland Brasilien hat die Bundesregierung am 7.4.2005 mit Wirkung zum 1.1.2006 gekündigt. Sonderausgaben und andere Abzüge des A betragen 5 TEUR. Das zu versteuernde Einkommen beträgt 55 TEUR, die ESt hierauf nach § 32a 14.478,25 EUR, der durchschnittliche Steuersatz folglich 26,32 %. Der Höchstbetrag der anzurechnenden Steuern beträgt 2.632,41 EUR, es sind jedoch nur die tatsächlich entstandenen und gezahlten Steuern von 1.800,00 EUR anzurechnen. Läge die brasilianische ESt bspw. bei 2.800,00 EUR, wäre sie nur in Höhe des Anrechnungshöchstbetrages von 2.632,41 EUR anrechenbar.

Abzug. Auf Antrag des Steuerpflichtigen erfolgt statt der Anrechnung der ausländischen ESt ein Abzug der Steuer wie Betriebsausgaben oder Werbungskosten, § 34c Abs. 2. Während alle Voraussetzungen der Steueranrechnung erfüllt sein müssen und zusätzlich ein Antrag auf Steuerabzug gestellt wurde, wird auf der Rechtsfolgenseite nicht die ausländische von der inländischen Steuer, sondern von deren Bemessungsgrundlage abgezogen. Diese ist bei positivem inländischen Einkommen im Regelfall ungünstiger als die Anrechnung, in bestimmten Konstellationen jedoch günstiger. Weil eine Anrechnung stets voraussetzt, dass es zu einer positiven deutschen Steuer kommt, ist der Abzug vorteilhafter, wenn und soweit es wegen überwiegender Verluste oder Nichterreichen des Grundfreibetrages nicht zur Entstehung von ESt kommt. Es kann aber auch die ausländische und inländische Ermittlung der Bemessungsgrund- **529**

lage des im Ausland verwirklichten Sachverhalts auseinanderfallen. Kommt es hiernach nach ausländischem Steuerrecht zu einer positiven, nach dem deutschen Steuerrecht jedoch zu einer negativen Bemessungsgrundlage bezogen auf die ausländischen Einkünfte, kommt es wegen des Anrechnungshöchstbetrages von dann 0 EUR nicht zu einer Anrechnung, wohl aber zu einem Abzug, der seinerseits zu verrechenbaren Einkünften oder aber einem Verlustabzug führen kann. Als dritter Fall ist das deutliche Überschreiten des Steuerniveaus im Ausland im Vergleich zum Inland zu nennen, was wiederum wegen des Anrechnungshöchstbetrages die steuerliche Wirkung beim Abzug erhöht.

530 **Erlass und Pauschalierung.** Falls es aus volkswirtschaftlichen Gründen zweckmäßig ist oder die Steueranrechnung besonders schwierig ist, können nach § 32c Abs. 5 i.V.m. den hierzu erlassenen BMF-Schreiben die Steuern erlassen oder pauschaliert werden. Nach dem *Pauschalierungserlass* vom 10.4.1984 können einzelne gewerbliche Einkünfte (bestimmte ausländische Betriebsstätteneinkünfte) statt einer Anrechnung oder eines Abzugs mit einem pauschalen Satz von 25% besteuert werden. Nach dem *Auslandstätigkeitserlass* vom 31.10.1983 können bestimmte ausländische Einkünfte aus nichtselbstständiger Arbeit von der inländischen Besteuerung freigestellt werden.

2. Inländische Einkünfte beschränkt Steuerpflichtiger

Nachdem im vorherigen Abschnitt die Behandlung unbeschränkt Steuerpflichtiger mit Aktivitäten im Ausland behandelt wurden, geht es nunmehr um die sog. Inboundfälle, also um steuerrelevante Sachverhalte von sogenannten Steuerausländern im deutschen Inland. Bestimmendes Element dieser Fallgruppe ist, dass die Steuerpflichtigen im Inland nicht unbeschränkt und damit möglicherweise nur beschränkt steuerpflichtig sind. Es geht auch in der Folge ganz im Wesentlichen um die nationale Steuerpflicht in Deutschland und nur am Rande darum, eine mögliche doppelte Besteuerung durch ein Doppelbesteuerungsabkommen wieder zu beseitigen.

Die beschränkte Steuerpflicht ist nach § 1 Abs. 4 gegenüber der aus §§ 1 Abs. 1–3, 1a resultierenden unbeschränkten Steuerpflicht subsidiär. Voraussetzung ist das Vorliegen inländischer Einkünfte nach § 49, s. Rz. 36. Besteuert werden folglich nur solche Aktivitäten von Steuerausländern, die einen Inlandsbezug aufweisen und somit nur über einen besonderen sachlichen, nicht aber universellen persönlichen Anknüpfungspunkt verfügen. **531**

a) Gegenstand der beschränkten Steuerpflicht

Analog zum **numerus clausus** der Einkunftsarten (s. Rz. 41) nach § 2 Abs. 1 Satz 1 sind beschränkt Steuerpflichtige nur im Falle des Zutreffens der enumerativ aufgeführten Aktivitäten des § 49 mit den dort genannten Inlandseinkünften steuerpflichtig. Anknüpfungspunkte sind im Wesentlichen der *Betrieb* (Einkünfte aus Gewerbebetrieb und aus selbstständiger Arbeit), der *Ort der Tätigkeit* (Einkünfte aus selbstständiger und nichtselbstständiger Arbeit) und die *Belegenheit der Quelle* (insbesondere Vermietung und Verpachtung).

aa) Einkünfte aus Gewerbebetrieb gem. § 49 Abs. 1 Nr. 2

Unterhaltung einer Betriebsstätte im Inland. Hauptanwendungsfall der Einkünfte aus Gewerbebetrieb beschränkt Steuerpflichtiger ist das Unterhalten einer nichtselbstständigen Betriebsstätte im Inland, Buchstabe a. Es gilt die inländische Betriebsstättendefinition nach § 12 AO, die von der entsprechenden abkommensrechtlichen Definition abweicht und deutlich weiter formuliert ist, vgl. Rz. 517. **532**

In der Praxis bedeutsam sind Einkünfte aus im Inland ausgeübten oder verwerteten **künstlerischen, sportlichen, artistischen, unterhaltenden oder ähnlichen Darbietungen**, § 49 Abs. 1 Nr. 2d, sofern es sich nicht um Einkünfte aus selbstständiger oder unselbstständiger Arbeit handelt. Künstlerische Tätigkeiten, die zum Katalog des § 18 gehören, sind somit nicht nach Nr. 2d, sondern Nr. 3 zu besteuern. **533**

> **Beispiel:**
> Der aus Schweden stammende Profigolfer G nimmt am 22.5.2017 am internationalen Turnier H&H Golf PGA Club Professional Series in Essen teil und erspielt sich

das Preisgeld für den 1. Platz von 100.000 EUR. Es liegen inländische gewerbliche Einkünfte nach §49 Abs. 1 Nr. 2 Buchst. d i.V.m. §15 vor. Nach Art. 17, 23 Abs. 2 des zwischen Deutschland und Schweden abgeschlossenen DBA vom 14.7.1992 hat Deutschland das Besteuerungsrecht, hier sieht das Abkommen allerdings eine Anrechnung der deutschen Steuer auf die schwedische Steuer vor.

534 Veräußerung von Anteilen an Kapitalgesellschaften. Die unmittelbare oder mittelbare Beteiligung von mindestens einem Prozent an einer Kapitalgesellschaft mit Sitz oder Geschäftsleitung im Inland führt nach §49 Abs. 1 Nr. 2 Buchst. e zu Einkünften beschränkt Steuerpflichtiger. Abkommensrechtlich ist hier ferner zu differenzieren, ob die Kapitalgesellschaft wertmäßig zu mehr als 50% auf unbeweglichem Vermögen beruht (Art. 13 Abs. 4 OECD-MA) und ob die Anteile Gegenstand eines Betriebsvermögens sind.

535 Um die Besteuerung **gewerblicher Einkünfte aus Vermietung und Verpachtung** oder **Veräußerung** von Immobilien durch Steuerausländer im Inland sicherzustellen, ordnet §49 Abs. 1 Nr. 2 Buchst. f die unbeschränkte Steuerpflicht an, wenn keine inländische Betriebsstätte unterhalten wird.

Beispiel:

Der österreichische Bauunternehmer B erwirbt, saniert und veräußert jährlich mindestens fünf Mehrfamilienhäuser im bayerischen Grenzgebiet. B tritt als eingetragener Kaufmann auf und unterhält in Deutschland keine eigene Betriebsstätte, weil er jedes Objekt von Österreich aus anfahren kann. Es liegt ein gewerblicher Grundstückshandel und damit eine gewerbliche Tätigkeit nach §15 Abs. 2 vor, ohne dass jedoch eine inländische Betriebsstätte unterhalten wird. Die Einkünfte werden durch Veräußerung von inländischen Immobilien erzielt, §49 Abs. 1 Nr. 2 Buchst. f Satz 1 ist erfüllt.

Abwandlung: B handelt durch die österreichische B GesmbH, die rein vermögensverwaltend tätig ist und selbst keinen gewerblichen Grundstückshandel unterhält. Die B GesmbH vermietet eine Vielzahl von im Inland belegenen Objekten. Die B GesmbH erzielt im Inland Einkünfte aus Vermietung und Verpachtung, §8 Abs. 2 KStG ist für die österreichische Gesellschaft nicht anwendbar. Satz 3 fingiert für diesen Fall gewerbliche Einkünfte, so dass, wenn keine Betriebsstätte unterhalten wird, gewerbliche Einkünfte nach §49 Abs. 1 Nr. 2 Buchst. f Satz 1 Doppelbuchst. aa vorliegen.

536 Grenzüberschreitende **Transferleistungen bei Berufssportlern** zwischen Sportvereinen unterliegen gemäß §49 Abs. 1 Nr. 2g der beschränkten Steuerpflicht, wenn die Gesamteinnahmen hieraus 10.000 EUR übersteigen.

bb) Einkünfte aus selbstständiger Arbeit gem. §49 Abs. 1 Nr. 3

537 Im Inland ausgeübte oder verwertete Einkünfte aus selbstständiger Arbeit unterliegen der beschränkten Steuerpflicht. Ein Ausüben ist auch jedes einmalige persönliche Tätigwerden des Steuerpflichtigen.

Beispiel:

Die italienische Solosopranistin S gastiert im Bremer Konzerthaus „Die Glocke" auf Einladung der Bremer Philharmoniker im Rahmen eines philharmonischen Doppel-

2. Inländische Einkünfte beschränkt Steuerpflichtiger

konzertes. Die von S gehaltene S.r.l. (Kapitalgesellschaft italienischen Rechts), die S zur eigenen Vermarktung einsetzt, hat hierzu mit dem Intendanten Herrn Christian Kötter-Lixfeld das Engagement zu einem Pauschalhonorar von 10 TEUR vereinbart. Mit der S.r.l. hat S. einen Künstlervertrag zu einem Honorar von 8 TEUR ausgemacht. Es handelt sich um die Verwertung künstlerischer Darbietungen, mit der die S.r.l. nach § 49 Abs. 1 Nr. 2d i.V.m. § 15 im Inland steuerpflichtig ist. S wiederum übt im Inland eine künstlerische Tätigkeit aus und ist somit gem. § 49 Abs. 1 Nr. 3 i.V.m. § 18 im Inland steuerpflichtig. Nach Art. 17, 24 Abs. 2 des zwischen Deutschland und Italien abgeschlossenen DBA vom 18.10.1989 hat Deutschland das Besteuerungsrecht, hier sieht das Abkommen allerdings eine Anrechnung der deutschen Steuer auf die italienische Steuer vor.

cc) Einkünfte aus nichtselbstständiger Arbeit gem. § 49 Abs. 1 Nr. 4

Die im Inland ausgeübte oder verwertete Tätigkeit führt zu der beschränkten Steuerpflicht unterliegenden Einkünften aus nichtselbstständiger Arbeit, sofern durch die Ausübung der Tätigkeit kein Wohnsitz oder gewöhnlicher Aufenthalt begründet wird. Dies ist z. B. denkbar bei Grenzpendlern oder Montagearbeitern, die während der Montage im Inland keinen Wohnsitz oder dauernden Aufenthalt haben. Abkommensrechtlich ist hier die 183-Tage-Regelung zu beachten, die bei kurzen Aufenthalten das Besteuerungsrecht dem Ansässigkeitsstaat zuweist, siehe Rz. 522. Von besonderer Relevanz sind ferner die Vergütungen für eine Tätigkeit als Geschäftsführer sowie auf die Beendigung der Tätigkeit folgende Entschädigungen. **538**

dd) Einkünfte aus Kapitalvermögen gem. § 49 Abs. 1 Nr. 5

Für den wesentlichen Anwendungsfall der **Dividenden** nach § 20 Abs. 1 Nr. 1 reicht als Anknüpfung für die beschränkte Steuerpflicht aus, dass die Aktiengesellschaft Geschäftsleitung oder Sitz im Inland hat. Bei **Hypotheken-, Grundschuld- und Rentenschulden** sowie bei schlichten Kapitalforderungen nach § 20 Abs. 1 Nr. 5 und 7 ist gemäß § 49 Abs. 1 Nr. 5 Buchst. c eine dingliche Absicherung der Forderung durch inländischen Grundbesitz erforderlich. **539**

ee) Einkünfte aus Vermietung und Verpachtung gem. § 49 Abs. 1 Nr. 6

Dem Prinzip der Belegenheit der Einkommensquelle folgend unterliegen Einkünfte aus Vermietung und Verpachtung im Inland belegenen unbeweglichen Vermögens der beschränkten Steuerpflicht. Gewerbliche Einkünfte (vgl. insbesondere § 49 Abs. 1 Nr. 2 Buchst. f) sind grundsätzlich vorrangig, die entsprechende Subsidiarität dieser Einkunftsart wird in § 49 Abs. 1 Nr. 6 zusätzlich normiert. Entsprechend ist bei privaten Veräußerungsgeschäften zu verfahren, soweit es sich um inländische Grundstücke handelt, § 49 Abs. 1 Nr. 8. Art. 6 Abs. 1 und 13 Abs. 1 OECD-MA weisen hier auch abkommensrechtlich dem Belegenheitsstaat das Besteuerungsrecht zu. **540**

ff) Sonstige Einkünfte gem. § 49 Abs. 1 Nr. 7

Leibrenten aus der gesetzlichen Lebensversicherung nach § 22 Nr. 1 Satz 3 Buchst. a, die aus gesetzlichen Rentenversicherungen resultieren, unterliegen der beschränkten Steuerpflicht. Dieser Fall betrifft ehemals deutsche Pensio- **541** näre und Rentner, die ihren Lebensabend im Ausland verbringen. Hier greift zunächst die beschränkte Steuerpflicht mit diesen Einkünften im Inland ein. Art. 18 OECD-MA regelt indessen, dass entsprechende Ruhegehälter nur im aktuellen Ansässigkeitsstaat besteuert werden können. Es erfolgt somit eine Besteuerung im Staat des Wohnsitzes.

gg) Isolierende Betrachtungsweise § 49 Abs. 2

541a Um dem Problem der doppelten Nichtbesteuerung entgegenzuwirken gibt es einen Auffangtatbestand in § 49 Abs. 2, der als sog. **Isolierende Betrachtungsweise** bezeichnet wird. Hintergrund der Bestimmung ist, dass aus unterschiedlichem steuerlichen Rechtsverständnis Regelungslücken entstehen können. Hauptanwendungsfall der Vorschrift ist das Halten von Anteilen an einer inländischen Kapitalgesellschaft durch einen im Ausland ansässigen gewerblich tätigen Steuerpflichtigen. Die Dividenden sind nach § 20 Abs. 8 Satz 1 aufgrund der Zugehörigkeit der Anteile zum Gewerbebetrieb des Steuerpflichtigen den gewerblichen Einkünften zuzurechnen. Weil das Halten von Anteilen an einer Kapitalgesellschaft für sich keine Betriebsstätte begründet, unterliegen die Dividenden nicht der beschränkten Steuerpflicht des § 49 Abs. 1 Nr. 2. Sie können auch nicht unter den Einkünften aus Kapitalvermögen nach § 49 Abs. 1 Nr. 5 versteuert werden, weil § 20 Abs. 8 Satz 1 der Anwendung entgegensteht. Für diesen Fall sieht § 49 Abs. 2 vor, dass das Besteuerungsmerkmal der Zugehörigkeit zu einem Gewerbebetrieb außer Betracht bleibt und damit die Dividenden als Einkünfte aus Kapitalvermögen besteuert werden können.

b) Anwendungsbereich der Regelungen des EStG

542 Die Besteuerung beschränkt Steuerpflichtiger richtet sich im Übrigen im Rahmen der §§ 50, 50a nach den übrigen Bestimmungen des EStG. Zahlreiche, die persönlichen Verhältnisse des Steuerpflichtigen berücksichtigende Regelungen werden allerdings bei beschränkt Steuerpflichtigen nicht angewendet. Dies betrifft vor allem Sonderausgaben, Kinderfreibeträge, außergewöhnliche Belastungen und haushaltsnahe Dienstleistungen, § 50 Abs. 1 Satz 3 i.V.m. den jeweiligen Vorschriften. Die gravierende Einschränkung der Besteuerung beschränkt Steuerpflichtiger liegt darin, dass der Grundfreibetrag und die Progression nicht gewährt werden (vgl. § 50 Abs. 1 Satz 2 1. Halbsatz) und beschränkt Steuerpflichtige **nicht zusammenveranlagt** werden können, weil die Zusammenveranlagung nach § 26 Abs. 1 Satz 1 Nr. 1 die unbeschränkte Einkommensteuerpflicht beider Ehegatten voraussetzt. Als positiv kann in diesem Zusammenhang zumindest verzeichnet werden, dass der **Progressionsvorbehalt** nach § 32b nur bei unbeschränkt Steuerpflichtigen anzuwenden ist, beschränkt Steuerpflichtige damit nicht belastet. Im Übrigen sind Betriebsausgaben und Werbungskosten nur abzuziehen, wenn sie mit inländischen Einkünften in wirtschaftlichem Zusammenhang stehen. Auch der Verlustausgleich unter Verlustabzug im Bereich inländischer Verluste ist möglich. Bestimmte Freibeträge können allerdings nicht geltend gemacht werden.

c) Besteuerungsverfahren bei beschränkt Steuerpflichtigen

Aufgrund der Tatsache des Wohnsitzes und gewöhnlichen Aufenthalts beschränkt Steuerpflichtiger außerhalb Deutschlands nimmt im Bereich des Besteuerungsverfahrens der Bereich des **Steuerabzugs mit Abgeltungswirkung** einen großen Raum ein. Er betrifft die Bereiche der Lohnsteuer, der Kapitalertragsteuer, des Quellensteuerabzugs bei Künstlern und Sportlern (§ 50a), sowie des Steuerabzugs bei Bauleistungen, § 48 ff. In all diesen Fällen kommt es nicht zu einer Veranlagung. § 50 Abs. 2 S. 1 ordnet hier an, dass in diesen Fällen des Steuerabzugs selbiger Abgeltungswirkung entfaltet. 543

Besonderer Steuerabzug § 50a. Neben den Regelungen des Steuerabzugs, die auch für unbeschränkt Steuerpflichtige gelten (Lohnsteuer, Kapitalertragsteuer, Bauleistungen), bestehen aufgrund des besonderen Sicherungsinteresses des deutschen Fiskus für bestimmte Einkünfte beschränkt Steuerpflichtiger besondere Steuerabzugstatbestände, die in § 50a geregelt sind. Es handelt sich im Wesentlichen um Einkünfte aus ausgeübten oder verwerteten künstlerischen, sportlichen, artistischen, unterhaltenden oder ähnlichen Darbietungen, aus Nutzungsüberlassungen sowie aus Aufsichtsrats- und anderen Gremienvergütungen, § 49 Abs. 1 Nr. 2 Buchst. d, 3, 9 i.V. m. § 50a Abs. 1. Der Steuerabzug beträgt im Regelfall 15 %, bei Aufsichtsrats- und anderen Gremienvergütungen 30 %. 544

Aufgrund des niedrigen Steuersatzes von 15 % bzw. 30 % sind **Betriebsausgaben oder Werbungskosten** im Zusammenhang mit den Einnahmen grundsätzlich nicht abzugsfähig. Eine Ausnahme bildet § 50a Abs. 3, wonach zur sogenannten Nettobesteuerung übergegangen werden kann, wenn die Ausgaben in unmittelbarem wirtschaftlichen Zusammenhang mit den Einnahmen stehen und diese in nachprüfbarer Form nachgewiesen oder vom Vergütungsschuldner übernommen worden sind und der beschränkt Steuerpflichtige EU-/EWR-Staatsangehöriger ist. In diesen Fällen steigt der Steuersatz allerdings auf 30 %, wenn der Vergütungsgläubiger eine natürliche Person, bzw. 15 %, wenn dieser eine Körperschaft ist.

> **Beispiel:**
> Im Fall der italienischen Solosopranistin S (Rz. 537) hat die Bremer Philharmoniker GmbH 15 % der an die S.r.l. abzuführenden Vergütung, somit 1.500 EUR, im Wege des Steuerabzugs einzubehalten. Die Weiterleitung von 8.000 EUR an S stellt jedoch Betriebsausgaben dar, die in unmittelbarem wirtschaftlichen Zusammenhang mit den Einnahmen angefallen sind. Die beschränkt steuerpflichtige S.r.l. hat Sitz und Geschäftsleitung in einem EU-Mitgliedstaat. Der Steuerabzug kann somit auf der Basis von 2.000 EUR hergestellt werden. Weil die Bremer Philharmoniker GmbH eine Körperschaft ist, beträgt der Steuersatz 15 % und damit 300 EUR.

Erstattungsverfahren nach § 50d Abs. 1. Bei grenzüberschreitenden Sachverhalten ist die Steuerpflicht in allen beteiligten nationalen Steuersystemen zu prüfen und erst im zweiten Schritt eine etwaige Kollisionsprüfung auf der Ebene eines Doppelbesteuerungsabkommens oder auf unilateraler steuerlicher Ebene eines beteiligten Staates vorzunehmen. Beim Zusammentreffen der inländischen beschränkten Steuerpflicht und einer ausländischen unbeschränk- 545 ten Steuerpflicht wird im Falle des Steuerabzugs die Doppelbesteuerung bereits durchgeführt, damit dem Abzug die Steuer als abgegolten gilt und damit beglichen wurde. Das Doppelbesteuerungsabkommen sieht jedoch beispielsweise im Falle von Zinszahlungen einen maximalen Quellensteuerabzug vor. Falls dieser durch den Steuerabzug des § 50a überschritten wurde, kann eine Erstattung der einbehaltenen Steuer beim Bundeszentralamt für Steuern nach § 50d Abs. 1 S. 2 beantragt werden.

Nach § 50 Abs. 2 kann der Vergütungsgläubiger allerdings eine Freistellungsbescheinigung beantragen, auf deren Grundlage der Steuerabzug des Vergütungsschuldners unterbleiben kann.

546 Das steuerliche **Veranlagungsverfahren** reduziert sich hingegen auf die in § 50 Abs. 2 Sätze 2 ff. beschriebenen Fälle, insbesondere inländische Betriebsstätteneinkünfte und den Wechsel zwischen der beschränkten und der unbeschränkten Steuerpflicht innerhalb desselben Veranlagungszeitraums. Bei Einkünften aus nichtselbstständiger Arbeit wird das Veranlagungsverfahren bei Bildung eines Freibetrages als Lohnsteuerabzugsmerkmal sowie auf Antrag nach § 46 Abs. 2 Nr. 8 durchgeführt.

3. Außensteuergesetz*

Grundlagen. Das Außensteuerrecht regelt die nationalen Folgen bestimmter grenzüberschreitender Spezialfälle. Das Außensteuerrecht ist hierbei keine eigene Steuerart. Es ist in verschiedenen Gesetzen, unter anderem dem EStG, aber auch dem Außensteuergesetz (AStG) geregelt. Das AStG ist nationales Gesetz. In ihm werden die nationalen Folgen grenzüberschreitender Sachverhalte ergänzend zu anderen steuerlichen Bestimmungen geregelt. Die Hauptintention des Gesetzes ist es, Steuervorteile aus der Nutzung des internationalen Steuergefälles zulasten des deutschen Fiskus zu begrenzen oder auszuschließen. Im AStG werden im Wesentlichen drei Fallgruppen geregelt: 547

- Bei grenzüberschreitend tätigen Unternehmensgruppen oder Konzernen regelt § 1 AStG die **Abgrenzung** der auf das Inland entfallenden **Besteuerungsgrundlagen** und sichert damit das auf das Inland entfallende Steuersubstrat.
- In §§ 2–6 AStG befinden sich Sonderregelungen bei einem **Wohnsitzwechsel** und damit einer Aufgabe der unbeschränkten Steuerpflicht über das Instrument der so genannten *erweiterten unbeschränkten Steuerpflicht*.
- Im letzten Teil des AStG werden die **Vermeidung oder Verzögerung** von **inländischen Steuerwirkungen** bei **Beteiligungen im Ausland** durch eine entsprechende Hinzurechnungsbesteuerung beantwortet, §§ 7–15 AStG.

a) Internationale Abgrenzung von Besteuerungsgrundlagen

§ 1 ist eine Korrekturvorschrift, wenn Einkünfte eines Steuerpflichtigen dadurch gemindert werden, dass bei Geschäftsbeziehungen mit einer nahestehenden Person im Ausland fremdunübliche Bedingungen vereinbart werden. Der sogenannte Fremdvergleich spielt bei dieser Bestimmung eine ganz entscheidende Rolle. Die Vorschrift ergänzt andere Korrekturvorschriften, wie etwa die verdeckte Gewinnausschüttung (Rz. 250 ff.) oder die verdeckte Einlage, die jeweils vorrangig anzuwenden sind (Rückschluss aus § 1 Abs. 1 S. 4). 548

Nahestehende Person. Die nahestehende Person ist in § 1 Abs. 2 definiert. Hauptanwendungsfall ist ein mittelbares oder unmittelbares *Beteiligungsverhältnis* von mindestens 25% zwischen dem Steuerpflichtigen und der nahestehenden Person oder ein *beherrschender Einfluss*. Beide Kriterien können in beide Richtungen bestehen (Satz 1). Bei Unternehmensgruppen sind auch Schwestergesellschaften jeder Art zueinander nahestehend (Satz 2). Als Auffangtatbestand wird die Fähigkeit aufeinander Einfluss auszuüben in Satz 3 geregelt. Als Steuerpflichtige gelten dabei auch Personengesellschaften, die ertragsteuerlich transparent behandelt werden, § 1 Abs. 1 Satz 2. 549

Als relevante **Geschäftsbeziehungen** gelten einzelne oder mehrere zusammenhängende *wirtschaftliche Vorgänge* (Geschäftsvorfälle) zwischen dem Steuerpflichtigen und der ihm nahestehenden Person oder solche zwischen einem

---

* Die Vorschriften des AStG werden ohne die Gesetzesbezeichnung zitiert

Unternehmen eines Steuerpflichtigen und seiner ausländischen Betriebsstätte, § 1 Abs. 4, 5.

550 Im Bereich des angeordneten **Fremdvergleichs** sind nach § 1 Abs. 3 zwei Regelungsbereiche zu unterscheiden:

- Verrechnungspreise, § 1 Abs. 3 Sätze 1–8 (s. Rz. 500–553) und
- Funktionsverlagerung, § 1 Abs. 3 Sätze 9–12 (s. Rz. 545).

Verrechnungspreise. Durch die Gestaltung von Verrechnungspreisen können Ergebnispotenziale über die Grenze verlagert und hierdurch die internationalen Steuergefälle ausgenutzt werden. § 1 Abs. 1 stellt den Grundsatz auf, dass Verrechnungspreise einem *Fremdvergleich* standhalten müssen, sog. *arm's-length-principle*. Es obliegt dem Steuerpflichtigen, die Angemessenheit der Verrechnungspreise nachzuweisen. Dazu verpflichtet das Gesetz ihn, die Ermittlung der Verrechnungspreise detailliert zu dokumentieren, s. Rz. 594. Die Methode der Ermittlung der Verrechnungspreise wird in § 1 Abs. 3 geregelt. Hier werden drei Fälle unterschieden:

- Fremdvergleichswerte können ermittelt werden, Sätze 1 und 4;
- Eingeschränkt vergleichbare Werte sind ermittelbar, Sätze 2 bis 4;
- Vergleichbare Werte sind **nicht ermittelbar,** Sätze 5 bis 8.

551 Fremdvergleichswerte sind ermittelbar. Ist die Vergleichbarkeit der Werte im Hinblick auf die ausgeübten Funktionen, die eingesetzten Wirtschaftsgüter und die übernommenen Chancen und Risiken als Ergebnis einer *Funktionsanalyse* uneingeschränkt vergleichbar, sind zwingend die *Preisvergleichsmethode*, die *Wiederverkaufspreismethode* oder die *Kostenaufschlagsmethode* anzuwenden. Ergeben sich hieraus mehrere Werte, ist eine Bandbreite zu ermitteln. Liegt der vom Steuerpflichtigen verwendete Wert außerhalb dieser Bandbreite, ist nach Satz 4 der Bandbreitenmittelwert, der so genannte *Median* anwendbar.

> **Beispiel:**
> Die Retail Deutschland GmbH (GmbH) ist Tochtergesellschaft der Fashion Holding AG, die neben weiteren europäischen Vertriebstöchtern diverse Einkaufsgesellschaften in Fernostasien hält. Die GmbH erwirbt Damenoberbekleidung der über die Fashion Holding AG verbundenen Fashion Ltd. (Ltd.) mit Sitz in Hongkong. Für diese Waren bestehen Marktpreise, so dass auf der Grundlage einer durchgeführten *Funktionsanalyse* die *Preisvergleichsmethode* anwendbar ist. Nach der *Wiederverkaufspreismethode* wäre ausgehend vom Absatzpreis bei der GmbH durch Rückrechnung einer üblichen Marge ein fremdüblicher Einkaufspreis zu ermitteln. Nach der *Kostenaufschlagsmethode* würde der Verrechnungspreis aus der Kostenkalkulation bei der Ltd. unter Einrechnung einer angemessenen Gewinnmarge ermittelt werden. Führt die Anwendung aller drei Methoden zu unterschiedlichen Werten, ist aus diesen eine Bandbreite zu bilden. Liegt der vom Steuerpflichtigen gewählte Wert innerhalb dieser Bandbreite, ist der Verrechnungspreis nicht zu beanstanden. Ansonsten ist der Mittelwert, der so genannte Median, anzuwenden.

552 Eingeschränkt vergleichbare Werte. Sind keine Fremdvergleichswerte ermittelbar, sind eingeschränkt vergleichbare Werte zu Grunde zu legen. Diese sind nach anerkannten betriebswirtschaftlichen Methoden z. B. aus *Absatzpreisen*,

3. Außensteuergesetz

Margen oder *Kostenaufschlagssätzen* zu ermitteln. Ist durch die Verwendung verschiedener Methoden auch hier eine Bandbreite errechenbar, ist diese zunächst *einzuengen*, Satz 3. Die Einengung erfolgt nach der so genannten *Interquartilsmethode*. Hiernach wird das jeweils außen liegende Viertel der Bandbreite außer Acht gelassen. Nach Satz 4 ist nunmehr wiederum festzustellen, ob der vom Steuerpflichtigen verwendete Verrechnungspreis sich innerhalb der eingeengten Bandbreite befindet oder nicht. In letzterem Fall ist der Median der Bandbreite einzusetzen.

> **Beispiel:**
>
> Die Fashion Holding AG erbringt der Ltd. gegenüber diverse Dienstleistungen im Bereich IT, Rechnungswesen und Personal. Fremdvergleichswerte sind nicht ermittelbar. Unter Anwendung verschiedener betriebswirtschaftlicher Methoden lassen sich Werte in einer Bandbreite von 400 TEUR bis 800 TEUR ermitteln. Nach der Interquartilsmethode ist die Bandbreite auf 500 TEUR bis 700 TEUR einzuengen. Liegt der gewählte Verrechnungspreis z. B. bei 800 TEUR, ist der Median der eingeengten Bandbreite und somit 600 TEUR anzuwenden.

Vergleichbare Werte sind nicht ermittelbar. Nach Satz 5 hat der Steuerpflichtige in diesem Fall einen *hypothetischen Fremdvergleich* durchzuführen. Auf der Grundlage einer Funktionsanalyse und der Ergebnisplanungen beider Unternehmen ist ein so genannter *Einigungsbereich* zu ermitteln, der sich aus der Preisuntergrenze des leistenden und der Preisobergrenze des leistungsempfangenden Unternehmens errechnet. Es ist ein Wahrscheinlichkeitsurteil hinsichtlich des Fremdvergleichspreises abzugeben, andernfalls ist auch hier der Median maßgebend. **553**

Funktionsverlagerung. Die aus der *Geschäftschancenlehre* (s. Rz. 264) abgeleiteten Grundsätze sollen sicherstellen, dass auch dann, wenn keine Wirtschaftsgüter, sondern *Funktionen eines Unternehmens* in das Ausland verlagert werden, das Substrat der hierin liegenden Geschäftschancen dem deutschen Fiskus zugutekommt. Zu unterscheiden ist hierbei die Verlagerung von Funktionen ins Ausland (*Funktionsausgliederung*) von der Verminderung der Tiefe der Wertschöpfung, z. B. durch den Wechsel vom Eigenhändler zum Kommissionär (*Funktionsabschmelzung*), der Verlagerung von Funktionen auf vor- oder nachgelagerte Dienstleister, z. B. auf Lohnfertiger (*Funktionsabspaltung*) und der Abbildung bestehender Funktionen unter Aufrechterhaltung der inländischen Funktion (Funktionsverdopplung). Nur in den beiden erstgenannten Fällen kommt es zur Aufdeckung und Versteuerung stiller Reserven. Wesentliche Hinweise liefern die Funktionsverlagerungsverordnung (FVerlV) sowie das BMF-Schreiben „Verwaltungsgrundsätze Funktionsverlagerung". **554**

> **Beispiel:**
>
> Die Fashion Holding AG lagert ihre Vertriebsaktivitäten nach Indien aus (Funktionsausgliederung). Nach einer internen Ertragswertberechnung sind die inländischen Vertriebsaktivitäten mit 5 Mio. EUR, im Falle einer Auslagerung nach Indien aufgrund der damit zusammenhängenden Kosteneffekte mit 15 Mio. EUR zu bewerten.

Nach Satz 9 wird als *Funktion* die Zusammenfassung aller für die Ausübung dieser Funktion wesentlichen Wirtschaftsgüter und Vorteile mit den damit zusammenhängenden Chancen und Risiken eines organischen Teils eines Unternehmens definiert. Das Gesetz geht bei der Funktionsbewertung von der Funktion als Ganzes, dem so genannten *Transferpaket* aus. Nur ausnahmsweise ist nach Satz 10 eine Einzelbewertung aller übergegangenen oder überlassenen Wirtschaftsgüter und Vorteile zulässig. Wie im Fall des *hypothetischen Fremdvergleichs* ist auch hier ein *Einigungsbereich* zu ermitteln, bei welchem Funktions- und risikoadäquate Kapitalisierungszinssätze zu Grunde zu legen sind.

Beispiel:

Die indische Tochtergesellschaft hat der Fashion Holding AG für die Übernahme der Vertriebsaktivitäten 5 Mio. EUR zu zahlen. Der Einigungsbereich liegt zwischen dem geringeren inländischen Ertragswert und dem in Indien zu realisierenden Ertragswert, der Median somit bei 10 Mio. EUR. Die Übertragung der Vertriebsaktivitäten führt somit zu einer Gewinnrealisierung bei der Muttergesellschaft in Höhe von 5 Mio. EUR.

b) Wohnsitzwechsel in niedrig besteuernde Gebiete

555 **Erweiterte beschränkte Steuerpflicht.** Ein besonderer Regelungsbedarf besteht, wenn Steuerpflichtige das internationale Steuergefälle dazu ausnutzen, ihren Wohnsitz in niedrig besteuernde Gebiete zu verlagern und damit dem deutschen Fiskus Steuersubstrat zu entziehen, was im Falle der Aufrechterhaltung der unbeschränkten Steuerpflicht und der Anwendung des so genannten Welteinkommens-prinzips anzusetzen wäre. Die beschränkte Steuerpflicht führt in diesen Fällen nicht zum gewünschten Ergebnis, weil sie Inlandseinkünfte nur im Rahmen von § 49 EStG einbezieht und durch den Steuerabzug eine Abgeltungswirkung auf sehr niedriger Grundlage stattfindet. § 2 bestimmt für diesen Fall für die folgenden zehn Kalenderjahre eine *erweiterte beschränkte Steuerpflicht* mit allen Einkünften im Sinne des § 2 Abs. 1 Satz 1 Nr. 1–7 EStG, die bei unbeschränkter Einkommensteuerpflicht anzusetzen sind, soweit es sich nicht um ausländische Einkünfte handelt.

Die Regelung gilt ausschließlich für **natürliche Personen**, die als deutsche Staatsbürger in den letzten zehn Jahren vor dem Ende der unbeschränkten Steuerpflicht insgesamt mindestens fünf Jahre unbeschränkt steuerpflichtig waren. Die Staatsangehörigkeit ist nur für den Referenzzeitraum, nicht für die Zukunft von Bedeutung. Weitere kumulativ erforderliche **sachliche Voraussetzungen** sind die Ansässigkeit in einem ausländischen Gebiet mit niedriger Einkommensbesteuerung und wesentliche Interessen in Deutschland. Eine niedrige Besteuerung wird in § 2 Abs. 2 durch einen günstigen Steuertarif oder eine erhebliche Vorzugsbesteuerung definiert. Wesentliche Interessen werden nach § 2 Abs. 3 an das Vorliegen von Unternehmensbeteiligungen oder dem Überschreiten von Einkünfte- oder Vermögensgrenzen geknüpft.

556 Auf der **Rechtsfolgenseite** führt die erweiterte beschränkte Steuerpflicht dazu, dass sämtliche Einkünfte nach § 2 Abs. 1 Satz 1 Nr. 1–7 EStG, ohne Einschränkung durch § 49 EStG, sofern es sich nicht um ausländische Einkünfte handelt, der Einkommensteuer unterliegen. Verschärfend kommt hinzu, dass die Einschränkungen für beschränkt Steuerpflichtige nach §50 EStG grundsätzlich fortgelten, somit der Grundfreibetrag und die Progression nicht gewährt werden und auch eine Zusammenveranlagung nicht in Betracht kommt. Ferner gilt ein Progressionsvorbehalt nach §2 Abs. 5 Satz 1, der den Steuersatz zugrunde legt, der sich unter zusätzlicher Einbeziehung der ausländischen Einkünfte ergibt. Außerdem greift nach §2 Abs. 5 Satz 2 die Abgeltungswirkung des §50 Abs. 2 EStG nicht. Entlastend wirken die Freigrenze von 16.500 EUR sowie eine Kappung nach §2 Abs. 6 auf die Steuer, die sich bei unbeschränkter Steuerpflicht und Wohnsitz in Deutschland ergeben hätte. Bezogen auf die Erbschaftsteuer und Schenkungsteuer gibt es in §4 eine Sonderregelung, die das durch die erweiterte beschränkte Steuerpflicht betroffene Vermögen einer weitergehenden Erbschaft- und Schenkungsteuerpflicht unterwirft.

Beispiel:

Der deutsche Staatsangehörige A verlegt seinen Wohnsitz zum Jahreswechsel 2017/2018 auf die Cayman Islands. A bleibt weiterhin Gesellschafter der Maschinenbau GmbH & Co. KG, deren Anteile er von seiner Mutter geerbt, dort allerdings nie operative Verantwortung übernommen hatte. A ist verheiratet und Vater von sechs Kindern. Aus der GmbH & Co. KG erhält A für das Geschäftsjahr 2017 eine Gewinngutschrift von 100 TEUR. A erzielt Einkünfte aus einem seinem Vetter gewährten ungesicherten Darlehen in Höhe von jährlich 20 TEUR. Aus einem bereits im Jahr 2017 begonnenen Vermittlungsgeschäft auf den Cayman Islands erwirtschaftet A umgerechnet 20 TEUR. A unterliegt der erweiterten beschränkten Steuerpflicht nach §2. Die Zinseinkünfte wären im Falle der schlichten beschränkten Steuerpflicht nicht anzusetzen, weil eine dingliche Sicherheit nach §49 Abs. 1 Nr. 5 Buchst. c EStG nicht gewährt wurde. Weil §50 gilt, wird beim Einkommenstarif der Grundfreibetrag wieder hinzugerechnet, Zusammenveranlagung kommt nicht in Betracht, die Kinderfreibeträge nach §32 sind nicht einsetzbar. Die ausländischen Einkünfte werden zur Ermittlung des Steuertarifs eingerechnet, §2 Abs. 5 Satz 1. Das Welteinkommen des A beträgt 140 TEUR, auf die tarifliche Einkommensteuer ist der Grundfreibetrag wieder hinzuzurechnen, sie beträgt 58.800 EUR, der Steuersatz damit 42%. Dieser ist nun auf die inländischen Einkünfte von 120 TEUR anzuwenden, die Steuer beträgt 50.400 EUR.

c) Besteuerung des Vermögenszuwachses bei Beteiligungen nach § 17 EStG

Anlass der Regelung. Bei einem Wechsel der unbeschränkten in die beschränkte Steuerpflicht durch Wohnsitzwechsel ins Ausland bleibt das Besteuerungsrecht des deutschen Fiskus erhalten, weil §49 Abs. 1 Nr. 2 Buchst. e EStG regelt, dass der Veräußerungsgewinn nach §17, soweit Sitz oder Geschäftsleitung der Kapitalgesellschaft weiterhin im Inland ist, der beschränkten Steuerpflicht unterliegt. Bei einem Wegzug in einen DBA-Staat liegt das Besteuerungsrecht dann allerdings nach Art. 13 Abs. 5 OECD-MA bei dem Ansässigkeitsstaat, wenn diese Regelung in das entsprechende DBA übernommen wurde. Um dieses Risiko sowie das des Fehlens eines Habhaftwerdens des Steuerpflichtigen im Ausland auszuschließen, sieht §6 eine Veräußerungsfiktion für den Fall des Wohnsitzwechsels vor.

Die **Voraussetzungen** des § 6 ähneln denen des § 2, allerdings wird nur die unbeschränkte Steuerpflicht einer natürlichen Person über zehn Jahre und deren Beendigung, nicht jedoch die deutsche Staatsangehörigkeit gefordert. Im Übrigen wird auf den Tatbestand des § 17 verwiesen, der insgesamt ebenfalls und mit der Modifikation erfüllt sein muss, dass an die Stelle der Veräußerung der Wohnsitzwechsel tritt. Nach § 6 Abs. 1 Satz 2 stehen der Beendigung der unbeschränkten Steuerpflicht die unentgeltliche Übertragung von Anteilen auf beschränkt steuerpflichtige Personen, die Begründung eines internationalen Doppelwohnsitzes, soweit die Ansässigkeit dann im Ausland liegt, und die Einlage der Anteile in einen ausländischen Betrieb oder eine Betriebsstätte gleich. Von besonderer Relevanz ist der Fall der Schenkung von Anteilen an im Ausland lebende Beschenkte. Hier werden die steuerlichen Folgen des § 6 in der Praxis nicht selten übersehen.

558 Die **Rechtsfolge** der Steuerpflicht entspricht der des § 17 EStG, wobei die Regelung des § 49 Abs. 1 Nr. 2 Buchst. e EStG zu § 6 in Idealkonkurrenz steht, d. h. bei einer späteren Veräußerung der Anteile nach erfolgtem Wegzug und Versteuerung nach § 6 die Steuerpflicht aus der beschränkten Steuerpflicht nach §§ 17, 49 Abs. 1 Nr. 2 Buchst. e EStG grundsätzlich bestehen bleibt. Sofern dann ein Wegzug in einen DBA-Staat erfolgt, fällt die erneute Besteuerung in Deutschland auf abkommensrechtlicher Ebene gemäß Art. 13 Abs. 5 OECD-MA weg. In diesem Fall kann allerdings ein Problem dadurch entstehen, dass der neue Ansässigkeitsstaat ein eigenes vollständiges Besteuerungsrecht reklamiert. Sofern ein Wegzug in einen Nicht-DBA-Staat erfolgt, wird bei der späteren Besteuerung nach § 49 Abs. 1 Nr. 2 Buchst. e EStG die bereits nach § 6 erhobene Steuer quasi angerechnet, § 6 Abs. 1 Satz 5.

559 Die Regelung des § 6 birgt **Gefahrenpotenzial**, weil die Rechtsfolge oft ungeplant eintritt und durch die Besteuerung gerade bei Gründern und deren Nachfolgern im Falle hoher Unternehmenswerte erhebliche Liquidität abgerufen wird, die nicht wie im Falle der Veräußerung durch einen entsprechenden Kaufpreis abgebildet wird. Ferner bestehen europarechtliche Bedenken gegen die Vorschrift bei einem Wegzug ins EU/EWR-Ausland. In § 6 Abs. 4 besteht daher eine maximal fünfjährige allgemeine bzw. für Wohnsitzwechsel innerhalb der EU/EWR nach § 6 Abs. 5 eine besondere Stundungsregelung.

560 Die **Rechtsfolgen** des § 6 werden häufig **dadurch vermieden**, dass Anteile nach § 17 in das Betriebsvermögen einer **Mitunternehmerschaft eingebracht** werden, deren Sitz oder Geschäftsleitung im Inland verbleibt. In diesem Fall ist § 49 Abs. 1 Nr. 2 Buchst. a EStG grundsätzlich anwendbar, auch wenn der Gesellschafter seinen Wohnsitz ins Ausland verlegt. Nach nationalem Steuerrecht unterliegen Gewinne, also auch solche aus der Veräußerung der zur Betriebsstätte gehörenden Anteile an einer Kapitalgesellschaft, der beschränkten Steuerpflicht im Inland. Abkommensrechtlich sind die Art. 7 Abs. 1, 23 Abs. 1 OECD-MA anzuwenden, wonach der Quellenstaat (hier Deutschland) das Besteuerungsrecht hat und der neue Ansässigkeitsstaat das Einkommen von der Besteuerung freistellt. Probleme entstehen allerdings dann, wenn die Mitunternehmerschaft zwar nach deutschem nationalen Recht ein Unternehmen nach Art. 7 OECD-MA ist, diese Gewerblichkeit aber nicht originär, sondern nur aus § 15 Abs. 3 EStG (Infektion oder gewerblich geprägte Personenge-

3. Außensteuergesetz

sellschaft) oder als Besitzunternehmen einer Betriebsaufspaltung erhält, siehe Rz. 525. Wird dieser Fall des nicht originär gewerblichen Unternehmens abkommensrechtlich nicht als Unternehmen, sondern als Vermögensverwaltung angesehen, liegt das Besteuerungsrecht für die entsprechenden Veräußerungsgewinne möglicherweise im Ansässigkeitsstaat und damit nicht in Deutschland.

Um diesem Problem entgegenzuwirken, ist in Deutschland die Regelung des § 50i EStG entstanden, der im Ergebnis für gewerblich geprägte Mitunternehmerschaften eine eigene nationale Besteuerungsregelung bei der Übertragung von Anteilen nach § 17 EStG und damit einen sog. **Treaty Override** (vgl. Rz. 515, 524) vorsieht. **561**

Beispiel:

An der VS-GmbH sind Vater V und Sohn S zu je 50 % als Gesellschafter beteiligt. Sohn S beendet seine Tätigkeit in der GmbH, ohne die Anteile aufzugeben, und verzieht nach Frankreich. Der Vater überträgt im Wege der vorweggenommenen Erbfolge die von ihm gehaltenen 50 % der Anteile an den in Kanada lebenden Sohn M. Zu diesem Zeitpunkt hat die GmbH einen gemeinen Wert von 10 Mio. EUR, die Anschaffungskosten betrugen 25 TEUR. S ist seit über zehn Jahren unbeschränkt steuerpflichtig, mit der Beendigung der unbeschränkten Steuerpflicht tritt die Rechtsfolge der §§ 17 EStG, 6 AStG ein. Selbiges gilt für die Schenkung der Anteile an den nicht unbeschränkt steuerpflichtigen M. Es liegen gewerbliche Einkünfte i. H. v. 4.987.500 EUR (hälftiger gemeiner Wert minus hälftige Anschaffungskosten) je Sohn vor, für die das Teileinkünfteverfahren nach § 3 Nr. 40 Satz 1 Buchst. c EStG gilt. Zu versteuern sind je 2.992.500 EUR. Hätten V und S ihre Anteile in eine originär gewerbliche Mitunternehmerschaft eingebracht, wäre der Wohnsitzwechsel bzw. die unentgeltliche Übertragung der Kommanditanteile an M ohne steuerliche Folge gewesen. Eine spätere Veräußerung der Anteile an der VS-GmbH wäre im Inland nach § 49 Abs. 1 Nr. 2 Buchst. a EStG steuerpflichtig gewesen. Bei einer Einbringung in eine nur gewerblich geprägte Personengesellschaft wäre die spätere Besteuerung nach § 51i EStG vorgenommen worden.

d) Hinzurechnungsbesteuerung §§ 7–14

Ausgangslage. Durch das Halten von Beteiligungen an ausländischen Kapitalgesellschaften und dem damit bestehenden Trennungsprinzip zwischen der Einkommenssphäre der Gesellschaft und dem Gesellschafter wird der Anteilseigner durch auf der Ebene der ausländischen Kapitalgesellschaft entstandenes Einkommen steuerlich nicht belastet. Eine Besteuerung der Erträge im Inland erfolgt erst nach deren Ausschüttung. Diese steuerliche Abschirmwirkung wird bei Lieferungs- und Leistungsbeziehungen in Niedrigsteuerländer häufig ausgenutzt. Eine Ausschüttung der im Ausland nur niedrig besteuerten Gewinne wird vermieden oder herausgezögert. Die Regelungen der sog. **Hinzurechnungsbesteuerung** bewirken in diesen Fällen eine Durchbrechung des Trennungsprinzips und besteuern bestimmte Einkünfte im Inland bereits in dem Zeitpunkt, zu dem die ausländische Kapitalgesellschaft die Einkünfte erzielt hat. Die aus der späteren Ausschüttung resultierende Anteilseignerbesteuerung wird in Höhe der zuvor erfolgten Hinzurechnungsbesteuerung dann wieder korrigiert. **562**

Die Hinzurechnungsbesteuerung knüpft an die Beherrschung eines unbeschränkt steuerpflichtigen Gesellschafters einer ausländischen Kapitalgesellschaft an, die Einkünfte nur niedrig zu besteuern hat. Weil die Besteuerung an sog. funktionsschwache Gesellschaften anknüpft, unterliegen nur Einkünfte aus **passiven Tätigkeiten** der Hinzurechnungsbesteuerung. Erzielt die ausländische Gesellschaft sog. passive Einkünfte, ist sie mit diesen **Zwischeneinkünften** sog. **Zwischengesellschaft** nach § 8. Soweit die Gesellschaft Zwischengesellschaft ist und somit passive Einkünfte erzielt, sind diese dem mehrheitlich beteiligten Gesellschafter nach §§ 7 Abs. 1, 10 Abs. 1 Satz 1, Abs. 2 AStG i.V. m. 20 Abs. 1 Satz 1 EStG als Einkünfte aus Kapitalvermögen zuzurechnen.

563 Die **Definition passiver Einkünfte** ergibt sich nach § 8 aus der Negierung des dort geregelten Katalogs aktiver Einkünfte. Der Normzweck der Regelung der Hinzurechnungsbesteuerung bezieht sich auf solche Einkünfte, für die die Zwischengesellschaft einen geringen eigenen Beitrag leistet und sich die Funktion der Zwischengesellschaft somit auf die Abschirmungswirkung der inländischen Zurechnung durch Inanspruchnahme des Trennungsprinzips erschöpft. Die im Katalog genannten **aktiven Einkünfte** sind beispielsweise solche aus Land- und Forstwirtschaft, aus Produktionstätigkeit und aus Handelsgeschäften. **Passive Einkünfte** sind etwa Einkünfte aus der Vermietung von Grundstücken, Einkünfte aus Dienstleistungen, wenn die ausländische Kapitalgesellschaft sich für die Dienstleistung eines unbeschränkt Steuerpflichtigen bedient sowie Einkünfte aus der Aufnahme und darlehensweisen Vergabe von Kapital.

564 Eine **niedrige Besteuerung** ist nach § 8 Abs. 3 gegeben, wenn die Einkünfte einer Ertragsteuerbelastung von weniger als 25 % unterliegen.

Die Aktivitäten ausländischer Kapitalgesellschaften werden in aktive und passive aufgeteilt. Ein Verzicht auf die Hinzurechnungsbesteuerung findet nur dann statt, wenn die passiven Bruttoerträge nicht mehr als 10 % der gesamten Bruttoerträge ausmachen und diese die Freigrenze von 80.000 EUR nicht übersteigen, § 9.

Die Einkünfte aus Kapitalvermögen bemessen sich aus den aktiven Nettoeinkünften abzüglich der im Niedrigsteuerland entstandenen Steuern, sog. Hinzurechnungsbetrag, § 10 Abs. 1 Satz 1.

> **Beispiel:**
>
> A ist an der A Ltd. mit Sitz in Hongkong zu 100 % beteiligt. Die A Ltd. betreibt zu 40 % ihrer Einkünfte ein Handelsgeschäft mit PC-Hardware und zu 60 % die Verwaltung eigenen Grundbesitzes. Die A Ltd. erzielte im Geschäftsjahr 2017 insgesamt Gewinne von umgerechnet 100 TEUR. Die A Ltd. ist eine ausländische Kapitalgesellschaft, die von einem unbeschränkt Steuerpflichtigen zu 100 % und damit zu mehr als der Hälfte gehalten wird. Die Einkünfte unterliegen in Hongkong einer Belastung durch Ertragsteuern von 17,8 %, womit eine niedrige Besteuerung nach § 8 Abs. 3 vorliegt. Bezogen auf das Handelsgeschäft sind die Ausschlusskriterien des § 8 Abs. 1 Nr. 4 nicht ersichtlich, womit insoweit aktive Einkünfte vorliegen. Bezogen auf die Vermietungsaktivität liegen passive Einkünfte nach § 8 Abs. 1 Nr. 6 Buchst. b vor. 60 % des Unternehmensgewinns abzüglich der hierauf entfallenden Einkommensteuer in Hongkong, 10.680 EUR, somit 49.320 EUR, unterliegen der Hinzurechnungsbesteuerung nach § 10.

Der BFH sieht es neuerdings als zweifelhaft an, ob die Hinzurechnungsbesteuerung von Zwischeneinkünften mit Kapitalanlagecharakter in Drittstaatensachverhalten mit der Kapitalverkehrsfreiheit vereinbar ist, 15.3.2017 Az. I R 80/14.

4. Kapitel

Verfahrensrecht und Steuerstrafrecht*

Beteiligte am Steuerrechtsverhältnis sind der Staat und natürliche und juristische Personen (auch in Gesellschaft oder Gemeinschaft mit anderen Personen). Der Staat (steuerlich auch Fiskus genannt) wird in dieser Eigenschaft als *Steuerberechtigter*, natürliche und juristische Personen als *Steuerpflichtige* bezeichnet. Das Steuerrechtsverhältnis ist in einen materiellen und einen formellen Teil zu untergliedern. Das **Steuerschuldverhältnis** (Steuerpflichtverhältnis) kennzeichnet den materiell-rechtlichen Teil des Steuerrechtsverhältnisses. Die Parteien werden dort *Steuergläubiger* und *Steuerschuldner* genannt. Die formell-rechtliche Seite dieses Rechtsverhältnisses wird als **Steuerverfahrensrechtsverhältnis** oder Verfahrenspflichtverhältnis, dessen Parteien gem. § 78 als *Beteiligte*, bezeichnet. 565

Im Folgenden wird das *Verfahrenspflichtverhältnis* behandelt. Innerhalb des zum Verfahrensrecht gehörenden Erhebungsverfahrens wird auf die materielle Seite des Steuerrechtsverhältnisses, das *Steuerschuldrecht*, eingegangen.

1. Besteuerungsverfahren

Das Besteuerungsverfahren ist vorwiegend in der AO geregelt. Es lässt sich in mehrere Stadien unterteilen: 566

- Verfahren zur Ermittlung der Steuerfestsetzung,
- Festsetzungsverfahren,
- Erhebungsverfahren,
- Vollstreckungsverfahren.

Die Verfahrensteile sind an verschiedenen Stellen in der AO im dritten bis sechste Teil bzw. in den §§ 78 bis 346 geregelt. Das *außergerichtliche Rechtsbehelfsverfahren* (Rz. 655 ff.) ist ebenso wie das *gerichtliche Rechtsbehelfsverfahren* (Rz. 663 ff.) vom Besteuerungsverfahren getrennt und wird im siebten Teil der AO in den §§ 347 bis 367 bzw. in der Finanzgerichtsordnung (FGO) geregelt.

a) Allgemeines

aa) Verfahrensgrundsätze

Gesetzmäßigkeit der Besteuerung. Grundlegend für das Besteuerungsverfahren ist der Grundsatz der Gesetzmäßigkeit der Besteuerung. Dieses für das 567

---

* Die Vorschriften der AO werden ohne die Gesetzesbezeichnung zitiert.

gesamte Besteuerungsverfahren geltende Prinzip ist in § 85 niedergelegt und Ausfluss des Grundsatzes der Bindung der vollziehenden Gewalt und der Rechtsprechung an Gesetz und Recht, Art. 20 Abs. 3 GG. Der Grundsatz ordnet z. B. die Unzulässigkeit von *einseitigen Steuerverzichten* durch die Finanzverwaltung außerhalb der gegebenen gesetzlichen Möglichkeiten (wie z. B. der Verzicht im Festsetzungs- und Erhebungsverfahren gem. §§ 163, 227) an.

568 **Gleichmäßigkeit der Besteuerung.** Nach § 85 Satz 1 gilt der Grundsatz der Gleichmäßigkeit der Besteuerung. Ausdrücklich bezieht sich diese Bestimmung auf das *Festsetzungs- und Erhebungsverfahren*. Sie basiert auf dem in Art. 3 Abs. 1 GG niedergelegten Gleichheitssatz und gilt damit generell für alle Stadien des Besteuerungsverfahrens. Der Grundsatz der Gleichmäßigkeit der Besteuerung hat vor allem zum Ziel, gleiche Sachverhalte gleich zu besteuern und damit generell Steuerpflichtige gleich zu behandeln. Der Grundsatz vermittelt allerdings *keine Gleichheit im Unrecht*. Steuerpflichtige können sich daher nicht auf eine rechtswidrige Verwaltungspraxis, z. B. auf eine rechtswidrige Begünstigung eines anderen Steuerpflichtigen berufen.

569 **Das Steuergeheimnis** verpflichtet *Amtsträger*, § 30. Es gilt nicht nur im Besteuerungsverfahren. In § 30 Abs. 2 Nr. 1 Buchst. a ist geregelt, dass ein Amtsträger das Steuergeheimnis verletzt, wenn er personenbezogene Daten eines anderen, die ihm in einem Verwaltungsverfahren bekannt geworden sind, oder ein fremdes Betriebs- oder Geschäftsgeheimnis, das ihm in einem Verwaltungsverfahren bekannt geworden ist, unbefugt offenbart oder verwertet. Sämtliche im Rahmen des Besteuerungsverfahrens gewonnenen Erkenntnisse unterliegen somit dem Steuergeheimnis, das gem. § 355 StGB strafbewehrt ist. Diese Formulierung gilt ab dem 25.5.2018, dem Zeitpunkt des Inkrafttretens der Datenschutz-Grundverordnung (DSGVO). Der Begriff „personenbezogene Daten" ersetzt den des Terminus „Verhältnis".

Das Steuergeheimnis steht im Zusammenhang mit verfahrensrechtlichen *Mitwirkungs- und Offenbarungspflichten* des Steuerpflichtigen. Die Mitwirkungspflichten des Steuerpflichtigen sollen nicht dadurch belastet werden, dass aus ihnen außersteuerliche Nachteile durch die Weitergabe von Informationen an andere Behörden oder Personen entstehen. Das Steuergeheimnis ist im Ergebnis sehr weitgehend und wird nur in begrenzten Fällen durchbrochen. Nach § 30 Abs. 4 gilt das Steuergeheimnis z. B. nicht, wenn die erlangten Kenntnisse der Durchführung eines Strafverfahrens wegen einer Tat dienen, die keine Steuerstraftat ist. Ferner wird das Steuergeheimnis bei zwingendem öffentlichen Interesse, z. B. bei Verbrechen oder vorsätzlichen schweren Vergehen gegen Leib oder Leben oder gegen den Staat, verdrängt. Der Ausnahmenkatalog ist durch die DSGVO ausgeweitet worden.

bb) Verwaltungsakt

570 Das Handlungsspektrum der Finanzbehörde erstreckt sich auf schlicht hoheitliches Handeln und Handeln durch Verwaltungsakt.

Die **Definition** des Verwaltungsakts in § 118 Satz 1 entspricht wörtlich der verwaltungsverfahrensrechtlichen Definition des Verwaltungsakts, § 35 Satz 1 VwVfG. Auch im Besteuerungsverfahren ist damit der Verwaltungsakt eine hoheitliche Einzelmaßnahme, die eine Behörde zur Regelung eines Einzelfalls auf dem Gebiet des öffentlichen Rechts trifft und die auf unmittelbare Rechtswirkung nach außen gerichtet ist.

Bestandskraft. Ebenso wie im öffentlich-rechtlichen Verwaltungsverfahrensrecht liegt die wesentliche Funktion des Verwaltungsakts in der Entfaltung *materieller* und *formeller Bestandskraft*. **571**

Die **materielle Bestandskraft** bewirkt die *inhaltliche Verbindlichkeit* der mit dem Verwaltungsakt getroffenen Entscheidung der Finanzbehörde. Eine Abweichung vom bestandskräftigen Verwaltungsakt ist daher wegen der materiellen Bestandskraft nur möglich, sofern eine gesetzliche Grundlage für die Abweichung besteht. Abweichungen ermöglichen insoweit die allgemeinen Korrekturvorschriften der §§ 129 ff., 172 ff. Steht ein Steuerbescheid oder ein anderer Steuerverwaltungsakt gem. § 164 Abs. 1 Satz 1 unter dem *Vorbehalt der Nachprüfung*, wird, solange der Vorbehalt wirkt, keine materielle Bestandskraft entfaltet. Dasselbe gilt für die *vorläufige Steuerfestsetzung* nach § 165.

Die **formelle Bestandskraft** des Verwaltungsaktes betrifft die *Unanfechtbarkeit* des Verwaltungsakts. Bestandskräftige Verwaltungsakte können aus dem Gesichtspunkt der formellen Bestandskraft daher weder vom Steuerpflichtigen angefochten noch von der Finanzbehörde geändert werden. Wegen des Grundsatzes der formellen Bestandskraft sind auch *rechtswidrige* Verwaltungsakte, die Bestandskraft erlangt haben, unanfechtbar. Ausnahmen hiervon sind gem. § 124 Abs. 2 die *Rücknahme*, der *Widerruf*, die *anderweitige Aufhebung* oder die *Erledigung*. Die Rücknahme und der Widerruf sind für alle Verwaltungsakte, die nicht Steuerbescheide sind, in §§ 130 und 131 geregelt und entsprechen allgemeinen verwaltungsverfahrensrechtlichen Grundsätzen. Die Korrektur von Steuerbescheiden und ihnen gleichgestellten Steuerverwaltungsakten ergibt sich aus §§ 172 ff. **572**

Nichtigkeit. Fehlerhafte Verwaltungsakte, die unter besonders schwerwiegenden Fehlern leiden, sind nichtig. Nichtige Verwaltungsakte sind gem. § 124 Abs. 3 unwirksam und entfalten daher keinerlei Rechtswirkungen. Nichtige Verwaltungsakte werden damit weder formell noch materiell bestandskräftig. Besondere Gründe der Nichtigkeit von Verwaltungsakten sind in § 125 Abs. 2 genannt. Nichtigkeitsgründe sind hier etwa die Nichterkennbarkeit der erlassenden Finanzbehörde, fehlende Befolgbarkeit aus tatsächlichen Gründen und Sittenverstoß. Fälle der Nichtigkeit nach § 125 sind in der Praxis eher selten. Häufiger ist der Fall der Nichtigkeit wegen inhaltlicher Unbestimmtheit gem. §§ 119 Abs. 1, 125 Abs. 1. **573**

Vollstreckung. Die weitere wesentliche Funktion des Verwaltungsaktes ist die Ermöglichung einer *zwangsweisen Durchsetzung* des Rechts des Steuerberechtigten (der Finanzbehörde). Die Vollstreckung eines Rechts des Steuerberechtigten setzt gem. § 251 Abs. 1 Satz 1 voraus, dass ein Verwaltungsakt vorliegt. Ferner darf dessen Vollziehung nicht ausgesetzt und nicht durch Einlegung eines Rechtsbehelfs gehemmt sein. **574**

Arten von Bescheiden. Der häufigste Steuerverwaltungsakt ist der *Steuerbescheid*, § 155 Abs. 1 Satz 2. Ein wesentlicher weiterer Steuerverwaltungsakt ist der *Feststellungsbescheid*, der in den §§ 179 ff. geregelt ist und eine Ausnahme zu § 157 Abs. 2 bildet, wonach die Feststellung der Besteuerungsgrundlagen einen **575**

nicht selbstständig anfechtbaren Teil des Steuerbescheides bildet. Zu nennen sind weiter der *Steuermessbescheid* im Bereich der Gewerbe- und Grundsteuer, der *Steuervergütungsbescheid*, der *Erstattungsbescheid*, der *Abrechnungsbescheid* gem. § 218 Abs. 2 und der *Haftungsbescheid* gem. § 191 Abs. 1 Satz 1.

576 **Mehrstufiges Verwaltungsverfahren.** Vorwiegend aus Gründen der Verfahrensökonomie ist in bestimmten Bereichen das System eines mehrstufigen Verwaltungsverfahrens vorgesehen. Wo dieses Verfahren Platz greift, bauen Steuerverwaltungsakte aufeinander auf, sie bilden mit anderen Verwaltungsakten ein einheitliches Besteuerungsverfahren für den festzustellenden Sachverhalt. Hierbei sind die verschiedenen Steuerverwaltungsakte separat anfechtbar. Die Bestandskraft eines sog. *Grundlagenbescheides* führt dazu, dass in einem sich hierauf beziehenden *Folgebescheid* Feststellungen des Grundlagenbescheids nicht mehr angefochten werden können. Prominentester Fall des mehrstufigen Verwaltungsverfahrens ist das *Feststellungsverfahren* gem. §§ 179 ff., das dem Steuerfestsetzungsverfahren voraus geht, s. Rz. 620 ff.

577 **Besteuerung der Personengesellschaft.** Das mehrstufige Verwaltungsverfahren gilt z. B. bei der Besteuerung der Personengesellschaft. Die Personengesellschaft ist im Bereich der ESt nicht selbst Steuersubjekt, sondern lediglich Zurechnungssubjekt, vgl. Rz. 128 ff. Sie kann daher nicht Adressatin eines Einkommensteuerbescheides sein. Die natürlichen Personen, die Anteile an Personengesellschaften halten, werden jedoch durch Einkommensteuerbescheid auch bezüglich der Ergebnisanteile aus der Personengesellschaft besteuert. Die *einheitliche und gesonderte Feststellung von Besteuerungsgrundlagen* nach § 179 Abs. 1 stellt in diesen Fällen z. B. die Höhe der Einkünfte aus Gewerbebetrieb oder selbstständiger Arbeit einheitlich und gesondert fest. Wird der Grundlagenbescheid bestandskräftig, kann der Einkommensteuerbescheid, der im Hinblick auf die Höhe der anteiligen Einkünfte aus Gewerbebetrieb Folgebescheid ist, nicht mit der Einwendung angegriffen werden, die Feststellungen im Grundlagenbescheid seien rechtswidrig. Dasselbe gilt für den Körperschaftsteuerbescheid einer an der Personengesellschaft beteiligten Kapitalgesellschaft.

cc) Beteiligte

578 **Grundsatz.** Die Beteiligten des Besteuerungsverfahrens ergeben sich aus § 78. Soweit das Besteuerungsverfahren auf den Erlass eines Steuerbescheides gerichtet ist, ist Beteiligter im Besteuerungsverfahren gem. § 78 Nr. 2 der *Adressat des Steuerbescheides*, somit der *Steuerpflichtige*. Erlässt die Finanzbehörde einen anderen Steuerverwaltungsakt auf Antrag, ist Beteiligter des Verfahrens nach § 78 Nr. 1 der *Antragsteller*. Der Beteiligte muss über Beteiligungs- und Handlungsfähigkeit verfügen.

579 **Beteiligungsfähigkeit** ist die verfahrensrechtliche Komponente der *Steuerrechtsfähigkeit*. Letztere hängt von dem jeweiligen Einzelsteuergesetz und dessen persönlichem Anwendungsbereich ab.

Die **Einkommensteuerrechtsfähigkeit** einer GmbH ist z. B. nach dem EStG nicht gegeben. Die GmbH ist damit in Bezug auf Rechtsverhältnisse, die sich aus dem EStG ergeben, nicht beteiligungsfähig. Ausnahmen gelten in den Bereichen, in denen auch eine GmbH nach dem EStG steuerliche Pflichten treffen, wie z. B. den Steuerabzug vom Kapitalertrag und die Entrichtung der Kapitalertragsteuer nach § 43 ff. EStG.

Handlungsfähigkeit knüpft nach § 79 Abs. 1 Nr. 1 grundsätzlich an die bürgerlich-rechtliche *Geschäftsfähigkeit* sowie an die *gesetzliche Vertretungsbefugnis* bei juristischen Personen an. **580**

Bevollmächtigung und Beistand. Das Gesetz ermöglicht es jedem Beteiligten, sich durch einen Bevollmächtigten vertreten zu lassen, § 80 Abs. 1 Satz 1. Neben der Bevollmächtigung, die ein Handeln ohne gleichzeitige Mitwirkung des Beteiligten ermöglicht, kennt das Gesetz auch die Funktion des Beistands, § 80 Abs. 6 Satz 2. Der Beistand erscheint und handelt gemeinsam mit dem Beteiligten, er kann den Beteiligten jedoch nicht vertreten. **581**

Befugnis zur geschäftsmäßigen Hilfeleistung. Sofern der *Bevollmächtigte* oder der *Beistand* geschäftsmäßig Hilfe in Steuersachen leistet, setzt die Vertretung bzw. Unterstützung die Befugnis zur geschäftsmäßigen Hilfeleistung voraus. Diese wird gem. § 3 Steuerberatungsgesetz (StBerG) ausschließlich Steuerberatern, Steuerbevollmächtigten, Rechtsanwälten, Wirtschaftsprüfern und vereidigten Buchprüfern bzw. Partnerschaften oder Gesellschaften aus vorgenannten Berufsträgern eingeräumt. Für Berufsangehörige anderer EU-Länder gibt es eine Sonderregelung in § 3 Nr. 4 StBerG. Zur Befugnis in Bezug auf die beschränkte Hilfeleistung in Steuersachen gibt es in § 4 StBerG ferner Sonderregelungen. **582**

b) Verfahren zur Ermittlung der Steuerfestsetzung

aa) Verfahrensgrundsätze

Untersuchungsgrundsatz. § 88 gibt den Untersuchungsgrundsatz als allgemeine Verfahrensmaxime im steuerlichen Ermittlungsverfahren vor. Die Finanzbehörde ist an das *Vorbringen* und an die *Beweisanträge* der Beteiligten *nicht gebunden*. Art und Umfang der Ermittlung liegt im Verfahrensermessen der Finanzbehörde. **583**

In der Vielzahl der Veranlagungsfälle hat dieser Grundsatz allerdings kaum praktische Bedeutung. In Massenveranlagungsverfahren wird aufgrund der Inanspruchnahme von Mitwirkungspflichten von Steuerpflichtigen, z. B. im Bereich der Steuererklärungen, ohne weitere Ermittlungen veranlagt.

Verbindliche Auskunft. Das Instrument des Antrags auf Erteilung einer verbindlichen Auskunft ist in der Praxis der Steuergestaltung elementar. Nach § 89 Abs. 2 Satz 1 kann das Finanzamt Auskünfte über die steuerliche Beurteilung von genau bestimmten, noch nicht verwirklichten Sachverhalten erteilen. Dieser Weg ist immer dann zwingend, wenn es Zweifel über die steuerliche Behandlung eines zu gestaltenden Zukunftssachverhalts gibt. Voraussetzung des Antrags ist die erhebliche steuerliche Auswirkung und ein besonderes Interesse des Antragstellers. Die Rechtsfolge ist eine Bindungswirkung der Finanzverwaltung hinsichtlich des im Wege der Auskunft vorentschiedenen Sachverhalts. Die Bindungswirkung setzt allerdings voraus, dass der im Antrag geschilderte Sachverhalt mit dem später eingetretenen Sachverhalt übereinstimmt. Ferner können spätere Rechtsänderungen zu einer von der Auskunft abweichenden tatsächlichen steuerlichen Behandlung führen. **584**

Die Verbindliche Auskunft ist nur in Bagatellfällen mit einem Gegenstandswert von weniger als 10.000 EUR kostenfrei. Nach § 89 Abs. 3 bis 5 wird eine Gebühr nach § 34 Gerichtskostengesetz erhoben. Ist der Gegenstandswert bestimmbar, bildet dieser die Bemessungsgrundlage der Gebühr. Ist ein Gegenstandswert nicht bestimmbar, wird ein Stundenhonorar in Höhe von 50 EUR je angefangene halbe Stunde erhoben.

585 Rechtliches Gehör. Der Grundsatz des rechtlichen Gehörs gem. § 91 Abs. 1 Satz 1 ist elementarer Bestandteil des Verfahrens der Ermittlung der Steuerfestsetzung. Das Recht auf Gehör gehört systematisch in den Mitwirkungsbereich des Steuerpflichtigen. Diesem Recht stehen zahlreiche Mitwirkungs*pflichten* gegenüber. Weil Steuerbescheide zumeist belastende Rechtsfolgen gegen Steuerpflichtige entfalten und damit Maßnahmen der Eingriffsverwaltung darstellen, resultiert das Recht auf Gehör aus den wesentlichen *Freiheitsrechten* der Art. 2 Abs. 1, 12 Abs. 1 und 14 Abs. 1 GG. Als Rechtsgrundlage für das rechtliche Gehör lassen sich schließlich Art. 103 Abs. 1 GG und das *Rechtsstaatsprinzip* gem. Art. 20 Abs. 3 GG heranziehen. § 91 Abs. 2 sieht großzügige *Ausnahmeregelungen* gegen die Inanspruchnahme des rechtlichen Gehörs vor. Geregelt ist z. B. Gefahr in Verzug, Fristablauf, Abweichung im Steuerbescheid zugunsten des Antragstellers und das Vorliegen einer Allgemeinverfügung oder gleichartiger Verwaltungsakte in großer Zahl.

Wird das rechtliche Gehör rechtswidrig nicht gewährt, ist der Verwaltungsakt zwar rechtswidrig, keinesfalls aber nichtig, arg. ex § 126 Abs. 1 Satz 3. Der Rechtsverstoß ist gem. § 126 Abs. 1 Nr. 3, Abs. 2 *heilbar*, in Fällen des § 127 ist er sogar *unerheblich*.

bb) Mitwirkungspflichten

586 Grundsatz. Der *Untersuchungsgrundsatz* gem. § 88 setzt Mitwirkung der Beteiligten voraus. § 90 Abs. 1 Satz 1 bestimmt daher die grundsätzliche Verpflichtung von Beteiligten zur Mitwirkung bei der Ermittlung des steuerlichen Sachverhalts. Hierzu zählt nach § 90 Abs. 1 Satz 2 die vollständige und wahrheitsgemäße *Offenlegung* und *Angabe bekannter Beweismittel*. Zu Mitwirkungspflichten bei Auslandssachverhalten s. Rz. 538 ff.

Steuererklärung. Weil es sich bei Steuerbescheiden um *mitwirkungsbedürftige Verwaltungsakte* handelt, ist die wesentlichste Mitwirkungspflicht die der *Abgabe der Steuererklärung* gem. § 149 Abs. 1 Satz 1. Die Verpflichtung kann sich aus Einzelsteuergesetzen, aber auch aus einer Aufforderung der Finanzbehörde ergeben, § 149 Abs. 1 Satz 2. Einzelsteuergesetzliche Erklärungspflichten ergeben sich etwa aus den § 25 Abs. 3 EStG, § 31 KStG, § 18 Abs. 3 UStG, § 31 ErbStG.

587 Frist. Nach § 149 Abs. 2 Satz 1 sind Steuererklärungen spätestens *fünf Monate, ab dem Veranlagungszeitraum 2018 sieben Monate,* nach Ablauf des Kalenderjahres abzugeben (ErbSt: Fristsetzung von Amts wegen, § 31 ErbStG). Bei der Beauftragung eines Steuerberaters o. ä. gem. §§ 3, 4 StBG verlängert sich die Frist ab VZ 2018 auf 14 Monate, ein Antrag ist nicht erforderlich, § 149 Abs. 3. Das Finanzamt kann jedoch eine frühere Abgabe anordnen, insbesondere bei vorherigen Verspätungen oder erwarteten erheblichen Nachzahlungen, Abs. 4. Bei verspäteter Abgabe einer Steuererklärung kann ein *Verspätungszuschlag* gem.

§ 152 festgesetzt werden, wenn die Steuerveranlagung zu einer Nachzahlung führt. Der Verspätungszuschlag orientiert sich an der festgesetzten Steuer und kann maximal 25.000 EUR betragen. Ab VZ 2019 ist in den Fällen des § 149 Abs. 3 der Beteiligung von Steuerberatern o. ä. ein Verspätungszuschlag festzusetzen.

Form. Die Steuererklärung ist gem. § 150 Abs. 1 Satz 1 grundsätzlich nach amtlich vorgeschriebenem *Vordruck* abzugeben. Abweichend davon sind die häufigsten Steuererklärungen grundsätzlich elektronisch einzureichen, § 25 Abs. 4 EStG (für Gewinneinkünfte), § 31 Abs. 1a KStG, § 14a GewStG, § 181 Abs. 2a AO. Auch bestimmte Anlagen zur Steuererklärung werden elektronisch angefordert, insbesondere die Bilanz und die Gewinn- und Verlustrechnung, § 5b EStG (*E-Bilanz*). Nur bei der Erbschaft- und Schenkungsteuer, bei einfachen Einkommensteuererklärungen ohne Gewinneinkünfte sowie bei allen Sachverhalten, bei denen die Finanzverwaltung mit der elektronischen Einreichung technische Schwierigkeiten hat, bleibt es bei den herkömmlichen Papiervordrucken. **588**

Steueranmeldung. Der Steuerpflichtige hat in der Steuererklärung generell nur die Grundlagen der Besteuerung anzugeben. Die *Berechnung* der Steuer erfolgt i. d. R. von Amts wegen. Soweit der Steuerpflichtige kraft Einzelsteuergesetz neben der Erklärung der Grundlagen der Besteuerung auch die Steuer selbst zu berechnen hat, handelt es sich gem. § 150 Abs. 1 Satz 3 um eine Steueranmeldung. Fälle der Steueranmeldung sind insb. die Umsatzsteuer-Voranmeldungen gem. § 18 Abs. 1 und 3 UStG, die Lohnsteueranmeldung gem. § 41a EStG sowie die Kapitalertragsteueranmeldung gem. § 45a Abs. 1 EStG. Die Steueranmeldung steht gem. § 168 Satz 1 einer *Steuerfestsetzung unter Vorbehalt der Nachprüfung* gleich. Es findet somit im Unterschied zu Steuererklärungen, die nicht Steueranmeldungen sind, kein Festsetzungsverfahren statt. Gleichwohl wird durch die gesetzliche Anordnung eines Vorbehalts der Nachprüfung die Möglichkeit der amtlichen Überprüfung gewahrt. **589**

Buchführung. Die steuerlichen Buchführungs- und Aufzeichnungspflichten gem. §§ 140 ff. sind grundlegende Mitwirkungspflichten des Steuerpflichtigen. Auf die entsprechenden Ausführungen zur handelsrechtlichen und steuerlichen Buchführungspflicht in Rz. 78 wird verwiesen. **590**

Aufbewahrung. Steuerpflichtige haben gem. § 147 Unterlagen, die für die Besteuerung relevant sind, aufzubewahren. Empfangene und abgesendete *Geschäftsbriefe* sind sechs Jahre lang aufzubewahren, übrige *für die Besteuerung relevante Unterlagen* sind zehn Jahre lang aufzubewahren. Zu diesen gehören sämtliche Unterlagen der Finanzbuchhaltung, Jahresabschlüsse, Lageberichte und alle Buchungsbelege. Neben der steuerlichen Aufbewahrungspflicht gibt es eine allgemeine öffentlich-rechtliche Aufbewahrungsfrist für Kaufleute gem. § 257 HGB. Die Vorschriften sind nahezu deckungsgleich. **591**

Weitere Mitwirkungspflichten. Nach § 93 Abs. 1 Satz 1 haben die Beteiligten gegenüber der Finanzbehörde die zur Feststellung erheblicher Sachverhalte erforderlichen *Auskünfte* zu erteilen. Sie haben ferner nach § 97 Abs. 1 Satz 1 auf Verlangen der Finanzbehörde für die Besteuerung relevante *Unterlagen* zur Einsicht und Prüfung *vorzulegen*. Die Finanzbehörde kann gem. § 95 die Beteiligten auffordern, die Richtigkeit von Tatsachen *an Eides statt zu versichern*. **592**

cc) Schätzung

593 Voraussetzung. Kann die Finanzbehörde die Besteuerungsgrundlagen nicht ermitteln oder berechnen, hat sie diese zu schätzen, § 162. Die Pflicht zur Schätzung hat die Finanzbehörde insb. dann, wenn der Steuerpflichtige seine Mitwirkungspflichten nicht erfüllt. § 162 Abs. 2 führt als Fälle der Verletzung von Mitwirkungspflichten *nicht ausreichende Aufklärungen* über seine Angaben oder *Verweigerungen* weiterer Auskünfte oder einer Versicherung an Eides statt an. Auch die Verletzung von Mitwirkungspflichten in Auslandssachverhalten nach § 90 Abs. 2 und Abs. 3 oder § 1 Abs. 6 AStG (s. Rz. 594 ff.) ist ein Fall, der zur Schätzung von Besteuerungsgrundlagen führt. In der Praxis liegen Schätzungen insb. dann vor, wenn die *Buchführung* des Steuerpflichtigen keine ausreichend sichere Grundlage für die Besteuerung bietet, § 162 Abs. 2 Satz 2, oder er seine Steuererklärung nicht abgibt.

Die Schätzung von Besteuerungsgrundlagen bezieht sich nach überwiegender Auffassung nicht auf den Sachverhalt *dem Grunde nach*, sondern auf die Besteuerungsgrundlage *der Höhe nach*. Bestehen Unklarheiten dem Grunde nach, ist die Schätzung nach h. M. nicht zulässig.

Die Schätzung ermöglicht es der Finanzbehörde, die Besteuerung auf Annahmen zu stützen, die einem *Wahrscheinlichkeitsurteil* folgen.

dd) Mitwirkungspflichten bei Auslandssachverhalten

594 Aufzeichnungspflichten. § 90 Abs. 3 regelt besondere *Mitwirkungspflichten bei Auslandssachverhalten*. Nach dem sog. arm's-length-principle sind Leistungen zwischen nahestehenden Personen, die über die Grenze hinweg erbracht werden, dem *Fremdvergleichsmaßstab* zuzuführen, § 1 AStG, vgl. Rz. 550 ff. Danach soll verhindert werden, dass etwa Leistungen gegenüber verbundenen Unternehmen in *Niedrigsteuerländern* zu niedrig bewertet werden, um die Besteuerungsgrundlagen im Inland zu vermindern. Dasselbe gilt z. B. für Leistungen aus Niedrigsteuerländern gegenüber verbundenen Unternehmen im Inland, die zu hoch angesetzt werden. § 90 Abs. 3 sieht in diesen Fällen eine besondere Mitwirkungspflicht in Gestalt spezieller **Dokumentationspflichten** vor. Bei Sachverhalten, die Vorgänge mit Auslandsbezug betreffen, hat der Steuerpflichtige über die Art und den Inhalt der Geschäftsbeziehungen mit nahe stehenden Personen bestimmte *Aufzeichnungen* zu erstellen. Diese haben die *wirtschaftlichen und rechtlichen Grundlagen* für Vereinbarungen von *Preisen* und anderen *Geschäftsbedingungen* mit nahe stehenden Personen zu umfassen. Liegt eine sog. multinationale Unternehmensgruppe vor, ist zudem ein Überblick über die Art der weltweiten Geschäftstätigkeit und der Systematik der Verrechnungspreisbestimmung zu geben, § 90 Abs. 3–4 AO. Voraussetzung ist, dass die Unternehmensgruppe mindestens in zwei Staaten durch Unternehmen ansässig ist und der Konzernumsatz mindestens € 100 Mio. beträgt. Soweit außergewöhnliche Geschäftsvorfälle vorliegen, sind diese Aufzeichnungen *zeitnah* zu erstellen. Die Finanzbehörde soll die Vorlage von Aufzeichnungen i. d. R. nur für die Durchführung von Außenprüfungen verlangen. Die Vorlage ist binnen *60 Tagen* vorzunehmen, bei *außergewöhnlichen Geschäftsvorfällen* beträgt die Frist nur *30 Tage*, § 90 Abs. 3 Sätze 7 und 8.

Besondere Aufzeichnungspflichten. Mitwirkungspflichten sind bei Auslandssachverhalten auch bei Rechtsverhältnissen mit Fremden (nicht i. S. v. § 1 Abs. 2 AStG nahestehende Personen) zu beachten, wenn der ausländische Geschäftspartner nicht wie ein Inländer zur Mitwirkung bei der Ermittlung des Sachverhalts herangezogen werden kann und auch der ausländische Staat keine Amtshilfe bei der Aufklärung steuerlicher Sachverhalte leistet, § 51 Abs. 1 Nr. 1 Buchst. f EStG, § 1 Abs. 4 der *Steuerhinterziehungsbekämpfungsverordnung* (**StHBekV**). **595**

Schätzung. Die Verletzung der besonderen Mitwirkungspflichten bei Auslandssachverhalten nach § 90 Abs. 3 führt gem. § 162 Abs. 3 dazu, dass *widerlegbar vermutet* wird, dass die inländischen Einkünfte des Steuerpflichtigen, zu deren Ermittlung die vorgenannten Aufzeichnungen dienen, *höher* als die von ihm erklärten Einkünfte sind. Das Gesetz sieht weiter vor, dass in diesen Fällen *Schätzungen* vorzunehmen sind und die Finanzbehörden Ermessensspielräume zu Lasten des Steuerpflichtigen ausschöpfen können. **596**

Sanktionen. Nach § 162 Abs. 4 ist neben der Schätzung im Falle der *Unverwertbarkeit der vorgelegten Aufzeichnungen* ein **Zuschlag** i. H. v. 5.000 EUR festzusetzen. Der Zuschlag hat mindestens 5 v. H. und höchstens 10 v. H. des Mehrbetrages der Einkünfte zu betragen, der sich nach einer Berichtigung aufgrund der Schätzung ergibt, wenn sich danach ein Zuschlag von mehr als 5.000 EUR ergibt. Wird die Vorlage *verspätet* vorgenommen, kann der Zuschlag bis zu 1 Mio. EUR betragen, jedoch mindestens 100 EUR für jeden vollen Tag der Fristüberschreitung. In den Fällen, die von der StHBekV erfasst werden (s. Rz. 595), werden als weitere Sanktion der *Werbungskosten- bzw. Betriebsausgabenabzug*, die Inanspruchnahme des gesonderten Tarifs der *Abgeltungsteuer* (s. Rz. 281 ff., 360), die Steuerbefreiung nach dem *Teileinkünfteverfahren* (s. Rz. 285) und die *Steuerbefreiung nach § 8b KStG* (Rz. 286, 290) nicht gewährt, wenn die geforderte Dokumentation nicht vorgelegt wird. **597**

> **Beispiel:**
>
> Die A-GmbH steht in laufenden Geschäftsbeziehungen zu einer marokkanischen Kapitalgesellschaft, mit der die A-GmbH gesellschaftsrechtlich nicht verbunden ist. Für die Erbringung bestimmter Softwaredienstleistungen erhält die ausländische Gesellschaft Vergütungen von der A-GmbH in Höhe von monatlich 5.000 EUR. Ein Dienstleistungsvertrag besteht in arabischer Sprache, eine deutsche oder englische Übersetzung kann nicht beigebracht werden. Es handelt sich bei der ausländischen Gesellschaft nicht um eine nahestehende Person i. S. v. § 1 Abs. 2 AStG. Die nach § 1 Abs. 4 StHBekV zeitnah zu erstellenden o. g. Aufzeichnungen sind auf Anforderung vorzulegen. Werden diese Mitwirkungspflichten nicht erfüllt, sind die Dienstleistungsentgelte nicht als Betriebsausgaben bei der A-GmbH abzugsfähig.

ee) Außenprüfung

Die Besteuerungsgrundlagen von Steuerpflichtigen, die **gewerbliche** oder **land- und forstwirtschaftliche Betriebe** unterhalten bzw. **freiberuflich** tätig sind, sind nach § 193 Abs. 1 in bestimmten Abständen steuerlich zu prüfen. Das Erfordernis der Durchführung einer *steuerlichen Außenprüfung* (auch *Betriebsprüfung* genannt) gebietet ferner der Grundsatz der Gleichmäßigkeit der **598**

Besteuerung, § 85 Satz 1. Neben der allgemeinen steuerlichen Außenprüfung kommen auch Sonderprüfungen für bestimmte Steuerarten oder Sachverhalte in Betracht, so die Lohnsteuer- (§ 42f EStG) oder Umsatzsteuer-Sonderprüfung, oder das „Prüfungsrecht" für Anrechnungen oder Erstattungen der Kapitalertragsteuer (§ 50b EStG). Alternativ kommen auch das spezialgesetzlich geregelten Instrumente der Umsatzsteuer-Nachschau (§ 27b UStG) und der Lohnsteuer-Nachschau (§ 42g EStG) in Betracht, mit dem die Finanzverwaltung Besteuerungsgrundlagen eher punktuell, spontan und gegenwartsbezogen überprüft, während die Außenprüfung als umfassend, formalisiert und vergangenheitsbezogen zu kennzeichnen ist.

599 Veranlagungsverfahren. Aus verfahrensökonomischen Gründen finden steuerliche Außenprüfungen nicht jedes Jahr statt. Ungeachtet späterer Durchführung von steuerlichen Außenprüfungen erfolgen Veranlagungen bei Steuerpflichtigen daher generell unter dem *Vorbehalt der Nachprüfung* gem. § 164, wenn eine Außenprüfung in Betracht kommt. Führt die nachfolgende steuerliche Außenprüfung zu einer geänderten Besteuerungsgrundlage, so sind die entsprechenden Steuerbescheide nach § 164 Abs. 2 aufzuheben oder zu ändern.

600 Entschließungs- und Auswahlermessen. Die Frage, *ob* die Finanzbehörde eine Außenprüfung durchführt und auf welche *Zeiträume* und welche *Steuerarten* sich die Außenprüfung bezieht, ist grundsätzlich eine Ermessensentscheidung der Finanzbehörde. Um die Gleichmäßigkeit der Durchführung von Betriebsprüfungen zu gewährleisten, wurde die Betriebsprüfungsordnung (BpO) als Verwaltungsvorschrift erlassen. Hiernach werden Betriebe in Größenklassen eingeteilt. Die Vornahme *lückenloser Prüfungen* (sog. Anschlussprüfungen) ist nur bei Großbetrieben vorgeschrieben. Bei anderen Betrieben (Mittel-, Klein- und Kleinstbetriebe) ist die Anschlussprüfung möglich, nicht aber erforderlich. Der *Prüfungszeitraum* soll bei Mittel- und Kleinstbetrieben drei zusammenhängende Prüfungszeiträume nicht übersteigen.

601 Prüfungsanordnung. Der steuerlichen Außenprüfung geht eine Prüfungsanordnung nach § 196 voraus, aus der sich der Gegenstand der Außenprüfung ergibt. Die Prüfungsanordnung ist ein Verwaltungsakt.

602 Gang der Außenprüfung. *Zuständig* für die Durchführung der Außenprüfung ist nach § 195 Satz 1 die für die Besteuerung zuständige Finanzbehörde. Die Finanzbehörden können andere Finanzbehörden, z. B. die Finanzämter für Großbetriebsprüfung, mit der Außenprüfung beauftragen. Nach § 199 Abs. 1 hat der Außenprüfer die tatsächlichen und rechtlichen Verhältnisse, die für die Besteuerungsgrundlagen maßgebend sind, sowohl zugunsten wie zuungunsten des Steuerpflichtigen zu prüfen. Der Steuerpflichtige hat nach § 200 bei der steuerlichen Außenprüfung umfangreiche *Mitwirkungspflichten*. Hierbei handelt es sich insb. um *Vorlage- und Auskunftspflichten*. Sofern die Außenprüfung zu Änderungen der Besteuerungsgrundlagen führt, hat der Steuerpflichtige Anspruch auf die Durchführung einer *Schlussbesprechung* nach § 201. Hierbei sind insb. strittige Sachverhalte und die rechtliche Beurteilung von Prüfungsfeststellungen zu erörtern. Faktisch führen Schlussbesprechungen oft zu *tatsächlichen Verständigungen* über die steuerliche Beurteilung von Sachverhalten. Diese entfalten nach dem Grundsatz von Treu und Glauben eine beschränkte rechtliche Bindungswirkung. Über das Ergebnis der steuerlichen Außenprüfung ist ein schriftlicher Bericht, der sog. *Prüfungsbericht*, zu verfassen, § 202 Abs. 1 Satz 1.

c) Festsetzungsverfahren

aa) Steuerfestsetzung

Im Bereich der Steuerfestsetzung sind folgende Fälle zu unterscheiden:
- *endgültige* Steuerfestsetzung gem. § 155,
- Steuerfestsetzungen unter *Vorbehalt der Nachprüfung* gem. § 164,
- *vorläufige* Steuerfestsetzung gem. § 165.

Endgültige Steuerfestsetzung gem. § 155 führt nach Ablauf der Rechtsbehelfsfrist gem. § 355 Abs. 1 Satz 1 zur formellen und materiellen Bestandskraft nach § 172 Abs. 1. Als endgültige Steuerfestsetzung gelten gem. § 155 Abs. 1 Satz 3 auch die volle oder teilweise Freistellung von einer Steuer (*Freistellungsbescheid*, vgl. Rz. 241) und die Ablehnung eines Antrags auf Steuerfestsetzung (*Ablehnungsbescheid*). **603**

Vorbehalt der Nachprüfung. Die Steuerfestsetzung unter Vorbehalt der Nachprüfung verhindert innerhalb einer bestimmten Zeitspanne die materielle Bestandskraft. Steuerbescheide, auf die sich die Außenprüfung nach § 193 ff. bezieht, ergehen grundsätzlich unter dem Vorbehalt der Nachprüfung. Bei den Steuererklärungen, die gem. § 150 Abs. 1 Satz 3 *Steueranmeldungen* sind, ergibt sich die Vorbehaltsfestsetzung allerdings nach § 168 Satz 1 bereits aus dem Gesetz. Dasselbe gilt nach § 164 Abs. 1 Satz 2 für die *Festsetzung von Vorauszahlungen*. Im Übrigen ist die Vorbehaltsfestsetzung eine Ermessensentscheidung der Finanzbehörde. **604**

Beendigung des Vorbehalts. Nach Beendigung der Außenprüfung ist der Vorbehalt nach § 164 Abs. 3 Satz 3 *aufzuheben*. Dies betrifft den nämlichen Steuerbescheid, sofern sich durch die Außenprüfung keine Änderungen ergeben haben. Ein im Nachgang zur Außenprüfung zu erlassender geänderter Steuerbescheid ist dann bereits endgültig festzusetzen. Findet keine Außenprüfung statt und wird der Vorbehalt der Nachprüfung nach § 164 Abs. 3 Satz 1 nicht von Amts wegen aufgehoben, endet der Vorbehalt, sobald die *Festsetzungsfrist* nach §§ 169 ff. abgelaufen ist, § 164 Abs. 4 Satz 1. **605**

Vorläufige Steuerfestsetzung gem. § 165 findet im Gegensatz zur Vorbehaltsfeststellung erst statt, nachdem die Ermittlungstätigkeit der Finanzbehörde beendet ist. Die Vorläufigkeit ermöglicht es der Finanzbehörde, zu Steuerfestsetzungen zu kommen, obwohl Einzelheiten des Steuertatbestands oder der Rechtskonformität von Steuerbestimmungen im Zeitpunkt der Festsetzung noch offen sind. Der häufigste Fall der vorläufigen Steuerfestsetzung betrifft Steuerbescheide, die sich auf Sachverhalte beziehen, die in einem anderen Fall Gegenstand eines *Verfahrens bei dem Europäischen Gerichtshof*, dem *Bundesverfassungsgericht* oder einem obersten *Bundesgericht* sind, § 165 Abs. 1 Satz 2 Nr. 3. Nr. 4 dehnt den Anwendungsbereich der vorläufigen Steuerfestsetzung auf *strittige einfachgesetzliche Rechtsfragen* im Rahmen von Musterverfahren vor dem BFH aus. Die Vorschriften tragen dem Grundsatz der Verfahrensökono- **606**

mie Rechnung und versetzen den Steuerpflichtigen in die Lage, auf die Einleitung eines Einspruchsverfahrens in eigener Sache zu verzichten, wenn die in einem anderen Fall beantragte Feststellung der Rechtsunwirksamkeit steuerlicher Normen durch laufende Gerichtsverfahren offen ist.

Bestünde die Möglichkeit der vorläufigen Steuerfestsetzung von Amts wegen nicht, müsste der Steuerpflichtige durch die Einleitung eines Einspruchsverfahrens die formelle Bestandskraft des Steuerbescheides beseitigen, um ggf. von einer positiven Entscheidung des Gerichts profitieren zu können. Um die Anzahl laufender Einspruchsverfahren zu verringern, setzen die Finanzbehörden Steuern grundsätzlich nur vorläufig fest, wenn Grundlagen des Steuerbescheides Gegenstand von entsprechenden Gerichtsverfahren sind.

Die Fälle der *Ungewissheit über den Steuertatbestand nach § 165 Abs. 1 Satz 2 Nr. 1* sind in der Praxis eher selten. Sie ermöglichen es der Finanzbehörde, ungeachtet verbleibender Ungewissheiten bereits zu bescheiden. Die Vorläufigkeitserklärung darf indessen nicht ergehen, wenn eine endgültige Ermittlung der Besteuerungsgrundlagen der Finanzbehörde möglich war, diese allerdings nicht durchgeführt wurde.

bb) Festsetzungsverjährung

607 Die §§ 169 bis 171 beinhalten Regelungen zu den zeitlichen Rahmenbedingungen der Steuerfestsetzung nach § 155 ff. Die Steuerfestsetzung hat grundsätzlich im Rahmen einer bestimmten *Festsetzungsfrist* zu erfolgen. Ist die Festsetzungsfrist abgelaufen, liegt Festsetzungsverjährung nach § 169 Abs. 1 Satz 1 vor. Die Festsetzungsverjährung betrifft neben der *erstmaligen Steuerfestsetzung* auch die *Aufhebung* oder *Änderung von Steuerbescheiden*. Sie ist nicht antragsgebunden, sondern von Amts wegen zu berücksichtigen.

Festsetzungsfrist. Sie beträgt nach § 169 Abs. 2 Satz 1 Nr. 2 *grundsätzlich* vier Jahre. Für *Verbrauchsteuern* und *Verbrauchsteuervergütungen* beträgt die Festsetzungsfrist ein Jahr, § 169 Abs. 2 Satz 1 Nr. 1. Liegen Fälle von *Steuerhinterziehung* oder leichtfertiger *Steuerverkürzung* vor (Rz. 671 ff.), beträgt die Festsetzungsfrist zehn bzw. fünf Jahre, § 169 Abs. 2 Satz 2. Die Festsetzungsfrist *beginnt* nach § 170 Abs. 1 mit Ablauf des Kalenderjahres, in dem die Steuer entstanden ist. Sofern eine Steuererklärung einzureichen ist, beginnt die Festsetzungsfrist mit Ablauf des Kalenderjahres, in dem die Steuererklärung eingereicht wird, spätestens jedoch mit Ablauf des dritten Kalenderjahres, das auf das Kalenderjahr folgt, in dem die Steuer entstanden ist, § 170 Abs. 2 Satz 1 Nr. 1.

608 An- und Ablaufhemmung. Besteht die Pflicht zur Abgabe einer Steuererklärung oder liegen andere Ausnahmen gem. § 170 Abs. 2 vor, spricht man von Anlaufhemmung. Das Anlaufen der Festsetzungsfrist wird hierdurch gehemmt. Dasselbe gilt für den Ablauf der Festsetzungsfrist nach § 171. Eine Ablaufhemmung liegt vor, sofern ein Sonderfall des § 171 gegeben ist. Dies betrifft z. B. den Fall des Beginns einer Außenprüfung vor Ablauf der Festsetzungsfrist, § 171 Abs. 4. Wird mit einer Außenprüfung begonnen, so läuft die Festsetzungsfrist für die Steuern, auf die sich die Außenprüfung erstreckt, nicht ab, bevor die aufgrund der Außenprüfung zu erlassenden Steuerbescheide unanfechtbar geworden sind.

Wegen dieser Vorschrift ist es zu erklären, dass steuerliche Außenprüfungen oft *Ende Dezember* begonnen werden und die Prüfung dann zunächst unterbrochen wird. Durch diese Verfahrensweise gelingt es den Finanzbehörden, das Ablaufen der Festsetzungsverjährungsfrist zu verhindern, ohne die eigentliche Prüfung durchführen zu müssen.

Beispiel:
A gibt seine Einkommensteuererklärung für den VZ 2017 am 31.5.2018 ab. Nach § 170 Abs. 1 beginnt die Festsetzungsfrist mit Ablauf des 31.12.2017, weil zu diesem Zeitpunkt gem. §§ 36 Abs. 1, 25 Abs. 1 EStG die ESt entsteht. Da gem. § 25 Abs. 3 Satz 1 EStG Steuerpflichtige eine Einkommensteuererklärung abzugeben haben, liegt *Anlaufhemmung* gem. § 170 Abs. 2 Satz 1 Nr. 1 vor. Die Steuererklärung ist nach § 149 Abs. 2 Satz 1 spätestens am 31.5.2018 für den VZ 2017 abzugeben (die auf sieben Monate verlängerte Einreichungsfrist ist nach Art. 97 § 10a Abs. 4 EGAO erst für den Veranlagungszeitraum 2018 anzuwenden). Nach § 170 Abs. 2 Satz 1 Nr. 1 führt die Anlaufhemmung dazu, dass die Festsetzungsfrist erst mit Ablauf des Kalenderjahres 2018 beginnt. Unterlässt A die Abgabe einer Einkommensteuererklärung, beginnt die Festsetzungsfrist nach § 170 Abs. 2 Satz 1 Nr. 1 mit Ablauf des dritten auf die Entstehung der Steuer folgenden Kalenderjahres. Für den VZ 2017 würde die Festsetzungsfrist somit in diesem Fall mit Ablauf des am 31.12.2020 beginnen.

cc) Bestandskraft

Systematik. Die formelle und materielle Bestandskraft eines Steuerverwaltungsakts besagt, dass dieser nach Ablauf der Rechtsbehelfsfrist nur aufgrund einer gesetzlichen Vorschrift aufgehoben oder geändert werden kann, s. Rz. 571 f. Diese Korrekturvorschriften sind in den §§ 129 bis 132 sowie in den §§ 172 bis 177 geregelt. Die Fälle der Steuerfestsetzung unter dem *Vorbehalt der Nachprüfung* sowie der *vorläufigen Steuerfestsetzung* nach §§ 164 und 165 (Rz. 604 ff.) werden hingegen als Fälle der Suspendierung der materiellen Bestandskraft angesehen, s. Rz. 571.

609

Die Korrekturvorschriften der *Aufhebung oder Änderung* gem. §§ 172 ff. (Rz. 615 ff.) sind nur für **Steuerbescheide** und ihnen gleichgestellte Bescheide anzuwenden. Demgegenüber gelten die Bestimmungen über die *Rücknahme und den Widerruf* nach §§ 130 und 131 (Rz. 612 ff.) nur für **Bescheide, die nicht Steuerbescheide** oder ihnen gleichgestellte Bescheide **sind**, § 172 Abs. 1 Satz 1 Nr. 2 Buchst. d Halbsatz 2. Die Regelung der *offenbaren Unrichtigkeit* in § 129 (Rz. 611) gilt für **alle Steuerverwaltungsakte**, Umkehrschluss aus § 172 Abs. 1 Satz 1 Nr. 2 Buchst. d Halbsatz 1.

610

Offenbare Unrichtigkeiten. Liegen bei Steuerverwaltungsakten Schreibfehler, Rechenfehler oder ähnliche offenbare Unrichtigkeiten vor, ist die Finanzbehörde nach §§ 129 Satz 1, 173a berechtigt und bei Interesse des Steuerpflichtigen verpflichtet, den Verwaltungsakt zu berichtigen. Diese Korrekturvorschriften verschaffen dem zivilrechtlichen Grundsatz, dass eine falsche Bezeichnung nicht schadet, eine steuerliche Geltung (*falsa demonstratio non nocet*). Sie erfasst *mechanische Fehler* bei der Umsetzung des von Amts wegen Gewollten. Fehler in der Würdigung der Tatsachen oder bei den rechtlichen Folgerungen werden von §§ 129, 173a nicht erfasst. Die Vorschrift ermöglicht Korrekturen in

611

jede Richtung, zugunsten wie zuungunsten des Steuerpflichtigen. In ersterem Fall gibt es allerdings einen Rechtsanspruch auf Änderung, § 129 Satz 2. Die Korrektur ist nur innerhalb der Festsetzungsfrist möglich, § 169 Abs. 1 Satz 2.

> **Beispiel:**
>
> *Übertragungs-/Eingabefehler* des Veranlagungsbeamten, *programmbedingte Fehler* etc. Der Anwendungsbereich des § 129 erfasst *Rechenfehler* des Steuerpflichtigen in einer der Steuererklärung beigefügten Berechnung, die in dem Steuerbescheid übernommen wurden, der Anwendungsbereich des § 173a auch Rechenfehler in einer Nebenrechnung, die der Steuerpflichtige dem Finanzamt nicht zur Kenntnis gebracht hat.

612 Rücknahme und Widerruf. Die Bestimmungen der §§ 130, 131 gelten für Steuerverwaltungsakte, die keine Steuerbescheide oder ihnen gleichgestellte Bescheide sind. Die Regelungen gelten demnach etwa bei *Stundung*, *Erlass* und *Aussetzung der Vollziehung* (§§ 222, 227, 361 Abs. 2). Während die Rücknahme den *rechtswidrigen* Verwaltungsakt betrifft, handelt es sich beim Widerruf um die Beseitigung einer anfänglich *rechtmäßigen* hoheitlichen Maßnahme. Rücknahme und Widerruf begünstigender (nicht arglistig erreichter) Verwaltungsakte kommen nur innerhalb Jahresfrist ab Kenntnis der Finanzbehörde in Betracht, §§ 130 Abs. 3, 131 Abs. 2 Satz 2.

613 Rücknahme. Rechtswidrige *belastende* Verwaltungsakte können jederzeit nach § 130 Abs. 1 zurückgenommen werden. Rechtswidrige *begünstigende* Verwaltungsakte können nur unter den Bedingungen des § 130 Abs. 2 zurückgenommen werden. Begünstigung liegt vor, wenn der Verwaltungsakt ein Recht oder einen rechtlich erheblichen Vorteil begründet oder bestätigt hat, § 130 Abs. 2. Die Rücknahme setzt in diesen Fällen *Unzuständigkeit* der erlassenen Behörde, *Arglist, Drohung* oder *Bestechung* oder ähnliche Fälle arglistigen Handelns des Beteiligten voraus.

614 Widerruf. Fälle des Widerrufs nach § 131 betreffen generell rechtmäßige Verwaltungsakte. Der Widerruf bezieht sich nur auf die Zukunft. Ist der Verwaltungsakt bereits vollzogen, wie etwa im Fall des Erlasses (§ 227) mit der Folge des Erlöschens des Steuerschuldverhältnisses (§ 47, s. Rz. 637 ff.), kommt der Widerruf nicht in Betracht. *Belastende* Verwaltungsakte sind nach Abs. 1 weitgehend unbegrenzt korrekturfähig. Bei *begünstigenden* Verwaltungsakten steht der Widerruf nach § 131 Abs. 2 unter bestimmten Bedingungen (Vorbehalt des Widerrufs durch Verwaltungsakt, Nichterfüllung einer Auflage, Gefährdung des öffentlichen Interesses).

> **Beispiele:**
>
> A erreicht die Stundung/den Erlass der Ansprüche aus einem Einkommensteuerbescheid, weil er Billigkeitsgründe nachweisen kann. Nach Stundung/Erlass „knackt" A den Jackpot der staatlichen Lotteriegesellschaft und wird 125facher Millionär *(Fall a)*. A spiegelt der Finanzbehörde das Vorliegen von Billigkeitsgründen wahrheitswidrig vor, das Finanzamt kommt ihm in beiden Fallvarianten auf die Schliche, korrigiert den Verwaltungsakt allerdings erst nach 15 Monaten *(Fall b)*. Es handelt sich in allen Fällen um begünstigende Verwaltungsakte, im Fall a um rechtmäßige, im Fall b um rechtswidrige Verwaltungsakte. Im **Fall a** kann, sofern ein *Erlass* aus Billigkeitsgründen vorliegt, dieser *für die Zukunft* nicht widerrufen werden, weil

der Erlass bereits vollzogen und die Steuerschuld erloschen ist. Die *Stundung* als Dauerverwaltungsakt kann dagegen nach § 131 Abs. 2 Nr. 3 widerrufen werden, weil die Finanzbehörde nach Eintritt der neuen Tatsachen (Lottogewinn) berechtigt gewesen wäre, den Erlassantrag abzulehnen. Die Gefährdung des öffentlichen Interesses sieht die Finanzverwaltung im Anwendungserlass zu § 131 AO bereits dann als gegeben an, wenn ein Festhalten an der Entscheidung zu einer Bevorzugung des Steuerpflichtigen führen würde; allerdings ist die Frist von einem Jahr seit Kenntnis abgelaufen, Änderung damit nicht mehr möglich. Im **Fall b** ist § 130 einschlägig, weil Stundung bzw. Erlass arglistig und damit rechtswidrig erwirkt wurden. Wegen der Arglist ist Rücknahme möglich, § 130 Abs. 2 Satz 2, Jahresfrist greift nicht, § 130 Abs. 3.

Aufhebung und Änderung. Gegenstand der Korrekturvorschriften der §§ 172 ff. ist, dass es sich um Steuerbescheide oder um ihnen gleichgestellte Verwaltungsakte handelt. **615**

Neben *Steuerbescheiden* greift die Vorschrift insb. bei *Feststellungsbescheiden* nach §§ 179 ff. und bei *Zinsbescheiden* gem. § 233, vgl. §§ 181 Abs. 1 Satz 1, 239 Abs. 1 Satz 1. Für alle Bescheide ist Voraussetzung der Korrektur, dass die Festsetzungsfrist noch nicht abgelaufen ist und die Bagatellregelung der Kleinbetragsverordnung (Änderung nur bei Abweichung zugunsten des Steuerpflichtigen um mindestens 10 EUR bzw. zuungunsten des Steuerpflichtigen um mindestens 25 EUR, § 1 Kleinbetragsverordnung v. 19.12.2000) nicht eingreift.

Schlichte Änderung. Nach § 172 können *rechtswidrige* Steuerbescheide aufgehoben oder geändert werden. Steuerbescheidänderungen, die *zuungunsten* des Steuerpflichtigen wirken (z. B. die Zahllast erhöhender geänderter Einkommensteuerbescheid) können nur geändert werden, wenn der Steuerpflichtige zustimmt. Die Zustimmung ist von Steuerpflichtigen regelmäßig nur dann zu erwarten, wenn mit der Änderung ein Vorteil verbunden ist, der den Nachteil überwiegt, z. B. eine geänderte Nutzungsdauer bei der Abschreibung. Im Bereich der begünstigenden Änderungen von Steuerbescheiden ist Voraussetzung des Änderungsbegehrens, dass die Bestandskraft noch nicht eingetreten ist und der Änderungsantrag innerhalb des Verfahrens erfolgt. Erfasst werden hierdurch alle Fälle der *Abhilfe eines Einspruchs* im laufenden Einspruchsverfahren durch die Finanzbehörde, vgl. Rz. 604. **616**

> **Beispiel:**
>
> A legt gegen seinen Einkommensteuerbescheid für den VZ 2017 form- und fristgerecht Einspruch ein. Er begehrt die erklärungsgemäße Berücksichtigung von Werbungskosten i. H.v. 2 TEUR. Im Veranlagungsverfahren ist die Finanzbehörde von der Erklärung abgewichen und hat die Werbungskosten nicht berücksichtigt. Im Einspruchsverfahren kommt die Finanzbehörde nunmehr zu derselben Auffassung wie der A. Sie hilft dem Einspruch durch Änderung des Einkommensteuerbescheids gem. § 172 Abs. 1 Satz 1 Nr. 2 Buchst. a ab.

Neue Tatsachen oder Beweismittel. §§ 173, 175b ermöglichen es der Finanzbehörde, Steuerbescheide bei Bekanntwerden neuer Tatsachen oder Beweismittel in Teilbereichen aufzuheben oder zu ändern. Die Tatsachen oder Beweismittel dürfen hierbei nicht bereits im Ermittlungsverfahren bekannt gewesen **617**

sein. Ferner beziehen sich §§ 173, 175b nur auf *Sachverhaltsfragen*, nicht etwa auf die Qualität der Rechtsfindung. Die Unkenntnis muss *kausal* für die damalige Feststellung gewesen sein. Schließlich ist die Korrekturvorschrift nicht geeignet, den *gesamten* Veranlagungsfall neu aufzurollen. Die Aufhebung oder Änderung ist nur möglich, *soweit* neue Umstände bekannt werden. Rechtswidrige Steuerbescheide aufgrund fehlerhaft elektronisch übermittelter Daten sind nach § 175b uneingeschränkt zu berichtigen. In anderen Fällen kommt es nach § 173 darauf an, wer dafür verantwortlich ist, dass das Finanzamt von einem falschen oder unvollständigen Sachverhalt ausgegangen ist. Sofern die Korrektur den Steuerpflichtigen begünstigen würde, ist erforderlich, dass den Steuerpflichtigen kein grobes Verschulden an der nachträglichen Kenntnis trifft.

Beispiel 1:

A erzielt Einkünfte aus Vermietung und Verpachtung durch Vermietung seines Elternhauses. Im VZ 2017 hat A eine Einbauküche angeschafft und sofort als Werbungskosten abgesetzt, obwohl die Aufwendungen nach § 9 Abs. 1 Satz 3 Nr. 7 EStG auf mehrere Jahre hätten verteilt werden müssen. Aus der Steuererklärung war nicht ersichtlich, dass es sich bei den geltend gemachten Werbungskosten um eine Einbauküche handelt. Im Rahmen eines Ortstermins wegen der Klärung von Tatsachenfragen bzgl. der Veranlagung im VZ 2018 erlangt der Veranlagungsbeamte Kenntnis von der erfolgten sofortigen Absetzung der Kosten für die Einbauküche. Die Änderung des bestandskräftigen Einkommensteuerbescheids 2017 ist wegen des nachträglichen Bekanntwerdens neuer Tatsachen möglich.

Beispiel 2:

B erklärt Einkünfte aus selbstständiger Arbeit i. H. v. 100 TEUR. Wegen seiner undurchsichtigen Buchführung versäumt er, Betriebsausgaben i. H. v. 20 TEUR anzugeben. Nach Bestandskraft des Einkommensteuerbescheids verlangt B Änderung. Die Nichteinreichung wird man als grob (fahrlässig) verschuldet ansehen müssen, womit eine Änderung nach § 173 Abs. 1 Nr. 2 nicht in Betracht kommt.

Beispiel 3:

B hat Beiträge zur Krankenversicherung i. H. v. 6.000 EUR gezahlt und in der Steuererklärung angegeben, der Versicherer bescheinigt elektronisch gegenüber dem Finanzamt aber nur 5.000 EUR. Das Finanzamt erlässt einen Steuerbescheid, ohne den Widerspruch zur Erklärung zu hinterfragen, und lässt nur 5.000 EUR zum Sonderausgabenabzug zu. B nimmt das hin, ohne Einspruch einzulegen. Monate später berichtigt der Versicherer seinen Fehler. Das Finanzamt ist verpflichtet, den Steuerbescheid zu ändern, § 175b.

618 Widerstreitende Steuerfestsetzung. Liegen Kollisionen von Steuerfestsetzungen vor, greift die Korrekturvorschrift des § 174. Dies betrifft etwa die Mehrfach- bzw. Nichtberücksichtigung desselben Sachverhalts bei einem oder mehreren Steuerpflichtigen.

Beispiel:

A erstellt die Steuererklärungen der Jahre 2017 und 2018 an einem verregneten Sonnabend Nachmittag. Ein Windstoß geht durch den Raum und bringt sämtliche Belege durcheinander. A ordnet alle Belege mühsam den richtigen Veranlagungszeiträumen zu, nur bei einer Honorarrechnung macht er einen Fehler. Statt das Honorar nur im VZ 2018 anzusetzen, setzt er es sowohl in 2017 als auch in 2018 steuererhöhend an. Während der Bescheid des VZ 2017 bestandskräftig wird, ist der Bescheid des VZ 2018 noch offen, weil A hier ein Einspruchsverfahren führt. Trotz der Bestandskraft des Einkommensteuerbescheids für den VZ 2017 kann A die Änderung des Bescheids nach § 174 beanspruchen und zwar zur Vermeidung des Mehrfachansatzes.

Folgeanpassung. Bestandskräftige Folgebescheide (z. B. Einkommensteuerbescheid) können bei Erlass, Aufhebung oder Änderung von Grundlagenbescheiden nach § 175 Abs. 1 Satz 1 Nr. 1 geändert werden (z. B. Bescheid über die einheitliche und gesonderte Feststellung von Besteuerungsgrundlagen bei einer Personengesellschaft, an der der Steuerpflichtige einen Anteil hält). **619**

dd) Gesonderte Feststellung von Besteuerungsgrundlagen

Im Steuerfestsetzungsverfahren bilden die Feststellungen der Besteuerungsgrundlagen grundsätzlich einen mit Rechtsbehelfen nicht selbstständig anfechtbaren Teil des zu erlassenden Steuerbescheides, § 157 Abs. 2. Von diesem Grundsatz wird im *mehrstufigen Verwaltungsverfahren* (s. Rz. 520) abgewichen. Bei der gesonderten Feststellung von Besteuerungsgrundlagen werden zunächst die Besteuerungsgrundlagen in einem *gesonderten Feststellungsverfahren* gem. §§ 179 ff. durch Verwaltungsakt beschieden (sog. F-Bescheid). Anschließend erfolgt die Steuerfestsetzung durch Steuerbescheid nach § 155. **620**

Die **wesentlichen Fälle** der gesonderten Feststellung von Besteuerungsgrundlagen sind:

- die Erzielung von Einkünften durch mehrere Personen, § 180 Abs. 1 Nr. 2 Buchst. a,
- bei Einzelunternehmen und nicht in Gesellschaft tätigen Freiberuflern die fehlende Identität von Betriebs- und Wohnsitzfinanzamt, § 180 Abs. 1 Nr. 2 Buchst. b,
- bei Gewerbe- und Grundsteuer die Steuermessbeträge gem. § 184.

Personenmehrheit. Wegen des Grundsatzes der Gleichmäßigkeit der Besteuerung nach § 85 Abs. 1 können *gleiche Verhältnisse* bei einer *Mehrheit von Steuerpflichtigen*, die gemeinsam Einkünfte erzielen, nur *einheitlich festgestellt* werden. Erzielen Personengesellschaften oder Gemeinschaften Einkünfte, werden diese somit einheitlich und gesondert festgestellt. So werden z. B. die Einkünfte einer OHG, von der ausschließlich gewerbliche Einkünfte erzielt werden, durch einen Bescheid über die einheitliche und gesonderte Feststellung von Besteuerungsgrundlagen beschieden, § 180 Abs. 1 Nr. 2 Buchst. a. **621**

Fehlende Zuständigkeitsidentität. Auch sofern keine Personenmehrheit vorliegt, kann eine gesonderte Feststellung geboten sein, wenn das *Betriebsfinanzamt* nach § 18 Abs. 1 Nr. 2 nicht zugleich auch das *Wohnsitzfinanzamt* des Steuerpflichtigen nach § 19 ist, § 180 Abs. 1 Nr. 2 Buchst. b. Aufgrund der Zuständigkeitsspreizung der Finanzämter ist die Trennung der *Feststellung* von Besteuerungsgrundlagen und der *Veranlagung* zur ESt erforderlich. **622**

623 Realsteuer. Das zweistufige Verfahren in den Bereichen der *GewSt* und der *GrSt* gebietet es schließlich, auch hier das zweistufige Festsetzungsverfahren durchzuführen. Während das Betriebsfinanzamt bzw. das für die Einheitsbewertung zuständige Finanzamt gem. § 18 Abs. 1 Nr. 2 die *Steuermessbeträge* feststellt, werden nach Anwendung des individuellen Hebesatzes die *GewSt* bzw. *GrSt* durch die jeweilige Gemeinde festgesetzt.

Anwendung der Regelungen der Steuerfestsetzung. Für das Feststellungsverfahren gelten die Vorschriften über die Steuerfestsetzung sinngemäß, § 181 Abs. 1 Satz 1. Bescheide über die Feststellung von Besteuerungsgrundlagen können somit nach § 164 unter den *Vorbehalt der Nachprüfung* (s. Rz. 604f.) gestellt werden oder nach § 165 *vorläufig* (s. Rz. 606) ergehen. Die Regelungen über die *Festsetzungsverjährung* nach § 169 gelten für das Feststellungsverfahren ebenfalls entsprechend (s. Rz. 607).

d) Erhebungsverfahren

624 Systematik. Das Erhebungsverfahren nach §§ 218 ff. und das Vollstreckungsverfahren nach den §§ 249 ff. stellt die Verbindung des Steuerrechtsverhältnisses zum Steuerschuldverhältnis dar. Im Erhebungsverfahren wird insb. geregelt, in welchem zeitlichen Rahmen der materielle Zahlungsanspruch des Fiskus zu realisieren ist und wodurch der Zahlungsanspruch erlischt. Das Erhebungsverfahren ist somit einerseits integraler Bestandteil des Besteuerungsverfahrens und nimmt andererseits Bezug auf das Steuerschuldverhältnis als materiell-rechtlichen Teil des Steuerrechtsverhältnisses. Weil in § 218 Abs. 1 Satz 1 auf die Ansprüche aus dem Steuerverhältnis eingegangen wird, wird zunächst das *Steuerschuldrecht* behandelt, bevor auf die Verwirklichung von Ansprüchen aus dem Steuerschuldverhältnis und das Erlöschen desselben eingegangen wird.

aa) Überblick zum Steuerschuldrecht

Die allgemeinen Regelungen zum Steuerschuldverhältnis als materiell-rechtlichen Teil des Steuerrechtsverhältnisses zwischen Steuerberechtigtem und Steuerpflichtigen sind in den §§ 37 bis 50 geregelt. Das Schuldverhältnis ist ein gesetzliches Schuldverhältnis. Nach § 43 Satz 1 bestimmen die Steuergesetze, wer *Steuerschuldner* und *Steuervergütungsgläubiger* ist. Die Finanzverfassung bestimmt darüber hinaus, wer *Steuergläubiger* im Steuerschuldverhältnis ist.

625 Vertragliche Schuldverhältnisse, wie sie z. B. im Zivilrecht bestehen und auch im öffentlichen Recht bei den öffentlich-rechtlichen Verträgen möglich sind, sind dem Steuerrecht fremd. Dieser Grundsatz wird durch die Möglichkeit *tatsächlicher Verständigungen* über Sachverhalte zwischen Steuerpflichtigen und dem Fiskus, die in der Praxis wegen der Komplexität des Steuerrechts durchaus üblich sind, nicht in Frage gestellt. Derartige Vereinbarungen beziehen sich ausdrücklich nicht auf Rechtsverhältnisse, sondern lediglich auf Sachverhalte und werden häufig im Rahmen von steuerlichen Außenprüfungen abgeschlossen, vgl. Rz. 546. Als unzulässig werden hingegen Verständigungen über Rechtsfolgen angesehen.

Aus dem Steuerschuldverhältnis lassen sich nach § 37 Abs. 1 **Ansprüche des Fiskus** herleiten: **626**

- der Steueranspruch,
- der Haftungsanspruch und
- der Anspruch auf eine steuerliche Nebenleistung.

Ansprüche des Steuerpflichtigen aus dem Steuerverhältnis sind

- der Steuervergütungsanspruch,
- der Erstattungsanspruch nach § 37 Abs. 2 sowie
- weitere nach den Einzelsteuergesetzen geregelte Steuererstattungsansprüche.

Steueranspruch ist der Anspruch des Fiskus auf Zahlung der Steuer durch den Steuerpflichtigen aufgrund eines Steuergesetzes. Das EStG z. B. regelt den Steueranspruch des Fiskus hinsichtlich des Einkommens von natürlichen Personen. **627**

Haftungsanspruch ist der Anspruch des Fiskus, wenn er nach einem Steuergesetz einen Dritten für die Schuld des Steuerschuldners in Anspruch nehmen kann, § 191. Der Haftungsanspruch entsteht nicht vor dem Steueranspruch und ist im Verhältnis zu diesem akzessorisch. Steuerschuldner und Haftungsschuldner sind *Gesamtschuldner* gem. § 44 Abs. 1 Satz 1. Der Haftungsanspruch knüpft an die Verantwortlichkeit des Haftenden bezüglich der Realisierung des Steueranspruchs an. Insoweit sind Haftungsschuldner z. B. die gesetzlichen Vertreter von natürlichen und juristischen Personen nach §§ 69 Satz 1, 34 Abs. 1 Satz 1. Weitere Voraussetzung der Haftung ist eine *Pflichtverletzung* und ein *Verschulden* des Haftungsschuldners. Haftungstatbestände sind auch die Haftung des Steuerhinterziehers und des Steuerhehlers (§ 71) sowie die Haftung bei steuerlichen Organschaften nach § 73 (steuerliche Zusammenfassung von getrennten rechtlichen Einheiten). Weitere Haftungstatbestände sind in den §§ 69 bis 77 aufgeführt. **628**

> **Beispiel:**
> Der Geschäftsführer G der A-GmbH versäumt es, für die GmbH rechtzeitig Körperschaft- und Gewerbesteuererklärungen für den VZ bzw. den Erhebungszeitraum 2015 abzugeben. Während der Kalenderjahre 2016 und 2017 verfügt die Gesellschaft noch über Liquidität. In 2018 muss die A-GmbH einen Antrag auf Eröffnung des Insolvenzverfahrens stellen. Der Steueranspruch aus beiden Steuerarten für 2015 beläuft sich auf 100 TEUR und kann wegen des Insolvenzverfahrens nicht mehr realisiert werden. G hatte keinen Antrag auf Fristverlängerung für die Abgabe beider Erklärungen gestellt. Die Finanzbehörden erwägen, G als Haftungsschuldner in Anspruch zu nehmen, weil er als Geschäftsführer mindestens grob fahrlässig die Pflicht zu fristgerechten Abgabe der Steuererklärungen verletzt hat und dadurch Steueransprüche nicht rechtzeitig festgesetzt bzw. erfüllt werden konnten.

Ansprüche auf steuerliche Nebenleistungen s. Rz. 645 ff.

Steuervergütungsanspruch ist ein dem Steuerrecht immanenter Anspruch, der geeignet ist, bestimmte Steuerbelastungen zu beseitigen. **629**

Beispiel:

Im umsatzsteuerlichen Voranmeldungszeitraum Mai 2018 übersteigt die geltend gemachte Vorsteuer die abzuführende USt um 20 TEUR. Es besteht ein Steuervergütungsanspruch aus der Voranmeldung Mai 2018 gegen den Fiskus.

630 **Steuererstattungsanspruch.** Er ist in § 37 Abs. 2 allgemein und in Einzelsteuergesetzen besonders geregelt und entspricht in etwa dem Rechtsinstitut der *ungerechtfertigten Bereicherung* nach § 812 BGB. Häufigster Fall des Steuererstattungsanspruchs sind Überzahlungen des Steuerpflichtigen. Bei überzahlter ESt, die sich z. B. im Rahmen der Abrechnung aus Einkommensteuerschuld und geleisteten Vorauszahlungen nach § 36 Abs. 2 EStG ergibt, bestimmt sich der Steuererstattungsanspruch nach § 36 Abs. 4 Satz 2 EStG.

Beispiel:

Die Vorauszahlungen auf die ESt sind höher als die später im Veranlagungsverfahren festgesetzte ESt. Es entsteht ein Steuererstattungsanspruch des Steuerpflichtigen i. H. d. Überzahlung. Dasselbe gilt im Falle der Zahlung aufgrund eines nichtigen Steuerbescheids.

631 **Übertragung.** Ansprüche aus dem Steuerschuldverhältnis können durch Gesamt- oder Einzelrechtsnachfolge auf Dritte übertragen werden. Die Voraussetzungen der Rechtsnachfolge regeln die §§ 45 und 46. Der Steuererstattungsanspruch des Erblassers geht z. B. im Wege der Gesamtrechtsnachfolge auf den Erben über. Steuererstattungsansprüche können ferner abgetreten, verpfändet und gepfändet werden. In diesen Fällen ist eine Anzeige bei der zuständigen Finanzbehörde erforderlich.

Ansprüche aus dem Steuerschuldverhältnis gem. § 37 Abs. 1

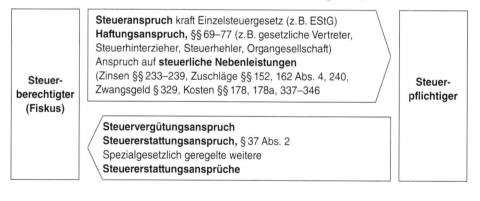

bb) Verwirklichung von Ansprüchen aus dem Steuerschuldverhältnis

632 Steuerbescheid, Steuervergütungsbescheid, Haftungsbescheid und Verwaltungsakte, durch die steuerliche Nebenleistungen festgestellt werden, bilden die verfahrensrechtliche Grundlage für die Verwirklichung von Ansprüchen aus dem Steuerschuldverhältnis, § 218 Abs. 1 Satz 1 Halbsatz 1. Diese Verwaltungsakte bilden den *Rechtsgrund* für die Steuerzahlung. Jede Zahlung, die sich nicht auf einen materiellen Rechtsgrund aus dem Steuerschuldverhältnis bezieht, begründet einen *Steuererstattungsanspruch* nach § 37 Abs. 2 oder aufgrund anderer gesetzlicher Regelungen.

Entstehung. Ansprüche aus dem Steuerschuldverhältnis entstehen, sobald der Tatbestand verwirklicht ist, an den das Gesetz die Leistungspflicht knüpft, § 38. Die Entstehungszeitpunkte werden in den Steuergesetzen festgelegt. **633**

> **Beispiele:**
>
> Die *ESt* und die *KSt* entstehen mit Ablauf des VZ, § 36 Abs. 1 EStG, § 30 Nr. 3 KStG. Ansprüche auf *Einkommensteuer-Vorauszahlungen* entstehen nach § 37 Abs. 1 Satz 2 EStG jeweils mit Beginn des Kalendervierteljahres, in dem die Vorauszahlungen zu entrichten sind. Die ESt in Gestalt der Erhebungsform des Steuerabzugs vom Arbeitslohn *(Lohnsteuer)* entsteht nach § 38 Abs. 2 Satz 2 EStG in dem Zeitpunkt, in dem der Arbeitslohn dem Arbeitnehmer zufließt. Die ESt in Gestalt der Erhebungsform als *Kapitalertragsteuer* entsteht nach § 44 Abs. 1 Satz 2 EStG in dem Zeitpunkt, in dem die Kapitalerträge dem Gläubiger zufließen. Die *GewSt* entsteht nach § 18 GewStG mit Ablauf des Erhebungszeitraumes. *Vorauszahlungen* auf die GewSt entstehen nach § 21 GewStG mit Beginn des Kalendervierteljahres, in dem die Vorauszahlungen zu entrichten sind. Es bestehen darüber hinaus zahlreich weitere Regelungen zum Entstehungszeitpunkt von Steuern.

Fälligkeit. Die Fälligkeit des Anspruchs aus dem Steuerschuldverhältnis richtet sich nach den Vorschriften der Steuergesetze, § 220 Abs. 1. Fehlt es an einer besonderen einzelsteuergesetzlichen Regelung zur Fälligkeit, wird der Anspruch aus dem Steuerschuldverhältnis nach § 220 Abs. 2 mit dessen *Entstehen* fällig. Wird die Steuer trotz Fälligkeit nicht beglichen, können *Säumniszuschläge* nach § 240 Abs. 1 Satz 1 erhoben werden. **634**

Sofern, wie beispielsweise bei der **ESt** und bei der **KSt,** ein Veranlagungsverfahren vorgesehen ist, hat der Steuerpflichtige im Falle einer zu seinen Lasten bestehenden Zahllast die ESt innerhalb eines Monats nach Bekanntgabe des Steuerbescheides zu entrichten, § 36 Abs. 4 Satz 1 EStG. Das Gesetz sieht in diesem Fall kein Hinausschieben der Fälligkeit vor. Es wird lediglich die Möglichkeit der Erhebung von Säumniszuschlägen nach § 240 Abs. 1 Satz 3 vor der Festsetzung der Steuer ausgeschlossen. Der Begriff der Fälligkeit steht insoweit nicht in Übereinstimmung mit dem bürgerlich-rechtlichen Fälligkeitsbegriff. Die Regelung des § 36 Abs. 4 EStG bezweckt nämlich gerade ein Herausschieben des Zeitpunktes der Zahlungspflicht. Es liegt hiernach somit eigentlich eine Fälligkeitsregelung vor.

Stundung. Die Stundung gem. § 222 schiebt die Fälligkeit von Ansprüchen aus dem Steuerschuldverhältnis für den *Stundungszeitraum* hinaus. Voraussetzung der Stundung ist, dass die Einziehung bei Fälligkeit eine *erhebliche Härte* für den Schuldner darstellen würde und der Anspruch durch die Stundung nicht gefährdet erscheint. **635**

Die Stundung nach § 222 ist eine Billigkeitsmaßnahme, die systematisch mit dem *Erlass aus Billigkeitsgründen* nach § 227 in Verbindung steht. Stundung und Erlass aus Billigkeitsgründen sind dem Bereich des Steuerschuldrechts zuzuweisen, die *abweichende*

Festsetzung von Steuern aus Billigkeitsgründen nach § 163 gehört hingegen dem Festsetzungsverfahren der §§ 155 ff. und damit dem steuerlichen Verfahrensrecht an. Während die Stundung von Ansprüchen aus dem Steuerverhältnis die *Fälligkeit* für den Stundungszeitraum hinausschiebt, ist der Erlass aus Billigkeitsgründen nach § 227 ein *Erlöschensgrund*. Zu der Billigkeit als Voraussetzung der Stundung siehe die Erläuterung zum Erlass, Rz. 583 ff.

636 Rechtsfolge der Stundung. Die Stundung schließt während des Stundungszeitraums die *Fälligkeit* aus und verhindert damit das Entstehen von *Säumniszuschlägen* nach § 240. Im Rahmen des Stundungszeitraumes sind allerdings nach § 234 Abs. 1 *Stundungszinsen* zu erheben, auf die nach Abs. 2 ganz oder teilweise verzichtet werden kann, wenn deren Erhebung *unbillig* wäre. In besonderen Fällen wird die Stundung bereits kraft Gesetzes zinslos gewährt. Erbschaftsteuerbeträge, die auf den Erwerb von Betriebsvermögen entfallen, können gem. § 28 ErbStG bis zu sieben Jahren zinslos gestundet werden. Der erste Jahresbetrag ist nach § 28 Abs. 1 Satz 2 zinslos zu stunden, danach sind Leistungen nach §§ 234 bis 238 zu verzinsen, Satz 3.

cc) Erlöschen von Ansprüchen aus dem Steuerschuldverhältnis

637 Gründe des Erlöschens von Ansprüchen aus dem Steuerschuldverhältnis sind die *Zahlung*, § 224, die *Aufrechnung*, § 226, der *Erlass*, § 227, sowie die *Zahlungsverjährung*, §§ 228 ff., 232. Zahlung und Aufrechnung sind weitgehend analog zum bürgerlichen Recht geregelt.

638 Aufrechnung setzt entsprechend §§ 387 ff. BGB Folgendes voraus:
- Gegenseitigkeit,
- Fälligkeit der Gegenforderung,
- Erfüllbarkeit der Hauptforderung,
- Gleichartigkeit.

Im Gegensatz zum bürgerlichen Recht können nach § 226 Abs. 3 Steuerpflichtige gegen Ansprüche der Finanzbehörden aus dem Steuerverhältnis nur mit *unbestrittenen* oder *rechtskräftig festgestellten* Gegenansprüchen aufrechnen.

639 Erlass. Der Erlass aus Billigkeitsgründen nach § 227 setzt ebenso wie die Stundung (s. Rz. 635) das Vorliegen von *Billigkeitsgründen* voraus. Diese werden nachfolgend für den Erlass und die Stundung gemeinsam dargestellt.

640 Billigkeit. Der *Erlass* steht wie die Stundung und die *abweichende Steuerfestsetzung aus Billigkeitsgründen* unter dem verfassungsrechtlich verbürgten Grundsatz der Gleichmäßigkeit der Besteuerung nach § 85 Satz 1 und ist damit nur ausnahmsweise zulässig. Das Tatbestandsmerkmal der *Unbilligkeit*, die sich in § 222 durch den Begriff „*erhebliche Härte*" ausdrückt, hat eine subjektive und eine objektive Erscheinungsform. Demnach muss die Billigkeit entweder durch *persönliche* oder durch *sachliche* Billigkeitsgründe unterlegt werden.

641 Persönliche Billigkeitsgründe sind *Erlassbedürftigkeit* und *Erlasswürdigkeit*. **Stundungsbedürftigkeit** wird generell durch das Vorliegen einer ernsthaften Gefährdung der wirtschaftlichen Existenz des Steuerpflichtigen begründet. In der Praxis treten diese Fälle z. B. bei Sanierungen von Unternehmen auf, wenn diese durch Forderungsverzichte von Gläubigern eine steuerpflichtige Reinvermögensmehrung (sog. *Sanierungsgewinn*) zu verzeichnen haben.

Beispiel:

Einzelunternehmer E steht kurz davor, einen Antrag auf Eröffnung des Insolvenzverfahrens zu stellen. Es gelingt ihm jedoch, zwei Investoren für die Fortführung des Unternehmens in der Rechtsform einer GmbH & Co. KG ab 1.1.2017 zu finden sowie die Bank zu einem erheblichen Forderungsverzicht zu bewegen. Sämtliche Vermögensgegenstände und Schulden gehen nach einem Sanierungsplan zum 1.1.2017 auf die GmbH & Co. KG über. In dem Einzelunternehmen verbleiben Verbindlichkeiten gegenüber der Bank, auf die zu Beginn des Jahres 2017 nach dem Eintreten bestimmter Maßnahmen verzichtet werden soll. Der Verzicht führt zu einem sonstigen betrieblichen Ertrag beim Einzelunternehmen, der auch steuerlich wirkt. Die früher gegebene Steuerfreiheit des Sanierungsgewinns nach § 3 Nr. 66 a. F. EStG wurde mit Wirkung zum VZ 1998 aus dem EStG gestrichen. Sofern Verlustverrechnung und Verlustabzug nach § 10d EStG bzw. § 10a GewStG ausgeschöpft sind und der Forderungsverzicht eine echte Steuerschuld auslösen würde, könnte ein Erlass der Steuerschuld wegen des Eingreifens persönlicher Billigkeitsgründe in Betracht kommen. Vom BMF gibt es hierzu einen Verwaltungserlass (BStBl. I 2003, S. 240), der allerdings nur für die Landesfinanzbehörden (Finanzämter) bindend ist und damit auf dem Gebiet der von den Gemeinden verwalteten Gewerbesteuer eine unbefriedigende Regelungslücke hinterlässt, sog. Sanierungserlass. Der Sanierungserlass ist mittlerweile durch Beschluss des Großen Senats vom 28.11.2016 als mit dem Grundsatz der Gesetzmäßigkeit der Verwaltung unvereinbar erklärt worden. Der Gesetzgeber hat durch §§ 3a EStG, 7b GewStG Regelungen geschaffen, die den Sanierungsgewinn steuerfrei stellen. Das Inkrafttreten der Regelungen ist jedoch an die Feststellung der Europäischen Kommission gekoppelt, dass hierdurch kein Verstoß gegen europäisches Beihilferecht vorliegt. Die Finanzverwaltung wendet den Sanierungserlass für Altfälle, bei denen Gläubiger bis einschließlich 8.2.2017 auf Forderungen verzichtet haben, weiter an.

Erlasswürdigkeit wird negativ durch das Fehlen von *Erlassunwürdigkeit* begründet und bezieht sich auf die Frage der persönlichen Verantwortlichkeit des Steuerpflichtigen für die Existenzgefährdung durch den Steueranspruch.

Sachliche Billigkeitsgründe. Während die persönliche Unbilligkeit an die Situation und das Verhalten des Steuerpflichtigen anknüpft, kommt sachliche Unbilligkeit in Betracht, wenn sich aus der Systematik der Steuergesetze im Ergebnis eine für den Steuerpflichtigen erhebliche Härte ergibt.

Ein häufiger Anwendungsfall der sachlichen Unbilligkeit liegt vor, wenn der auf der Grundlage eines rechtmäßigen Gesetzes erlassene Steuerverwaltungsakt in seiner konkreten Form *mit höherrangigem Recht kollidiert* und der Steuerpflichtige keine Gelegenheit hatte, dies im Einspruchsverfahren geltend zu machen. Dies kann sich insb. durch eine Grundrechtsverletzung des Steuerverwaltungsakts ergeben. Aus dem Gedanken des Art. 20 Abs. 3 GG und dem Gebot der Bindung der Rechtsprechung an Gesetz und Recht kommt ein sachlicher Billigkeitsgrund ferner in Betracht, wenn prinzipiell *rückwirkende Gerichtsentscheidungen* in Vertrauensschutzinteressen des Steuerpflichtigen eingreifen. Schließlich liegen sachliche Billigkeitsgründe vor, wenn der Zweck einer Regelung im konkreten Einzelfall verfehlt wird. Die Rechtsprechung hat diesen Fall z. B. bei der Festsetzung von *Säumniszuschlägen* angenommen, soweit in der Person des Steuerschuldners *Insolvenzgründe* vorliegen. Der Zweck von Säumniszuschlägen kann in diesem Fall nicht mehr erreicht werden, womit nach § 240 Abs. 1 Satz 1 festzusetzende Säumniszuschläge zu erlassen sind.

643 **Zahlungsverjährung** bewirkt, anders als im bürgerlichen Recht, das Erlöschen von Ansprüchen aus dem Steuerschuldverhältnis, § 232. Die Zahlungsverjährung ist von der *Festsetzungsverjährung* zu unterscheiden. Sie bezieht sich ausschließlich auf das Steuerschuldrecht, während die Festsetzungsverjährung dem steuerlichen Verfahrensrecht zuzuordnen ist. Die *Verjährungsfrist* beträgt nach § 228 Satz 2 fünf Jahre und beginnt nach § 229 Abs. 1 Satz 1 mit Ablauf des Kalenderjahres, in dem der Anspruch erstmals fällig geworden ist. Im Falle des Vorliegens von Steuerhinterziehung und anderen Sachverhalten beträgt die Zahlungsverjährungsfrist nunmehr entsprechend den strafrechtlichen Vorschriften zehn Jahre, § 228 Satz 2, 2. Abs. Auf die Verjährungsfrist kann durch *Hemmung* und durch *Unterbrechung* der Verjährung eingewirkt werden. Während die Hemmung der Verjährung den Lauf der Verjährungsfrist *aussetzt* und nach Beendigung des hemmenden Ereignisses *weiter laufen* lässt, führt die Unterbrechung der Verjährung nach § 231 Abs. 3 zu einem *neuen Anlauf* der gesamten Verjährungsfrist.

644 **Anlaufhemmung.** Die sog. Anlaufhemmung des § 229 Abs. 1 Satz 2 ist ein Sonderfall der Hemmung. Die Zahlungsverjährungsfrist beginnt hiernach nicht vor Ablauf des Kalenderjahres, in dem die Festsetzung eines Anspruchs aus dem Steuerschuldverhältnisses wirksam geworden ist. Hierdurch wird gewährleistet, dass die Zahlungsverjährung regelmäßig erst nach Anlaufen der Festsetzungsverjährungsfrist beginnt. Wesentliche Gründe der Verjährungsunterbrechung nach § 231 Abs. 1 Satz 1 Nr. 1 sind die *Stundung*, § 222, und die *Aussetzung der Vollziehung*, § 361 Abs. 2, Abs. 3, s. auch Rz. 662, 667.

dd) Steuerliche Nebenleistungen

645 Steuerliche Nebenleistungen sind gem. § 3 Abs. 4

- Verspätungszuschläge, § 152,
- Zuschläge nach § 162 Abs. 4 bei der Nichtvorlage besonderer Aufzeichnungen i. S. v. § 90 Abs. 3,
- Zinsen, §§ 233–239,
- Säumniszuschläge nach § 240,
- Zwangsgelder, Kosten (§§ 329, 89, 178, 178a, 337–345) und Zinsen i. S. d. Unionszollkodex sowie
- Verzögerungsgelder und Verspätungsgelder, §§ 146 Abs. 2a AO, 22a Abs. 5 EStG.

Zuschläge. Zu Verspätungszuschlägen, Zuschlägen bei Nichtvorlage von Aufzeichnungen i. S. d. § 90 Abs. 3 und Säumniszuschlägen s. Rz. 587, 597, 634. Zwangsgelder, Kosten und Zinsen i. S. d. Unionszollkodex sowie Verzögerungs- und Verspätungsgelder werden nicht behandelt.

646 **Zinsen** werden nach § 233 erhoben, soweit bei Ansprüchen aus dem Steuerschuldverhältnis die Verzinsung gesetzlich vorgeschrieben ist. *Zinseszins* und die *Verzinsung anderer steuerlicher Nebenleistungen* finden nicht statt, § 233 Satz 2.

Im Bereich der Verzinsung sind folgende Fallgruppen zu unterscheiden:

- Vollverzinsung gem. § 233a,
- Stundungszinsen nach § 234,
- Hinterziehungszinsen nach § 235,
- Prozesszinsen nach § 236,
- Aussetzungszinsen nach § 237.

Vollverzinsung nach § 233a betrifft die Zeitspanne zwischen Entstehen der Steuer und deren Fälligkeit und ist damit von den *Säumniszuschlägen* nach § 240 zeitlich abzugrenzen. Die Vollverzinsung bezweckt, die wirtschaftlichen Vorteile oder Nachteile, die aus der Nutzung bzw. dem Fehlen der Liquidität nach dem Zeitpunkt der Entstehung der Steuer resultieren, auszugleichen. Die Vollverzinsung ist nur in dem Zeitfenster zwischen 15 Monaten (bei Land- und Forstwirtschaft u. U. 23 Monaten) nach Ablauf des Kalenderjahres der Steuerentstehung und Ablauf des Tages der Steuerfestsetzung vorzunehmen. Die Zinsen betragen für jeden Monat 0,5 %, somit 6 % im Jahr, § 238 Abs. 1 Satz 1. Sie entfallen nur auf volle Monate. **647**

Steuerliche Behandlung von Zinsen. *Zinsaufwendungen* sind nicht als *Sonderausgaben* oder *Betriebsausgaben* abzugsfähig, §§ 12 Nr. 3 EStG, 10 Nr. 2 KStG. *Erstattungszinsen* sind demgegenüber steuerpflichtige Erträge aus sonstigen Kapitalforderungen, § 20 Abs. 1 Nr. 7 Satz 3 EStG. Diese asymmetrische Regelung wird vom BFH für verfassungskonform gehalten (Urteil v. 12.11.2013, VIII R 1/11, Verfassungsbeschwerde anhängig unter 2 BvR 482/14). **648**

e) Vollstreckungsverfahren

Das Vollstreckungsverfahren ist in den §§ 249 ff. geregelt und ermöglicht es der Finanzbehörde, Forderungen gegen Steuerpflichtige zwangsweise durchzusetzen. Eines besonderen *Titels* oder einer *Vollstreckungsklausel* bedarf es im steuerlichen Vollstreckungsverfahren ebenso wenig wie der *Inanspruchnahme der Justiz*. Die Finanzbehörde vollstreckt die von ihr erlassenen Steuerverwaltungsakte selbst. **649**

Arten der Vollstreckung. Aus fiskalischen Gründen steht die *Vollstreckung wegen Geldforderungen* nach den §§ 259 bis 327 im Vordergrund. Im Bereich der Erzwingung eines bestimmten Verhaltens eines Beteiligten (Handlung, Duldung oder Unterlassung) kommt die *Vollstreckung wegen anderer Leistungen als Geldforderungen* nach §§ 328 ff. in Betracht. Als Instrumente der Vollstreckung wegen anderer Leistungen stehen der Finanzbehörde die Zwangsmittel *Zwangsgeld*, *Ersatzvornahme* und *unmittelbarer Zwang* zur Verfügung. Das Zwangsgeld darf 25.000 EUR nicht übersteigen. Zwangsmittel sind grundsätzlich schriftlich anzudrohen, § 332 Abs. 1 Satz 1. Die *Vollstreckungsbehörde* ist die den Verwaltungsakt erlassende Finanzbehörde, § 328 Abs.1 Satz 3.

Vollstreckung wegen Geldforderungen. Am Beginn der Vollstreckungsverfahren wegen Geldforderungen steht nach § 259 Satz 1 die *Mahnung*. Sie ist allerdings nicht Voraussetzung der Vollstreckung, unterbricht jedoch die Zahlungsverjährung, § 231 Abs. 1 Satz 1 Nr. 8 („schriftliche Geltendmachung"). Neben dem Vorliegen eines *vollstreckbaren Verwaltungsaktes* nach § 251 sind Vollstreckungsvoraussetzungen die *Fälligkeit* der Leistung, Aufforderung des Voll- **650**

streckungsschuldners durch die Vollstreckungsbehörde (*Leistungsgebot*) und fruchtloses Verstreichenlassen einer *Wochenfrist* seit Abgabe des Leistungsgebots nach § 254 Abs. 1 Satz 1.

651 **Vollstreckungsmaßnahmen.** Die einzelnen Vollstreckungsmaßnahmen sind im Wesentlichen der Zivilprozessordnung nachgebildet.

Bei der Vollstreckung in das *unbewegliche Vermögen* wird auf die Bestimmungen zum gerichtlichen Zwangsvollstreckungsverfahren nach §§ 864 bis 871 ZPO verwiesen. Die Vollstreckung in das *bewegliche Vermögen* erfolgt durch Vollziehungsbeamte der Finanzbehörde, § 285 Abs. 1. Sachen des Vollstreckungsschuldners werden durch Inbesitznahme gepfändet, § 286 Abs. 1. Die Verwertung gepfändeter Sachen erfolgt durch Versteigerung gem. § 298. *Forderungen* des Vollstreckungsschuldners werden nach § 309 durch Pfändungsverfügung gesichert. Dem Drittschuldner wird schriftlich verboten, an den Vollstreckungsschuldner zu zahlen; dem Vollstreckungsschuldner wird schriftlich geboten, sich jeder Verfügung über die Forderung insb. ihrer Einziehung zu enthalten. Die Vollstreckungsbehörde wird hier selbst tätig.

652 **Einwendungen gegen den zu vollstreckenden Steuerverwaltungsakt** können im Vollstreckungsverfahren nicht geltend gemacht werden, § 256. Der der Vollstreckung zugrunde liegende Verwaltungsakt kann nur durch Einleitung eines Einspruchsverfahrens angegriffen werden, Rz. 655 ff. Um Schutz vor der Vollstreckung während eines laufenden Einspruchsverfahrens zu erhalten, ist ein Antrag auf *Aussetzung der Vollziehung* gem. § 361 zu stellen, Rz. 662. Die Gewährung der Aussetzung der Vollziehung durch die Finanzbehörde führt zum Wegfall der Vollstreckbarkeit nach § 251 Abs. 1 Satz 1, womit die Vollstreckung nach § 257 Abs. 1 Nr. 1 einzustellen oder zu beschränken ist. Die Vollstreckung ist ferner einzustellen, wenn der Anspruch erloschen oder gestundet worden ist, § 257 Abs. 1 Nr. 3 und 4.

653 **Einwendungen, die sich gegen die Vollstreckungsmaßnahmen** selbst wenden (z. B. Unpfändbarkeit eines Gegenstandes) sind separat und unter Bezugnahme auf die verletzte Norm nach §§ 249 ff. mit dem Einspruch geltend zu machen, § 347 Abs. 1 Satz 1 Nr. 2.

2. Rechtsbehelfsverfahren

Systematik. Rechtsbehelfe gewähren Schutz gegen hoheitliche Maßnahmen der Finanzbehörde oder Entscheidungen der Finanzgerichte. Der Finanzrechtsweg kennt sowohl *außergerichtliche* als auch *gerichtliche* Rechtsbehelfe. Die außergerichtlichen Rechtsbehelfe sind in den §§ 347 ff. und in Teilbereichen in der Verwaltungsgerichtsordnung (VwGO) geregelt. Die gerichtlichen Rechtsbehelfe ergeben sich aus der Finanzgerichtsordnung (FGO). Im Rahmen der gerichtlichen Rechtsbehelfe können die *Klage* und die *Anträge im Rahmen der Gewährung vorläufigen Rechtschutzes* einerseits sowie die *Rechtsmittel* andererseits unterschieden werden. Rechtsmittel haben gerichtliche Entscheidungen zum Gegenstand. Es handelt sich um die *Revision* gem. § 115 FGO und die *Beschwerde* nach § 128 FGO. **654**

a) Außergerichtliches Rechtsbehelfsverfahren

Funktion. Das außergerichtliche Rechtsbehelfsverfahren ist ein verwaltungsinternes Überprüfungsverfahren, das vorrangig die Funktion der Selbstkontrolle der Verwaltung wahrnimmt. Es beinhaltet eine vollumfängliche erneute Überprüfung des Sachverhalts nach § 367 Abs. 2 Satz 1, die nach § 367 Abs. 2 Satz 2 der Vorschrift auch zum Nachteil des Einspruchsführers ausgehen kann (sog. *verbösernde* Entscheidung). Das außergerichtliche Rechtsbehelfsverfahren dient aufgrund der hohen Anzahl von Steuerbescheiden vorrangig der Verfahrensökonomie. Deshalb ist es als Vorverfahren und damit im Regelfall als Verfahrensvoraussetzung des gerichtlichen Rechtsbehelfsverfahrens ausgestaltet, §§ 44–46 FGO. **655**

Rechtsbehelfe. Während der zulässige Rechtsbehelf gegen die von den Gemeinden erlassenen Gewerbe- und Grundsteuerbescheide der **Widerspruch** gem. §§ 68 ff. VwGO ist, sofern nicht nach landesrechtlichen Vorschriften unmittelbar Klage zum Verwaltungsgericht erhoben werden muss, ist gegen die Masse der Steuerverwaltungsakte der Rechtsbehelf des **Einspruchs** nach § 347 ff. gegeben. Nur auf diesen beziehen sich die folgenden Ausführungen. **656**

Devolutiveffekt. Das außergerichtliche Rechtsbehelfsverfahren hat keinen *Devolutiveffekt*, weil die den angefochtenen Verwaltungsakt erlassende Behörde über diesen Rechtsbehelf *selbst entscheidet*. **657**

Suspensiveffekt. Das außergerichtliche Rechtsbehelfsverfahren führt zum Hinausschieben der formellen Bestandskraft des Verwaltungsaktes. Dieser Effekt wird als Suspensiveffekt bezeichnet. Ungeachtet der Hemmung des Eintretens der formellen Bestandskraft können angefochtene Verwaltungsakte jedoch vollzogen bzw. vollstreckt werden. **658**

Verfahren. Der Einspruch muss zulässig sein: §§ 347, 348. Er muss sich gegen einen in § 347 Abs. 1 Satz 1 geregelten Verwaltungsakt wenden oder auf den Erlass eines dort genannten Verwaltungsakts gerichtet sein. Ein Fall des Negativkatalogs des § 348 darf nicht gegeben sein. Der Einspruchsführer muss *befugt* sein, einen Einspruch einzulegen, §§ 350, 352 und 353. Der Verwaltungs- **659**

akt muss für den Einspruchsführer eine *Beschwer* beinhalten. Die *Einspruchsfrist* von einem Monat nach Bekanntgabe des Verwaltungsaktes gem. § 355 Abs. 1 Satz 1 ist einzuhalten. Der Einspruch ist nach § 357 Abs. 1 Satz 1 *schriftlich* einzureichen. Die Schriftform wird auch durch Telefax oder E-Mail gewahrt.

660 **Entscheidung.** Die Finanzbehörde entscheidet über den Einspruch durch *Einspruchsentscheidung*. Zuständig ist in der Praxis zumeist die Rechtsbehelfsstelle innerhalb desselben Finanzamtes. Kommt die Finanzbehörde zu dem Ergebnis, dass der Einspruch unzulässig ist, wird der Einspruch als *unzulässig verworfen*, § 358 Satz 2. Ist der Einspruch nach Auffassung der Finanzbehörde zwar zulässig, aber unbegründet, wird der Einspruch als *unbegründet* zurückgewiesen. Ist der Einspruch hingegen begründet, *hilft* die Finanzbehörde dem Einspruch *ab*, indem sie den angefochtenen Verwaltungsakt antragsgemäß aufhebt, ändert oder ihn neu erlässt. Rechtsgrundlage der Korrektur ist regelmäßig § 172 Abs. 1 Satz 1 Nr. 2 Buchst. a. Nach § 367 Abs. 2 Satz 3 bedarf es in diesen Fällen keiner Einspruchsentscheidung. Die Finanzbehörde kann allerdings auch im Falle der Begründetheit des Einspruchs eine stattgebende *Einspruchsentscheidung* erlassen. In diesem Fall wird die Aufhebung, Änderung oder der Erlass des Verwaltungsakts im Rahmen der Einspruchsentscheidung vorgenommen. Die Einspruchsentscheidung ergeht *schriftlich* mit *Begründung* und *Rechtsbehelfsbelehrung* nach § 366.

661 **Kosten.** Für das Einspruchsverfahren werden keine Verfahrenskosten erhoben. Die Auslagen des Steuerpflichtigen, insbesondere für die Hinzuziehung eines Steuerberaters, sind grundsätzlich nicht erstattungsfähig. Ist das Einspruchsverfahren erfolglos, aber eine anschließende Klage erfolgreich, kann außerdem das Gericht die Hinzuziehung des Bevollmächtigten im Vorverfahren gem. § 139 Abs. 3 Satz 3 FGO für notwendig erklären mit der Folge, dass das Finanzamt die Kosten dafür erstatten muss. Ist bereits das Einspruchsverfahren erfolgreich, kann sich ein Erstattungsanspruch nur ausnahmsweise aus den Vorschriften über Amtshaftung oder Staatshaftung ergeben.

662 **Vorläufiger Rechtsschutz.** Weil das laufende Einspruchsverfahren zwar die formelle Bestandskraft, nicht jedoch die Fälligkeit und damit das Bestehen der Zahlungsverpflichtung sowie die Vollziehung bzw. Vollstreckbarkeit hindert, kann parallel zur Einlegung des Einspruchs ein Antrag auf *Aussetzung der Vollziehung* gem. § 361 Abs. 2 Satz 1 gestellt werden. Voraussetzung der Begründetheit dieses Antrags ist, dass *ernstliche Zweifel an der Rechtmäßigkeit* des angefochtenen Verwaltungsaktes bestehen oder die Vollziehung für den Betroffenen eine *unbillige*, nicht durch überwiegende öffentliche Interessen gebotene *Härte* zur Folge hätte, § 361 Abs. 2 Satz 2. Wird Aussetzung der Vollziehung (AdV) gewährt, wird neben der Fälligkeit nach § 220 auch die Zahlungsverjährung nach § 231 Abs. 1 Satz 1 Nr. 1 gehemmt bzw. unterbrochen. Vollstreckungsmaßnahmen sind nach § 257 Abs. 1 Nr. 1 i.V.m. § 251 Abs. 1 Satz einzustellen. Während der AdV laufen Zinsen gem. § 237.

b) Gerichtliches Rechtsbehelfsverfahren

663 Die **Finanzgerichtsbarkeit** befasst sich mit dem steuerlichen gerichtlichen Rechtsbehelfsverfahren. Im Gegensatz zur ordentlichen Gerichtsbarkeit und zur Verwaltungsgerichtsbarkeit besteht die Finanzgerichtsbarkeit nicht aus

2. Rechtsbehelfsverfahren

drei, sondern lediglich aus zwei Rechtsinstanzen. Im Verfahren über Klagen und andere Anträge ist das *Finanzgericht* im ersten Rechtszug zuständig, § 35 FGO. Über das Rechtsmittel der Revision und der Beschwerde entscheidet der *Bundesfinanzhof* im zweiten Rechtszug.

Klagearten. Die häufigste Klageart ist die *Anfechtungsklage* nach § 40 Abs. 1 Alt. 1 FGO. Sie ist gem. § 100 Abs. 1, Abs. 2 FGO auf die Aufhebung oder Abänderung eines Verwaltungsaktes gerichtet. Die Anfechtungsklage ist *Gestaltungsklage*. Ist die Klage auf Aufhebung eines Verwaltungsaktes gerichtet, hat sich dieser jedoch vorher durch Zurücknahme oder auf anderem Wege erledigt, hat der Kläger allerdings ein berechtigtes Interesse an der Feststellung der Rechtswidrigkeit, ist die Anfechtungsklage in Gestalt einer sog. *Fortsetzungsfeststellungsklage* nach § 100 Abs. 1 Satz 4 FGO möglich. **664**

Begehrt der Kläger demgegenüber den Erlass eines Verwaltungsakts, ist eine *Verpflichtungsklage* nach § 40 Abs. 1 Alt. 2 FGO zu erheben. Die Verpflichtungsklage ist *Leistungsklage* und auf die Verurteilung zum Erlass eines Verwaltungsakts (*Untätigkeitsklage* oder *Verpflichtungsklage*) gerichtet, § 101 FGO. Auch hier ist die *Fortsetzungsfeststellungsklage* zulässig.

Neben Gestaltungs- und Leistungsklage nach § 40 Abs. 1 FGO ist die *Feststellungsklage* statthaft, wenn die Feststellung des Bestehens oder Nichtbestehens eines Rechtsverhältnisses oder der Nichtigkeit eines Verwaltungsaktes begehrt wird und der Kläger ein berechtigtes Interesse an der baldigen Feststellung hat, § 41 Abs. 1 FGO.

Verfahren. Vorrangige Zulässigkeitsvoraussetzung des Weges zu den Finanzgerichten ist die Eröffnung des Finanzrechtswegs nach § 33 Abs. 1 FGO. Ferner muss das *außergerichtliche Rechtsbehelfsverfahren* erfolglos abgeschlossen worden sein, § 44 Abs. 1. Ausnahmen hierzu bilden die *Untätigkeitsklage* gem. § 46 FGO und die *Sprungklage* nach § 45 FGO. Auch bei der Klage ist die *Klagefrist* gem. § 47 FGO von einem Monat seit der Bekanntgabe der Einspruchsentscheidung einzuhalten. Weitere Zulässigkeitsvoraussetzung ist das Vorliegen eines *Rechtsschutzinteresses*. Diese ist bei der Gestaltungs- und Leistungsklage die *Klagebefugnis* nach § 40 Abs. 2 FGO und bei der Feststellungsklage das *Feststellungsinteresse* gem. § 41 Abs. 1 FGO. Das Rechtsschutzinteresse ist gegeben, wenn der Kläger geltend macht, durch das Verhalten der Finanzbehörde in seinen individuellen Rechten verletzt zu sein. **665**

Diese Regelung trägt dem Grundsatz der Verfahrensökonomie vor den Finanzgerichten Rechnung und steht in Übereinstimmung mit Art. 19 Abs. 4 Satz 1 GG, wonach der Rechtsweg im Falle der Verletzung eigener Rechte durch die öffentliche Gewalt offen steht. Probleme mit dem Rechtsschutzinteresse können dann auftreten, wenn überhaupt keine Steuer festgesetzt wird oder die festgesetzte Steuer zu Gunsten des Steuerpflichtigen zu niedrig festgesetzt wurde. Auch in diesen Fällen kann jedoch ein Rechtsschutzinteresse angenommen werden, wenn ungeachtet des Fehlens einer Zahllast eine Rechtsverletzung möglich ist. Diese kann z. B. durch eine in einem anderen steuerlichen Zusammenhang bestehende Belastung oder das Drohen einer zeitlich nachgelagerten Belastung begründet werden.

666 Entscheidung. Die Entscheidung des Gerichts erfolgt im Regelfall durch *Urteil* gem. § 95 FGO oder *Gerichtsbescheid* nach den §§ 90a Abs. 1, 79a Abs. 2 Satz 1 FGO. Der Gerichtsbescheid kommt in Betracht, wenn eine mündliche Verhandlung entbehrlich erscheint.

Im Falle der zulässigen und begründeten **Anfechtungsklage** hebt das Gericht den Verwaltungsakt und die etwaige Entscheidung über den außergerichtlichen Rechtsbehelf auf, § 100 Abs. 1 Satz 1 FGO. Da das Finanzgericht im Klageverfahren Tatsacheninstanz ist, ist die Finanzbehörde an die tatsächliche Beurteilung des Finanzgerichts nach § 100 Abs. 1 Satz 1 2. Hs. FGO gebunden, soweit nicht später bekannt werdende Tatsachen eine andere Beurteilung rechtfertigen. Die Finanzbehörde ist an die rechtliche Beurteilung in jedem Fall gebunden. Die Finanzbehörde kann einen neuen Verwaltungsakt nur im Rahmen der Entscheidung des Finanzgerichts erlassen.

Im Fall der zulässigen und begründeten **Fortsetzungsfeststellungsklage** nach § 100 Abs. 1 Satz 4 FGO spricht das Gericht die Rechtswidrigkeit des bereits erledigten Verwaltungsakts aus.

Bei dem der Anfechtungsklage unterzuordnenden Sonderfall der **Abänderungsklage**, die auf die Festsetzung eines Geldbetrages gerichtet ist, kann das Finanzgericht den Betrag in anderer Höhe festsetzen. Ist hierzu ein nicht unerheblicher Aufwand erforderlich, kann das Gericht bestimmen, dass die Behörde den Betrag aufgrund der Entscheidung zu errechnen hat, § 100 Abs. 2 FGO.

Im Bereich der **Leistungsklagen** wird die Finanzbehörde durch das Finanzgericht verpflichtet, den begehrten Verwaltungsakt zu erlassen, sofern die Sache auf der Grundlage der vorliegenden Ermittlungen spruchreif ist, § 101 Satz 1 FGO. Sind weitere Sachverhaltsermittlungen erforderlich, spricht das Gericht die Verpflichtung aus, den Kläger unter Beachtung der Rechtsauffassung des Gerichts zu bescheiden, § 101 Satz 2 FGO.

667 Einstweiliger Rechtsschutz. Weil auch im Klageverfahren die Erhebung der Klage weder die *Fälligkeit* noch die *Vollziehung* bzw. *Vollstreckung* hemmt, ist auch hier mit der Klageerhebung die Stellung eines *Antrags auf Aussetzung der Vollziehung* zu erwägen. Durch den erfolgreichen Antrag auf Aussetzung der Vollziehung wird der Suspensiveffekt herbeigeführt. Auch hier ist gem. § 69 Abs. 2 Satz 2 FGO Voraussetzung, dass *ernstliche Zweifel* an der Rechtmäßigkeit des angefochtenen Verwaltungsaktes bestehen oder die Vollziehung für die Betroffenen eine *unbillige,* nicht durch überwiegendes öffentliches Interesse gebotene *Härte* zur Folge hätte.

668 Revision. Gegen das Urteil des Finanzgerichts steht den Beteiligten nach § 115 Abs. 1 FGO das Rechtsmittel der Revision an den *Bundesfinanzhof* zu, wenn das Finanzgericht die Revision *zugelassen* hat. Aus verfahrensökonomischen Gründen ist die Zulässigkeit der Revision nur in bestimmten Fällen gegeben. Gegen die Nichtzulassung der Revision ist die *Beschwerde* statthaft, § 116 Abs. 1 FGO (*Nichtzulassungsbeschwerde*).

669 Verfahren. Die Revision entscheidet nicht über Tatsachen, sondern *ausschließlich* über die *Verletzung von Recht*, konkret Bundesrecht, § 118 Abs. 1 Satz 1 FGO. Die Revision ist zuzulassen, sofern die Rechtssache grundsätzliche Bedeutung besitzt, die Fortbildung des Rechts oder die Sicherung einer einheitlichen Rechtsprechung dies erfordert oder ein Verfahrensmangel geltend gemacht wird, § 115 Abs. 2 FGO (*Grundsatzrevision, Rechtsfortbildungsrevision, Verfahrensrevision*). Im Bereich der *Verfahrensrevision* sind in § 119 FGO *absolute Revisionsgründe* aufgeführt. Die absoluten Revisionsgründe beziehen sich auf die Rechtmäßigkeit des Verfahrens vor dem Finanzgericht. Die *Revisionsfrist* nach § 120 Abs. 1 Satz 1 FGO beträgt einen Monat ab Zustellung des vollständigen Urteils.

Entscheidung. Der Bundesfinanzhof entscheidet durch *Beschluss*, durch *Urteil* oder durch *Gerichtsbescheid*. Ist die Revision *unzulässig*, wird sie gem. § 126 Abs. 1 FGO durch Beschluss *verworfen*. Ist die Revision *zulässig*, aber nicht begründet, wird sie nach § 126 Abs. 2 FGO *zurückgewiesen*. Die Zurückweisung ergeht durch Urteil, sofern eine mündliche Verhandlung stattgefunden hat oder auf diese durch die Beteiligten verzichtet wurde. Hält der Bundesfinanzhof die Revision für unbegründet und eine mündliche Verhandlung nicht für erforderlich, kann die Entscheidung auch durch Beschluss ergehen, § 126a Satz 1 FGO. Es kommt auch eine Entscheidung durch Gerichtsbescheid in Betracht. Im Fall der begründeten Revision *entscheidet* der Bundesfinanzhof durch Urteil in der Sache selbst oder unter Aufhebung des angefochtenen Urteils durch Zurückverweisung der Sache an das Finanzgericht zur anderweitigen Verhandlung und Entscheidung, § 126 Abs. 3 Satz 1 FGO.

670

3. Steuerstrafrecht

671 Steuerverfehlungen. Die Steuergesetze regeln auch Sanktionen bei der Verletzung steuerlicher Pflichten durch Steuerpflichtige. Aufgrund der Spezialität der Materie sind Steuerverfehlungen (Steuerstraftaten und Steuerordnungswidrigkeiten) nicht im StGB oder im Ordnungswidrigkeitengesetz (OWiG), sondern in den Steuergesetzen und dort überwiegend in der AO geregelt.

672 Steuerstraftaten. Grundtatbestand der Steuerstraftaten ist die *Steuerhinterziehung* gem. § 370, auch in Gestalt der *gewerbsmäßigen oder bandenmäßigen Begehung* gem. § 26c UStG. Weitere Tatbestände sind der *gewerbsmäßige, gewaltsame und bandenmäßige Schmuggel* nach § 373 und die *Steuerhehlerei* nach § 374. Für Steuerstraftaten gelten die allgemeinen Gesetze über das Strafrecht, § 369 Abs. 2. Zuständig sind hier die *ordentlichen Strafgerichte*.

673 Steuerordnungswidrigkeiten. Bei den Steuerordnungswidrigkeiten handelt es sich im Gegensatz zu den Steuerstraftaten um Rechtsverstöße, die in einem verwaltungsinternen Verfahren geahndet werden. Die Steuerordnungswidrigkeit hat ein geringeres Gewicht und ist keine Straftat. Sie kann nur mit einer *Geldbuße* von max. 50.000 EUR belegt werden, § 378 Abs. 2, § 383 Abs. 2. Im Bereich der Steuerordnungswidrigkeiten sind die *leichtfertige Steuerverkürzung* nach § 378, auch in Gestalt der *Schädigung des Umsatzsteueraufkommens* gem. § 26b UStG, sowie weitere Tatbestände der *Steuergefährdung* nach den §§ 379 bis 383 geregelt. In weiteren Einzelsteuergesetzen sind speziellere Ordnungswidrigkeitentatbestände geregelt.

674 Steuerhinterziehung gem. § 370 Abs. 1 setzt *Steuerverkürzung* oder die Erlangung nicht berechtigter *Steuervorteile* für sich oder einen anderen voraus. Die Verkürzung von Steuern ist gem. § 370 Abs. 4 Satz 1 dann gegeben, wenn die Steuern nicht in voller Höhe oder nicht rechtzeitig festgesetzt werden. Die Tatsache einer nur vorläufigen oder unter Vorbehalt der Nachprüfung bestehenden Steuerfestsetzung ist für die Annahme der Steuerverkürzung unbeachtlich. Bei der ESt, KSt und GewSt, die im Veranlagungsverfahren festgesetzt werden, tritt der *Erfolg* der Steuerverkürzung bereits mit der *Festsetzung* des Steuerbetrags ein. Die *Zahlung* des fehlerhaft festgesetzten Betrags bzw. die Erstattung ist für die Erfüllung des Tatbestands nicht erforderlich. Im Bereich der *Steueranmeldungen* ist der Taterfolg der Steuerverkürzung bereits beim Eingang der fehlerhaften Steueranmeldung bei der Finanzbehörde herbeigeführt.

Die **Abgrenzung** des Tatbestandsmerkmals *Steuerverkürzung* und Erlangung eines nicht gerechtfertigten *Steuervorteils* ist umstritten. Zum Teil wird eine Identität beider Merkmale unterstellt, teilweise wird auf unterschiedliche Anwendungsbereiche abgestellt (aus der Sicht des Fiskus: Steuerverkürzung, aus der Sicht des Steuerpflichtigen: Steuervorteil). Die Abgrenzung zwischen Leichtfertigkeit und bedingtem Vorsatz ist fließend.

Die Steuerverkürzung oder die Erlangung eines nichtgerechtfertigten Steuervorteils ist bei der Steuerhinterziehung der *Taterfolg*. Dieser muss durch die

Tathandlung, die im pflichtwidrigen Verschweigen von steuerlich erheblichen Tatsachen und dem Tätigen unrichtiger oder unvollständiger Angaben besteht, kausal verursacht werden. Das Gesetz bestimmt folglich, dass als Verhaltensform im Bereich der Tathandlung sowohl ein *aktives Tun* als auch ein *pflichtwidriges Unterlassen* gem. § 13 StGB ausreicht. Entsprechend der allgemeinen strafrechtlichen Dogmatik sind *vorsätzliches Verhalten* im Bereich des subjektiven Tatbestands sowie *Rechtswidrigkeit* und *Schuld* Tatbestandsvoraussetzung. Der *Versuch* der Steuerhinterziehung ist gem. § 370 Abs. 2 strafbar. Die *strafrechtliche Verfolgungsverjährung* beträgt nach § 78 Abs. 3 Nr. 4 StGB fünf, in besonders schweren Fällen zehn Jahre, § 376 Abs. 1.

Selbstanzeige. Aus vorwiegend fiskalpolitischen Gründen gibt es das Rechtsinstitut der strafbefreienden Selbstanzeige gem. § 371. Es handelt sich um einen *persönlichen Strafaufhebungsgrund*. Voraussetzung der Wirksamkeit der strafbefreienden Selbstanzeige ist **675**

- die Abgabe einer Berichtigungs-, Ergänzungs- oder Nachholungserklärung,
- die Entrichtung der hinterzogenen Steuern und
- das Fehlen der Entdeckung oder drohenden Entdeckung der Tat.

In der Praxis ist von erheblicher Bedeutung, dass die Selbstanzeigeerklärung lückenlos erfolgt. Sie wird regelmäßig durch die Abgabe einer korrigierten Steuererklärung und die alsbaldige Zahlung der geschuldeten Steuer vorgenommen. Auch das Merkmal der fehlenden Tatentdeckung ist von großer praktischer Relevanz.

> **Beispiel:**
>
> Das *Erscheinen eines Amtsträgers* der Finanzbehörde zur steuerlichen Prüfung vor dem Zeitpunkt der Erklärungshandlung macht die strafbefreiende Selbstanzeige unmöglich. Hierbei ist es unerheblich, ob der Amtsträger bereits konkret im Bereich der Tatsachen, die zur Steuerhinterziehung führen, ermittelt hat. Auch die Bekanntgabe der Einleitung eines Bußgeldverfahrens wegen der nämlichen Tat oder die Bekanntgabe einer Prüfungsanordnung ist ein Verhinderungsgrund.

Gesetz zur Änderung der Abgabenordnung und des Einführungsgesetzes zur Abgabenordnung. Das Gesetz vom 22.12.2014 hat die Rahmenbedingungen der strafbefreienden Selbstanzeige weiter verschärft. Die Erklärung setzte zwar bereits bisher voraus, dass die Erklärung lückenlos erfolgt. Es genügte allerdings bislang, die Einkünfte aller strafrechtlich verfolgbaren Zeiträume aufzudecken. Nunmehr ist Voraussetzung der Straffreiheit, dass die Hinterziehungssachverhalte der letzten zehn Kalenderjahre, einschließlich der bereits strafrechtlich verjährten Taten, umfassend erklärt werden, § 371 Abs. 1 Satz 2. **676**

Bei einer Hinterziehungssumme von mehr als 25.000 EUR (bisher: 50.000 EUR) je VZ gelten ergänzende Rahmenbedingungen. Es wird ein gestaffelter „Strafzuschlag" von 10 % bis 20 % erhoben. Außerdem führt die Selbstanzeige in diesem Fall und bei Vorliegen eines besonders schweren Falls nach § 370 Abs. 3 Satz 2 Nr. 2–6 nicht mehr (materiell) zum Absehen von Strafe, sondern nur noch (verfahrensmäßig) zum Absehen von Strafverfolgung, § 398a.

677 Abgrenzung zur leichtfertigen Steuerverkürzung. Den Bereich der Steuerstraftat verlässt, wer die Steuerhinterziehung im Bereich des subjektiven Tatbestandes nicht *vorsätzlich*, sondern *fahrlässig* begeht. § 378 verwendet den Begriff der *Leichtfertigkeit*, der innerhalb der Strafrechtsdogmatik eine höhere Form der Fahrlässigkeit darstellt. Die Leichtfertigkeit kann auch als *grobe Fahrlässigkeit* bezeichnet werden. Grob fahrlässig handelt, wer die im Verkehr erforderliche Sorgfalt in besonders schwerem Maße verletzt.

Nach herrschender Meinung setzt Leichtfertigkeit neben der groben Fahrlässigkeit im Bereich des subjektiven Tatbestands auch eine *individuelle Vorwerfbarkeit* innerhalb der Prüfungsebene der Schuld voraus.

Weiterführende Literaturempfehlungen: *Tipke/Lang*, §§ 21–23; *Birk/Desens/Tappe*, Rz. 249 ff.; *Jakob*, AO; *Klein*.

Stichwortverzeichnis

Die Zahlen verweisen auf die Randziffern.

Abfärbetheorie 152, 335
Abfindungen 384
Abfluss 68
Abgeltungsteuer 162, 183, 185, 204, 223, 251, 280 ff., 319 f., 358, 360, 579
– Veranlagungsoption 283
Ablaufhemmung 251, 608
Abschreibungen 92, 111, 114, 156, 187, 378
Abtretung 631
Abzug 529
Admassierungsverbot 239
Aktiengesellschaft 228, 319
Aktive Einkünfte 563
Aktivierungswahlrecht 82
Alterseinkünfte 192 ff.
Altersentlastungsbetrag 31, 205
Amtsermittlungsgrundsatz 583
Änderung, schlichte 616
Änderungsvorschriften 609 ff.
Anfangsphase 54, 56
Anfechtungsklage 664
Anlaufhemmung 608, 644
Annexsteuer 23, 222
Anrechnung
– ausländische Steuern 528
– Gewerbesteuer 221, 352
– Körperschaftsteuer 357
Ansässigkeitsstaat 517
Anschaffungskosten 92, 119, 426
Anstalt, nichtrechtsfähige 243
Anteilsvereinigung 456, 462, 464
Anwendungserlasse 13
Anzeigepflichten 466
Aperiodische Steuern 28
Äquivalenzprinzip 322
Arbeitnehmerpauschbetrag 180
Arbeitslohn 172
Arbeitsortprinzip 522
Arbeitszimmer, häusliches 108, 115
Arm's-length-principle 550, 594

Aufbewahrungspflichten 441, 591
Aufgabegewinn 159, 220, 342
Auflassung 453
Aufrechnung 638
Aufwandspauschale 175
Aufwendungen 98
Ausbildungskosten 47
Ausfuhrlieferung 444
Ausgangslohnsumme 481
Auslandstätigkeitserlass 530
Ausschüttung 361 f.
Außenprüfung 107, 215, 594, 598 ff., 604 f., 608, 625
Außensteuerrecht 18, 497 ff.
Außergewöhnliche Belastungen 48
Aussetzung der Vollziehung 652, 662, 667

Basisversorgung 194 ff.
Basiszinssatz 480
Bedarfswert 464
Befugnis zur geschäftsmäßigen Hilfeleistung in Steuersachen 582
Beherrschender Gesellschafter 258 ff.
Beistand 581
Belegenheitsprinzip 519
Berufsausbildungskosten 47
Beschränkte Steuerpflicht 36, 232 ff.
– erweiterte 555
Beschwerde 654, 663, 668
Besitzgesellschaft 153a
Besitzsteuern 26
Bestandskonto 96
Bestandskraft 571 f., 576, 603 f., 606, 609 ff., 616 ff., 658, 662
Besteuerungsverfahren 510 ff.
– grunderwerbsteuerliches 466
– umsatzsteuerliches 446
Bestimmungslandprinzip 396, 420, 422, 447

Beteiligte 565, 579
Beteiligungsfähigkeit 579
Betriebe gewerblicher Art 229, 234, 243, 409
Betriebliche Gesundheitsförderung 175
Betriebsaufspaltung 153a ff., 292
Betriebsausgaben 34, 65, 148, 541
– nicht abzugsfähige 107 ff., 265, 286 f., 324
Betriebsgesellschaft 153a
Betriebsprüfung siehe Außenprüfung
Betriebsstätte 301, 351, 532
Betriebsstättenprinzip 520
Betriebsveranstaltungen 175
Betriebsvermögen 78, 113 ff., 144, 277, 281, 365
– Bewertung 480
– gewillkürtes 117
– notwendiges 115
Betriebsvermögensvergleich 77 ff., 141, 244, 255
Bevollmächtigung 525
Bewertung 85 ff., 92, 106, 477 ff.
Bewertungsgesetz 493
Bewertungskontinuität 87
Bewirtungskosten 107
Bilanz 81
Bilanzidentität 86
Bilanzkontinuität 86
Bilanzsteuerrecht 76 ff., 106
Billigkeit 614, 635, 639 ff.
Buchführung 94 ff., 590
Buchführungspflicht 73 ff.
Buchungssatz 99
Buchwert 369, 382, 388, 392, 394
Bundesfinanzhof 663, 668 ff.
Bundeszentralamt für Steuern 7

Capital gains tax 288
Cash-GmbH 481

Datenschutz-Grundverordnung 569
Dauernde Last 191
Devolutiveffekt 657
Dienstwagen 118, 176, 421
Direkte Steuern 24
Disquotale Einlage 472

Dokumentationspflicht 594
Doppelbesteuerungsabkommen 514 ff.
Doppelstöckige Personengesellschaft 154
Doppelte Buchführung 95
Drittland 405, 416, 420, 444
Duales System der Einkünfteermittlung 130, 139
Durchschnittsbelastung 211

EBITDA 269
Einfuhrumsatzsteuer 7, 416
Eingangssteuersatz 210
Eingliederung
– finanzielle 299, 304
– organisatorische 174, 306
– wirtschaftliche 305
Einheitsprinzip 247
Einheitswert 488, 493
Einkommen 45
– zu versteuerndes 49
Einkommensteuer 30 ff.
– Vorauszahlung 223
Einkünfteermittlung 66
Einkünfteerzielungsabsicht 50
Einkunftsarten 31, 40 ff., 243
Einlagen 103
Einnahme-Überschuss-Rechnung 71
Einspruch 596 ff.
Einstweiliger Rechtsschutz 662, 667
Einzelbewertung 89
Elektronische Rechnungen 441
ELStAM 181
Entfernungspauschale 179
Entgelt 368, 429
– vereinbartes 435
– vereinnahmtes 436
Entlastungsbetrag für Alleinerziehende 31
Entnahmen 103, 421
Entstehungssteuern 27
Erbersatzsteuer 471
Erbschaftsteuer 467 ff.
Erfolgsbuchung 99
Erfolgskonto 96
Ergänzungsabgabe 222
Ergänzungsbilanz 378, 383
Ergebnisabführungsvertrag 294

Stichwortverzeichnis 239

Erhebungsverfahren 624
Erhebungszeitraum 328
Erlass 639 ff.
– Anwendungserlasse 13
Ermittlungsfunktion 149
Ermittlungszeitraum 33, 227
Erstattungsverfahren 545
Erträge 98
Ertragsteuern 25
Ertragswertverfahren 464, 479 f.
Erweiterte beschränkte Steuerpflicht 555
Erweiterte Kürzung 341
Erwerbseinkünfte 182
Escape-Klausel 273
EÜR 71
Europäische Gesellschaft 228

Fahrtenbuch 176
Fälligkeit 634
Familienheim 475
Festsetzungsfrist 605, 607
Festsetzungsverfahren 603 ff.
Festsetzungsverjährung 607
Feststellungsbescheid 575
Feststellungsinteresse 665
Feststellungsklage 664
Finanzgericht 663
Finanzierungsanteile 338
Finanzverfassung 2
Firmenwagen 118, 176, 424
Folgebescheid 576, 619
Fortführungsprognose 88
Freiberufliche Tätigkeit 168
Freibetrag 49, 58, 167, 175, 338, 483
– Alterseinkünfte 199
– Gewerbesteuer 348
– Grundfreibetrag 209
– Körperschaftsteuer 226
– Veräußerungsgewinn 160, 164, 342, 375
Freigrenze 110, 176, 241, 271, 390
Freihafen 403
Freiheitsrechte 585
Freizone 210
Fremdvergleich 257 ff., 550, 594
Funktionsverlagerung 554
Fußstapfentheorie 393

Gelangensbestätigung 422
Geldwerter Vorteil 176
Gemeindesteuern 6
Gemeinnützigkeit 238, 331, 492
Gemeinschaftsgebiet 404
Genossenschaft 228
Gerichtsbescheid 666
Geringfügige Beschäftigung im Privathaushalt 221
Geringwertige Wirtschaftsgüter 111
Gesamtbetrag der Einkünfte 44
Geschäftschancenlehre 264, 554
Geschäftsmäßige Hilfeleistung 582
Geschäftsvorfall 94
Geschenke 107, 390
Gesellschaft mit beschränkter Haftung 228
Gesetzgebungskompetenz 2 ff.
Gesetzmäßigkeit der Besteuerung 567
Gesonderte und einheitliche Feststellung von Besteuerungsgrundlagen 129, 521, 620
Gewerbebetrieb 122, 140
Gewerbesteuermessbetrag 325
Gewerbliche Prägung 153
Gewinnabführungsvertrag 294
Gewinnabgrenzungsaufzeichnungsverordnung 594
Gewinnabsaugung 264
Gewinnausschüttung 183
Gewinneinkunftsarten 40
Gewinnermittlung 66, 70, 141
Gewinnerzielungsabsicht 50, 125
Gewöhnlicher Aufenthalt 35
Gleichmäßigkeit der Besteuerung 12, 568
GmbH & Co. KG 132
Going-concern-Prämisse 88
Grundbesitz 477
Grunderwerbsteuer 448 ff.
Grundlagenbescheid 576, 619
Grundsätze ordnungsmäßiger Buchführung 77
Grundsteuer 487 ff.
Grundstück 457
Günstigerprüfung 197
Güterstandsschaukel 473
Gutschrift 440

Haben 99
Haftung 628
Halbeinkünfteverfahren 280, 358
Halber Steuersatz 161
Handwerkerleistungen 221
Harmonisierung 20
Härteausgleich 49
Haushaltsnahe Dienstleistungen 221
Hebesatz 325, 487, 495
Herstellungskosten 92 f., 426 f.
Hinzurechnungsbesteuerung 562
Hospitality-Leistungen 109

Ideeller Bereich 241
Immobilien-Aktiengesellschaft 319
Imparitätsprinzip 90
Indirekte Steuern 24
Infektionstheorie 152, 335
Inland 403, 469
Innergemeinschaftliche Lieferung 422
Innergemeinschaftlicher Erwerb 416, 422 ff.
Isolierende Betrachtungsweise 541a

Jahresabschluss 100
Jahressteuerprinzip 33a, 227

Kapitalertragsteuer 185, 223
Kapitalgesellschaft 228, 243, 336
Kapitalisierungsfaktor 480
Kapitalvermögen 182
Kinderbetreuungskosten 47
Kommanditgesellschaft 132
Kommanditgesellschaft auf Aktien 228
Konzernbefreiungsklausel 462
Konzernklausel 272, 276b
Konzernsteuerrecht 292
Körperschaftsteuer 224 ff.
Korrekturvorschriften 609 f., 615
Kostenaufschlagsmethode 551
Kostenerstattung im Einspruchsverfahren 661
Krankheitskosten 48

Land- und Forstwirtschaft 166 f.
Lebensversicherungs-Altverträge 203

Leibrente 190
Leistungsentnahmen 104
Liebhaberei 51
Lieferung 418
Lohneinnahmen 172
Lohnsteuer 181, 223
Lohnsteuer-Nachschau 598
Lohnsumme 481

Mantelkauf 274, 344
Maßgeblichkeitsprinzip 77, 105
Mehrstufiges Verwaltungsverfahren 576
Mehrwertsteuer 408
Messbetrag 325
Methodenartikel 518
Mindestbeteiligungshöhe 339
Mindestbesteuerung 60, 279, 346
Mindestlohnsumme 481
Mindestwert 480
Mini-One-Stop-Shop-Verfahren 447
Mitunternehmerinitiative 137
Mitunternehmerrisiko 137
Mitunternehmerschaft 137, 366
Mitwirkungspflicht 585
Multinationale Unternehmensgruppe 594
Musterabkommen 515
Musterverfahren 606

Nachbehaltensfrist 459
Nachhaltigkeit 124
Nachlaufende Besteuerung 193
Nachversteuerung 218
Nahe stehende Person 252, 497, 549, 594
Nettoraumzahl 75a
Neue Tatsachen 561
Nichtanwendungserlass 15a
Nichtanwendungsgesetz 15a
Nichtigkeit 573
Nichtselbstständige Arbeit 172 ff.
Nichtzulassungsbeschwerde 668
Niederstwertprinzip 92
Nutzungsentnahmen 104, 118

Objektsteuern 23
OECD-Musterabkommen 515
Offenbare Unrichtigkeit 611

Stichwortverzeichnis

Offene Handelsgesellschaft 132
Option zur Umsatzsteuer 427 ff.
Optionsverschonung 481
Organgesellschaft 294
Organschaft 293, 412
Organträger 294

Partnerschaftsgesellschaft 134
Passive Einkünfte 563
Pauschalierungserlass 530
Pendlerpauschale 179
Periodische Steuern 28
Personalunion 306
Personengesellschaft 128
Personenhandelsgesellschaft 75, 133
Personenkonto 97
Personensteuern 23
Poolabschreibung 111
Preisvergleichsmethode 551
Private Veräußerungsgeschäfte 206, 288
Privatsphäre 34
Privatvermögen 113
Progression 210
Progressionsvorbehalt 212, 526
Prüfungsanordnung 601

Quellenstaat 517
Quellentheorie 66

Realisationsprinzip 90
Realsteuern 23
Realteilung 387
Rechenfehler 611
Rechnung 439
Rechnungsabgrenzungsposten 84
Rechtliches Gehör 585
Rechtsformneutralität 142, 213
Regelverschonung 481
Reinvermögenszugang 70
Renten 190
Reverse-Charge-System 413
Richtlinien 13
Risikozuschlag 480
Rückfallklauseln 524
Rücklage 239, 369
 für Ersatzinvestitionen 371
Rücknahme 613

Rückstellungen 83
Rückwirkungsverbot 8

Sachbezüge 176
Sachkonto 97
Sachspende 421
Sachwertverfahren 479
Saldierungsverbot 80
Sammelposten 111
Sanierungsgewinn 641
Säumniszuschläge 634
Schachtelprivileg 286, 290
– gewerbesteuerliches 339
Schädlicher Beteiligungserwerb 276
Schädliches Verwaltungsvermögen 481
Schätzung 593
Schenkung 390
Schenkungsteuer 467
Schmutzzuschlag 481
Schreibfehler 611
Schulgeld 47
Selbstanzeige 675
Selbstlosigkeit 239
Selbstständigkeit 123, 168, 173, 409
Selbstveranlagung 589
Solidaritätszuschlag 222
Soll 99
Sonderausgaben 46
Sonderbetriebseinnahmen 148
Sonderbetriebsvermögen 146 ff.
Sondervergütungen 146 ff.
Sonstige Einkünfte 188
Sonstige Leistung 419
Sparer-Pauschbetrag 184, 283
Spitzenausgleich 389
Staatsangehörigkeit 35
Steueranmeldung 446, 589
Steuerbarkeit 415
Steuerbefreiung 64, 175, 212, 235
Steuerbegünstigte Zwecke 236 ff.
Steuerberater 582
Steuerbescheid 575
Steuererklärung 586
Steuerermäßigungen 221
Steuergeheimnis 569
Steuerhinterziehung 674
Steuerhinterziehungsbekämpfungs-
 verordnung 595

Steuerschuldverhältnis 565
Steuertarif 208
Stiftung 243
Stille Gesellschaft 135
Stille Reserven 370
Stille-Reserven-Klausel 277
Streubesitzdividenden 286
Stundung 635
subject-to-tax-Klauseln 524
Subjektsteuern 23
Substantial shareholdings exemption 290
Substanzsteuern 25
Substanzwert 480
Summe der Einkünfte 43
Suspensiveffekt 658
switch-over-Klauseln 524

Tarif 208
Teilbetrieb 367
Teileinkünfteverfahren 64, 162, 165, 183, 280 ff., 297, 358, 597
Teilgewinnrealisation 90
Territorialprinzip 510
Thesaurierungsbegünstigung 213, 361
Thesaurierungsverbot 239
Thin capitalization rules 265
Tie-Breakers-Rule 516
T-Konto 98
Tonnagebesteuerung 75a
Totalgewinn 76
Transparenzgebot 78
Transparenzprinzip 129, 247, 330
Treaty Override 515, 524, 561
Trennungsprinzip 129, 248, 330

Umkehr der Steuerschuldnerschaft 413
Umqualifizierung von Einkünften 146, 249, 251
Umsatzsteuer 395 ff.
Umsatzsteuer-Nachschau 598
Umsatzsteuer-Voranmeldung 433 ff.
Unbeschränkte Steuerpflicht 35, 228
– erweiterte 35b
– fiktive 35c
Unentgeltlich 368
Unentgeltliche Leistung 421

Unternehmensbewertung 480
Unternehmensidentität 344
Unternehmeridentität 345
Unternehmerinitiative 123
Unternehmerrisiko 123, 174
Untersuchungsgrundsatz 583
Ursprungslandprinzip 396

Veranlagungszeitraum 33
Veräußerungsgewinn 159, 288
Verbilligte Vermietung an Angehörige 187
Verbindliche Auskunft 584
Verbundene Unternehmen 292
Verdeckte Gewinnausschüttung 250 ff., 472
Verein 228, 243
Vereinfachtes Ertragswertverfahren 480
Verfahrenspflichtverhältnis 565
Verflechtung
– personelle 153b
– sachliche 153b
Vergleichswertverfahren 479
Verkehrsteuern 26
Verlustabzug 57 ff., 274 ff., 343
Verlustabzugsbegrenzung 275
Verlustausgleich 52, 297
– bei Kommanditgesellschaften 156
Verlustrücktrag 59, 343
Verlustvortrag 60
Vermietung und Verpachtung 186
Vermögensverwaltung 182, 241
Verrechnungspreise 550
Verschonungsabschlag 481
Verspätungszuschlag 587
Verstrickung 114
Verteilungsartikel 518
Vertretung 581
Verwaltungsakt 570
Verwaltungsvermögen 481
Verwendungssteuern 27
VIP-Logen 109
Vollmacht 581
Vollständigkeitsprinzip 79
Vollstreckung 574, 649 ff.
Voranmeldung 433 ff.
Vorbehalt der Nachprüfung 446, 589, 604

Stichwortverzeichnis

Vorbehaltensfrist 461
Vorläufige Steuerfestsetzung 606
Vorläufiger Rechtsschutz 662, 667
Vororganschaftliche Verluste 300
Vorsichtsprinzip 90
Vorsteuerabzug 408, 426 ff., 439
Vorsteuervergütung 445
Vorweggenommene Erbfolge 393

Wegzugsbesteuerung 506 f.
Welteinkommensprinzip 510
Werbungskosten 178
Wertaufhellung 89
Wertbegründende Tatsachen 89
Wertzuwachsbesteuerung 288
Widerruf 614
Widerspruch 656
Widerstreitende Steuerfestsetzung 618
Wiederverkaufspreismethode 551
Wirtschaftliche Verursachung 91

Wirtschaftlicher Geschäftsbetrieb 241
Wirtschaftliches Eigentum 112
Wirtschaftsgut 364
Wirtschaftsjahr 70, 245 f.
Wohnsitz 35
Wohnsitzwechsel 547

Zahlungsverjährung 643
Zerlegung 325, 351
Zinsen 645 ff.
– Hinzurechnung 338
Zinsschranke 265 ff.
Zufluss 67
Zurechnungsmethode 296
Zweckbetrieb 241
Zweistufige Einkünfteermittlung 130 f., 139
Zwischengesellschaft 562

183-Tage-Regelung 522